Political Methodology

비판적 사고 입문서

정치학 방법론

임성호

형설출판사
www.hyungseul.co.kr

서론

기반이자 설계도로서의 방법론

방법론은 학문의 모든 분야에서 기초를 이룬다. 기반을 잘 다져야 그 위에 짓는 집이 튼튼할 수 있듯이 방법론을 잘 익혀야 그 기초 위에서 학문적 이해와 연구를 적절하게 시도할 수 있다. 방법론은 설계도에 비유할 수도 있다. 집 지을 때 설계도가 안내 역할을 하듯이 기존 연구를 이해하거나 새로운 연구를 진행할 때 방법론은 방향 감각을 잡게 해준다.

기반이자 설계도인 방법론은 그 중요성에 비해 우리의 관심을 잘 끌지 못한다. 집짓기보다 땅 정지작업이 재미없듯이, 또한 설계도는 실물이 아니어서 생동감이 없듯이, 방법론은 흥미롭게 확 다가오지 않는 경향이 있다. 이는 방법론을 통해 얻거나 만드는 결과물인 구체적 지식이 흥미로울 뿐 아니라 실제 우리 삶에 유용하게 사용될 수 있는 것과 대조를 이룬다. 지식을 얻는 기초 과정인 방법론은 너무 추상적이고 무미건조하게 느껴지며 어떤 면에서 도움이 되는지도 확실하게 다가오기 어렵다.

흥미를 불러일으키지 않더라도 방법론을 잘 익히고 방법론과 관련해 많은 고민을 기울여야 한다. 운동을 잘하려면 기초체력을 갖춰야 하는 것과도 같다. 기초체력 키우기는 힘들고 지루할 수 있지만, 그 일을 소홀히 하면 운동하는 데 한계가 커진다. 기존 책, 논문, 발표문, 보고서, 칼럼 등을 제대로 이해해서 공감하거나 비판하기 위해 방법론이 필요하다. 나아가 내가 새롭게 연구를 진행해 설득력 있는 지식을 창출하거나 사회에 도움이 될 수 있는 주장을 하는 데도 방법론이 필요하다.

책의 목표

이 책은 정치학 분야의 방법론이다. 정치를 어떻게 탐구하면 좋을지를 목표로 한다. 즉, 정치에 관한 기존 연구를 어떻게 이해하면 적절할지, 그리고 정치의 여러 측면을 어떻게 연구해야 두루 공감을 얻어 사회에 공헌할 수 있는 지식을 만들고 쌓을지 함께 생각해 보는 것이 목표이다. 제목은 정치학 방법론이지만 사회과학 방법론으로 봐도 괜찮다. 정치학은 사회과학의 한 분야로서 경제학, 사회학, 행정학, 경영학 등과 기본 논리와 개념에서 근본적으로 다르지 않기 때문이다. 이 책이 주로 정치에 관련된 현상, 제도, 행태를 염두에 두고 방법론을 다루지만, 그 논의는 사회과학 전반에 걸쳐 유효하게 적용될 수 있다. 한 걸음 더 나아가 말하자면, 이 책은 학문 전반의 방법론일 수 있다. 여기서 논하는 이론 정립, 개념 정립, 연구 설계, 관찰 방법, 결과 정리 등에 관한 내용은 사회과학뿐 아니라 법학, 인문학, 자연과학에서도 광범하게 통용될 수 있다.

책의 성격 1: 경험적

이 책은 주로 경험empirical 세계에 머물며 연구의 논리와 기법에 대한 이해를 도모한다. 경험 연구는 존재했거나 존재하고 있거나 존재할 무언가를 탐구하는바, 존재 여부와 상관없이 당위적으로 있어야 할 무언가를 탐구하는 규범 연구와 구분된다. 물론 경험 연구와 규범 연구는 상호 독립적이거나 배타적이지는 않다. 경험 연구는 규범적 신념에 영향 받고, 역으로 규범 연구는 경험적 이해에 입각하지 않을 수 없다. 대부분의 사회과학 연구도 어느 한쪽 성격만 띠지 않고 양자의 성격을 다 갖고 있다. 그렇지만 정도 문제로서, 이 책은 경험 연구에 초점을 맞춰 그 방법론을 논한다.

경험 연구가 더 중요하기 때문은 아니다. 경험 연구 쪽으로 조금이라도 가깝게 위치한 학자들의 수가 규범 연구 쪽에 비해 더 많긴 하지만, 오히려 규범 연구가 더 근원적이고 우선일 것이다. 그러나 규범 연구는 주관적 가치관이 핵심적으로 작용하는바, 어떻게 규범 연구를 진행하면 좋을지 체계적이고 명시적인 방식으로 논하기가 힘들다. 반면, 주관적 가치관이 자의성을 띠지 않도록 가능한 한 억누르며 진행하는 경험 연구는 체계적이고 명시적인 논의가 상대적으로 용이하다. 더욱이, 필자가 경험 연구 쪽으로 치우쳐 교육을 받고 연구를 해왔다는 점도 이 책의 경험적 성격에 일조를 한다. 다만, 재차 강조하자면, 경험 연구 방법론에 초점을 맞추는 이 책의 내용이 규범적 판단과 주장을 하는 데도 밀접히 연결될 수 있다는 점을 유념할 필요가 있다.

책의 성격 2: 질적

이 책은 정치현상의 경험적 탐구를 위한 개념적, 논리적 기초를 구축함에 있어서 질적 관찰 및 추론 방법에 초점을 맞춘다. 질적 접근은 양적(계량적, 통계적) 접근과 함께 사회과학 방법론의 대비되는 두 측면을 이룬다. 이 중 어느 하나만으로는 만족스러운 탐구를 할 수 없다. 양자를 적절하게 혼합, 혼용해야 한다. 다만, 양적 분석을 하려면 우선 질적 추론의 기초를 쌓을 필요가 있기에 이 책은 질적 측면에 집중한다. 그러나 질적 방법론에 대한 이해를 돕기 위해 논의 중간 중간에 양적 접근을 부분적으로 언급하며 양자 간의 비교를 시도할 것이다. 독자는 이 책에서 기초를 쌓은 후에, 혹은 이 책을 읽는 동시에, 양적 접근을 다룬 저작도 학습해야만 보다 충실하고 균형 잡힌 탐구를 할 수 있다는 점을 주지하기 바란다.

논의 전개방식 1: 탐색적

확정적 논조를 취하기에는 사회현상 탐구가 지닌 본질적 한계가 너무 크다. 본론에서 상술하듯이 사회현상 탐구는 너무도 불확실한 세계를 눈감고 더듬어보는 것과 마찬가지이다. 여기에 더해, 그러한 더듬기는 사람마다, 관점마다, 맥락마다 다른 결론을 낼 수 있다. 그러므로 사회과학에서 확정적 논조를 취하는 것은 대단히 위험할 수 있다. 이 점을 참작하여 연구 방법론은 조심스레 탐색적 성격을 띨 필요가 있다. 이 책은 정치의 여러 측면에 대한 탐구 방법을 확정적으로 말하지 않고, 맥락적 환경과 관점에 따른 여러 가능성과 장단점을 다각도로 탐색하는 논조를 유지하고자 한다. 독자는 수학문제에 대한 답을 내듯이 확실한 결론을 얻지는 못할 것이고, 대신 다각도의 탐색을 통해 넓고 깊은 사고를 하는 훈련을 쌓을 수 있을 것이다. 이 점에서 "우리는 도그마가 아닌 체계화·규율화된 생각을 추구한다."[1]라는 말이 이 책에도 해당된다.

1 Gary King, Robert O. Keohane, and Sidney Verba, *Designing Social Inquiry: Scientific Inference in Qualitative Research* (Princeton, NJ: Princeton University Press, 1994), p. 7. 원문은 다음과 같다: We seek not dogma, but disciplined thought.

논의 전개방식 2: 비판적

정치를 포함한 사회현상을 다각도로 탐색하다 보면 기존에 확립된 이론이나 널리 퍼진 주장이 지닌 맹점이나 한계가 드러나기 쉽다. 심지어는 나 자신이 한 주장에 들어있는 문제점이 인식되기도 한다. 이 책은 기존의 지식이나 내가 창출해낸 지식을 그대로 받아들이기보다는 다각도로 탐색해 비판적으로 이해하는 자세를 키워줄 것이다. 즉, 어떤 사안에 대한 획일적이고 확정적인 정답을 찾는 것이 아니라, 다양한 관점과 주어진 구체적 맥락을 고려해 여러 답의 상대적 장단점을 비판적으로 저울질하는 데에 이 책의 주안점이 있다. 그런 의미에서 책의 부제를 "비판적 사고 입문서"로 하였고, 논의도 그 방향으로 정리될 것이다. 비판적 사고를 기반으로 삼아 기존 연구를 평가하고 새로운 연구를 진행해야 보다 만족스러운 결과가 나올 것이고 남의 비판을 받을 여지도 줄어들 수 있다.

책의 한계

방대하고 복잡한 연구 방법론을 한 권으로 정리하는 것은 불가능하다. 이 책이 경험 연구의 질적 접근으로 국한되기는 해도 내용이 여전히 너무나 방대하고 복잡하다. 필자의 좁은 식견으로는 정치학 분야로만 초점을 맞춰 정리해도 능력을 넘는 일이다. 정치학 방법론이 실은 사회과학 방법론, 나아가 학문 전반의 방법론과 근본적으로 같으므로, 정치학으로 좁히든 전체로 넓히든 어려운 것은 마찬가지이다. 그러므로 정치학 방법론을 포괄적으로 종합 정리하겠다는 비현실적 욕심은 버리고 정치학 및 사회과학을 추구할 때 고려할 만한 방법론적 논점을 부분적이고 불완전한 수준에서 다루는 데 만족하고자 한다. 이 책을 통해 독자가 정치에 대한 경험 연구의 질적 접근을 위한 비판적 사고력을 다소라도 함양할 수 있다면 저술의 취지는 달성되는 셈이다.

저술의 시대적 배경

부분적, 불완전한 수준에서나마 정치학 방법론을 무리하게 저술하는 이유는 오늘의 시대 상황에서 찾을 수 있다. 오늘날 우리나라뿐 아니라 거의 모든 나라에서 정치는 극심한 정파 대결, 국정 교착, 체제 불신을 낳고 있다. 정치과정에서 각종 현안과 관련해 정치인들은 경직된 진영 논리에 빠져 이성적인 주장이나 합리적인 의사소통을 하지 못하고 있다. 정파적 중립성을 지키며 냉철한 논리를 펼쳐야 할 공무원, 법조인, 언론인 등도 이념적 편향성과 집단주의적 경직성에 크게 지배되고 있다. 필자를 비롯한 학자들도 같은 비판을 받는다. 이런 상황이니 정치 현안에 적극적으로 참여하는 시민단체 활동가나 수동적으로 지켜보는 일반 유권자도 과도한 편견과 단기적 충동에 휘둘리며 이상적 시민과는 거리가 먼 모습을 보인다. 이성적 주장으로 상대방을 설득하고 공감을 자아내거나, 진솔한 숙의를 통해 합의에 이르거나, 합의에 성공하지 못해도 합리적 소통으로 서로를 존중하는 모습은 찾아보기 힘들다. 내 고정된 입장과 상반되는 주장은 아예 듣지도 않거나 무조건 '가짜 뉴스'라고 일축하는 풍조가 오늘날 '탈진실' 시대의 안타까운 일상이 되었다.

이러한 우울한 시대 상황이 정치학 방법론을 저술하도록 동기를 제공한다. 우리 모두가 기본으로 돌아가 시대 상황을 극복하는 데 일조를 하고 싶다. 전문 정치인부터 일반 시민까지, 기성세대 학자부터 대학생까지, 지속성을 중시하는 법조인부터 변화에 주목하는 언론인까지, 모두가 기본으로 돌아가 생각과 주장의 기초를 다시 다질 때 일방적 외침보다는 상호 대화와 합리적 담론이 가능해질 것이다. 정치와 관련해 어떠한 문제의식을 세울지, 그 문제의식과 관련해 어떠한 주장을 하고 어떠한 이론적 틀에 넣을지, 그 이론에 들어있는 개념들을 어떻게 정의 내릴지, 그 이론과 개념들을 어떻게 관찰 가능한 형태로 바꿀지, 그 관찰은 어떠한 방식으로 진행하면 적절할지, 그 관찰의 결과는 어떻게 정리하면 좋을지 등에 대한 기초적 논의를 통해 우리는 인식과 대화의 기본을 튼튼하게 할 수 있을 것이다. 그런 노력이 있어야 이 시대의 위기 상황이 조금이라도 누그러질 수 있을 것이다.

저술의 학문적 배경

이 책을 저술하게 된 또 다른 동기로 근래 학계가 겪고 있는 방법론적 논쟁과 혼란을 들 수 있다. 가브리엘 알몬드가 말했듯이, 정치학계는 1970년대 이래 탈행태주의 시대를 맞아 상이한 방법론에 의존하는 여러 분파로 나눠졌고 이들 간에 대화나 교류가 단절되어 왔다.[2] 물론 '행태주의 혁명'으로 정치학 연구가 너무 기계적인 과학주의 쪽으로 획일적으로 경도되었던 과거에 비해 탈행태주의 기치 아래 다양한 방법론적 학풍이 각자의 성 안에 존재하게 되었음은 다행스러운 일이다. 그럼에도 여러 방법론적 갈래 간의 관계는 결코 호혜적이거나 조화롭지 않았고, 급기야 2000년 미국정치학회보American Political Science Review 편집자 앞으로 '페레스트로이카' 가명을 쓴 익명의 편지가 배달되면서 방법론을 둘러싼 격한 갈등이

---

2 Gabriel A. Almond, "Separate Tables: Schools and Sects in Political Science," *PS: Political Science and Politics*, Volume 21, Issue 4 (Fall 1988), pp. 828–842.

수면 위로 분출되었다.[3] 이 편지는 정치학계가 방법론적으로 통계학에 의존하는 계량적 접근, 아니면 수학에 의존하는 보편 연역적 모델을 중시하는 쪽으로 너무 편향되었다고 비판하며 전통적 방식인 역사 서술, 사례 관찰, 질적 해석 등이 정치학 연구의 중심을 되찾아야 한다고 주장하였다. 편지 내용이 너무 과장되고 감정적인 논조로 써졌음에도 미국뿐 아니라 각국 정치학계에서 큰 학문적 파장을 일으켜 관련 논쟁이 일어나고 방법론에 대한 관심이 갑자기 고조되었다.

이 방법론 논쟁은 한편으로 긍정적 효과를 냈다. 정치학 분야에서 방법론을 더 신경 써야 한다는 분위기가 조성되고, 주류 방법론에 대한 비판적 성찰과 방법론적 다원화에 대한 재인식이 촉발되었다. 그러나 다른 한편, 방법론적 다원주의에 대한 요청이 과도함을 넘어 모든 방법론이 그 자체로 정당화된다는 무분별함으로 이어진 면도 있다. 알몬드가 1988년 지적했던 "개별 학풍 내의 배타적 안주," "학풍 간 대화의 실종" 문제가 21세기 들어 더 심해진 것으로 보인다. 방법론의 조화로운 "백화제방"이 아니라 서로 어울리지 못하는 관점들의 "백가쟁명"이 학계의 특징이 되고 있다. 학문 분야를 초월하는 주제별 융합연구가 다각도로 추구되는 상황인데, 아이러닉하게 정작 동일 학문 분야 내에서는 방법론을 가로지르는 공동연구나 대화가 크게 실종되었다. 각 방법론적 학풍이 내적으로만 정교하게 발전하면 할수록 학풍 간의 교차적 이해와 넓은 지적知的 교류는 더욱 힘든 일이 될 수밖에 없다. 이러한 근래의 상황은 정치학을 정체성 위기에 빠뜨리며 정치학 분야의 학문적 성숙과 지식

3 Kristen Renwick Monroe, ed., *Perestroika! The Raucous Rebellion in Political Science* (New Haven, CT: Yale University Press, 2005).

의 누적을 힘들게 하고 있다.[4]

정치를 공부하고 연구하거나 실천하는 모든 사람이 이러한 방법론적 혼란의 희생자가 될 수 있다. 방법론적 다양성을 추구하는 것은 좋지만, 서로 다른 방법론 전통을 따르는 사람 간에 지적 소통이 용이하지 않다면 온갖 오해와 갈등이 발생해 전체 및 개인에 불이익을 초래할 위험성이 크다. 누구보다도, 공식적인 배움의 과정에 있는 학생이 가장 큰 피해자가 될 수 있다. 특정 방법론적 관점이나 기법을 선택했을 때 다른 학풍을 따르는 사람들이 잘 이해하지 못하거나 편향되게 비판한다면 당장 졸업논문을 쓰거나 학문적 방향을 잡음에 있어서 어려움이 생길 수 있다. 학문의 기초를 소홀히 한 채 특정 학풍에만 침잠하는 학생일수록 그런 위험성에 직면하기 쉽다.

탐구의 기본을 튼실하게 다짐으로써 근래 학계의 방법론적 혼란을 헤쳐 나가는 데 이 책이 일조하기를 소망한다. 기성 학자나 실천 영역의 각종 행위자가 충실한 기본을 바탕으로 사고를 펼칠 수 있도록, 그리고 보다 절실하게는, 배움을 키워가는 교육과정에 있는 사람이 방법론적 다원주의 속에서 각자 중심을 잡되 기초를 잘 닦을 수 있도록, 그럼으로써 탐구에 임하는 모든 사람들이 상호 대화로 지식체계를 공유할 수 있도록 하는 데 기여하고 싶다. 이 책을 저술하게 된 학문적 동기이다.

---

4 John Gunnell, "Pluralism and the Fate of Perestroika: A Historical Reflection," *Perspectives on Politics*, Vol. 13, No. 2 (June 2015), pp. 408–415.

저술의 개인적 배경

필자의 개인적 배경도 저술에 한 동기를 제공한다. 필자는 1996년부터 정치학방법론 과목을 맡아 어언 사반세기 동안 가르쳤다. 그렇게 오래 매달렸음에도 방법론에 대한 소양이 너무 부족하다는 생각을 지울 수 없고 해가 갈수록 그러한 생각은 도를 더하고 있다. 진작 강의교안을 책으로 발전시키겠다고 마음을 먹었지만 실행에 옮길 자신이 없었다. 한편으로 필자가 게을러 소양 쌓는 노력을 기울이지 않았기 때문이겠지만, 또 다른 한편으로 보다 근본적인 이유가 있다. 바로 전술한 시대적 및 학문적 혼란 상황이 방법론을 점점 더 어렵게 만들고 있다는 점이다. 그러한 시대적, 학문적 혼란이 저술의 필요성을 높이면서 동시에 저술의 난이도를 높여 주저하게 만들었다. 그러나 더 이상 지연하다가는 영원히 강의 내용을 책으로 발전시키지 못할 것 같다는 우려가 든다. 개인 지력知力의 시간적 쇠퇴, 방법론의 점증하는 복잡성, 방법론의 혼란에 따른 시대적 및 학문적 상황의 악화 등을 고려할 때 지금이 저술의 마지막 가능 시점이라고 사료된다. 이에 개인 능력상 한계를 무릅쓰고 저술에 착수하는 용기를 내게 되었다.

이 책의 재료인 필자의 정치학방법론 강의교안은 사반세기 동안 조금씩 수정, 확대되어왔다. 필자만 보는 손글씨 강의노트에서 배포용 강의유인물로 바뀌었고, 다시 발표용 PPT 파일로 바뀌었다. 이처럼 변해온 강의교안을 기본으로 하고 오래 쌓인 기출 시험문제, 질의 및 응답, 과제, 실시간 수업영상 등에서 일부 내용을 추출해 단행본으로 정리하게 되었다. 그동안 수강, 질문, 시험 답안지 작성 및 과제 제출 등을 통해 과목 내용에 대한 귀중한 피드백을 해준 수많은 경희대학교 학부 및 대학원 학생들의 공이 크다. 그들

모두가 이 책의 숨은 공저자이다.

필자는 방법론에 대한 생각을 정립함에 있어서 여러 기존 문헌으로부터 도움을 받았으나 특히 2권의 책으로부터 심대한 영향을 받았다. 킹Gary King, 버바Sidney Verba, 코헤인Robert Keohane이 공저한 책과 게링John Gerring의 책이다.[5] 이 책들은 과학주의의 엄격성을 강조하면서도 기계적 획일주의를 경계하며 맥락의 중요성을 주목하는 절충적 성격을 띤다. 때로는 어떤 생각이 그들의 것이고 어떤 생각이 필자의 것인지 기억이 안 날 만큼 두 책의 내용은 이 책에 크게 녹아들어 있다. 방법론에 대한 필자의 시야를 넓혀준 저자들에게 심심한 감사를 드린다. 필자가 방법론 관련해서 도움을 받은 그 밖의 여러 문헌은 본론의 해당 부분에서 각주로 출처를 밝힐 것이다. 또한, 의식하거나 혹은 의식하지 못하는 가운데 문헌이나 대화, 질문을 통해 영향을 준 수많은 학자 및 정책 전문가들이 있다. 그들에게 진 빚은 따로 언급할 기회가 없지만 역시 심심한 감사의 마음을 표한다.

책의 구성

서론에 이어 총 8개의 장이 이어진다. 제1장은 방법론의 의미와 핵심 성격을 논하고 방법론이 왜 중요한지 그 의의에 대해서도 상술한다. 제2장은 정치학political science과 사회과학social science에서 말하는 "과학"은 어떤 것인지 그 등장의 역사적 맥락, 기본적 특성,

---

5 Gary King, Sidney Verba, and Robert O. Keohane, *Designing Social Inquiry: Scientific Inference in Qualitative Research* (Princeton, NJ: Princeton University Press, 1994); John Gerring, *Social Science Methodology: A Criterial Framework* (Cambridge, UK: Cambridge University Press, 2001).

근본적 한계에 대해 논한다. 제3장은 이론 정립을 주제로 하여 어떠한 유형의 이론(쉽게 말해, 주장)을 어떠한 기준과 논리에 따라 세우면 좋을지 다룬다. 제4장은 개념 정립을 주제로 하여 이론에 들어 있는 개념(들)을 어떻게 정의 내릴 수 있을지 논한다. 제5장은 특정 이론(주장)을 어떠한 시간적, 공간적 범위에서 어떠한 방식으로 지지하거나 반박할지 연구 설계에 대한 논의를 전개한다. 제6장은 이론을 경험적으로 관찰하는 여러 방법에 대해 상술한다. 제7장은 문제 제기부터 이론 정립, 개념 정립, 연구 설계, 자료 관찰, 관찰 결과의 해석까지 이어지는 일련의 연구를 어떻게 정리, 발표하면 좋을지 조언한다. 제8장은 결론 삼아 학문하는 기본자세를 몇 가지 논점을 중심으로 정리한다.

독자의 자세: 학문적 겸손함

본론에 들어가기에 앞서 독자가 이 책을 어떤 마음가짐으로 읽으면 좋을지 간략히 논한다. 독자의 자율적 판단을 방해하는 필자의 과도한 간섭일 수 있어 조심스레 소견을 밝히자면, 자기 생각이 옳지 않을 수 있다는 학문적 겸손함을 항상 지키며 이 책을 읽어야 한다. 기존 연구를 평가하거나 새 연구를 추진하는 데 요구되는 논리와 방법에 대해 읽을 때 학문적 겸손함을 대전제로 삼을 필요가 있다는 것이다. 책의 부제에서 강조된 비판적 사고란 남의 주장만 대상으로 하지 않고 내 생각도 대상으로 한다. 스스로에게 비판적일 수 있는 용기는 곧 학문적 겸손함을 말한다.

전술했듯이 이 책은 탐색적 논조로 진행되며 독자의 성찰적 고민과 조심스러운 판단을 촉구한다. 또한 본론에서 상세히 후술하듯이, 사회현상(그리고 그에 대한 인식)은 자연 사물처럼 객관적으로 존재할 수 없고 인간의 주관적 마음에 존재할 뿐이므로 맥락과 관점에 따라 달리 규정될 수 있다. 그러므로 어떤 주장을 유일무이한 정답인양 확신 있게 말하는 데는 큰 위험성이 따른다. 이 책을 통해 독자는 복잡하기 짝이 없는 정치와 사회에 대해 다각도의 고민을 깊게 하고 나름의 맥락과 관점에서 적절한 답을 찾아보되 비판과 수정에 열린 마음을 갖는 겸손한 모습을 키우기를 기대한다.

CONTENTS

차례

CHAPTER 5 연구 설계를 어떻게 짤까?

CHAPTER 7 연구결과를 어떻게 정리·기록할까?

CHAPTER 8 덧붙이는 말: 탐구의 기본자세

01

CHPATER

방법론이란?

사회과학은 사회현상에 관련된 의문을 찾아 그에 대한 나름의 답을 모색하는 과정이다. 적절한 사회적 의문을 떠올려야 그에 대한 답 모색 과정이 가치를 인정받을 수 있다. 방법론은 사회적 의문에 대한 지난한 답 찾기를 위한 학문 토대라고 할 수 있다.

CHAPTER

01
방법론이란?

1. 방법론의 출발선: 의문(퍼즐)

우리는 매일 수많은 의문을 떠올리며 지낸다. 그 중엔 순전히 개인적인 의문도 있다. 예를 들어 "나는 왜 눈이 나빠 안경을 써야 할까?" "쟤가 나를 싫어하는 이유는 무얼까?" "저 친구는 왜 남에게 친절하고 이 친구는 왜 남을 막 대할까?" 등의 의문은 그냥 개인 수준에 머물거나 사적 관계에서만 논의된다. 반면에 "우리 집은 왜 가난할까?" "내 직장이 노사분규로 시끄러운 까닭은 무얼까?" "왜 귀찮게 쓰레기 분리수거를 해야 할까?" 등의 의문은 개인 수준에서 제기되지만 사회 차원에서 공적 문제로 연결되어 논의될 수도 있다. 개인과는 사적으로 별 관련이 없는 사회적 의문이 떠오를 때도 있다. "경기가 좋아지면 왜 금리가 오를까?" "청년층과 노인층의 문화 가치관이 크게 차이 나는 이유는 무얼까?" "가난할수록 타 인종 사람을 적대시할까 그 반대일까?" 등의 예에서 보듯이 사회적 의문은 특정 개인에게 사적 의미를 지닐 수도 있지만 보다 일반적인 공적 차원에 주로 머문다.

바로 이 사회적 의문이 사회과학의 출발선이다. 사회과학은 사회현상에 관련된 의문을 찾아 그에 대한 나름의 답을 모색하는 과정이라고 정의 내릴 수 있다. 첫 단추를 잘 꿰어야 하듯이 적절한 사회적 의문을 떠올려야 그에 대한 답 모색 과정이 가치를 인정받을 수 있다. 사회과학의 정의에서 주어를 정치학으로 바꾸고 사회현상을 정치현상으로 바꾸면 정치학의 정의가 된다. 즉, 정치학은 정치현상에 관련된 의문을 찾아 그에 대한 나름의 답을 모색하는 과정이다. 어떠한 의문을 제기하느냐에 따라 정치학 탐구가 흥미와 공감을 자아내며 여러 사람의 논의 대상이 될 수도 있고, 아니면 적절하지 않다며 비판받거나 아예 관심을 끌지 못할 수도 있다. 사회과학과 그 한 분야인 정치학의 관건은 어떤 의문을 떠올려 어떤 질문을 던지느냐에 달려 있다 해도 과언이 아니다.[1]

어떤 의문에 열심히 답을 모색한다고 해서 꼭 결론에 도달한다는 보장은 없다. 도달하지 못하는 경우가 더 많다. 예를 들어, 정당은 온갖 비난과 불신의 대상인데도 간혹 간판만 바꿀 뿐, 왜 그리고 어떻게 계속 정치체제의 핵심 주체로 활동할 수 있을까? 한 국가 내에서 민주주의 분위기가 물결처럼 고조될 때도 있고 퇴조의 하강세를 탈 때도 있는데 그 이면의 원동력은 무엇일까? 이런 의문을 놓고 수많은 사람이 답을 찾고 있으나 확실한 결론을 내지 못한다. 혼자서 결론을 얻기도 힘들고, 각자 결론을 내더라도 많은 사람들 가운데 광범한 공감대가 형성되거나 합의에 성공하기는 더욱 힘들다.

---

1 어떠한 의문, 질문을 제기하면 좋은 연구로 인정받을 수 있을지 그 판단 기준에 대해서는 제3장에서 이론 정립과 관련시켜 상세하게 부연할 것이고, 가장 마지막 장인 제8장에서 탐구의 기본자세와 관련해서도 논할 것이다.

방법론은 사회적 의문에 대한 이처럼 지난(至難)한 답 찾기를 위한 학문 토대라고 할 수 있다. 방법론에 대한 논의를 시작하는 시점에 재차 강조하자면, 출발선인 의문 던지기 단계에서부터 신경을 써야 한다. 우리 사회에 꼭 필요한 의문인지, 남의 관심을 끌만한 의문인지, 공유되며 사회 담론을 이룰 정도의 의문인지, 나 자신이 제기하는 것이 적절한 의문인지 등등 많은 고민을 기울여야 한다. 어떤 의문이 적절한 것인지 뒤(제3장, 제8장)에서 자세히 상술될 것이지만, 일단 그 중요성을 전제하며 방법론을 생각해보자는 것이다.

부가하자면, 여기서 '의문'을 '퍼즐'puzzle이라고 말할 수도 있다. 후자가 외래어라서 좀 부담스럽지만, 그 어감에서 불확실성에 의한 어려움과 아울러 흥미로움을 풍기므로 학계에서 더 선호되는 경향이 있다. 제기하는 사회적 의문이 진부하지 않고 새로운 흥미를 유발해야 두루 공감을 자아내거나 공유될 수 있으므로 퍼즐이라고 부르는 편이 나을 수 있다. 더 무리하자면 '수수께끼'라는 표현도 어색하지만 가능하다. 어떤 단어를 쓰든 간에 유념할 점은, 연구를 시작할 때 적절한 의문을 제기해야지만 연구의 기본 토대인 방법론도 그 의미와 의의를 살릴 수 있다는 것이다.

2. 방법론의 의미: 4대 키워드

방법론이란 무엇일까? 쉽게는 연구 방법에 대한 논의라고 할 수 있지만, 방법론의 범위, 다양한 관점, 복잡한 내용을 고려할 때 그렇게 단순하게 규정하면 부족할 것 같다. 기존에는 방법론의 핵심 속성을 어떻게 보고 있는지 여러 의견을 살펴본 후 축약 정리해 정의를 내려 보고자 한다.

김웅진·김지희는 방법론을 "과학적 지식의 생산과정을 통제하는 핵심적 기제"로서 "과학체계의 근간"이라고 규정한다.[2] 적절한 정의이지만, 과학에 대한 논의가 다음 제2장에서야 나오므로 이 시점에는 아직 명료하게 이해되지 않는다. 게링은 방법론을 단순한 방법, 기법과 구분하며 "어떻게"라는 질문뿐 아니라 "무엇을 관찰할지, 왜 어떤 발견이 중요한지, 어떤 의미로 그 발견이 타당한지, 왜 특정 기법이 유용한지, 왜 이 접근이 더 적절한지, 이 접근이 다양한 상황에 어떻게 적용될 수 있는지" 등의 질문을 다루는 것이라고 말한다.[3] 쉽게 다가오는 정의이나, 단편적 예시 차원의 소개에 머물고 있어 더 포괄적인 성격 규정이 필요해 보인다. 사회과학 방법론 분야의 베스트셀러인 킹·코헤인·버바의 책을 보면, 실용적 성격을 지향했기 때문인지 방법론에 대한 정의를 따로 내리지 않았으나 문맥상 "추론의 통일적 논리"나 "사회과학 연구 저변에 깔린 핵심 논리"를 뜻하는 것으로 이해하고 있다.[4] 이 정의도 높은 압축성이 돋보이지만 너무 간략해 현 시점에는 확 다가오지 않는다.

이 밖에 방법론에 대해 말하는 학자마다 조금씩 다른 각도에서 의미를 부여한다. 이 책을 다 읽은 후에는 독자도 스스로 방법론의 정의를 내릴 수 있겠지만, 처음부터 기존에 제시된 정의들이 명확하게 이해될 만큼의 쉬운 개념이 아니다. 상식적으로 생각해봐도 방법론은 딱딱하고 어렵다는 뉘앙스를 풍긴다. 그렇기에 고교 교과

2 김웅진·김지희, 『정치학 연구방법론: 경험과학연구의 규준과 설계』(서울: 명지사, 2005년), p. 3.

3 John Gerring, *Social Science Methodology: A Criterial Framework* (Cambridge, UK: Cambridge University Press, 2001), p. xix.

4 Gary King, Robert O. Keohane, and Sidney Verba, *Designing Social Inquiry: Scientific Inference in Qualitative Research* (Princeton, NJ: Princeton University Press, 1994), pp. ix, 3.

서는 방법론이란 표현을 자제하고 사회·문화 현상의 연구 방법이나 자료 수집 방법 등 쉽게 느껴지는 표현을 사용하고 있다.[5] 그러므로 책의 시작 부분에서 방법론의 정의를 내리기에 무리가 따른다. 그럼에도, 방법론에 대한 본격 논의에 앞서 나름의 정의를 내림으로써 향후 논의의 방향을 제시하고자 한다. 책을 다 읽고 난 후 다시 이 부분을 복습한다면 방법론의 의미가 훨씬 명확하게 체감될 수 있을 것이다.

상기한 여러 기존 의견을 종합해 나름대로 방법론의 정의를 내려 보자면, "**지식**을 생산하는 **과정**에서 고려하고 적용되어야 할 **논리**의 전개와 그에 입각한 관찰 기법을 **명시적**으로 논의하는 것"이라고 할 수 있다. 그러나 여전히 이 정의도 너무 어렵게 느껴지고 난삽하게 들릴 뿐 아니라 너무 추상적이어서 머리에 잘 입력되지 않는다. 그러므로 이것을 너무 한꺼번에 억지스럽게 이해하려고 하지 말고 굵은 밑줄 글씨로 쓴 4대 키워드를 하나씩 살펴보는 편이 나아 보인다. 각 키워드를 아래에 상술한다.

1) 지식

방법론은 지식의 생산에 관한 것이다. 여기서 생산이란 창출, 공유, 비판, 수정, 적용, 확대 등 여러 측면을 지닌 개념이다. 그렇게 넓은 의미로 생산의 대상이 되는 지식은 눈에 보이지 않는, 그래서 직접 100% 확인이 불가능한 무언가에 대한 추측 내지 추론을 말한다. 당연히 확실하지 않다. 확실한 사실은 정보information일 뿐이고 지식knowledge으로 간주되지 않는다. 국회의원 재적수가 300명이다,

5 서범석·이원용·김증록·최승태·송민구·최서윤, 『고등학교 사회·문화』 (서울: 지학사, 2018), pp. 20－36.

대통령의 임기는 5년이다, 일본은 한국과 달리 정부형태가 내각제이다 등의 말은 확실한 단순 사실이지만 학문의 영역에 있는 지식이 아니다. 지식은 그러한 여러 사실을 통해 얻는 추정으로서, 한국 민주주의가 진일보했다, 정당 간 양극적 대립이 만연한 정치 불신의 원인이다, 조세 경감이 경제의 장기적 발전에 유리하다 등 불확실한 주장의 형태를 띤다. 단순 사실인 정보는 누구나 쉽게 얻을 수 있지만, 불확실한 지식은 생산하기가 힘들기 때문에 방법론을 잘 세우고 닦아 신중하게 추구해야 하는 것이다.

지식은 종교 교리나 진리와 다르다. 종교는 절대 확실성을 띤 믿음의 세계로서, 불확실한 지식을 추구하는 학문 세계와 구분된다. 불확실하다는 점에서 지식은 이념적 교의(도그마)와도 다르다. 후자는 자기의 오류 가능성을 전제하지 않는 일종의 자기 최면의 세계로서, 강하게 외치고 일방적으로 설파하는 확실한 대상이다. 지식, 종교 진리, 이념적 교의 중에서 어떤 것이 우월하다고 말할 수는 없다. 각기 다른 세계에 머문다. 인류 역사를 추동해온 힘의 원천에 이 셋이 함께 있는데, 어느 것이 더 강력하게 작용했는지는 단언할 수 없는 사안이다. 선사시대부터 오늘날까지 온갖 종류의 종교적 믿음이 인류의 생각과 행동을 지배해온 점, 특히 근대 이후로 각종 이념이 세속적이지만 종교 신앙 못지않은 절대적 신념을 세계 곳곳에 확산시켜왔다는 점 등을 고려할 때 인류 역사의 더 큰 추동력은 종교와 이념에서 오는 것 같다는 인상이 들기도 한다. 그러나 종교와 이념은 학문 세계의 지식과는 별세계로서 논외로 하고, 방법론에 천착하는 우리는 지식만을 관심 대상으로 삼는다.

2) 과정

방법론은 지식 그 자체 혹은 결과로서의 지식에 관한 것이 아니라 지식을 생산하는 과정에 관한 것이다. 어떤 과정을 거쳐 지식을 생산하면 가장 좋을까를 다룬다. 보통은, 결과로서의 지식에 비해 과정으로서의 방법론이 더 복잡하게 마련이고 분량도 길다. 그런 만큼 그 과정을 거치는 일이 힘들 수밖에 없고 흥미롭게 느껴지지 않을 수 있다. 학술 논문을 보면, 결과로 나오는 지식에 대한 부분보다 그 지식을 창출하는 과정에 대한 부분이 더 큰 분량을 차지하는 경향이 있다. 우리는 종종 그 과정 부분을 건너뛰고 결과로서의 지식 내용만 읽고 말 때가 있으나, 그렇게 하면 그 지식에 대한 비판적·종합적 사고를 할 수 없고 그냥 주어진 것을 액면 그대로 받아들일 수밖에 없게 된다. 힘들고 때로는 지루하게 느껴질지라도 목표로서의 지식을 위해 반드시 거쳐야 할 험난한 길이 방법론이다.

3) 논리

방법론은 지식을 생산하는 과정에서 고려해야 할 그리고 적용되어야 할 논리에 관한 것이다. 어떤 현상을 어떤 논리에 입각해 관찰하면 좋을까, 또한 관련해서 주장을 전개할 때 어떤 논리를 신경쓰고 따라야 할까에 대한 고민이 수반된다. 논리가 이상하거나 혼란스럽거나 아예 결여되어 있다고 평가 받는다면 그로부터 나오는 주장은 널리 공감을 얻고 공유되는 지식으로 인정받을 수 없을 것이다.

논리란 이성을 체계적으로 전개하는 것으로서, 인간은 이성을 발휘할 능력을 갖고 있다는 점을 대전제로 내세운다. 그 점에서 논리는 이성의 세계와 다른 차원에 있는 종교적 계시나 예술적 직관과 구분된다. 종교적 계시는 신 중심적인 세계에서 절대 섭리가 인간으로서는 이해할 수 없는 방식으로 발현된 것이므로 인간의 이성에 입각한 논리와 근본적으로 다르다. 예술적 직관은 이성보다 감성, 감정, 본능에 의한 영감(靈感)으로서 역시 논리와 근본적으로 맥을 달리 한다. 사람의 판단, 선택, 행동은 일반적으로 논리뿐 아니라 계시나 직관으로부터 심대한 영향을 받고, 이 중 어떤 것의 영향이 제일 큰지는 일률적으로 말할 수 있지 않다. 어쩌면 계시나 직관이 더 중요하게 작용하는 경우도 있을 것이다. 다만, 방법론은 논리를 주된 대상으로 한다.

물론 로봇이 아닌 인간으로서 논리를 기계적인 공식대로만 전개할 수는 없다. 논리 전개에 다분히 신비로운 직관, 다른 말로 영적 상상력이나 통찰력도 알게 모르게 작용할 것이다. 얼마 전까지 생각하지 못했던 특정 논리가 산책하거나 운동하거나 혹은 일상 활동을 하는 중간에 갑자기 머리에 떠오르기도 한다. 그러나 방법론은 그러한 이성으로서는 판단 불가한 영감 차원은 차치하고 인간 이성으로 이해가 가능한 영역에만 의도적인 관심을 둔다.

4) 명시성

방법론의 넷째 키워드는 명시성으로서, 방법론은 지식을 생산하는 과정에서 고려해야 할 그리고 적용되어야 할 논리를 명시적으로 다루는 것이라는 정의를 완성시켜준다. 명시성은 혼자 있을 때에는 가능할 수 없고 남의 존재를 전제할 때에만 추구할 수 있다. 학문은 홀로 하는 것이 아니고, 남들과 함께 공동의 힘을 모아가며 하는 것이므로 지식 생산을 위한 내 논리를 남들도 이해하고 공유할 수 있어야 한다. 내 논리를 남들이 잘 이해하고 공감할 수 있게 하려면 어떻게 해야 할까, 어떤 식으로 표현하고 전달, 혹은 소통해야 할까에 대한 고민이 필요하다.

명시성이라는 측면에서 볼 때 학문의 방법론은 혼자 노력에 의한 구도(求道)나 득도(得道)와 다르다. 꼭 종교 차원이 아니어도 혼자서 오랜 세월의 고생과 번뇌를 거쳐 무언가 멋진 결론에 도달할 수 있고, 그것은 나름의 훌륭한 가치를 얻을 수 있다. 토굴에서 자기만의 사유로 세상 이치를 터득한 도사, 홀로이 수많은 시행착오를 거쳐 청자 만드는 비법을 찾아낸 도공, 혼자만 아는 조리법으로 누구도 흉내 내지 못하는 음식을 만드는 요리사 등도 세상의 존경을 받을 만하다. 그러나 그들을 방법론 관점에서 논할 수 없는 이유는 그들이 어떻게 결론에 도달했는지 남에게 명시적으로 전달할 수 없기 때문이다. 자기 혼자 알고 남과 공유되지 않는 것이라면 세상을 위해 축적될 수 없고 시간이 흘러가며 자연히 사라지고 만다. 학문은 혼자의 구원, 득도, 명예, 지적 유희를 위한 것이 아니고 사회를 위한 것이다. 그러므로 학문의 토대인 방법론이 여러 사람 간의 명시적 논의를 수반한다는 점은 자명한 이치이다.

3. 방법론의 중요성

힘든 방법론을 왜 공부하고 튼튼히 다지려고 노력해야 할까? 이 책의 서론에서 방법론은 연구의 기반이자 설계도로서 남에게 두루 공유될 수 있는 주장을 하는 데 도움을 주고 또한 기존 연구에 대한 비판적 사고를 키우는 데도 도움이 될 것이라고 말했다. 이 추상적인 말은 수학문제의 비유를 통해 보다 쉽게 이해할 수 있다. 즉, 수학문제의 답만 알기보다 풀이과정인 식을 알 때의 장점을 생각해보면 방법론의 중요성이 명료하게 다가온다. 답만 제시할 때보다 풀이과정상 식도 세워 답 도출의 논리를 보여주고 계산의 정확성도 가늠할 수 있게 해줄 때 그 답이 맞는지 아닌지 확신을 높일 수 있다. 마찬가지로 방법론은 지식 생산의 과정을 보여줌으로써 지식의 타당성에 대한 신뢰감을 제고해준다.

수학문제의 풀이과정을 안다면 답이 틀렸는지 판단하기 쉽고 그 문제를 좀 비틀어 다른 문제를 내거나 응용문제를 내도 정답을 찾을 수 있다. 지식 세계에서도 결과로서의 지식이 어떤 과정을 거쳐 도출되었는지 제시된다면 그것을 비판하고 수정하기 용이할 뿐 아니라 다양하게 적용, 응용하고 나아가 확대 발전시킬 여지도 커진다. 수학문제의 답만 알고 무조건 외워봐야 달리 써먹을 수 없듯이, 결과로서의 지식만 주어진다면 액면 그대로 믿을 수밖에 없고 여러 상황에 맞춰 활용하기 힘들어진다. 또한, 수학문제의 풀이과정을 알면 여러 사람이 매달려 누구는 앞부분을, 누구는 뒷부분을, 누구는 도식을, 누구는 계산을 맡아 공동 작업을 하고 상호 담론을 형성할 수 있듯이, 방법론은 주제에 대한 공동 작업과 담론 형성을 가능하게 해준다. 여러 사람이 업무를 나눠 예를 들어 기존 문헌의 탐독, 이론의 논리적 정립, 현장의 직접 관찰, 연구 대상자에 대한 서베이, 자료의 분석 및 해석 등을 각각 맡아 공동으로 연구를 진행할 수 있다.

덧붙여, 수학문제의 풀이과정을 이해하면 수학뿐 아니라 물리학, 공학, 경제학 등 여러 분야의 사람이 함께 소통할 수 있어 분야 간의 연계 혹은 분야를 뛰어넘는 융합을 시도할 수 있다. 사회현상과 관련해서도 후술하듯이 방법론은 그 기본에서 여러 분야를 아우르는 광범한 공통분모를 지니고 있다. 그 덕분에 정치학, 사회학, 행정학, 경제학, 경영학, 법학 등은 물론 역사학, 철학 등 인문학 분야와 더 나아가 수학, 통계학 등 자연과학 분야를 가로지르는 대화와 연결이 가능할 수 있다. 근래 학문융합이나 다분야 연구가 강조되고 있는 시대 추세를 볼 때, 타 학문 분야와의 연계나 소통을 위한 기제로서 방법론의 중요성을 특기할 만하다.

4. 방법론의 특성 겸 한계: 불완전성

지식은 불확실한 무언가에 대한 추론이므로 정의상 완전한 지식은 모순어법이다. 우리가 아무리 방법론에 능통하다 해도 방법론에 기초해서 나오는 지식은 불확실하고 불완전할 수밖에 없다. 이 점을 방법론의 한계로 볼 수도 있고, 굳이 한계라고 부정적으로 말하기보다는 근원적 특성이라고 볼 수도 있다.

정도 문제로서 자연현상에 관한 지식은 거의 확실하고 완전할 수 있다. 중력이 작용해 모든 물체는 땅을 향해 수직으로 떨어진다는 점, 지구는 평평하지 않고 둥글다는 점, 암에 걸린 사람이 그렇지 않은 사람보다 평균 수명이 짧다는 점 등은 적어도 현재 시점에 확실한 지식이다. 물론 무한대로 넓고 복잡 미묘한 자연의 극히 일부분만 인간이 이해하고 있겠지만, 그 이해는 거의 확실한 지식의 형태를 취할 수 있다. 반면에, 객관적으로 존재하는 자연현상과 달리 사회현상은 우리 각자의 인식에 주관적으로 존재할 뿐이므로 사회현상에 대한 확실한 지식을 생산하기란 불가능한 일이다. 예를 들어, 어떤 사건이 혁명인지 쿠데타인지, 오늘날 어느 나라의 민주주의가 충분히 성숙한 것인지, 특정 정치인의 리더십이 미흡한 것은 개인적 문제 때문인지 구조적 문제 때문인지, 경제 양극화의 심각성은 어느 정도 되는지 등 사회현상은 각자가 어떤 인식을 하는가에 달렸다.

주관적 인식은 사람마다 다르고, 한 사람의 주관적 인식은 시간에 따라 달라지기도 한다. 1961년 5월 16일 박정희 소장의 지휘 아래 일단의 군인이 한강을 건너와 국가기관들을 접수하고 취한 일련의 행동이 쿠데타, 즉, 군사정변인지 아니면 혁명인지 완벽한 객관성을 띠고 말할 수 없다. 일련의 행동은 단순 사실이지만, 그것을 쿠데타나 혁명이라고 특정 개념으로 규정하는 것은 불확실한 무언가에 대한 추정으로서 각기 다른 생각을 지닌 사람이 달리 규정할 수 있기 때문이다. 다만, 사회적 판단으로 얼마나 많은 사람이 쿠데타 또는 혁명 중 어느 쪽으로 인식하고 공감대를 형성하는가에 따라 사회적으로 규정될 뿐이다. 더욱이, 주관적 인식은 고정되어 있지 않고 변하기도 하므로 사회적 판단도 시대 맥락에 맞춰 달라질 수 있다. 1960년대엔 5.16 혁명이라는 인식이 한동안 퍼졌다가 그 후 쿠데타라는 쪽으로 사회적 인식의 대세가 바뀌어왔다.

사회과학의 모든 주제가 주관적 인식에 존재하므로 학문의 목표는 알 수 없는 현실을 그대로 모사(模寫)하는 것일 수 없다. 사회의 현상 혹은 현실은 각자의 주관적 인식에 존재할 뿐이므로 아무리 노력해도 그 완벽한 실체를 알래야 알 수 없고, 확실히 알 수 있는 실체가 있다면 그것은 한갓 단순 사실로서의 정보일 뿐이다. 학문의 목표인 지식을 창출하기 위해서는 관심 주제인 현상을 나름대로 체계적으로 이해할 수 있게 단순화, 일반화해야 한다. 제2장에서 후술하듯이 이 단순화, 혹은 일반화된 인식을 이론이라고 한다. 이론을 명제, 모델, 관점, 주장, 입장 등 다양하게 다른 표현으로 부를 수도 있다. 일반화 형태의 이론을 정립하는 것이 바로 학문의 존재 이유이고, 불확실할 수밖에 없는 현상에 대한 나름의 체계적 이해인 일반화가 얼마나 많은 사람의 공감을 얻을 수 있는가에 학문의 성패가 달렸다. 이처럼 방법론의 핵심인 일반화에 대해서는 이어지는 절에서 더 부연한다.

5. 방법론의 핵심: 일반화

일반화는 우리가 알 수 없는 현상 혹은 현실에 대한 이해의 편의를 도모해준다.[6] 즉, 이해의 기제, 혹은 틀이라고 말할 수 있다. 사회현상과 관련해 우리가 어떤 개념을 세워 서술하거나, 원인과 결과 간 인과관계를 주장하거나, 당위적 평가를 하거나, 문제 해결을 위한 처방책을 찾을 때 필수적으로 일반화 차원의 이론이 수반된다. 즉, 기존의 일반화에서 근거를 찾든 새로운 일반화를 세우든 간에 일반화가 개재되어야 현상에 대한 이해가 가능해진다. 예를 들어, 탈산업화, 양극화, 도시화, 도심 공동화, 지구화 등 사회현상의 특징을 서술하고 개념화하려면 현상의 온갖 복잡한 측면을 뭉뚱그려 일반화를 해야 한다. 경제 성장의 원인을 설명하기 위해서도 수많은 요인 중에서 가장 핵심이라고 판단되는 것 몇 개로 좁혀 일반화를 하게 된다. 기본소득 제도가 어떤 효과를 낼지 인과관계를 추론하기 위해서도 수많은 효과를 압축한 일반화가 필요하다. 정부 내 권력의 집중과 분산 중 어떤 것이 당위적으로 더 바람직한지를 평가하는 데도 긍정과 부정 양면을 두루 보며 일반화를 하게 된다.

일반화는 개별 사실이나 개체, 또는 어느 한 요소를 초월해 같은 범주에 속하는 수많은 사실, 개체, 요소의 공통분모를 찾는 것이다. 나무에 비유하자면, 모든 나무가 종류, 크기, 모양, 상태 등에서 다 다르나 뿌리, 줄기, 가지, 잎, 꽃, 열매를 부분으로 갖는 식물이

---

6 일반화(generalization)를 통칙(通則)이라고 말하기도 한다. 이 책에서는 일상생활에서 더 익숙하게 사용되는 일반화라는 표현을 주로 쓸 것이다.

라는 공통점이 있기에 나무라고 일반화될 수 있는 것과 같다. 민주주의라는 표현을 쓸 수 있는 체제, 집단, 제도, 행태가 무수하게 많이 있고 각각이 다 조금씩은 다름에도 개방성, 상향성, 분산성, 참여성 등 여러 기준에서 특정 선을 넘었기에 민주주의라는 하나의 범주로 일반화하게 된다. 일반화generalization는 단순화simplification와 비슷한 개념으로서 혼용해도 되는 경우가 많지만, 그 어감에서 전자는 여러 경우를 망라해서 적용하는 것인 데에 비해 후자는 복잡한 현상이나 사물을 축약하는 것의 의미를 띠므로 엄밀하게는 구분할 수 있다. 그것은 일반성generality과 간략성simplicity, parsimony이 구분되는 것과 마찬가지이다.

일반화를 하려면 고유한 개별성을 뛰어넘어 맥락에 맞는 보편적 추상성을 추구해야 하고, 당연히 눈에 보이지 않는 그 무언가를 인식적으로 재구성하게 된다. 개별 개체의 관점에서는 일반화가 현실을 왜곡하는 것이지만, 사회를 잘 운영하고 구성원들에게 여러모로 혜택을 돌아갈 수 있도록 하려면 어쩔 수 없이 현실을 재구성해야 한다. 예를 들어, 지하철 노선도는 역 간의 간격을 똑같이 표시하고 동서남북 방향도 사실과 다르게 그리는 등 현실 자체를 재구성, 혹은 왜곡한 것이나 우리 삶에 큰 도움을 준다. 비행기는 수많은 기종이 있지만, 그 차이는 무시하고 큰 공통점만 일반화해 모형을 만듦으로써 개발용, 교육용, 홍보용 등 다양한 용도로 활용될 수 있다.

예를 들어 사회 양극화와 관련해서도, 우리 사회의 수많은 측면, 맥락, 사례 중 양극화되지 않은 부분도 많겠으나 전체적으로 양극화가 커졌다고 현실을 일반화 차원으로 재구성함으로써 더 좋은 쪽으로의 변화를 가져올 방안을 찾아낼 수 있다. 또한 경제적 불평등을 가져오는 원인이 무수히 많겠지만, 그 대부분은 차치하고 가장 핵심적인 원인에 초점을 맞추어 인과관계를 일반화함으로써 경제적 불평등을 완화하는 데 유용한 시사점을 얻을 수 있다.

6. 방법론의 함정

다음 장부터 본격적으로 방법론을 다루기에 앞서 조심해야 할 함정들을 미리 경고 삼아 지적한다. 앞으로 각론 곳곳에서 더 논의될 것이지만, 여기서는 총론 차원에서 언급한다. 현실상 피하기 쉽지 않더라도 유념한다면 그 위험성을 다소 줄일 수 있을 것이다.

첫째, 일반화의 오류를 조심해야 한다. 과도한 일반화를 말한다. 개별 사건, 현상, 제도, 행태 등에 대한 논의를 전체로 확장해서 일반화하는 가운데 과장된 추론을 할 수 있다. 일상 대화에서 일반화의 오류가 자주 발생하는데, 학문 세계에서 지식을 생산할 때도 흔히 나타난다. 개체의 특성을 보며 전체 집단도 당연히 그 특성을 가질 것이라고 성급히 결론 내릴 때 합성의 오류fallacy of composition를 범했다고 하고, 역으로 전체 집단의 특성이 모든 개체에도 나타날 것이라고 성급히 일반화를 한다면 분할의 오류fallacy of division에 빠졌다고 말한다.[7]

개체와 전체의 관계는 일반화를 쉽게 허용하지 않는다. 여러 개체가 모여 전체를 구성하는 만큼 하나의 개체만으로 전체를 일반화하려면 논리상 무리가 따를 수밖에 없다. 때로는, 모든 개체가 똑같은 성격을 띠다가 전체로 합해질 때 성격이 달라지는 경우도 존재한다. 개별 개체에는 없는 플러스 알파가 전체에 나타날 수 있는 것이다. 예를 들어, 비슷한 성향의 사람들이 하나의 정당으로 뭉칠

7 '분할의 오류'는 '생태(학)적 오류'(ecological fallacy)라고도 한다.

때 전체 분위기가 강경해지며 각자의 정파적 편향성이 더 세질 수 있다. 이기적 인간들이 단체로 모이는 경우 서로 눈치를 보고 체면을 차리느라 보다 이타적인 행동을 보이기도 한다.

특히 해석주의 전통에서는 일반화의 오류를 가장 심각한 문제로 여기므로 과학주의와 달리 일반화 자체를 거부하는 경향을 보인다. 일반화는 결국 현실을 과도하게 왜곡하므로 개체 각각의 의미를 찾는 데서 학문의 본령을 찾자는 것이다. 해석주의는 다음 장에서 과학주의에 대해 논의할 때 대안적 관점으로 상세하게 다루므로 여기서는 언급만 하고 넘어간다. 너무 극단적으로 일반화를 거부할 필요는 없으나(사실, 후술하듯이 본인 의사와 상관없이 완전히 거부하기도 힘들다), 과도한 일반화를 조심해야 한다는 점은 방법론을 다룸에 있어서 항상 유념해야 한다.

방법론의 둘째 함정으로 절대주의적 경직성의 유혹을 들 수 있다. 특정 연구방법은 상황적 맥락과 사고의 관점에 따라 적절할 수도 있고 그렇지 않을 수도 있다. 눈에 보이지 않는 사회 현상에 대한 불확실한 지식을 쌓는 과정에서 특정 방법만이 절대적으로 정답이라고 말할 수는 없다. 맥락에 따라 대규모 자료에 대한 통계분석이 적절할 수도 있고 한 명에 대한 심층면접이 더 나을 수도 있고, 관찰 범위를 시간상 늘리는 편이 더 유용할 수도 있고 공간적으로 넓혀야 더 많은 점을 얻을 수도 있다. 그러나 우리는 각자 선호하거나 익숙한 방법만 고수하고 다른 것은 과도하게 평가절하하는 모습을 보일 때가 있다. 이러한 함정을 조심하며 각 연구방법이 맥락과 관점에 따라 어떠한 상대적 장단점이 있고 어떻게 혼용하면 좋을지에 대한 고민이 필요하다. 다원주의는 방법론의 세계에서도 중요한 가치이다.

셋째, 방법론 지상주의라는 함정도 유의해야 한다. 방법론을 너무 최우선시해 방법론적으로 뒷받침될 수 있는 연구인가부터 생각한다면 방법론적으로 쉽지 않은 중요한 주제를 회피하거나 연구의 적실성을 경시하게 된다. 방법론은 좋은 연구를 위한 기본 토대이자 유용한 연구결과를 얻기 위한 도구이다. 그런데도 방법론을 먼저 고려하고 거기에 맞는 무난한 주제를 찾는다면 주객이 전도되는 셈이다. 연구의 핵심 목적은 학문적으로 의미 있거나 실용적으로 필요한 주제에 대한 문제를 제기해서 탐구하는 것이고, 방법론은 그 목적을 위해 동원되는 이차적 수단이다. 방법론적 정교성을 우선 앞세워 문제의식의 적실성을 경시해서는 안 된다. 그러나 현실상 방법론 지상주의는 널리 퍼져있다. 특히 연구실적의 수를 무리하게 늘리려 하거나 짧은 기한 내에 연구결과를 내려 한다면 방법론 지상주의에 빠지기 쉽다. 물론 방법론이 뒷받침되지 않는 너무 무모한 연구를 억지로 진행해도 결국 성과를 내지 못하고 공허함만을 자아낼 것이다. 그러므로 방법론에 대한 고민과 주제 및 문제의식의 적실성에 대한 고려 사이에서 조화와 균형을 추구하는 자세가 필요하다.

02

CHPATER

'과학'으로서의 정치학이란?

이번 장에서는 정치학이 과학주의 전통을 대세로 쌓아왔고 해석주의와 융합적 접근방식으로부터의 비판을 적절히 수용해 조화로운 과학화 노력을 경주해야 한다는 점을 논한다.

CHAPTER

02

'과학'으로서의 정치학이란?

앞선 제1장에서 살펴보았듯이 방법론은 지식을 생산하기 위한 것이다. 이 지식은 응당 인간의 이성으로 밝히는 과학적 지식을 뜻한다. 논의가 너무 복잡해지지 않도록 제1장에서는 과학에 대해 언급하지 않았는데, 이번 장에서 과학에 대한 논의를 통해 방법론의 전반적 성격을 기술하고자 한다. 사회현상에 관한 과학은 자연과학과 같지 않다는 의미로 제목에서 과학에 작은따옴표를 붙였지만, 본문에서는 편의상 주로 부호 없이 사용할 것이다. 이하에서 과학으로서의 정치학은 어떠한 역사 궤적으로 진화해왔는지, 이때의 과학은 어떠한 특성을 가지는지, 그 과학은 정치학 분야에서 어떠한 한계를 갖는지 상술한다. 이어서 과학주의의 대척점에 있는 해석주의, 융합적 접근을 소개하며 과학주의와 비교해본다. 마지막 부분에서는 과학적 지식을 탐구하기 위한 연구 과정 전반을 개관하며 제3장부터 각 연구 요소(연구단계)를 논하기 위한 기본 틀을 제시한다.

1. 사회과학 등장의 역사적 배경: 합리주의

지성사는 근대 이전과 이후로 나뉜다. 근대 이전까지는 규범적 믿음, 특히 종교 규범적 신앙과 이성적 사고, 경험적 주장이 뒤섞여 있었다. 그런 속에서 종교 규범적 믿음이 가장 우선되며 인간의 정신세계를 지배했다. 신 중심적인 사유는 동서양의 공통된 현상이었지만, 특히 유일신을 믿은 서양에서 절대적 유일신 중심의 교리가 체계성을 갖춰 강력하게 힘을 발휘하며 인간의 인식체계를 통일되게 이끌었다. 인간의 이성과 경험 관찰에 의한 생각은 종교 교리에 묻힐 수밖에 없어 독자적인 영역으로 발전하기 힘들었다. 동양도 서양만큼 체계화된 절대적 교리에 지배된 것은 아니어도 종교적, 신화적 사고가 중심을 이루는 가운데 규범적 믿음과 경험적 생각이 뒤섞였던 것은 마찬가지였다.

이러한 혼합적(나쁘게 표현하면 혼동적) 사유가 동서양 문명을 이끌던 시대에 인간의 이성적 추론과 경험적 관찰을 핵심으로 하는 사회과학이 정립될 수는 없었다. 이 점에서 근대 이전을 지성사의 "암흑기"라고 부르곤 한다. 이 표현이 근대 이전의 문명이 열등하다는 뜻은 아니다. 다만, 오늘날 의미의 과학적 사유로 사회현상을 규명하려 한 것이 아니기에 그 점에서 암흑기라는 것이다. 종교의 관점에서는 오히려 황금기라고 부를 수도 있다. 물론 인간이 중심이 되어 이성적 사유를 전개한 경우가 아예 없지는 않았다. 소크라테스(BC 470년~399년), 플라톤(BC 427년~347년), 아리스토텔레스(BC 384년~322년) 등으로 대표된 일군의 고대 사상가들은 인간의 이성과 경험 중심으로 세상을 논함으로써 훗날 르네상스 인본주의의 지향점이 되었고 후술할 근대 합리주의의 씨앗을 뿌렸다. 그러나 이러한 예외는 근대 이후 지성사에 끼친 큰 영향에도 불구하고 근대 이전을 전체적으로 볼 때 미미했을 뿐이다.

사회과학은 근대에 와서야 가능해진다. 근대로 들어선 대략 17~18세기 무렵에 신 중심의 중세봉건질서에 대한 반발이 커지며 인간의 이성에 기초한 합리주의 정신이 뿌리내리기 시작하였다. 초기의 대표적인 사상가로 프란시스 베이컨(1561년~1626년)과 르네 데카르트(1596년~1650년)가 꼽힌다. 전자는 경험적 관찰을, 후자는 연역적 사고를 강조하는 차이가 있으나 인간 중심의 합리주의 사상을 체계적으로 제시했다는 큰 공통점을 지닌다. 이런 가운데 드디어 사회현상에 대한 이성적, 경험적 탐구가 시도될 여건이 만들어진 것이다. 합리주의는 수많은 갈래로 발전해왔기에 단순하게 말하기 힘들지만, 사회현상의 탐구에 있어서 대략 현실주의, 개인주의, 제도주의의 성격을 띠었다. 이러한 세 측면의 성격을 압축해서 기술하면 다음과 같다.

첫째, 현실주의는 마키아벨리(1469년~1527년)의 저작에 예시적으로 잘 나타난 관점으로, 인간은 기본적으로 자기 이익을 추구하는 존재라는 전제에 입각해 있다. 인간에게 고매한 도덕심을 기대하기보다는 이기적인 인간들을 어떻게 통제해야 사회에 큰 해악을 끼치지 않고 사회 기능을 유지할 수 있을지에 천착한다. 인간의 긍정적 변화 가능성에 매달리지 않고 세상을 권력, 이익의 측면에서 몰(沒)규범적으로 이해하는 관점인 만큼 신 중심의 종교 규범적 세계와 근본적으로 어울릴 수 없다. 종교 교리는 아니어도 도덕심에의 호소를 통해 인간을 변화시킬 수 있다는 전제 위에 세상을 대의명분의 관점에서 보는 이상주의도 현실주의의 대척점에 선다. 근대 합리주의는 만사를 신의 섭리로 규정한 중세봉건질서를 거부하고 반대로 인간 중심의 관점을 세우는 가운데 현실주의의 성격을 띠게 되었고, 이에 따라 이상주의는 한동안 역사의 뒷전으로 밀리게 되었다.

둘째, 합리주의는 개인주의 성격을 띠었다. 인간의 이성을 전제로 세상을 이해하되, 그 인간은 집합체가 아니라 개인을 의미한다. 홉스(1588년~1679년), 로크(1632년~1704년) 등의 사상에서 출발점은 자연상태에 존재하는 독립적 개인들이다. 개인들이 자발적으로 계약을 맺어 사회를 구성한 것이라는 논리에서 개인이 우선성을 지니고 사회라는 집합체는 개인들을 위해 개인들이 만든 구성물일 뿐이다. 합리주의는 신 중심적 질서를 거부하고 인간 중심적 사고를 취해 사회현상도 개인 행위자들의 인식, 능력, 행동에 초점을 맞춰 이해하고자 한 것이다. 공동체의 우선성을 전제하여 집단이나 사회 공동체의 특성, 기능 등을 통해 세상을 이해하려 하는 공동체주의는 합리주의의 개인주의 관점에 가려 근대 이후 오랫동안 지성사의 비주류로 남게 되었다.

셋째, 합리주의는 자기 이익을 추구하는 개인들의 관점에서 세상을 규명하는 가운데 자연스레 제도를 체제 유지 및 발전의 도구로 중시하는 제도주의 성격을 띠게 되었다. 미합중국 건국의 기초자 중 한 명인 매디슨(1751년~1836년)이 근대 제도주의 관점을 명료하게 예시해준다. 그는 인간은 원래 이기적이므로 도덕심에 호소해도 소용없고 대신 그런 인간들의 행동이 너무 큰 사회적 병폐를 낳지 않도록 제도로 통제해야 한다고 설파하였다. 그러한 제도는 미국 헌법에 구현된 대통령 간접 선거, 권력 분립, 연방 제도 등을 말한다. 이처럼 적절한 제도의 고안에 주안점을 두는 관점은, 가족, 학교, 교회, 마을공동체 등을 통해 문화와 의식을 변화시킴으로써 사회적 병폐를 막자는 문화주의와는 명확한 대조를 이룬다. 합리주의가 제도를 중요하게 여긴 덕에 근대 이래로 각종 정치제도에 대한 탐구가 많이 이루어질 수 있었고, 이에 반해 문화적 측면은 상대적으로 사회과학에서 경시되게 되었다.

현실주의, 개인주의, 제도주의 성격의 합리주의가 서구에서 지배적 힘을 발휘하게 되면서 그 반대급부로 이상주의, 공동체주의, 문화주의 시각은 한동안 지성사의 중앙에서 밀려날 수밖에 없었다. 이에 따라, 인간 내면에 잠재해 있는 공동선 지향의 도덕심을 다양한 공동체 활동을 통해 발현시켜 사회 발전을 이끄는 원동력으로 삼자는 주장은 오랫동안 그리 크게 들리지 않았다. 그러한 주장은 후술하듯이 20세기 후반에 와서야 과도한 합리주의를 탈피하자는 지성적 반성에 따라 사회과학 탐구에서 널리 공감을 얻기 시작했다.

서구 합리주의는 또한 사회현상에 대한 탐구가 방법론적으로 분석적 성격을 띠게 하였다. 분석은 나누고(分) 쪼갠다는(析) 의미로 세상을 요인별, 요소별로 구분해 살펴본다는 의미이다. 만사를 신의 거대한 통일적 섭리에 속한 것으로 보는 종교 교리를 거부하고 인간 개개인을 사회현상의 핵심 주체로 보는 합리주의 관점에서 분석적 접근이 파생된 것은 당연한 일이었다. 어떤 현상을 보며 원인과 결과로 나누고, 원인들을 상대적 경중에 따라 구분하고, 현상의 상태를 여러 범주로 나눠 분류하거나 여러 측면을 나눠 관찰하는 등 분석적 접근이 사회 탐구의 주를 이루게 되었다. 전체의 거대한 섭리를 파악하려는 시도보다는 부분들에 천착해서 어떤 부분이 또 다른 어떤 부분과 어떻게 연결되는지 이해하려는 시도가 핵심을 차지하게 된 것이다. 분석이란 단어는 아직까지도 탐구 그 자체를 뜻하는 것으로 넓게 이해되고 있다. 분석을 중시하는 경향은 그와 반대로 전체를 통으로 묶어 이해하는 통합적, 전체론적holistic 사고를 자연스레 위축시켰다. 최근에야 통합적 사고를 되살리려는 노력이 일어나고 있다. 이 점에 대해선 이번 장의 마지막 절에서 더 자세히 다룰 것이다.

근대 이후 확산된 합리주의는 19세기 말, 20세기 초 서구에서 완전히 개화되며 소위 사회과학이 확고하게 뿌리를 내리게 토양을 마련해준다. 이제 현실주의, 개인주의, 제도주의의 성격을 띠고 분석적 접근을 취하는 합리주의적 사회현상 탐구가 과학이라는 이름을 쓰게 된 것이다. 특히 이 시기에 경제학, 심리학, 사회학이 과학화의 선두주자였다. 그러나 당시 사회과학은 독자적인 위상을 이루었다고 보기 힘들다. 자연과학의 논리, 방식, 기법을 대거 그대로 수입해 학문의 과학화를 추구했기 때문이다. 사회과학의 초기 발전은 자연과학의 연장선에서 자연과학적 사고를 적용, 응용하는 수준으로 이루어졌다. 예를 들어, 계몽주의 사조의 콩도르세(Condorcet 1743년~1794년)는 사회 역사와 문화도 물리학과 마찬가지로 정확하고 명확한 법칙들에 규정된다고 보고 그러한 법칙들을 찾아냄으로써 완전한 사회질서를 이루고 사회적 진보를 이룰 수 있다고 설파하였다.[1] 콩트(Comte 1798년~1857년)도 인간 행동과 사회 제도는 매우 복잡하지만 결국 자연법칙에 귀결된다고 환원주의적 성격을 보였다.[2] 밀(J. S. Mill 1806년~1873년)도 자연과학과 사회과학은 방법론적으로 통일성을 지닌다고 보고 양자의 차이는 근원적이지 않고 정도의 문제일 뿐이니 사회와 관련해서도 자연과학에서처럼 통일적 법칙을 일반화 형태로 찾아낼 수 있다고 믿었다.[3]

물론 수많은 갈래의 합리주의 사조가 모두 자연과학 모방 방식

1 Edward O. Wilson, *Consilience: The Unit of Knowledge* (New York: Vintage Books, 1998), p. 21.

2 상게서, p. 33.

3 Peter Winch, *The Idea of a Social Science and Its Relation to Philosophy* (London: Routledge & Kegan Paul, 1963), pp. 66－75.

의 사회과학 탐구로 이어진 것은 아니다. 신 중심 사고를 배격하고 인간 중심의 이성적 관점을 취하되 이상주의, 문화주의, 공동체주의의 성격을 띠는 사조들은 크게 상반된 모습을 보였다. 예를 들어 헤겔, 헤르더, 셸링, 괴테 등 일단의 독일 낭만주의 사상가들, 미국 초월주의transcendentalism를 대표한 에머슨Ralph Waldo Emerson, 쏘로Henry David Thoreau 등은 사회 탐구의 과학화와는 근본적으로 맥을 달리하였다. 그러나 19세기 말경 지성사의 대세는 객관적 진실을 향한 꿈을 꾼 합리주의 사조로서 실증주의positivism, 실용주의pragmatism 등의 이름 아래 사회과학을 자연과학처럼 발전시키려는 노력이 전개되었다. 그 결과 경제학, 심리학, 사회학이 과학화 움직임의 중심에 서게 되었다.

반면, 정치학 분야는 과학화 대열에 상대적으로 늦게 합류하였다. 합리주의의 강력한 영향 아래 경제학, 심리학, 사회학 등이 분석적 접근을 과학으로 승화시켰다고 자부하기 시작한 이후에도 수십 년간 정치학은 전통적 성격을 고수하며 사회과학이라는 표현을 쓰기에는 적당하지 않은 수준에 머물렀다. 미국정치학회는 1903년 창립 당시부터 그 이름에 정치과학political science이란 표현을 썼지만 과학과는 거리가 멀었다. 훗날 미국 대통령까지 지낸 우드로 윌슨의 경우, 정치가로 나서기 이전인 19세기 말 정치학자로 명성을 날리던 당시 이미 정치과학이란 표현을 썼지만 정형화될 수 없는 조건들에 대한 통찰력 있는 해석을 지향했지 자연과학에서처럼 정형적 법칙을 추구했던 것은 아니다.[4] 정치학이 여타 분야에 비해 과학으로서의 성격을 갖추는 데 늦었던 이유는 다루는 주제들이 일반

4 Niels Aage Thorsen, *The Political Thought of Woodrow Wilson, 1875–1910* (Princeton, NJ: Princeton University Press, 1988).

화를 쉽게 허락하지 않는 것이라는 데 있다. 경제학, 심리학, 사회학은 모든 사람을 균질적으로 보며 그들이 시장에서 어떤 행위를 하는지, 일상생활에서 어떤 심리 상태를 갖는지, 상호 관계에서 어떤 양상을 보이는지 탐구하므로 일반화가 비교적 용이해진다. 반면에 정치학은 극소수 정치 지도자의 판단과 선택, 정치에서 추구되는 다양하고 상반되는 당위적 가치들, 수많은 정치체제의 법과 제도, 무수한 역사 사례들을 연구 대상으로 삼으므로 정형적 양태를 찾거나 일반화 차원의 이론을 세우기가 쉽지 않다.

이처럼 주제의 성격상 정치학의 과학화가 상대적으로 뒤늦었지만, 20세기 중반에 오면 서구 합리주의에 입각한 사회과학이 학문적으로 더욱 확산되며 정치학에서도 과학주의 학풍이 주도권을 잡기 시작한다. 이제 정치과학이라는 이름에 보다 걸맞게 정치학이 발전할 수 있게 된 것이다. 이에 대해선 다음 절에서 상술한다.

2. '정치과학'의 확산: 행태주의와 탈행태주의

정치학의 뒤늦은 과학화 움직임은 한번 가동되자 순식간에 대세로 자리매김할 수 있었다. 20세기 초반에는 과학화를 주창하는 일군의 정치학자가 큰 호응을 얻지 못하였지만, 1960년대에 와서는 "행태주의 혁명"이라는 기치 아래 과학화가 급속도로 정치학 분야에 확산되고 널리 공명을 자아냈다. 정치현상도 자연과학적 논리와 기법을 적용해 경험적으로 관찰함으로써 법칙성을 찾아내자는 것이 이 과학화 움직임의 핵심 목표였다.[5] 이를 위한 탐구 자세로 객관

5 정치학의 과학화를 지향하는 행태주의에 대해선 다음을 참조할 것: 김웅진, "행태주의와 경험과학 연구: 전제, 영역과 설계," 한국정치학회 편, 『정치학 이해의 길

성과 중립성을 강조하였고, 실증을 추구하는 가운데 자연히 계량적 접근에 치중하였다. 객관적, 중립적 자세로 사회현상을 관찰해서 어떤 법칙성을 실증적으로 찾으려다 보니 주로 겉으로 드러나는 사람들의 행태를 연구 대상으로 삼게 되어 행태주의behavioralism라는 이름이 붙게 된 것이다. 전통적으로 정치학에서 법·제도, 역사 현상, 규범 가치 등이 중심 주제로 부각되며 행태가 상대적으로 소홀히 취급되었던 것과 대조를 이루는 경향이었다.

1960년대 무렵 행태주의의 지적 파급력이 워낙 셌던지라 행태주의가 표방한 '정치과학'political science이 분야의 공식 이름으로 익숙하게 받아들여지게 되었다. 이 표현은 이미 19세기부터 있었지만 이제 거부감 없이 통용되게 된 것이다. 정치학의 중심 무대가 된 미국 대학들 대부분이 이 무렵에 학과 이름을 Department of Political Science로 바꿨고 유럽, 아시아, 남미 등 다른 지역에서도 뒤를 이었다. 일부 예외는 있으나[6] 오늘날에도 이 표현은 전 세계에서 그대로 유지되고 있다. 행태주의는 20세기 중반에 혁명처럼 확산되어 현재까지 심대한 학문적 영향을 남기고 있다. 투표행태 등 행위자들의 각종 행태를 경험 자료에 대한 계량분석을 통해 체계적으로 서술하고 그 원인과 결과에 대한 법칙성 있는 인과관계를 찾는 학풍이 오늘날 정치학의 큰 부분을 차지하고 있다.

잡이: 정치이론과 방법론』 (서울: 법문사, 2008년); Heinz Eulau, *The Behavioral Persuasion in Politics* (New York: Random House, 1963); Heinz Eulau, ed., *Behavioralism in Political Science* (Chicago: Atherton Press, 1969); David E. Apter, *Introduction to Political Analysis* (Cambridge, MA: Winthrop Publishers, 1977), pp. 213-290.

6 전통적인 정치학과 이름을 고수하는 예외적인 경우로, 하버드 대학과 코넬 대학은 Department of Government, 프린스턴 대학은 Department of Politics를 두고 있다.

그러나 정치현상의 법칙성을 자연과학적 방식으로 정립하겠다는 생각은 처음부터 일각에서 의문을 자아냈고 1960년대 말 이래 지속적으로 비판받아왔다. 초기 행태주의는 기계적 과학주의를 맹신하는 지적 미숙함을 보여 복잡 미묘한 정치현상을 관찰 가능한 영역으로만 협소화했고 법칙성에 대한 과도한 집착은 각종 일반화의 오류를 낳았다. 제1장에서 상술했듯이 사회현상은 인간의 주관적 인식에 존재할 뿐인데, 그것을 자연과학식으로 법칙화하려니 무리가 따를 수밖에 없다. 초기 행태주의에 대한 이러한 비판은 탈행태주의post-behavioralism라는 큰 우산 아래 보다 성숙하고 세련된 과학화를 지향하는 여러 갈래의 학자들이 운집하는 계기를 제공했다.

탈행태주의는 실증 위주의 행태주의가 공허한 중립성을 추구하는 가운데 연구를 위한 연구로 흘러가고 정작 사회적 문제의식을 놓친다고 비판한다. 특히, 이스튼David Easton은 원래 행태주의자였으나 곧 기계적 과학주의가 현상 유지에만 기여하고 사회 변혁을 원천 봉쇄한다는 인식 하에 탈행태주의 관점을 앞장서 주창하였다.[7] 여타 사회과학 분야와 달리 정치학은 기존 체제 속의 행태 연구를 통해 현 질서를 지키는 데 만족하지 말고, 중요한 사회문제에 대한 비판적 탐구를 통해 체제를 보다 바람직하게 변화시키는 쪽으로 가야 한다는 주장이다.

정치학에서 탈행태주의는 통일되기보다는 다양한 성격의 여러 갈래로 발전하였다. 역사, 법·제도, 규범 등 정치학의 전통적 영역이었으나 행태주의 물결 속에서 한동안 묻혀있던 것을 다시 꺼내

---

7 David Easton, "The New Revolution in Political Science," *The American Political Science Review*, Vol. 63, No. 4 (December 1969); *The Political System: An Inquiry into the State of Political Science*, 2nd edition (New York: Alfred A. Knopf, 1971).

새롭게 규명하자는 움직임이 한편에서 힘을 얻었다. 또 다른 갈래로, 정체성, 문화가치관, 신뢰감, 효능감 등 관찰하기 어려운 주관적 인식이 정치와 관련해 갖는 깊은 의미와 중요성을 현실적으로 주목하자는 관점도 널리 반향을 일으켰다. 행태주의가 겉으로 드러나는 행태를 피상적으로 분석하는 것과 달리 탈행태주의는 표피 안을 고찰해 다층의 주관적 인식을 깊게 이해하자는 것이다. 이와는 또 다른 갈래로, 행태주의처럼 너무 경험관찰에만 입각해 귀납적 연구에 경도되기보다 체계적 논리에 의존하는 연역적 연구에도 관심을 기울여야 한다는 시각이 학계에서 큰 호응을 얻게 되었다. 그 결과, 게임 이론, 합리적 선택 이론 등이 정치학의 핵심 위치에 오를 만큼 그 세를 확장시켰다.

오늘날 정치학 분야의 과학화 노력은 대별해서 행태주의 학풍과 여러 갈래의 탈행태주의 학풍으로 나뉘어 진행되고 있다. 행태주의는 초기의 획일적이고 기계적인 사고를 탈피해 맥락의 차이를 유념하는 신중성을 강조하게 되었다. 탈행태주의는 행태주의에 대한 반명제의 성격을 뛰어넘어 정치학의 독창적인 다면적 발전을 주도하고 있다. 특기할 점은 행태주의와 탈행태주의, 양자가 결코 상호 배타적인 것이 아니고, 한 명의 학자가 양쪽에 걸쳐 혼합적 탐구를 할 수 있을 만큼 양자의 경계가 모호하고 중첩되는 부분이 크다는 것이다. 그런 의미로 오늘날 정치학에서 행태주의와 탈행태주의가 공존하며 주류로서의 방대한 과학주의 전통을 함께 이루고 있다고 말할 수 있다.

3. '과학적' 지식의 특성

사회과학, 그리고 그 한 분야인 정치학에서 과학은 어떠한 특성을 갖는지 살펴보자. 먼저, 사회과학에 지대한 영향을 준 자연과학부터 짚어볼 필요가 있다. 에드워드 윌슨은 "과학은 간략히 말해 세계에 대한 지식을 모으고 그 지식을 검증 가능한 법칙과 원리로 압축하는 조직적이고 체계적인 과업"이라고 정의 내린다.[8] 이 정의에 녹아 들어있는 과학의 성격을 몇 개로 정리하자면, 우선 똑같은 조건에서 똑같은 결과가 나오는 반복성repeatability을 들 수 있다. 최소의 노력으로 최대의 정보를 산출하는 경제성 혹은 효율성economy도 들 수 있다. 관찰해서 진위를 판별할 수 있는 계측 가능성mensuration도 있다. 하나의 발견이 다른 발견을 촉진시키는 이론적 확장성 혹은 교훈적 시사성heuristics도 간과할 수 없다. 무엇보다, 통섭consilience의 성격이 과학에서 핵심인데, 법칙과 원리를 가장 근원적이고 가장 일반적인 수준으로 귀결시켜 다양한 지식이 상호 연계되고 전체적으로 일관성을 찾을 수 있어야 한다는 것이다. 이 통섭을 위해 가장 근원적인 것을 찾으려면 응당 환원주의reductionism 성격이 또한 수반된다. 혹자는 환원주의를 부정적으로 보겠지만, 윌슨은 "환원주의를 추구하지 않고 복잡성을 사랑할 때 예술이 되고, 복잡성을 사랑하면서도 환원주의를 추구할 때 과학이 된다."라고 말하며 환원주의를 강조한다.[9] 자연과학은 이러한 여러 성격을

8 Edward O. Wilson, 전게서, p. 58. 원문은 다음과 같다: "Science, to put its warrant as concisely as possible, is the organized, systematic enterprise that gathers knowledge about the world and condenses the knowledge into testable laws and principles."

9 상게서, p. 59.

추구하는 가운데 객관성을 성취할 수 있다는 관점을 취한다. “객관적 진실의 기준은 경험적 조사를 통해 얻을 수 있다,” “객관적 진실이 불가능하다고 생각해선 안 된다.”[10] 등의 표현에서 객관성에 대한 자연과학의 신념을 엿볼 수 있다.

물론 이러한 성격의 자연과학이 사회과학에 그대로 이어지는 것은 아니다. 이하 이번 절과 다음 절들에서는 사회과학에서 말하는 과학이 어떠한 성격을 지니는지 논하면서 자연과학과 다른 면들을 짚을 것이다. 자연과학도 완벽한 지식을 창출해내기가 불가능하듯이, 과학으로서의 사회과학(정치학을 포함한)이 추구하는 몇몇 특성을 완전히 충족시키기란 더욱 불가능한 일이다. 단지 당위적으로 지향하는 이상형ideal-type으로 핵심 특성들을 논해볼 수 있을 뿐이다. 현 시점에서는 그 특성들을 나열식으로 짧게 소개하고, 각각에 담긴 깊은 의미와 서로 간의 중첩성 및 부합성이나 충돌 및 상쇄 관계에 대해서는 책 전체에 걸쳐 여러 대목에서 상술하도록 한다.

첫째, 정치학이 과학으로 승화되려면 지식을 탐구, 창출하는 과정이 개방성과 명시성을 띠어야 한다. 기존의 어떤 문헌을 보고, 새로운 어떤 자료를 참고하고, 관심 현상의 어떤 측면을 어떤 관점에서 관찰해서, 어떤 결론을 어떤 논리로 도출하는지 그 전체 과정이 남들에게 개방되고 명료하게 전달될 수 있어야 한다. 신비로운 종교적 계시나 혼자만 아는 득도의 비결은 그 과정이 투명하게 보이지 않고 남을 명확하게 이해시키기 힘들므로 과학적 지식으로 볼 수 없다. 순간적으로 영감을 받아 도달하게 된 결론도 개방성과 명시성에서 결격 사유가 있어 믿음의 영역일 뿐 과학적 지식의 영역은 아니다. 인류 역사는 계시, 득도, 영감 등 신비한 힘에 의해 이

---

10 상게서, p. 66.

끌린 면이 크겠지만, 사회와 정치에 대한 탐구를 과학의 반열에 놓기 위해서는 과정을 남에게 열어 전달할 수 있어야 한다.

둘째, 과학적 지식은 검증 받을 수 있어야 한다. 검증가능성은 상기 개방성과 명시성을 갖추면 자연스레 수반되는 특성이다. 지식이 검증의 결과로 널리 수용될 수도 있고 비판 받아 수정되거나 아예 폐기될 수도 있다. 반면, 전술한 계시, 득도, 영감은 믿음의 세계이므로 검증가능성이 없다. 이 검증가능성testability은 우리가 일상 대화에서 익히 쓰는 표현으로서 학문적으로도 통용될 수 있지만, 엄밀한 학문의 차원에서는 반증가능성falsifiability 개념이 보다 더 적절하다. 반증가능성은 과학철학자 포퍼가 유행시킨 말로서, 어떤 이론과 관련해 모든 사례를 다 관찰할 수 없고 부분적으로만 추론을 전개할 수 있을 뿐이라는 현실 인식에서 나온 개념이다. 즉, 검증은 엄밀하게 말해 불가능하고 실제로는 관찰과 추론을 실시한 범위 내에서 반증에 성공하거나 실패하거나의 문제로 귀결된다는 생각으로부터 나온 개념이다.[11] 일상 대화에서는 검증에 의한 입증, 확증이라는 표현을 써도 무방하겠으나, 학문적 일반화의 차원에선 어떤 이론(혹은 주장)에 대해 "반증에 성공했다"(즉, 이론을 받아들이지 않겠다), 혹은 "반증에 실패했다"(즉, 적어도 이 경우와 이 범위에서는 받아들이겠다)라고 표현해야 한다는 것이다. 제한된 인간의 능력을 감안해 완전성이 개재된 표현보다는 부분성, 불완전성을 반영하는 표현을 쓰는 것이 낫겠다는 포퍼의 학문적 신중함을 엿볼 수 있다.

셋째, 과학적 지식은 한 사례나 특정 개체에만 적용되는 일회성, 단편성이 아니라 일반성, 보편적 적용성을 특성으로 한다. 즉, 같은

11 Karl R. Popper, *The Logic of Scientific Discovery* (New York: Basic Books, 1959); *Conjectures and Refutations* (London: Routledge and Kegan Paul, 1963).

범주로 분류될 수 있는 모든 개체들에 두루 일반화될 수 있어야 한다는 말이다. 이에 대해선 이미 제1장에서 방법론의 핵심은 일반화라는 점을 논할 때 강조한바 있고, 뒤에서도 여러 곳에서 언급될 것이므로 간략히 넘어간다. 다만, 여기서 짚고 넘어갈 유의점은 일반성은 시공을 초월한 절대적 보편성을 뜻하는 것이 아니고 상대적 정도 문제로서 가능한 한 넓은 범위에서 적용되어야 함을 의미한다는 것이다. 그 적용 범위를 정하기 위해서는 시공적 맥락에 주의해야 할 것이다. 그러므로 상대적 의미의 일반성과 맥락성은 상호 보완적 관계에 있다고 말할 수 있다. 얼마나 일반적으로 적용되는지 그 일반성을 규명하려면 여러 개체들의 맥락성을 우선 파악해야 하고, 반대로 각 개체가 얼마나 고유한지 그 맥락성을 규명하려면 일반성을 이해해야 도움이 된다.

넷째, 어떤 이론(주장)이 홀로 존재하지 않고 다른 이론(주장)들과 체계적으로 연결되는 것을 뜻하는 통합성, 연계성도 과학적 지식의 특성이다. 한 이론이 가능한 한 많은 여타 이론들과 연결되어 제3, 제4 등 새로운 지식을 도출해내고 이들이 축적되어 점점 큰 지식체계를 만들 때 과학적 지식으로 인정받을 수 있다. 예를 들어, "A국에서 일반적으로 여성의 정치참여가 소극적이다."라는 이론은 "성차별적인 가부장제 유교문화에서 여성의 정치참여를 안 좋게 보는 경향이 크다."라는 다른 이론과 연결되어 "A국 여성의 소극적 정치참여는 그 원인이 그 나라의 성차별적 가부장제 유교문화이다."라는 제3의 이론으로 이어질 수 있다. 이렇게 여러 이론들이 연결될수록 특정의 체계적 이론 틀이나 관점이 정립되고 담론이 형성되며 하나의 학풍이나 패러다임이 정립될 수도 있다.

과학적 지식이 통합성 혹은 연계성을 지향한다는 점은 "학문은 사회적 과업social enterprise"이라는 대명제[12]와 같은 말이다. 수많은 인간의 주관적 인식 속에 존재하는 사회현상을 한 인간의 힘으로 만족스럽게 이해한다는 것은 불가능하다. 여러 사람이 다양한 이론을 창출하고 이것들이 통합되거나 연계되어야만 사회에 대한 우리의 이해가 보다 만족스러운 수준에서 도모될 수 있을 것이다. 그러한 상호 이해를 바탕으로 여러 사람이 힘을 합해 사회를 조금이라도 바람직한 방향으로 작동시키고 변화시켜 나갈 수 있다. 지식은 단독으로 완결성을 띨 수 없고 다른 지식과 연결될 여지가 있어야만 과학의 범주에 든 것으로 인정받을 수 있는 것이다.

다섯째, 과학적 지식은 구체성, 명확성을 지닌다. 연구자는 제시하는 이론(주장)이 구체적이고 명확해야 그때그때 말을 바꾸는 자의성을 막을 수 있고, 남이 오해하지 않고 제대로 이해할 수 있다. 한 예로, "평등이 중요하다."라는 말은 구체적이지 않아 어떤 의미인지 명확하게 규명하기 힘들다. 여기서 평등이 기회의 평등인지, 결과의 평등인지, 또한 중요하다는 것은 당위적으로 필요하다는 말인지, 경험 현실상 큰 비중을 차지한다는 말인지, 모호해서 오해를 낳고 진정한 소통을 불가능하게 한다. 이론(주장)의 구체성이야말로 사람들 간에 대화를 가능하게 하고 공동 담론을 형성시키는 핵심 특성이다. 구체성을 기하는 방법, 특히 개념의 조작화operationalization 등에 대해선 후술하므로, 여기선 언급만 하는 것으로 만족한다.

여섯째, 사실로 확인할 수 있는 단순 정보와 달리 과학적 지식은 보이지 않는 무언가에 대한 추론inference을 수반하므로 불확실성을 또 하나의 특성으로 갖는다. 확실한 것은 과학적 지식이 아니고 한갓 정보이거나 다른 차원의 종교적 교리, 이념적 도그마일 뿐이

---

12 Gary King, Robert O. Keohane, and Sidney Verba, *Designing Social Inquiry: Scientific Inference in Qualitative Research* (Princeton University Press, 1994), p. 9.

다. 우리는 다양한 각도에서의 관찰과 여러 측면에서의 논리 전개를 통해 불확실성을 최대한 줄이려고 노력하나 완벽하게 없앨 수는 없다. 완전한 확실성을 말하는 순간 과학의 세계를 벗어나게 된다. 그러므로 과학적 지식을 논하는 학문 세계에서 확언, 단언, 절대, 완전, 확증 등의 단어는 삼갈 필요가 있다.

일곱째, 객관성까지는 아니더라도 상호주관성은 과학적 지식이 추구하는 특성이다. 객관성objectivity은 주관성subjectivity의 반대말로 "실존 현상의 양태를 '있는 그대로' 반영해야 한다는 뜻이다."[13] 그러나 자연현상과 관련해서는 몰라도 인간의 주관적 인식에 존재하는 사회현상을 객관적으로 이해한다는 것은 불가능하다. 그렇다고 해서 모든 주장을 철저히 주관적인 것으로만 본다면 여러 사람 간에 대화, 비판, 공감 등이 불필요해진다. 각자의 주장이나 생각은 독자적 주관의 세계에만 머물게 되고, 학문은 사회적 과업이라는 대명제가 무너지게 된다. 여기서 등장하는 것이 객관성과 주관성 중간 정도에 위치하는 상호주관성intersubjectivity 개념이다. 어떤 지식이 특정 시기, 특정 사회에서 자명한 이치로 두루 받아들여질 때, 여러 사람의 주관적 인식 간에 수렴이 이루어졌다는 의미로 상호주관성이 있다고 말한다. 이 개념에서 핵심 요소는 시간적, 공간적 맥락이다. 한 주장이 맥락에 따라 상호주관성을 띨 수도, 그렇지 않을 수도 있다. 물론 특정 맥락에서 얼마나 많은 사람이 받아들여야 상호주관성이 있다고 말할 수 있는지에 대한 명확한 기준은 없다. 당대 사회의 집단적 판단인 만큼 모호할 수밖에 없지만, 테일러Charles Taylor는 "그 사회의 제도와 실제를 구성하는 언어와 그 서술에 상호

---

13 김웅진, 『정치학방법론서설: 경험과학연구의 논리와 규준』 (서울: 명지사, 1992), p. 20.

주관적 의미가 표현된다."라고 말한다.[14]

사회현상과 달리 객관화의 가능성이 있는 자연현상과 관련해서도 상호주관성을 논할 수 있다. 예를 들어, 천동설은 사실에 전혀 부합하지 않는 주장이지만, 수천 년 전 페니키아 상인들은 천동설에 입각한 항해도나 별자리를 보며 지중해 곳곳을 누비고 다니며 문명을 꽃필 수 있었다. 그 당시 그들의 맥락에서는 천동설이 단순히 주관적인 틀린 주장이었다고 치부해버릴 수는 없는 일이고, 상호주관성을 지닌 주장으로서 그들의 삶과 문명에 나름의 도움을 주었다고 말할 수 있다.

과학철학자 쿤Thomas Kuhn은 자연과학의 역사에 대한 역작(力作)을 통해 상호주관성 개념을 이해하기 쉽게 논한다.[15] 그가 보기에, 자연과학의 각 분야에서 어떤 지식이 시공을 초월해서 고정된 불변의 진리로 이어져 오지 않았고, 일군의 지식이 한동안 받아들여지다가 시대가 흐름에 따라 또 다른 일군의 지식으로 대체, 전환되는 과정이 연속되어왔다. 그 전환은 점진적이기보다는 매번 혁명적일 만큼 급격한 양상을 보였다. 즉, 한 시대에 상호주관성을 지닌 특정 과학 패러다임이 흥하다가 세월이 흐르며 쇠해 다른 특정 패러다임으로 혁명적으로 바뀌는 역사가 주기적으로 반복되어왔다는 것이다. 각 패러다임마다 상호주관성을 갖춘 지식 군(群)이 한동안 지배력을 행사하다가 패러다임의 쇠퇴에 따라 사라지는 역사적 양상이 반복되어왔음을 논하면서 쿤은 패러다임, 상호주관성 등의 개념을 널리 익숙하게 알렸다.

---

14 Charles Taylor, *Philosophy and the Human Sciences* (Cambridge University Press, 1985), p. 38.

15 Thomas S. Kuhn, *The Structure of Scientific Revolutions* (Chicago: The University of Chicago Press, 1962).

쿤의 저서가 시사해주는 바는, 자연과학에서도 객관성보다 상호주관성이 지식의 핵심 특성으로 존재해왔는데 하물며 우리의 인식 속에 존재하는 사회현상을 다루는 사회과학에서는 더욱이나 객관성보다 상호주관성이 지향점이 될 수밖에 없다는 점이다. 정치학을 비롯한 사회과학은 현실적으로 불가능한 객관성은 논외로 하고, 대신 상호주관성을 목표로 삼아서 많은 사람에게 설득력 있게 다가가며 공감을 자아내고 공동의 노력을 촉발할 수 있는 지식을 추구해야 한다. 객관성이 자연과학의 이상형 목표라면, 사회과학에서는 상호주관성이 이상형 목표가 된다.

4. 과학화의 한계

정치과학political science이란 이름을 내걸 만큼 과학화의 추구는 정치학의 대명제로 자리 잡았다. 그러나 정치학이 결코 자연과학처럼 될 수는 없다. 양자는 지식의 성격에서 넓은 접점을 찾을 수 있고 후술할 논리 전개 방식, 관찰 방법에서 큰 공통분모를 갖으나 똑같을 수는 없다. 사회현상은 자연현상과 근본적으로 다르기 때문이다. 제1장에서 언급했듯이 사회현상은 인간의 주관적 인식 속에 존재할 따름이다. 민주주의의 확산인지 법치의 퇴보인지, 양극적 대결의 심화인지 자연스럽고 건전한 의견 대립인지, 정권의 지지도 저하는 외부환경의 불리함 때문인지 국정운영의 미숙함 때문인지, 혁명으로 볼지 쿠데타로 볼지 등등 정치학이 다루는 대상은 인식에서 규정하기에 달렸다. 대조적으로, 자연현상은 인간의 인식과 무관하게 객관적으로 존재한다. 그러므로 자연과학에서 높은 구체성, 정확성, 정밀성, 일반성을 갖춘 지식을 법칙 차원에서 찾는 것이 가능하다고 해서, 사회과학에서도 그럴 수 있으리라고 오해해선 곤란하다. 사회과학도 일반화를 핵심 목표로 추구하나 법칙이란 표현을 쓸 정도는 아니고 구체성, 정확성, 정밀성 등의 수준도 그렇게 높을 수 없다.

사회현상은 각자의 주관적 인식에 존재할 뿐 아니라 그 인식은 고정되어 있지 않고 계속 변한다. 한 사람이 5.16을 혁명으로 인식했다가 시간이 지나며 쿠데타라고 인식을 바꿀 수 있다. 그 사람의 기본 성향이 변하거나 사회 분위기가 변한 데에 맞춰 바뀌기 때문이다. 자연현상도 아주 오랜 세월에 걸쳐 바뀌겠으나 사회현상은 인간의 인식에 달렸으므로 그 변화 속도를 자연현상과는 비교할 수조차 없다. 더욱이, 자연 사물과 달리 인간들의 작용에 의한 사회현상은 인간 의지에 심대한 영향을 받는다. 이 의지란 대단히 불가사의한 것으로서 어디로 움직일지 도저히 그 경로를 파악하기 힘들고 예측하기란 더욱 불가능하다. 그뿐 아니라, 자연현상의 구성요소는 같은 부류에 속하는 것끼리라면 물 분자든, 공기든, 아메바든, 암사자든, 야자수든, 서로 똑같은 비중을 지닌다고 간주해도 무방한 데 비해, 사회현상의 구성요소인 인간은 서로 똑같은 비중을 차지하는 경우가 드물고 극소수 사람이 다른 사람에 비해 대단히 큰 사회적 비중과 역할을 차지한다.

이처럼 사회과학과 자연과학은 다루는 대상이 근본적으로 다르므로 상당한 공통분모에도 불구하고 똑같은 수준으로 법칙성을 논할 수 없다. 사회과학에서 넓은 일반화를 하기에는 큰 무리가 따르는 것이다. 사회과학이 자연과학을 그대로 따라가려 한다면 그 아류로 전락하게 될 뿐이다. 정치학은 과학화를 목표로 추구하되, 초기 행태주의처럼 자연과학을 흉내 내선 곤란하다. 과학으로서 정치학은 주관적 인식 속의 사회현상을 어떻게 일반화할 때 상호주관성을 기할 수 있고, 그럼으로써 가능한 한 많은 사람의 공감을 얻어 사회적 과업social enterprise으로서의 학문을 추구할 수 있을지에 천착해야 한다.

5. 과학주의의 대안적 관점

전술했듯이 행태주의와 여러 갈래의 탈행태주의는 정치학의 주류인 과학주의를 구성한다. 자연과학과 똑같을 수는 없으나 사회과학의 한 분야로 정치학도 나름의 과학화를 추구해야 한다는 점을 부인하는 정치학자는 소수에 불과하다. 설혹 과학화가 목표라고 명시적으로 말하지 않더라도 정치학자 대부분은 전술한 여러 특성을 갖는 과학적 지식을 창출하기 위해 노력한다. 이처럼 과학주의가 정치학에 넓은 텐트를 펼치고 지적(知的) 영향력을 행사하고 있지만, 과학주의의 성숙한 발전을 위해서는 대안적 성격의 학풍이나 접근방식을 이해할 필요가 있다. 그래야 대안적 관점의 장점을 선택적으로 받아들여 과학주의에 조화롭게 접목하며 과학화의 한계를 부분적으로나마 극복할 수 있을 것이다. 과학주의와 달리 넓은 일반화를 거부하는 해석주의, 또한 과학주의와 달리 부분으로 쪼개서 보는 분석보다 다 합해서 보는 전체론적 접근을 중시하는 융합적 접근방식, 이 양자를 소개하며 그 장단점에 대해서도 이하에서 살펴본다.

1) 해석주의

해석주의는 여러 사안을 아우르는 일반화가 필연적으로 현실을 왜곡한다며 대신 개별 사안에 내재한 고유한 의미를 찾는 것을 학문의 본령으로 삼는다. 개별 사안의 고유하고 특별한 의미를 찾기 위해서는 섣부른 인과적 설명을 시도하지 말고 그 사안의 여러 측면에 대한 '풍부한 서술'thick description을 추구해야 한다는 것이다. 이러한 해석주의 전통은 특히 인류학자인 기어츠Clifford Geertz에 의해 그 이론적 및 방법론적 토대가 다져지고 체계적으로 정리되었다.[16] 그는 "인간은 그 자신이 짠 문화적 의미의 거미줄에 매달린 동물이고, 그 문화의 분석은 법칙을 찾는 실험적 과학이 아니라 의미를 찾는 해석적 작업이어야 한다."라고 설파하였다.[17] 그 의미는 층이 겹겹이 쌓인 문화 구조 속에 녹아들어 있고, 또한 그 문화는 개인 차원이 아니라 사회 구조적 차원에 밀접히 연계되어 있다. 이런 생각으로 기어츠는 사회가 아닌 개인 차원에서 문화적 의미를 찾으려는 노력을 (심리)인지적, 행태적, 이상주의적 오류fallacy라 부르며 거기에 빠져선 곤란하다고 강조한다.[18]

사회적으로 형성된 문화적 의미를 해석하고 파악하는 데 유용한 방법으로 '풍부한 서술'을 개념화하고 유행시킨 이도 기어츠다. 이 개념은 탐구 대상의 각종 미시적인 부분과 상황적 맥락을 자세히 묘사하는 가운데 자연스레 사회담론social discourse을 읽을 수 있게 되고 그 탐구 대상에 상징적으로 압축되어 담긴 특별하고 고유한

16 기어츠의 대표작을 들자면, Clifford Geertz, *The Interpretation of Cultures* (New York: Basic Books, 1973); *Local Knowledge: Further Essays in Interpretive Anthropology* (New York: Basic Books, 1983).

17 Clifford Geertz, *The Interpretation of Cultures*, 전게서, p. 5.

18 상게서, pp. 7－12.

의미를 해석해낼 수 있다는 것이다.[19] 해석주의의 핵심 요소인 '풍부한 서술'은 과학주의에서 추구하는 수많은 시간적·공간적 사례들을 가로지르는 추상적, 정형적 일반화가 아닌 각 사례 내에서의 깊은 일반화만을 추구한다. 그 점에서, 과거와 현재에 대한 넓은 일반화에 입각한 설명과 예측은 해석주의의 학문 목표에 포함되지 않는다.[20]

아울러, 기어츠는 개별 연구대상이 지닌 고유한 의미를 해석하기 위해선 겉만 피상적으로 관찰해서는 안 되고 연구대상의 마음속으로 들어가야 한다고 설파한다. 즉, 내재적 관점internal point of view, 당사자의 관점native's point of view을 취해야 하고 이를 위해 연구대상자에 대한 감정이입empathy이 필요하다고 주장한다. 예를 들면, 눈을 깜빡거리는 행동이 무엇을 의미하는지 외부에서만 관찰해선 알 수 없다. 자연스러운 신체 작용인지, 티끌이 눈에 들어갔기 때문인지, 눈 근육 이상에 의한 것인지, 심리 불안에 의한 틱 장애인지, 틱 장애의 친구를 야비하게 놀리려는 것인지, 앞 사람에게 신호를 보내는 윙크인지 겉만 봐선 알 수 없으니 개별 관찰 대상자의 마음으로 감정이입을 해서 그 의미를 찾아야 한다는 것이다.[21]

과학주의의 핵심인 일반화가 개별 맥락의 고유한 의미를 획일적 잣대로 덮어버리므로 경계해야 한다는 생각은 현대 공동체주의communitarianism 전통의 철학자들도 공유한다. 이들은 인류학적 해석주의와는 학문적 결이 다르지만, 시공간적 맥락을 중시하는 공동체주의자들로서 보편적 일반화보다 맥락에 따라 달라지는 함의의

---

19 상게서, pp. 21–23.

20 상게서, p. 26.

21 눈 깜박임 예는 다음 저서에도 재인용됨: Gary King, Robert O. Keohane, and Sidney Verba, *Designing Social Inquiry: Scientific Inference in Qualitative Research* (Princeton, NJ: Princeton University Press, 1994), pp. 38–39.

도출을 추구한다는 데서 공통점을 찾을 수 있다. 테일러Charles Taylor, 매킨타이어Alasdair MacIntyre, 윈치Peter Winch 등 여러 사상가가 이 부류에 포함된다. 예를 들어, 매킨타이어는 주장하길, 어떤 정치제도나 실제도 각자가 생각하고 느끼는 세계에 존재할 뿐이고 각자 다른 환경과 맥락에 있다면 다른 생각과 신념beliefs을 갖게 마련이므로, 여러 문화, 제도, 실제를 관통하는 법칙과 같은 정형적 일반화를 찾으려는 비교방법은 사회현실을 과도하게 왜곡하게 된다고 한다.[22]

윈치도 어떤 행동을 이해하려면 외부 관찰자observer가 아니라 그 행동을 직접 하는 당사자agent의 입장에 서서 그가 거기에 어떤 의미를 부여하고 있는지를 파악해야 한다고 주장한다.[23] 사회과학은 절대적 현실에 대한 객관적 경험에 관한 것이 아니라, 인간의 인식체계 속의 개념이나 생각에 관한 것이므로 어떤 말이 의미 있게 남에게 다가가고 공감을 자아내는지에 천착해야 한다는 것이다.[24] 그러려면 법칙과도 같은 일반화를 추구하지 말고 특정 사회적 맥락의 고유한 삶을 지배하는 기준과 규칙을 해석해야 하는데, 그 기준과 규칙은 행동 당사자들이 느끼고 공감하고 함께 정체성을 갖는 가운데 생긴다고 본다.[25] 사회적 맥락과 개인적 사고의 관계는 내적internal이지 결코 다른 사람들이 바깥에서 관찰해 규정하는 외적 관계가 아니라는 것이다.[26]

---

22 Alasdair MacIntyre, "Is a Science of Comparative Politics Possible?" in Alan Ryan, ed. *The Philosophy of Social Explanation* (Oxford University Press, 1973), pp. 171-188.

23 Peter Winch, 전게서, pp. 46-71.

24 상게서, pp. 71-72.

25 상게서, pp. 83-84.

26 상게서, pp. 107-8.

이러한 맥락 중심적인 공동체주의 관점은 맥락 초월적 성격의 자유주의와 명확한 대조를 이룬다. 자유주의 관점이 시공을 초월한 개인의 가치와 정의의 원칙을 보편적으로 추구한다는 점은 상대방이 어떤 특별한 배경이나 상황에 있는지 모르게 '무지의 베일'veil of ignorance을 쓰고 추상적 원칙 중심의 토의로 정의로운 판단을 내려야 한다는 롤스의 사상에서 엿볼 수 있다.[27] 이와 달리, 현대 공동체주의자들은 자유주의의 몰(沒)맥락적, 추상적 사고가 과도한 보편적 일반화에 따르는 수많은 문제를 낳는다며 이를 배격한다. 인간이 자아를 완성하고 존재가치를 구현하기 위해서는 자기가 속한 실체적 공동체(들)에 연결되어 공동선을 지향하는 구체적 소통이나 활동에 참여해야 한다는 공동체주의 관점으로부터 개별 맥락의 고유하고 특별한 성격을 중시하고 너무 광범하고 추상적인 일반화의 위험성을 경계하는 경향이 자연스레 나온다.

과학적 지식을 추구하는 정치학은 개별 사안의 의미를 풍부하게 찾는 해석주의와 몰맥락적 일반화의 함정을 경고하는 공동체주의로부터 교훈을 받을 필요가 있다. 과도한 일반화로 인한 오류를 조심해야 하고 개체 각각의 고유성을 공허한 법칙성 아래에 다 쓸어버리는 우를 피해야 한다. 그러나 제1장에서 강조했듯이 지식은 일반화를 수반하지 않을 수 없다. 일반화 없이는 불확실한 사회현상에 대한 서술, 설명, 예측, 평가를 할 수 없고 보다 나은 사회를 위한 제도, 정책, 규범, 행태를 제시하는 일도 불가능해진다. 탐구의 대상이 불확실할수록 이해를 도모하려면 일반화에 의존해야 하는 정도는 커진다. 이러한 일반화의 유용성, 나아가 필수불가결성을 고

---

27 John Rawls, *A Theory of Justice* (Cambridge, MA: The Belknap Press of Harvard University Press, 1971).

려한다면 일반화 자체를 거부하는 극단적 입장을 따를 수는 없다.

더욱이, 개체의 깊은 의미를 해석하는 데 무의식적으로라도 일반화가 개재된다는 점을 주지해야 한다. 예를 들어, 기우제를 지낼 때 생닭 피를 뿌리는 등 공포 분위기를 조성하는 전통적 풍습에 마을 권력자인 제사장의 위상과 힘을 잃지 않으려는 의도가 숨어있다고 그 의미를 해석한다고 하자. 이런 해석을 하려면, 가물어 살기 힘들어지면 민심이 흉흉해지며 권력자를 원망하는 경향이 생긴다는 점, 공포 분위기가 퍼지면 권력자에 대한 원망을 겉으로 발산하지 못하고 속으로 삭이는 경향이 있다는 점, 권력자에의 원망이 표출되는 것을 막다 보면 자연이치상 필연코 어느 순간엔 비가 오게 된다는 점 등 여러 일반화된 생각이 동원된다. 어떤 사회현상도 그 의미를 찾는 과정상 일반화가 수반되지 않을 수 없다. 그러므로 과학적 지식을 추구하는 우리로서는 일반화가 과도함으로 흐르지 않도록 유의하되 극단적 해석주의를 맹신해서는 곤란하다.

극단적 해석주의자들은 사회현상이 사람의 주관적 인식 속에 존재할 뿐 객관적으로 존재하는 것이 아니므로 일반화를 해선 안 된다고 주장한다. 그러나 그 극단론자들뿐 아니라 어느 누구도 사회현상이 객관적으로 존재한다고 생각하지는 않는다. 사회현상은 주관적 인식 속에 존재한다는 점은 인정하지만 그 주관적 존재를 어떻게 압축하고 일반화할 때 사회에 유용할지를 따지는 것이 사회과학이다. 일반화된 지식 없이 국민이 사회에서 잘 살 수 있고 사회가 유지될 수 있겠는가. 사회 갈등이 어떤 양상을 어느 정도 보일 때 양극화라고 규정할지, 오늘날 미국 대외정책은 고립주의보다 개입주의의 기조를 띤다고 서술할 수 있을지, 청년 세대의 소외감은 경제 상황이나 사회 상황 중 어느 것에 더 영향 받는지, 지역발전 불균형을 완화하기 위해서는 어떤 정책이 필요할지 등을 탐구함에 있어서 모든 경우에 크고 작은 일반화가 명시적이든 암묵적이든 수반된다.

공동체주의 관점에서 강조하는 상호주관성intersubjectivity 개념을 고려할 때도, 어떤 현상에 대해서 어느 정도의 일반화 차원의 이해 없이 그 고유성을 해석하자는 주장이 설득력 있게 다가오지 않는다. 테일러가 강조했듯이 상호주관성은 개인의 마음속에만 있는 것이 아니고 그 사회 당대 사람들의 실제, 즉 언어, 제도, 관습, 문화에 투영되어 존재하고 공유되어진다.[28] 그 실제는 사회적 맥락에 의해 규정되므로, 그에 대해서 시공초월적 광범위 일반화는 쉽지 않겠지만 맥락 내에서 상대적으로 협범위인 일반화는 충분히 가능할 뿐 아니라 필히 수반된다. 맥락별로 수용, 통용되는 상호주관성을 주목해야 하므로 매우 신중해야 하지만 그 범위 내에서는 일반화를 추구할 수 있고 실상 싫든 좋든 추구하지 않을 수 없는 것이다.

로티R. Rorty는, 일반화를 거부하고 관찰대상의 고유한 마음을 읽음으로써만 이해를 도모할 수 있다는 극단적 해석주의의 주장이 극히 일부의 연구에만 해당될 수 있을 뿐이라고 비판한다. 탐구의 형태 중에는 주관적 인식에 영향 받는 정도가 상대적으로 큰 경우(예를 들어, 평가)도 있지만, 그 정도가 적은 경우(예를 들어, 예측)도 있다. 전자에 비해 후자에서는 일반화에 의존하는 여지가 클 수밖에 없다. 이런 생각으로 로티는 연구 대상의 성격과 상황에 맞춰 일반화를 중시할 수도, 그렇지 않을 수도 있다고 양면성을 인정하는 절충적 입장을 취한다.[29] 로티는 특히 사회과학의 경우, 학문으로서의 유용

---

28 Charles Taylor, *Philosophy and the Human Sciences* (Cambridge University Press, 1985), p. 36.

29 Richard Rorty, "Method, Social Science, and Social Hope," *Canadian Journal of Philosophy*, Vol. 11, No. 4 (December 1981), p. 575.

성을 가지려면 이 양면성을 지녀야 한다는 점을 분명히 밝힌다.[30]

로티는 또한, 해석주의적 관점에서는 관찰대상에게 행동의 목적, 의도, 의미 등에 대해 직접 물어보거나 적어도 감정이입을 통해 마음을 읽을 것을 요구하지만, 그러한 내재적 방법이 시간 절약과 연구 효율성에는 도움이 되겠으나 "진정한 의미"를 파악할 수 있게 해주는 것은 아니라고 강변한다.[31] 사회과학의 연구는 궁극적으로 연구자의 판단에 따라 현실을 재구성하는 것이지, 관찰대상의 마음을 그대로 복사해 전달하는 것이 아니라는 시각이다. 로티가 일반화를 인정하고 내재적 접근을 비판하는 것은 사회과학이 사회를 보다 나은 방향으로 이끌기 위해서는 개별 사안의 의미 해석에만 머물지 말고 인과적 설명, 예측, 처방까지 본령을 넓혀야 한다는 생각에 기인한다.

네이걸E. Nagel은 한 걸음 더 나아가 사회과학뿐 아니라 전통적 인문학의 영역에 속하는 역사 설명에도 확률적 일반화(일반 법칙 혹은 일반적 가정)가 필수로 들어간다고 강조한다.[32] 역사가가 직접 일반화를 만들지 않더라도 기존에 통용되는 일반화를 이용해 특정 역사 사건들에 대한 인과관계를 설명하고 그 의미를 해석한다는 것이다. 어떠어떠한 상황에서 인간은 일반적으로 이러저러한 행동을 한다는 확률적 일반화에 의존하지 않고서는 각종 구체적인 역사 사건을 설명하기가 불가능하다. 의도적 계획이나 행동에 의한 역사 사건뿐 아니라 오래 누적된 집합적 역사 현상이나 추세를 설명할 때에도 마찬가지로 일반화에 의존하지 않을 수 없다. 그런 의미에서 역사

---

30 상게서, pp. 576-577.

31 상게서, pp. 578-579.

32 Ernest Nagel, *The Structure of Science: Problems in the Logic of Scientific Explanation* (New York: Harcourt, Brace & World, 1961), pp. 549-575.

학은 일반화를 핵심으로 삼는 자연과학이나 사회과학과 정도 차는 있어도 근본적으로는 구분될 수 없다는 것이 네이걸의 입장이다. 이런 입장은 역사 이해에 유용한 반사실적 추론(counterfactual inference, 제3장에서 인과관계에 대한 논의 시 자세히 다룸)을 생각해볼 때 공감을 자아낸다. 게르만 민족의 대이동이 없었다면 로마 제국은 더 오래 존속했을까? 신라 대신에 고구려가 삼국 통일을 했다면 한민족의 활동 영역과 영토가 넓어져 오늘날까지 이어질 수 있었을까? 4.19 혁명으로 들어선 정부가 군사정변으로 무너지지 않았다면 그 후 한국의 경제는 계속 저개발 상태에 머물렀을까? 등등 역사 이해에 자주 등장하는 반사실적 질문을 던지고 답을 찾는 추론을 시도하기 위해서는 여러 일반화 차원의 이론이나 가정을 동원, 활용하게 된다.

종합해볼 때, 과학주의의 반명제인 해석주의로부터의 경고, 즉 과학주의적 일반화가 너무 과도한 오류를 범하지 않도록 조심해야 한다는 경고를 귀담아 들을 필요가 있다. 그러나 동시에, 너무 극단적인 해석주의에 이끌려 일반화 자체를 거부해서도 곤란하다. 일반화를 핵심적으로 추구하는 과학주의를 표방하되 개별 사안의 고유성에 주목하는 해석주의도 염두에 두며 그 중간에서 조화와 균형은 무엇일지 고민하는 자세가 중요해 보인다.

2) 융합적·전체론적 관점

과학주의의 한계를 인지하고 과학주의에 대한 맹목적 신봉에 빠지지 않도록 유념해 살펴야 할 대안적 관점으로 전체론적holistic 혹은 융합적synthetic 사고도 빼놓을 수 없다. 이 대안적 관점은, 나누고 쪼갠다는 의미의 분석(分析)을 핵심으로 하는 기존 과학주의 전통과 달리 현상을 전체적으로 보며 통으로 이해할 것을 주문한다. 전술했듯이 근대 합리주의의 등장 이전에는 규범적 신념, 경험적 관찰, 이성적 사고가 뒤섞여 다분히 종교적이고 신비스러운 전체론적 세계관을 형성해 인류사회를 이끌었다. 그러나 그러한 경향은 근대 이후 분석적 과학의 확산에 의해 크게 위축되었다. 그러다가 근래 들어 과학주의의 한계에 대한 반성으로 복고적으로 주목을 끌게 된 것이다. 물론 과거의 종교적이고 신비적인 성격은 사라지고 인간 이성을 전제로 하는 전체론적 사고가 힘을 얻고 있다.

이 전체론적 사고는 세상을 각종 요소나 요인으로 잘게 나눠 보면 부분을 이해할 수 있을지 몰라도 전체의 특성을 제대로 파악할 수 없다는 생각, 그리고 더 나아가, 전체를 알지 못하면 실은 각 부분에 대한 이해도 제대로 할 수 없다는 생각을 핵심으로 한다. 이러한 관점을 널리 유행시킨 가장 유명한 사람은 생물학자 윌슨 Edward O. Wilson이다.[33] 그가 제시하는 통섭(統攝)이란 개념은 영어로 'consilience'로서 'jumping together'를 뜻하며 한자어에서 알 수 있듯이 모든 요소가 두루 연결되어 있으니 전체적으로 봐야 이치를 파악할 수 있다는 의미를 가진다. 윌슨은 학문이 너무 세분화되어 각 분야 내에서만 지식을 탐구하는 기존 경향을 비판하며 여러 분야를 전체적으로 가로지르는 가장 근본적인 것들에 대한 이해를 도모해야만 각 분야의 지식도 조화롭고 깊게 정립할 수 있다고 주장한다.

통섭을 지향하는 전체론적 접근은 근래 들어 학제 연구, 다분야 연구, 융합 연구 등 여러 동의어가 학계와 대학에서 인기를 끌게 된 지적 토대를 마련해주었다.[34] 통으로 이해해야 할 세상을 여러

---

33 Edward O. Wilson, *Consilience: The Unit of Knowledge* (New York: Vintage Books, 1998).

34 Basarab Nicolescu, *Manifesto of Transdisciplinarity* (Albany, NY: State University of New York Press, 2002); Julie Thompson Klein, *Crossing*

분야로 나눠 접근하면 안 되니 사회과학 내에서는 물론이고 더욱 포괄적으로 인문학, 자연과학, 예술 등과도 함께 공동으로 연구하며 전체를 관통하는 섭리를 찾자는 융합지향적 생각은 오늘날 큰 반향을 일으키고 있다. 그러한 반향은 연구뿐 아니라 교육 분야에까지 퍼져, 심지어는 대학 학부교육에도 이러한 취지를 반영, 실현하고자 융합전공의 학과를 신설하는 추세가 이어지고 있다.

전체론적 사고와 융합적 접근은 과학주의의 분석 위주 학풍에 유용한 교훈을 던진다. 그 동안 과학주의는 큰 성과를 냈고 그 성과는 특히 자연과학에서 돋보이지만, 사회현상을 이해함에 있어서는 그리 높은 평가를 받지 못한다. 사회현상을 잘게 나눠 부분별로 깊게 들여다보는 가운데 큰 그림을 그리지 못해 적실성을 띠지 못하는 경우가 많다. 국가 정책들도 크게 보며 상호 정합성을 따지지 않으면 부분적·단편적·단기적 성과가 아닌 전체적·지속적·장기적 성공을 거두기 힘들다. 마찬가지로, 사회현상도 각 측면만 이해하는 데 그치고 부분들 간의 전체적 연계를 경시하거나 부분들의 합을 뛰어넘는 전체로서의 특성을 간과한다면 사회에 꼭 필요한 지식을 생산하는 데 한계가 클 수밖에 없다. 그러므로 분석 위주의 기존 과학주의는 전체론적·융합적 접근의 장점을 겸허하게 받아들일 필요가 있다.

그러나 전체론적·융합적 사고도 한계가 크다. 전체를 통으로 보자는 취지는 부정하기 힘들고 수사적으로도 반향을 일으키기에 좋지만 실제로 성과를 내는 데는 상당한 어려움이 따른다. 융합 연구 및 교육의 대표적 예인 미국 M.I.T.의 Media Lab이나 STSScience,

---

Boundaries: Knowledge, Disciplinarities, and Interdisciplinarities (Charlottsville, VA: University Press of Virginia, 1996).

Technology, and Society 프로그램이 큰 성과를 내고 있지만 그 성과는 과학기술의 사회적 응용 분야에 집중되어 있다. 근본적 사회현상이나 사람들 간의 관계에 대해서는 아직 전체론적이고 융합적인 연구과제가 가시적인 성과를 많이 내고 있지 못하다. 충분한 훈련을 쌓은 학자들이 철저한 계획 아래 학제적 팀을 구성해도 세부분야를 뛰어넘어 융합적 협력을 통한 시너지를 내기 힘든 것이 현 상황이다. 하물며 각 학생이 융합적·학제적 소양을 두루 갖춘 르네상스 인간이 될 수 있게 해주겠다는 대학 융합교육이 기대를 충족시킬 만큼 운영되기는 더욱 힘든 일이다. 융합교육을 지향해 급조된 여러 대학의 신설 학과들이 실상 표류하고 있음은 놀라운 일이 아니다.

사실, 정확히 무엇이 융합적·전체론적 접근인지에 대해서도 논란이 계속되고 있다. 이와 관련해 가장 대표적 학자인 에드워드 윌슨은 실상 진정한 융합을 주창한다기보다는 자연과학 중심적 입장에서 사회과학, 윤리학 등 인문학, 문화, 예술 등이 자연과학, 그 중에서도 뇌 과학, 발생학/유전학 분야의 기초 논리를 받아들일 것을 주문할 뿐이다. 윌슨이 보기에, 학문의 가장 기초적인 근원은 자연과학, 특히 생물학과 인지과학(뇌과학)으로서, 마치 그리스 신화에 나오는 아리아드네의 실처럼 모든 학문 분야의 근원에는 자연과학이 자리 잡고 있다고 말한다. 윌슨은 사회과학과 자연과학 간의 괴리를 연결시켜주는 교량으로서의 통섭을 말하지만, 실은 사회과학이 자연과학을 근원으로 삼을 것을 외쳐대는 데 그친다. 예를 들어, 경제학도 인간의 생물학적·심리학적 본성에 대한 자연과학적 지식에 입각할 것을 주장한다. 그는 통섭을 통한 지식의 통합, 융합을 말하지만 결국 생물학과 심리학의 지식을 다른 모든 지식의 출발점으로 삼으라는 "지식 환원주의" 혹은 부정적으로 표현해 "지식 제국주의"를 설파하는 것으로 보인다.

융합적 접근을 보다 동등한 입장에서 초분야성transdisciplinarity으로 이해하는 관점에서 윌슨의 자연과학 중심적 시각은 진정한 통섭과는 거리가 먼 것으로 간주될 수밖에 없다. 예를 들어, 1994년 11월 2일~7일 포르투갈에서 열렸던 제1차 초분야성 세계대회World Congress에서 채택된 "초분야성 헌장"은 단일 논리로 귀결하는 환원주의를 비판하며 "다양한 유형의 논리를 따르는 다양한 수준의 존재를 인정하는 것이 초분야적 태도의 핵심이다."라고 선언한바 있다.[35] 그러나 이 초분야성 관점도 그 수사적 매력에도 불구하고 학문적 실천을 생각해볼 때 너무 추상적이고 심지어 신비스럽기까지 해 분석적 과학주의의 대안으로 널리 공감을 얻기 힘들어 보인다. "초분야성 헌장"은 분야 간의 경계를 완전히 무너뜨리는 것을 목표로 형식주의를 비판하고 심지어 어떤 개념에 대한 명확한 정의를 내리는 것조차 거부한다. 이는 상대주의를 너무 극단으로 확장시키는 것이다. 윌슨의 자연과학적 환원주의가 진정한 전체론적·융합적 사고를 대표할 수 없듯이 초분야성 관점도 학문적 나침반이 되기에는 너무 이상주의적이고 극단적이다.

이 점을 고려할 때 아직은 어떤 전체론적·융합적 사고도 과학주의를 대체할 수는 없어 보인다. 전체론적·융합적 사고는 과학주의가 너무 잘게 쪼개는 분석에만 경도되지 말아야 한다는 점, 전체는 부분들의 합에 알파가 추가된 것이라는 점, 전체도 함께 봐야 부분들에 대한 이해를 제대로 도모할 수 있다는 점 등을 간과하지 않도록 교훈을 준다는 데서 그 보완(대체가 아니라)적 의의를 찾을 수 있다. 해석주의와 마찬가지로, 전체론적·융합적 사고도 과학주의의

35 Basarab Nicolescu, 전게서, p. 148.

큰 틀 속에서 조화롭게 가미될 필요가 있고 그것을 위한 운용의 묘를 찾는 것이 학문의 당면과제라고 하겠다.

6. 연구과정의 개관

이상에서, 정치학은 사회과학의 한 분야답게 과학주의 전통을 대세로 쌓아왔고 해석주의와 융합적 접근방식으로부터의 비판을 적절히 수용해 조화로운 과학화 노력을 경주해야 한다는 점을 논했다. 다음 장들은 과학적 지식을 조화롭게 추구하기 위한 연구과정을 여러 측면으로 다룰 것이다. 그에 앞서 그 연구과정을 간략히 개관함으로써 여러 측면의 각론을 위한 기본 틀을 세우고자 한다.

연구과정은 대별해서 이론 정립, 개념 정립, 연구 설계라는 3대 요소로 구성된다. 즉, 이론(주장)을 세우고, 그 이론 속의 핵심 개념(들)의 정의를 내리고, 그 이론을 경험적으로 뒷받침하기 위해 연구 범위를 정해 자료를 관찰하는 일련의 과정을 이 3대 연구요소로 구별해볼 수 있다. 정치학자 게링John Gerring은 이들의 관계를 삼각형을 그려 소개한다.[36] 이 삼각형의 세 꼭지점에는 각각 이론 정립, 개념 정립, 연구 설계가 위치한다. 삼각형을 그린 이유는 연구과정이 단순하게 순차적으로만 진행되지 않고 3대 연구요소들 간 복잡한 순환관계 속에서 그리 질서정연하지 않게 진행된다는 점을 보여주기 위해서이다. 연구과정이 어느 요소에서부터 출발해서 어느 요소로 진행되는지 통일적으로 정해져 있지 않고, 거쳤던 단계로 되돌아가기도 하고, 단계를 건너뛰기도 하고, 순환적으로 여러 바퀴

36 John Gerring, *Social Science Methodology: A Criterial Framework* (Cambridge, UK: Cambridge University Press, 2001), p. 23.

돌기도 하는 등 혼란스럽기조차 한 과정에서 연구가 진행된다.

예를 들어, 첫째, 한 주장(가령, 경제적 불평등은 정치적 자유와 역비례 관계에 있다)의 정립, 둘째, 그 주장 속에 들어있는 핵심 개념들(경제적 불평등, 정치적 자유)의 정립, 셋째, 주장의 진위를 경험적으로 추론하기 위한 범위, 사례, 자료(예 1970년 이래 각국 경제상황에 대한 세계은행 통계자료, 각국 정치적 자유의 정도에 대한 Freedom House 자료)의 관찰, 이 세 가지 연구요소를 생각해보자. A씨는 주장으로부터 시작해서 핵심 개념들의 정의를 내린 후 자료를 통해 주장의 타당성을 뒷받침하는 순서로 연구를 진행한다. B씨는 한 개념에 먼저 천착한 후 그 개념이 들어간 주장을 정립하고 자료로 주장을 뒷받침한다. C씨는 자료의 관찰부터 시작해 어떤 개념에 주목하게 되고 그 개념이 들어간 주장을 도출하는 연구과정을 거친다. 그 밖에도 순서를 다양하게 달리 할 수 있고, 역방향으로 원위치하기도 하고, 여러 라운드를 순환하며 연구과정을 길게 늘어뜨리기도 한다. 이처럼 게링의 연구과정 삼각형은 다양하고 때론 무질서한 실제 연구과정을 시각적으로 잘 보여준다. 연구과정을 질서 있게 순차적으로 진행되는 것으로 묘사하는 것보다[37] 게링처럼 연구과정의 복잡성을 보여주는 방식이 실제 상황에 더 부합하는 방식이라 하겠다.

연구과정의 이처럼 복잡 다지하고 순환적인 성격을 고려할 때 그에 대한 논의를 어떤 순서로 전개할지 고민이 든다. 어떤 순서가

---

37 예를 들어, 정치학자 폴럭(Pollock)은 연구과정을 다음과 같이 순차적으로 진행되는 것으로 해설한다: 개념(concept) → 개념 정의(conceptual definition) → 조작 정의(operational definition) → 변인(variable) → 설명(explanation) → 가설(hypothesis) → 검증(test). 이러한 연구과정은 이상적일지 모르나 너무 기계적이어서 실제의 복잡한 연구 진행과정과는 거리가 먼 경우가 많다. Philip H. Pollock, III, *The Essentials of Political Analysis*, 2nd edition (Washington, D.C.: CQ Press, 2005), pp. 8–47.

가장 적당할지 일률적으로 말할 수 없고 연구자의 문제의식, 연구환경, 주제 등에 따라 달라질 것이다. 이 책은 편의상 3대 연구요소 중 이론 정립부터 먼저 논하고, 이어서 개념 정립을 다루고, 마지막으로 연구 설계를 소개하는 순서를 취할 것이다. 편의상의 순서지만, 공교롭게 가장 추상적인, 그래서 어렵게 느껴질 수 있는 부분부터 시작해 가장 구체적이고 흥미를 자아낼 수 있는 부분으로 나아갈 것이라는 점을 독자는 미리 주지하기 바란다.

03

CHPATER

이론(주장)을 어떻게 세울까?

이번 장에서는 3대 연구요소 중에서 이론, 혹은 쉽게 말해 주장의 정립을 다룬다. 우선 이론의 의미와 목적을 논한 후, 이론을 세울 때 고려해야 할 기준들을 짚어본다. 이어서 설명의 핵심 개념인 인과성, 혹은 인과관계의 의미와 특성을 살펴본 후, 인과관계에 대한 중요한 논점과 관련 논쟁을 소개한다.

CHAPTER

03

이론(주장)을 어떻게 세울까?

제2장 마지막 절에서 3대 연구요소로 구성된 연구과정을 개관하였다. 이번 장에서는 3대 연구요소 중에서 이론, 혹은 쉽게 말해 주장의 정립을 다룬다. 우선 이론의 의미와 목적을 논한 후, 이론을 세울 때 고려해야 할 기준들을 짚어본다. 이어서 설명의 핵심 개념인 인과성, 혹은 인과관계의 의미와 특성을 살펴본 후, 인과관계에 대한 중요한 논점과 관련 논쟁을 소개한다. 학문 분야에서 주요 이론들은 대부분 인과관계의 형태를 띠므로 그에 대한 충실한 이해가 필요하다.

1. 이론과 가설

우리는 수많은 이론을 말하며 하루를 보낸다. 한국 민주주의의 수준이 향상되고 있다, 권력이 독점되어 국정 운영도 교착에서 벗어나지 못한다, 저소득층의 정치참여가 저조하다, 우리 사회에서 먹고 사는 문제가 나아지자 삶의 질을 놓고 문화적 대결이 심해진다, 등등 수많은 이론이 귀에 들리고 또한 우리 입에서 나온다. 일상 대화의 소재가 되는 이러한 주장 하나하나가 이론이다. 한국 대통령 임기가 5년이다, 정부의 ODA 예산이 5% 증가했다 등 확실한 사실은 이론이 아니다. 신이 나에게 동남쪽으로 가라고 계시를 내렸다, 유일신이 천지만물을 창조했다 등 검증 불가능한 종교적 '진리'도 이론이 아니다. 이론은 불확실하나 경험적으로 검증을 시도해 볼 수 있는 생각, 혹은 주장을 의미한다.

불확실성과 검증 가능성을 핵심 특징으로 갖는다는 점에서 이론은 제1장에서 논한 지식, 그리고 제2장에서 논한 과학적 지식과 같은 뜻이라고 이해해도 좋다. 즉, 과학적 지식이 취하는 형태나 담기는 틀, 혹은 과학적 지식 자체가 이론이다. 과학적 지식은 특정 개체에만 일회적, 단편적으로 적용되는 것이 아니라 같은 범주의 모든 개체들에 일반화될 수 있는 것이므로 이론은 일반화된 진술(주장)이라고도 말할 수 있다. 중요한 점은, 일반화라는 단어에 함축되었듯이 이론은 현실 자체가 아니고 불확실한 현실에 대한 우리의 인식을 논리적으로 표현한 압축적 구성물이라는 것이다. 당연히, 이론은 있는 그대로의 현실과 거리가 있을 수밖에 없는 인위적 성격의 공작품이라고도 볼 수도 있다.[1] 현실은 우리가 모르므로, 특히 인간의 주관적 인식에 존재하는 사회현실은 우리가 있는 그대로 알

1 이론(theory) 대신 명제(proposition)라는 표현을 쓸 때도 있다. 사회과학에서는 양자를 굳이 엄밀하게 구분하기보다 동의어로 이해하면 된다. 다만, 필자는 명제가 정형적 논리를 엄격하게 따르는 수학 분야에서의 공리(axiom)처럼 단언적이고 결론적인 뉘앙스를 풍긴다고 보기에 정치학 등 사회과학에서는 그리 적당하지 않은 표현이라고 생각한다. 그래서 명제라는 표현은 가급적 삼가고자 한다.

수 없으므로, 우리로서는 현실을 어떻게 압축시켜 어떠한 인식적 구성물로 이해해야 우리 삶과 사회에 도움이 되는 지식을 얻을 수 있을까 고민하게 되는 것이다. 예를 들어, 정부와 국민 간의 관계를 어떠한 이론으로 압축해 인식할 때 생존, 자유, 평등, 안전, 쾌락, 권력, 명예, 자존감 등 여러 가치를 충족시킬 수 있을지 사고를 전개하게 된다.

이론은 경험적(귀납적) 관찰과 연역적(선험적) 추리로 구성된다. 김웅진 교수는 이론을 "연역적으로 연결된 일단의 경험적 통칙"이라고 정의 내림으로써 이론의 양 측면인 귀납성과 연역성을 동전의 양면과 같은 관계로 본다.[2] 그러나 양자를 명확히 구분하기는 힘들다. 경험적 관찰을 통해 귀납적으로 결론을 낼 때 무의식적으로라도 기존 이론이나 본능적 생각에 영향 받을 수 있고, 역으로 선험적 추리를 통한 연역적 사고를 할 때 그 동안 관찰했던 수많은 일들로부터 무의식적으로라도 영향 받게 마련이다. 그러므로 이해의 편의상 귀납과 연역을 구분하나 양자의 명확한 구분에 너무 집착할 필요는 없고, 이론을 잘 만들기 위해선 풍부한 경험적 관찰과 깊은 연역적 추론을 향한 노력이 요구된다는 점만 유념하면 된다.

귀납과 연역의 구분만큼 애매하고 혼란스러운 것이 이론과 가설의 차이이다. 가설(假說, hypothesis)을 '검증 이전의 이론,' '연구 주제에 관한 잠정적인 결론'[3] 쯤으로 쉽게 정의 내리는 경향이 있지만, 그렇게 하면 명료하게 다가오지 않을 뿐 아니라 오해의 소지가 크다. 어느 주장이 검증을 거치면 이론이 되고 아직 검증을 받지 않

---

2 김웅진, 『정치학방법론서설: 경험과학연구의 논리와 규준』 (서울: 명지사, 1992), p. 37.

3 서범석·이원용·김증록·최승태·송민구·최서윤, 『고등학교 사회·문화』 (서울: 지학사, 2018), p. 23.

으면 가설이라고 이분법적 단계로 본다면, 어떤 이론도 완전 검증은 불가능하고 범위와 사례를 다양하게 바꿔가며 끝없이 검증 과정을 이어갈 수 있다는 점을 간과하는 셈이다. 가설이 잠정적 결론이라는 표현도 마치 이론은 역으로 확정적 결론인 것 같은 오해를 줄 수 있어 적절하지 않다.

보다 바람직한 구분은 경험적 검증을 받을 수 있는 형태인지 그 여부를 기준으로 삼는 것이다. 이론은 일반적, 추상적 차원의 진술이고, 가설은 보다 구체적 차원의 진술로서 이론을 경험적 검증을 받을 수 있는 형태로 만든 것이라고 구분할 수 있다. 이렇게 규정한다면, 언론에서 접하고 일상생활에서 표출·교환되는 대부분의 주장은 이론이고, 가설은 주로 학문세계에서 엄밀한 논의를 할 때 등장한다. 가설은 경험적 검증을 받을 수 있어야 하므로 관찰 가능한 지표(들)로 구성된다. 다음 제4장에서 다룰 개념의 조작화 operationalization를 통해 가설을 관찰 가능 지표(들)로 꾸미는 것이 필수적인데, 이에 대한 부연은 그때로 미루고 여기서는 간략히 예시하는 것으로 만족하고자 한다. 즉, 경제발전이 민주주의의 촉진 조건이라는 진술은 일반적, 추상적 성격의 이론이다. 통상적인 대화에서는 무난하게 통용되겠으나, 경험적으로 검증하기 위해서는 이 상태로 불가능하다. 경제발전, 민주주의, 이 두 추상적 개념을 관찰 가능한 지표(들)로 대체해 가설(들)로 전환시켜야만 검증이 가능해진다. 예를 들어, GDP가 높은 국가일수록 선거를 통한 정권교체가 잦다는 가설을 검증용으로 제시할 수 있다.

하나의 이론으로부터 여러 가설이 나올 수 있다. 전자는 일반적, 추상적 차원에 있으므로, 관련해서 수많은 구체적인 관찰 가능 지표를 찾을 수 있고 그에 따라 수많은 가설들로 전환될 수 있다. 아래 그림에서 보듯이, 1970년대에 비해 오늘날 민주주의가 발전하고 있다는 이론에 상응하는 가설로 그때와 달리 오늘날 선거를 통한 정권교체가 발생한다, 야당 의석수가 전에 비해 증가한다, 대통령의 일방적 장관 임명 건수가 준다 등 수많은 것을 들 수 있다. 가능한 한 많은 가설들을 도출해 관찰할수록 이론을 검증함에 있어서 풍부한 시사점을 얻을 수 있다.

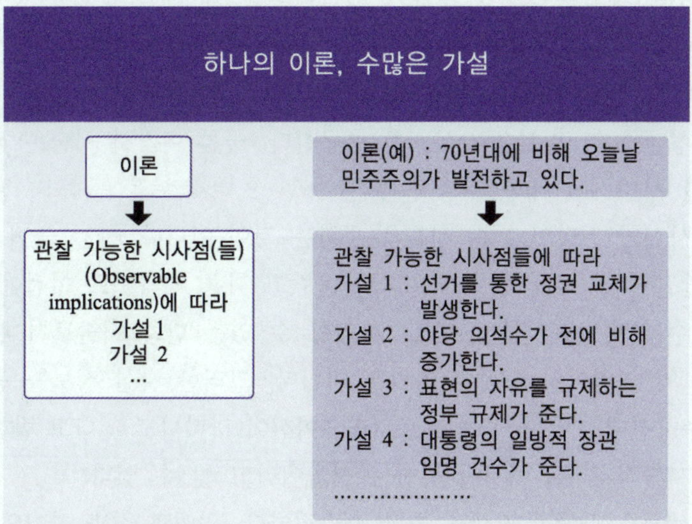

2. 이론(주장)의 목적

불확실한 사회현상에 대해 이론을 세우는, 즉, 어떤 주장을 하는 것은 대별해서 세 가지 목적을 위해서다. 서술, 설명, 예측이 그것이다. 서론 장에서 말했듯이 이 책은 경험 연구를 주된 대상으로 하는데, 경험적 이론의 경우에 그렇다는 말이다. 가치의 기준 정립, 당위적 평가를 목적으로 하는 규범적 이론은 논외로 한다. 경험적 이론의 세 가지 목적 각각을 상세히 짚어본다.

1) 서술

서술description이란 현상의 기본 속성 혹은 양태를 체계적으로 묘사하는 것을 말한다. 영어 질문 "Why?"를 제외한 "What?" "Who?" "How?" "When?" "Where?" "How much?" 등에 대한 답의 형태를 취한다. 대통령에 대한 국민 지지가 떨어졌다, 혁신주의 운동을 이끈 주체 세력은 중산층 전문가 집단이다, 적대 세력의 도발 행위가 점점 늘고 있다, 십여 년 전부터 서울에 젠트리피케이션gentrification 현상이 나타나고 있다 등 사회과학에서 다루는 수많은 이론이 서술의 형태를 띠고 서술의 목적을 추구한다. 물론 여기서 서술은 불확실한 무언가에 대한 서술적 추론descriptive inference을 뜻하고, 확실한 사실의 전달인 단순 서술을 뜻하는 것이 아니다. 예를 들어, 경리단길 주변 가게 월세가 얼마나 올랐고 다른 지역으로 이전한 가게 수가 몇 개인지는 사실로 확인할 수 있는 단순 서술로서 한갓 정보의 영역이지 지식의 영역은 아니다. 그러한 사실 정보를 통해 추측하건대 서울 곳곳에 젠트리피케이션이 나타나고 있다고 말한다면 서술적 추론, 여기서 뜻하는 서술이라고 할 수 있다.

서술은 과학적 지식을 향한 출발점이다. 원인과 결과 사이의 인과관계를 정립해 설명을 하거나 미래를 예측하려면 먼저 현상(들)에 대한 서술을 해야 한다. 만약 정치권 양극화의 원인이 근본적인 국민 가치관의 양극적 분화가 아니라 정당들의 전략적 권력추구 행위라고 설명한다면, 우선 정치권이 얼마나 양극화되었는지, 국민 가치관의 분화는 어떤 상태인지, 정당들은 어떠한 행위를 하는지에 대한 충분한 서술을 해야 한다. 첫 단추를 옳게 꿰어야 하듯이, 서술이 제대로 되지 않으면 그에 입각하는 설명이나 예측도 엉터리가 될 수밖에 없다. 학위논문이나 학회 발표논문 중에는 원인-결과 인과관계에 대한 설명을 너무 서두른 탓에 설명하고자 하는 결과로서의 대상(종속변인)이나 설명해주는 원인으로서의 대상(독립변인)에 대한 서술을 소홀히 하는 우를 범하는 경우가 많다.

서술의 중요성은 설명, 예측을 위한 도구적 유용성에서만 찾을 수 있는 것이 아니다. 그 자체로도 중요한 학문적, 실용적 가치를 얻을 수 있다. 정치현상이든 더 포괄적으로 사회현상이든 특정 측면을 충실히 서술함으로써 학문적으로 큰 반향을 일으키고 실제적으로도 정책·제도 수립에 귀중한 시사점을 제공할 수 있다. 예를 들어, 에스핑 앤더슨은 세계 각국의 복지자본주의 체제를 3개의 범주로 나눠 각각의 특성을 상세하게 서술함으로써 학문과 실용, 양쪽에서 큰 업적을 쌓았다.[4] 번바움·머레이는 1987년 미국 조세개혁법이 통과될 당시 이면의 로비활동을 생생하게 서술함으로써 학계, 언론계는 물론 일반 대중의 주목을 끌었다.[5] 역사적 위인들의 행적과 당대의 평가를 소상하게 서술하는 연구도 과거를 이해하고 역사적 교훈을 얻어 현재와 미래를 가꾸는 데 귀중한 자료가 될 수 있다.

제2장에서 전술했듯이 해석주의 관점에서는 서술, 특히 '풍부한 서술'thick description을 학문의 본령으로 간주한다. 심지어 서술에서 더 나아가 인과관계에 대한 설명을 하면 필연코 현실을 과도하게 왜곡하게 된다며 서술에만 머물 것을 주장한다. 이러한 극단적 입장은 정치학에서 다루는 주제의 성격상 그대로 따르기 힘들지만, 서술적 연구도 학문적으로나 실제적으로나 높은 가치를 인정받을

4 Gøsta Esping-Andersen, *The Three Worlds of Welfare Capitalism* (Princeton, NJ: Princeton University Press, 1990).

5 Jeffrey H. Birnbaum and Alan S. Murray, *Showdown at Gucci Gulch: Lawmakers, Lobbyists, and the Unlikely Triumph of Tax Reform* (New York: Vintage Books, 1988).

수 있다는 점은 주지할 필요가 있다. 적실성이 높지 않은 주제에 대한 엉성한 설명보다는 사회적으로 중요한 문제의식에 입각한 적절한 주제에 대한 충실한 서술이 더 낫다는 데 이의가 있을 수 없다. 특히 학위논문을 쓰는 입장에서 새겨야 할 점이다. 복잡하고 혼란스러운 한국 정당정치를 시대별 특징을 중심으로 체계적으로 서술하거나, 탈산업사회의 불확실한 성격을 국가별로 일목요연하게 유형 구분해서 서술하거나, '586세대,' 'X세대,' 'Y세대,' 'Z세대' 등 각 세대를 적절하게 구분해서 그 정치의식상의 특징을 명료하게 서술한다면 학문과 실제에서 공히 높은 평가를 받는 경우가 될 수 있다.

서술은 어떤 관점을 취하느냐에 결정적으로 달렸다. 사회과학에서 다루는 모든 주제는 사람들이 어떤 관점에서 추론을 하느냐에 따라 다양하게 서술될 수 있다. 눈을 감고 코끼리를 더듬어 형상을 짐작할 때 어디를 만지느냐에 따라 굵은 줄 같다, 단단한 창 같다, 단단한 벽 같다, 펄럭이는 장막 같다 등 온갖 다양한 답이 나오는 것과 마찬가지이다. 한국정치의 낙후성을 주제로 서술을 한다면, 제도주의 관점에서는 선거제도나 헌법상 대통령이나 국회의 권한 등에 초점 맞춰 문제를 서술할 것이고, 행태주의 관점에서는 대통령, 국회의원, 정당지도자 등 주요 행위자가 표출하는 행태를 중심으로 낙후된 모습을 서술할 것이며, 문화구조주의 관점에서는 거시적 전통과 문화가치관의 문제를 중심으로 서술할 것이다. 어떤 관점에서 서술하는 것이라고 밝히지 않는다면 독자는 한 측면만의 서술이 전체의 모습을 말해주는 것이라고 오해할 수 있다. 그러므로 서술적 연구를 접할 때는 어떤 관점에 입각한 것인지 유의할 필요가 있다. 만약 어떤 특정 현상을 종합적으로 서술하는 것이 목표라면 가능한 한 다양한 관점을 취해 다양한 관찰결과를 종합하고 추론하는 작업이 필요하다.

2) 설명

서술만으로도 훌륭한 연구가 될 수 있으나 많은 연구가 서술에 그치지 않고 설명까지 나아간다. 설명explanation이란 왜 특정 현상이 존재·발생하는지 원인과 결과 사이의 인과관계를 규명하는 것을 뜻한다. 인과관계는 매우 어려운 개념으로서 이번 장 4절~6절에 걸쳐 부연할 것이다. 여기서는 일단 "Why?" 질문에 대한 답으로 원인-결과 관계에 대한 인과적 추론이라고 쉽게 이해하면 된다. 다만, 너무 쉽게 생각하면 일상 대화에서 남용, 오용될 수 있으므로 주의를 요한다. 제품 사용법을 설명해드리겠다, 내 감정에 대한 설명이 부족했다, 사건 전개를 자세히 설명하라 등 일상에서 익히 듣는 말에 들어있는 설명이란 표현은 해설, 소개, 안내, 혹은 서술 등으로 썼어야 하는데 잘못된 것이다. 물론 일상 대화에서까지 표현에 신경을 쓰라고 요구한다면 무리하고 무례한 일이겠지만, 적어도 학문 영역에서는 인과적 추론이 수반될 경우에만 설명이란 표현을 써야 한다.

사회현상과 관련해 설명까지 해야 연구목표가 충족되는 경우가 대부분이다. 학문적 논쟁은 주로 어떤 현상의 원인이나 결과에 집중되는 경향이 있다. 실제 세계에서는 특정 문제의 원인을 규명해 그 원인을 제거할 제도나 정책을 강구하고 그 효과를 따지는 데 우선순위를 둔다. 그러므로 인과적 추론을 너무 겁내 서술에만 머물지 말고 최대한 노력을 기울여 설명을 시도하는 용기를 낼 필요가 있다. 물론 후술하듯이 인과적 추론에는 많은 오류와 함정이 도사리고 있으므로 결론은 매우 신중해야 하고 수반되는 불확실성을 솔직히 밝혀야 한다.

설명은 형태에 따라 네 개의 유형으로 구분된다. 후술하겠지만, 모든 유형의 설명에는 공통되게 통칙(일반화)이 개재된다는 의미에서

이 유형들 간의 차이는 근본적이지 않다.[6] 그럼에도, 설명이 취하는 형태들에 대한 이해의 편의를 도모하고자 각 유형을 소개한다. 먼저 연역적deductive 설명을 들 수 있다. 현상을 설명할 때 보편법칙, 혹은 포괄법칙covering law에 의거하는 경우이다.[7] 예를 들어, 사과는 나무에서 분리된 후 그냥 떠있거나 위로 솟구치거나 옆으로 흘러가거나 곡선 모양으로 떨어지지 않고 왜 수직으로 땅에 떨어질까? 이 질문을 보편법칙인 중력의 법칙에 의거해, 모든 물체는 지구 중심을 향해 수직으로 떨어지므로 사과도 그렇다고 설명한다면 연역적 설명이라고 한다. 결정론 차원의 절대적인 보편법칙을 찾고 그에 의거해 개별 현상을 설명하는 방식이다. 그러나 자연과학에서는 몰라도 사회과학에서는 절대적 보편법칙은 물론이고 그보다 약간 약한 개념인 포괄법칙도 실제상 상정하기 힘들므로 연역적 설명은 이상형이라고 하겠다.

사회과학에서는 통상적으로 귀납적inductive 설명을 시도한다. 이것은 경험 관찰을 통해 확률적(통계적) 통칙(일반화)을 찾고 이에 의거해 현상을 설명하는 방식을 말한다. 개별 현상을 확률적이지만 일반적인 법칙이나 이론적인 원리에 근거하여 설명하는 '법칙근거적' nomological이라는 점에서 연역적 설명과 유사하다. 두 설명의 차이

---

6 일부 학자는 기능적 설명과 발생적 설명이 연역적 설명이나 귀납적 설명과 달리 일반화된 법칙을 상정하지 않는다고 주장하며 그 점에서 전자와 후자 사이에 근본적으로 차이가 난다고 주장한다. 그러나 이 주장은 과학주의 전통의 학자들 다수에 의해 반박되고 있다. 이에 대해선 이번 장의 마지막 절(제6절)에서 상세하게 다룸.

7 포괄법칙(covering law) 개념을 체계화해서 학문적으로 확산시킨 대표적 학자로 햄펠(Carl G. Hempel)을 들 수 있다. 그의 대표 저작을 예시하자면, "The Function of General Laws in History," *Journal of Philosophy*, Vol. 39, No. 2 (1942); "Explanation in Science and in History," in P. H. Nidditch, ed. *The Philosophy of Science* (Oxford University Press, 1968).

는, 근거를 삼는 법칙이 보편적·결정론적 성격인지 경험 관찰에서 나온 확률론적 성격인지에 달렸다. 귀납적 설명의 예를 들어보자. 1992년 미국 대통령선거에서 현직자 아버지 부시는 재선에 실패하나 2004년 대선에서는 현직자 아들 부시가 재선에 성공하는데, 왜 이런 결과가 나왔을까? 이 질문에 답하기 위해 역대 미국 대선 결과를 여러 측면으로 관찰했더니, 현직 대통령이 호경기에는 재선에 주로 성공하고 불경기에는 주로 실패했다는 확률적 통칙을 얻었다. 즉, 호경기인지 불경기인지 여부가 현직 대통령의 재선 여부에 인과적 영향을 끼친다는 것이다. 확률적으로 나온 이 일반화에 의거해, 1992년에 미국이 불경기였기에 아버지는 재선에 실패하고 2004년에는 미국이 호경기였기에 아들은 재선에 성공했다고 결론 내린다면 귀납적 설명을 한 것이다. 사회현상에서는 일률적인 보편 법칙을 찾기 힘들므로 확률적 일반화에 의존하게 되고, 그나마 자연과학에 비해 훨씬 낮은 정도의 확률로 일반화를 할 수 있을 뿐이다.

설명의 셋째 유형은 기능적functional 설명이다. 설명하고자 하는 대상이 수행하는 기능에 초점을 맞춰 "… 하기 위해"의 형태를 취한다. 새는 왜 날개가 있나? 심장은 왜 뛰나? 등의 질문에 새는 날기 위해 날개를 가진다, 심장은 신체 유지에 필요한 피를 신체 곳곳에 보내기 위해 뛴다고 말할 때 기능적 설명을 했다고 한다. 귀납적 설명은 설명하고자 하는 대상을 초래한 원인을 찾는 데 비해, 기능적 설명은 설명하고자 하는 대상이 초래할 기능상의 효과 혹은 결과를 찾는다. 양자가 원인-결과 관계를 다룬다는 공통점이 있지만, 전자는 피설명 대상의 원인을, 후자는 피설명 대상의 결과를 부각시킨다는 데 차이점이 있다. 기능적 설명은 생물학에서 통용된다는 의미로 생물학적 설명이라고도 하고, 피설명 대상이 존재하는 목적 또는 존재해서 초래하는 결과에 중심을 둔다는 의미로 목적론적 설명 또는 결과론적 설명이라고도 한다.

특기할 점은, 기능적 설명이 모든 기능이 아니라 체제 유지를 위한 기능에 초점을 맞춘다는 것이다. 김웅진·김지희를 인용하자면, "기능적 설명은 어떤 체계의 구성단위가 나타내는 반복적 행위를 그러한 구성단위가 속한 체계의 유지라는 측면에서 밝혀내는 작업"이라고 규정한다.[8] 왜 정부가 사회복지 프로그램에 상당한 예산을 지출하는지 설명함에 있어서, 사회복지 지출로 사회체제의 안정과 유지를 기하기 위해서라고 하면 기능적 설명이라고 지칭할 수 있다. 같은 질문에 정치적으로 좌파 진영이 득세했기 때문이라든지, 사회적으로 복지에 대한 인식이 긍정적으로 바뀌었기 때문이라든지 등으로 설명하면 기능적 설명으로 간주되지 않고 확률적 일반화에 입각한 귀납적 설명으로 본다. 또한, 일부 취약계층의 고통을 줄이기 위해서라든지, 집권세력이 국정지지도를 높이기 위해서라든지 기능에 집중해 설명해도 체제 전체의 유지에 직접 연관된 것이 아니면 기능적 설명이라고 보지 않는다. 이런 점으로 인해 기능적 설명은 현상유지적, 체제유지적 관점이라며 일각에서 비판 받기도 한다.

설명의 넷째 유형은 발생적genetic 설명이다. 설명하고자 하는 대상은 앞서 있던 다른 현상의 필연적 결과라고 말하는 방식이다. 시간성이 핵심이고 역사에 대한 조망이 수반되기에 역사적 설명이라고도 한다. 예를 들면, 클링버그F. Klingberg는 미국 대외정책 기조는 앞선 시기의 대외정책 기조에 대한 필연적 반작용으로 형성되는 사이클이 계속되며 진화해왔다고 설명한다.[9] 고립주의 기조가 한동안

---

8 김웅진·김지희, 『정치학 연구방법론: 경험과학연구의 규준과 설계』 (서울: 명지사, 2005), pp. 63-64.

9 Frank L. Klingberg, *Cyclical Trends in American Foreign Policy Moods: The Unfolding of America's World Role* (University Press of America, 1983).

대세를 이루다가 세월이 흐르며 이에 대한 반발과 반성이 고조됨에 따라 개입주의 기조로 전환되고, 개입주의가 한동안 대세이다가 시간 흐름에 따라 다시 고립주의로 전환하는 사이클이 계속되어 왔다고 한다. 마치 시계추가 왼쪽으로 갔다가 그에 대한 반동으로 오른쪽으로 가고 또 반동으로 왼쪽으로 가는 것처럼 고립주의와 개입주의가 상호 반작용으로 시간에 따라 교호적으로 나타났다는 것이다. 오늘의 개입주의는 어제의 고립주의에 의해 발생했고, 또 내일의 고립주의를 발생시킬 것이라는 논리가 이어진다.

발생적 설명을 하려면 경로의존성을 찾아야 한다. t시점 상황은 t−1시점 상황에 의해 결정되고, t−1시점 상황은 t−2시점 상황에 의해 결정된다는 역사 전개의 경로를 규명함으로써 특정 시점의 상황에 대한 발생적 설명을 할 수 있다. 경로의존성이란 한번 경로가 형성되면 비효율성, 불공정성 등 여러 문제가 있어도 경로를 벗어나지 못하는 습성이라고 부정적 뉘앙스의 개념으로 보는 경향이 있지만, 꼭 부정적으로 볼 필요는 없고 현재가 과거에 의해 규정되는 특성이라고 이해하면 된다. 발생적 설명은 역사학에서 대세를 이루나, 클링버그가 예시하듯이 정치학에서도 각종 사이클 이론 등의 형태로 존재한다. 특히 현재의 문제점을 과거의 상황에서 필연코 발생된 것으로 책임 소재를 돌리는 경향은 학문뿐 아니라 정부나 정치권의 실제적 분야에서 자주 목격된다.

역사적 경로의존성에 입각한 발생적 설명은 특히 변증법 사고의 근간을 이룬다. 정(正)으로서의 상태가 유지되다가 시간 흐름에 따라 내적으로 모순이 생겨 반(反)으로서의 상태가 힘을 얻고 결국 정−반 충돌로 새로운 상태인 합(合)으로 이행하고, 이 합은 정으로서의 상태를 한동안 유지하다가 반과의 충돌로 또 새로운 합으로 이행하는 연쇄적 과정이 계속된다는 변증법 사고에서 모든 상태는 앞선 상태에 의해 필연적으로 발생한다. 변증법에 의존한 칼 맑스의 유물사관은 발생적 설명을 명쾌하게 제시한다. 중세봉건질서는 오래 유지되다가 생산력이 발전하고 상업, 무역 종사자들이 증가함에 따라 내적으로 모순이 쌓이고 충돌이 일어나 자본주의·자유주의 체제로 혁명적으로 도약했다. 자본주의·자유주의 체제는 한동안 유지되었으나 노동자가 늘고 계급의식이 커짐에 따라 내적으로 모순이 쌓이고 충돌이 일어나 언젠가는 공산주의·사회주의로 혁명적으로 이행할 것이다. 중세봉건질서는 앞선 고대노예사회의 내부 모순이 터져 발생한 것이고, 고대노예사회도 앞선 원시공산사회의 내부 모순이 터져 발생한 것이다. 이처럼 모든 체제는 앞선 체제가 붕괴하며 필연적으로 발생한 것이라는 유물사관은 발생적 설명의 대표적 예라 하겠다.

과거의 경로의존적 영향을 주목하는 발생적 설명은 특히 거시적 체제를 이해하는 데 유용하다. 예를 들어, 제2차 세계대전 이후 아프리카 신생독립국들이 정치적, 경제적 후진성을 벗지 못하는 현상을 식민지 시대의 역사적 후유증으로 설명하거나, 한국 정당정치의 정파적 혼란을 과거 조선의 붕당정치의 문화적 잔재로 보는 등 거시적 관점에 발생적 설명이 개재된다. 그러나 경로의존적 필연성을 너무 과장되게 맹신해선 곤란하다. 경로의존성이 깨지는 경우도 많기 때문이다. 저개발 늪에 빠져 악순환이 연속되는 체제도 있으나 경로의존적 악순환의 고리를 깨고 다른 성격의 체제로 전환하는 경우도 있다는 점은 여러 나라의 예를 통해 알 수 있다.

3) 예측

이론을 정립하는 목적 중에 예측prediction도 있다. 일상생활은 물론이고 사회관계에서도 반드시 예측을 시도해야 하는 경우가 많다.

특히 특정 정책이나 법, 제도를 만들 때 어떤 효과가 나올지 내다볼 수 있어야 정당화를 할 수 있다. 어떤 행태나 현상도 미래의 양태나 효과를 미리 알아야 최적의 결과를 얻기 위한 대비를 할 수 있다. 예측의 중요성을 보여주는 예로, 정치권은 물론 국가 전체, 나아가 세계의 관심사가 되는 선거 결과의 예측을 들 수 있다. 2016년 미국 대선에서 트럼프가 승리할 것이라고 예측하지 못하는 바람에 세계 각국이 미국과의 관계를 잘 정립하지 못해 혼란을 겪었고 미국의 각종 공익단체가 갑작스런 의제 변화로 좌절해야 했다. 또한, 베를린 장벽의 붕괴가 갑자기 올 것이라고 예측하지 못한 탓에 독일의 통일은 험난한 과정을 거쳐야 했다. 인구 추이에 대한 예측을 제대로 하지 못해 인구 절벽이라는 재앙에 직면한 우리로서도 예측의 중요성을 절감하지 않을 수 없다. 기후변화, AI(인공지능), 코로나19 등 새롭고 중대한 사안의 다양한 측면에 대한 예측을 얼마나 정확하게 하는 지에 인류의 미래가 달렸다고 해도 과언이 아니다.

미래에 어떤 양태, 상황, 현상이 나타날지 예측할 때 특정의 인과관계를 상정하게 된다. 예를 들어, 경제 난국이 집권당 지지도에 끼치는 부정적 인과관계를 고려해서 오늘의 불경기가 다가오는 선거에서 집권당의 패배를 가져올 것이라고 예측하게 된다. 인과관계에 의거한다는 점에서 예측은 설명과 논리구조가 동일하다. 다만, 논리 전개의 초점에서 설명과 예측이 차이를 보일 뿐이다. 설명이 어떤 결과를 가져온 원인(들)에 초점을 맞추는 데 비해, 예측은 원인(들)이라고 여겨지는 것이 어떤 결과를 가져올지에 초점을 맞춘다. 즉, t시점의 무엇을 초래한 $t-\alpha$시점의 무엇을 규명하는 것이 설명이고, t시점의 무엇이 초래할 $t+\beta$시점의 무엇을 규명하는 것이 예측이다. 예측을 함에 있어서 명확한 근거에 입각하기 위해서는 인과관계를 상정할 필요가 있지만, 예측을 맞추기만 하면 되지 굳이 인과적 근거를 제시할 필요는 없다고 주장하는 사람들도 있다. 대표적으로, 게링은 예측에 인과관계가 꼭 필수인 것은 아니고 상관관계에만 의존해도 예측을 할 수 있다고 주장한다.[10] 결과를 실용적으로 예측하는 데만 신경 쓴다면 이런 주장에 공감할 수 있겠지만, 학문 세계에서 과학적 예측을 목적으로 한다면 단순 상관관계를 넘어 인과관계를 정립해 근거를 찾는 데까지 나아가면 좋을 것이다. 단순 추측speculation과 예측은 구별되는 것이다.

물론, 인과적 추론에 입각한 과학적 예측은 대단히 이상적이고 힘든 경우가 많다. 인과적 추론만 해도 이하 4절~6절에서 상술하듯이 참으로 어려운데, 하물며 예측까지 한다면 얼마나 어려운 일이 되겠는가. 더욱이 인간의 인식과 행태는 가변성이 워낙 높아 예측이 실제의 미래 양태를 제대로 맞추지 못하는 경우가 허다하다. 이미 존재했거나 존재하는 현상에 대한 인식의 단순화인 설명이나 서술과 달리 앞으로의 실제상 존재(발생) 여부를 말하는 예측은 결국 옳고 그름이 명확히 드러나므로 그만큼 위험 부담이 크다. 이에 사회과학은 서술과 설명에 집중하고 예측은 학문 외적 영역에 두어야 한다며 경시하는 경향이 학계 일각에 있다. 그러나 예측이 힘들고 틀릴 수 있다고 해도 사회를 위한 실용적 유용성이 워낙 크고 사람들의 인식 지평을 넓혀주므로 학문적으로도 포기해선 곤란하다. 싫건 좋건 각종의 단기, 장기 예측을 해야만 공동체를 꾸려갈 수 있고 미래에 적합한 마음가짐을 준비할 수 있다. 그 중요한 과제를 학문 바깥의 실무 영역에게만 맡긴다면 학문도 결국 사회를 위한

10 John Gerring, *Social Science Methodology: A Criterial Framework* (Cambridge, UK: Cambridge University Press, 2001), pp. 125-7.

것으로서 공동과업이어야 한다는 대명제를 무시하는 셈이 된다. 토플러A. Toffler, 벨D. Bell 등 미래의 장기 추세를 통찰력 있게 예측해 인류 문명에 지대한 실질적 공헌을 한 전문가들을 상아탑의 순수학자가 아니라고 배척할 수는 없는 일이다.[11]

3. 이론(주장) 정립의 기준

경험 세계를 서술, 설명, 예측할 목적으로 이론을 세울 때 충족시키고자 노력해야 할 기준 혹은 가치들이 있다. 이번 3절에서는 수많은 기준·가치 중 기본적인 것 10가지를 우선 상술하고,[12] 서술적 분류를 할 때 추가로 고려해야 할 것도 몇 가지 소개한다. 설명을 위해 인과관계를 정립할 때 특별히 신경 써야 할 기준 혹은 특성들도 더 있는데, 그에 대해선 다음에 이어지는 4절~5절에서 상세하게 다룰 것이다.

기본 기준 10가지를 논하기에 앞서 기우 삼아 몇 가지 단서를 말한다. 첫째, 이 기준들은 이상형이어서 완전히 충족시키기는 불가능하다. 이 점은 자연현상을 연구할 때도 마찬가지겠으나, 특히 주관적 인식 속에 존재하는 사회현상을 연구할 때 그럴 수밖에 없다. 완벽히 도달할 수는 없어도 최대한 가까이 가기 위해 노력해야 할 지향점으로 간주하면 된다. 둘째, 이 기준들은 서로 상쇄관계

11 Alvin Toffler, *Future Shock* (New York: Bantam Books, 1970); Daniel Bell, *The Coming of Post-Industrial Society: A Venture in Social Forecasting* (New York: Basic Books, 1973).

12 기본 기준 10가지에 대해 다음의 문헌을 많이 참고하였음: John Gerring, *Social Science Methodology: A Criterial Framework* (Cambridge, UK: Cambridge University Press, 2001), pp. 89-117.

trade-off에 있는 경우가 많아, 하나를 추구하면 다른 것은 필연코 놓치게 될 수 있다. 이에 대해 자세히 후술하겠지만, 모든 기준을 똑같이 기하려는 욕심보다는 나의 문제의식, 연구환경, 연구사례 등에 대한 면밀한 고려 속에 기준들의 우선순위를 정하는 냉철한 판단력이 필요하다. 셋째, 이 기준들은 경험 세계에 대한 이론을 정립할 때 요구되는 것으로서 규범 세계의 기준은 아니다. 그러나 책 서론에서도 밝혔듯이 경험과 규범, 양 세계가 명확히 갈라지지는 않고 상당한 중복성, 연계성, 상호보완성이 존재한다. 따라서 이 기준들을 적절히 충족하며 경험적 이론(주장)을 정립한다면 그로부터 파생되는 규범적 이론(주장)도 튼튼한 기반 위에 설 수 있게 된다.

1) 구체성

이론은 그 의미가 모호하지 않고 명확하게 표출되어야 한다. 이 상태를 구체성이라고 한다. 이론이 구체성을 띠어야 할 이유를 몇 개 꼽자면, 첫째, 이론을 제시하는 연구자 혹은 화자(話者)의 자의성을 막을 수 있다. 연구자나 화자가 때로는 상황을 눈치 보며 이론(말)을 슬쩍 바꾸는 경우가 있고, 그럴 의도가 아니어도 중간에 이론(말)이 변질되는 경우가 종종 있다. 모호한 이론일수록 이런 위험성이 있으니 이론의 구체성을 높여야 한다. 둘째, 구체성은 남의 오해를 방지할 수 있다. 어떤 이론(주장)을 남에게 잘 전달하는 일이 쉽지 않다는 점은 주지하는 바이다. 가능한 한 구체적인 이론을 제시함으로써 오해로 인한 억울함을 피할 수 있다. 셋째, 구체적 이론은 여러 사람 간에 의사소통을 가능하게 한다. 정치학 이론은 수많은 사람이 공론의 대상으로 삼고 공동으로 사회를 가꿔 가는 데 활용되므로, 관련해서 소통이 서로 어긋나거나 엇갈리지 않도록 더욱 구체성을 띠어야 한다.

구체성을 기하려면 논리상 내적 모순이 없어야 한다. 즉, 이론의 앞뒤가 논리적으로 맞아야 하고, 그런 의미에서 구체성은 일관성과 일맥상통한다. 앞뒤 모순이 생기면 어느 쪽이 옳은지 헷갈리고 그 이론의 뜻하는 바가 명확해질 수 없다. 복잡하고 긴 이론일수록 앞뒤 일관성이 약해지기 쉬워 불리할 수 있다. 물론 너무 짧은 이론도 의미를 충분히 담지 못해 명확하지 않을 수 있으므로, 이론의 길고 짧음이 구체성에 좋은지 일률적으로 말할 수는 없다. 내적 모순은 논리뿐 아니라 문장에 기인할 수도 있다. 주어와 술어가 일치하지 않거나 시제가 잘못된 문장은 의미가 모호해져 제대로 전달되지 않는다. 문장 구사에도 각별한 신경을 써야 하는 이유이다.

또한, 이론에 범위(성립선행조건)를 명시할 때 구체성이 높아진다. 사회현상은 시공을 초월하는 보편성을 지닐 수 없기에 어떤 시간적·공간적 맥락에서 어떤 성격을 갖는지 규정할 필요가 있다. 이 맥락이 곧 범위, 혹은 성립선행조건으로서 이에 대해 자세한 언급을 해주어야 그 이론이 뜻하는 바가 명확해지며 구체성이 높아질 수 있다. 예를 들어, 국민의 정치 참여가 민주주의의 촉진 요인이라는 이론은 20세기 중반 대중사회 혹은 21세기 탈대중사회 중 어느 곳을 전제로 하는지에 따라 국민의 자유로운 선거 참여가 형식적 민주주의의 수준을 높여준다는 말인지, 국민이 각종 경로로 직접 국정에 참여하는 것이 실질적 민주주의의 성숙을 기해준다는 말인지 달리 이해될 수 있다. 이념에 관한 이론도 극좌부터 극우까지 다양한 이념 노선이 혼재·경쟁하는 다원적 민주주의 사회나 시대인지 아니면 특정 이념에 강한 공감대가 형성된 균질적 권위주의 사회나 시대인지에 따라 그 뜻이 달라질 수 있다. 전자의 경우엔 진보－보수－중도의 다양한 이념성향에 대한 이론일 것이고, 후자의 경우엔 통일적인 국가 통치 이념에 대한 이론일 것이다. 어떤 이론(주장)이 공간적·시간적 범위, 관점 등에 따라 다른 의미를 띠고 달리 평가받을 수 있다고 판단되면 꼭 적용 범위를 적시해 구체성을 높일 필요가 있다.

아울러, 명확한 언어표현을 써야 이론의 구체성을 기할 수 있다. 중의적이고 다양하게 해석될 수 있는 언어표현은 조심해야 한다. 예를 들어, 평등이란 단어는 기회의 평등 또는 결과의 평등, 서로 반대의 뜻을 함께 지닌 것으로서 사람에 따라 달리 이해되며 오해를 불러일으킬 수 있다. 평등을 중시할수록 이번 경제개혁안을 지지한다는 표현보다는 결과의 평등을 중시할수록 그렇다는 표현이 구체성을 띤 것이라 더 바람직하다. 진보나 보수, 민주주의, 폭력 등 정치학의 이론들에 자주 등장하는 언어표현 중에는 다양하게 해석될 수 있는 모호한 것이 대단히 많다. 이런 경우에는 수식어를 붙이거나 풀어서 말함으로써 최대한 구체성을 높이는 노력을 기울일 필요가 있다. 추상적이고 모호한 개념을 구체화하는 가장 좋은 방법은 조작화operationalization를 가해 관찰 가능한 지표로 대체하는 것인데, 이에 대해선 위에서 가설에 대한 논의 시 간략히 언급했고 또한 다음 제4장에서 상세히 다룰 것이다.

2) 정확성

정확성accuracy은 타당성validity과 같은 말이고 진실 혹은 참값의 상태를 말한다. 이론이 정확성을 기해 참값을 서술, 설명, 예측하기 위해서는 왜곡, 편향, 즉 구조적 오류가 없어야 한다. 그런 의미에서, 쉽게 말해 왜곡이 없는 상태가 정확성이라고 말할 수 있다. 가장 이상적인 만큼 가장 불가능한 기준이기도 하다. 불확실한 사회현상의 참값을 어떻게 알 수 있겠는가? 전술했듯이 확실한 것은 지식이 아니라 정보나 종교적 믿음일 뿐이고, 이론의 형태를 취하는 지식은 불확실한 무언가에 대한 추론이므로 정확한 것인지 정의상 알 수 없다. 따라서 실제상으로는 차선책을 택해 정확성을 갈음하는 수밖에 없는데, 그 차선책이 바로 신뢰성reliability을 기하는 것이다. 신뢰성이란 다양한 방식으로 여러 차례 관찰할 때 같은 결론이 나오는 상태를 말한다. 어느 이론을 다각도·다방면으로 살펴보고 추론했는데 다 맞는 것으로 나온다면 신뢰성이 극대화되었으므로 그 이론은 정확하다고 간주하자는 것이다.

예를 들어, 내 키(신장)를 측정하는데 줄자, 나무자, 전자자 등 여러 자로 잴 때 모두 170cm로 나오고 나 자신, 내 학교 친구, 내 직장 동료 등 여러 사람이 계측해도 모두 170cm로 나온다면 내 키가 170cm라는 주장이 신뢰성을 극대화한 것이어서 정확성도 기한 것이라고 추정할 수 있다. 세대 간 가치관 차이의 역사적 변화와 관련된 예를 생각해보자면, 선거결과를 분석해도, 국정 지지도를 분석해도, 각종 현안 여론조사를 분석해도, 사용하는 언어표현을 분석해도 공통되게 세대 간 격차가 점점 더 벌어지고 있는 것으로 관찰된다면, 세대 간 가치관의 차이가 역사적으로 증가하고 있다는 이론(주장)은 신뢰성이 있는 것이기에 정확성도 있는 것으로 갈음해 볼 수 있다. 제헌국회 당시 강한 정당체제가 존재하지 않았다는 이론(주장)과 관련해서는, 선거 당선자들 중 무소속이 많았고, 각종 현안에 대한 국회 속기록에 정당 대결이 두드러지지 않았고, 당시 이승만 대통령도 범(汎)정당적인 모습을 보였고, 2년을 넘겨 존속한 정당이 없었고 등등 여러 측면에서 공통점이 관찰된다면 그 이론이 신뢰성이 있고 따라서 정확성도 있는 것으로 간주할 수 있다. 이러한 예들을 통해 알 수 있듯이, 신뢰성을 기함에 있어서 관건은 얼마나 다양하게 여러 측면을 관찰하고 추론하는가에 있다.

3) 정밀성

정밀성은 세밀하고 정교한 상태를 말한다. 예를 들어, 지금 시각이 9시 55분 45초다, 실업률이 1% 오르면 정부 지지도는 3.35% 떨어진다, 미국인의 반중국 정서는 올해 73.5%로 작년보다 5.7% 커졌다 등의 주장은 정밀성을 기했다고 볼 수 있다. 이 예들처럼 관찰값이 두루뭉술하지 않고 관찰값들의 간격이 촘촘할 때 정밀성을 기했다고 말한다. 반대로, 지금 시각이 10시 조금 전이다, 실업률이 오르면 정부 지지도가 떨어지는 경향이 있다, 미국인의 반중국 정서는 올해 더 커졌다 등의 주장은 상대적으로 정밀하지 않다.

이왕이면 사회과학의 이론이 정밀성을 기하면 좋겠지만, 정밀성은 정확성과 상호 충돌하며 상쇄관계에 있을 수 있다는 점을 유의해야 한다. 정밀하게 주장할수록 현실의 참값이 아닐 가능성이 크기 때문이다. 시각을 초 단위로 말하는 경우 시계가 완벽히 정확하지 않을 수 있고, 또한 시각을 말하는 순간 몇 초가 흘러가므로 정확한 말이 아니게 된다. 정부 지지도, 반중국 정서도 불확실한 추정일 뿐인데 소수점 자리까지 말한다면 참값이 아닐 가능성이 클 수밖에 없다. 반면, 지금 대략 10시쯤 되었다, 높은 실업률은 정부 지지도에 악영향을 끼치는 경향이 있다 등의 말은 정밀하지 않지만 틀릴 여지가 줄어든다. 영어사전에는 정밀성precision과 정확성accuracy이 동의어처럼 나오지만 실제로 그 의미는 정반대일 수 있는 것이다. 물론 정밀한 이론이 정확할 수도 있겠으나 드물 것이다. 특히 주관적 인식에 존재할 뿐인 사회현상을 논함에 있어서는 정밀하게 주장할수록 진실이 아닐 가능성이 크다. 자연과학에서는 정밀성과 정확성이 함께 가는 경우가 많겠으나 사회과학은 이와 다르다.

그러므로 연구 주제, 문제의식, 맥락, 환경 등을 잘 살펴서 정밀성을 기하는 것이 적절한지 판단 내릴 필요가 있다. 로켓을 달로 쏘기 위해서는 발사 시점과 각도, 로켓의 속도, 착륙 지점 등에 대한 고도로 정밀한 이론이 필요하다. 조력 발전소를 건설하려면 지역별 조수 간만의 차에 대한 정밀한 이론이 뒷받침되어야 한다. 유전자 검사로 범인을 잡으려면 유전자의 특성에 대한 정밀한 이론이 요구된다. 이 정도는 아니어도, 소득액에 따른 누진세율이나 궁핍 정도에 따른 차등 지원액을 정하기 위해서는 소득액, 세율, 궁핍 정도, 지원액 등에 대한 비교적 정밀한 이론을 세울 필요가 있다. 그러나 이와 달리, 외출 시 우산을 지참할지를 정하기 위해서는 굳이 예상 기압과 강수량 간 관계에 대한 정밀한 이론을 동원할 이유가 없다. 실업률이 오르면 정부 지지도가 추락한다는 정밀하지 않은 이론 정도로도 보통 대부분의 맥락에서는 적절할 수 있고, 억지로 소수점까지 동원해 말할 때 오히려 신뢰성, 정확성에서 불필요한 시비를 일으킬 수 있다.

4) 일반성

제1장과 제2장에서 강조했듯이 과학주의 전통에서 일반화는 핵심을 차지한다. 그런 만큼 일반성은 이론 정립의 중요한 기준이다. 이론이 넓게 적용될수록, 즉 이론의 유효한 시간적·공간적 범위(성립선행조건)가 넓을수록 일반성이 높다고 본다. 다른 조건이 같다면 널리 일반화될 수 있고 적용될 수 있는 이론이 당연히 바람직하다. 특정 사회단체의 내부 권력관계에 대한 이론이 거기서 그치지 않고 국가체제 내부 권력관계에까지 적용될 수 있다면 더 좋을 것이며 세계무대에서의 권력관계에까지 확장될 수 있다면 한층 더 좋을 것이다. 시간적으로도 특정 시점에만 적용되지 않고 시대를 넘어 적용될 수 있는 이론이 보다 바람직하다. 일반성의 정도에 따라 일반이론, 중간범위이론, 협범위이론으로 구분할 수 있겠지만,[13] 그 구

13 김웅진·김지희, 『정치학 연구방법론: 경험과학연구의 규준과 설계』 (서울: 명지

분은 실제상 대단히 모호할 수밖에 없고 상대적 관점에서 대략적으로 말할 수밖에 없다.

나무의 일반성을 이해하기 위해서는 나무 각각에 주목하기보다는 나무들의 공통점을 규명해야 하듯이, 사회과학의 일반성을 위해서도 사람 한명 한명의 행태보다는 사람들의 일반적 행태를, 그리고 개별 제도나 특정 현상의 고유한 특성보다는 같은 범주에 속하는 제도나 현상이 지니는 공통된 성격을 파악해야 한다. 그러나 제1장, 제2장 여러 대목에서도 논했듯이 일반성을 너무 강조하다가 일반화의 오류에 빠져선 곤란하다. 일반화의 오류에 대해선 전술한 부분으로 갈음하고, 여기선 이론의 일반성을 추구하되 맥락의 고유성과 차이를 과도하게 무시하지 말아야 한다는 점을 언급하는 것으로 만족한다.

5) 심층성

일반성과 상반되는 기준이 심층성이다. 일반성이 이론이 적용되는 넓이에 관한 것이라면, 심층성은 이론 내용의 깊이에 관한 것이다. 여러 측면을 여러 각도에서 다룰 때 그 이론이 깊다, 혹은 심층성을 기했다고 말한다. 여러 측면을 여러 각도로 보면 논의가 많아지고 자세해지므로 심층성은 풍부함thickness, 정치함精緻, richness이라고도 한다. 이론이 이왕이면 심층적이어서 여러 점을 자세하고 풍부하게 담을수록 바람직하다. 예를 들어, 강한 정당체제는 정치 참여를 북돋아 민주주의를 발전시킨다는 이론보다 강한 정당체제는 여야 정치인 간의 소통과 협력을 힘들게 하나 국민의 정치 참여를 북돋아 정치권 내의 민주주의는 몰라도 국민과 정부 간의 관계에서

사, 2005), pp. 50-53.

민주주의를 발전시킨다는 이론이 더 심층적이어서 풍부한 이야기를 전달한다. 의원의 행동을 결정짓는 가장 중요한 동기는 재선이라는 이론보다 의원의 행동을 결정짓는 가장 중요한 동기는 재선인 경우가 많으나 지역구나 소속 상임위의 성격에 따라 아닐 수도 있다는 이론이 더 심층적이다.

심층성은 해석주의의 핵심 가치이다. 필연코 현실을 왜곡하게 되는 일반화보다 개체 각각의 고유성을 찾는 데 우선순위를 두자는 해석주의 관점에서는 풍부한 서술을 추구하는 가운데 자연히 심층성이 이론의 핵심 기준이 된다. 개별 나무의 고유한 특징을 파악하려면 여러 측면을 여러 각도로 봐야 하듯이, 마을 대항 소싸움 행사에 어떤 사회적 의미가 담겼는지 해석하려면 행사의 전후 배경, 진행 과정, 주민들의 행태 등 다측면에 대한 다각도의 심층 관찰이 필요하다. 심층성은 과학주의에서 내거는 일반성 기준과는 상쇄관계에 있다. 심층성을 기하려면 하나의 개체로 좁혀 많은 관찰을 해야 하는 대신 여러 개체를 관찰할 수 없고, 일반성을 기하려면 여러 개체를 광범하게 보되 개체 각각을 자세하게 관찰할 수 없다. 그러므로 연구자는 문제의식, 주제, 사례, 연구환경(시간, 예산, 연구자의 능력, 입수 가능한 자료 등) 등을 종합적으로 고려해서 심층성 또는 일반성 중 하나를 선택해야 한다.

구체성, 정밀성은 심층성과 밀접하게 연결되어 있지만 똑같지 않다. 이론의 구체성은 뜻이 모호하지 않아 명확하게 전달될 수 있는 상태를 말하고, 정밀성은 관찰결과를 세밀한 간격으로 표출할 수 있는 상태를 말한다. 구체적인 이론이나 정밀한 이론이 꼭 여러 측면을 여러모로 풍부하게 다루는 것은 아니다. 심층성을 기한 이론이 여러 내용을 풍부하게 담는다고 해도 명확하지 않을 수 있고 제시한 관찰결과가 세밀하지 않을 수 있다. 예를 들어, 심층성을 중시하는 인류학자 기어츠Clifford Geertz는 발리 원주민의 관습이나 행동에 대해 다각도의 관찰을 통한 풍부하고 상세한 이론을 제시하지만, 그 내용이 항상 구체적으로 다가오는 것은 아니며 표현도 정밀한 정도(예 어느 정도의 두려움을 느끼는지)보다 대강의 여부(예 두려움을 느끼는지 아닌지) 차원에만 머물 때가 있다.

6) 간략성

이론 정립 시 신경 써야 할 기준 혹은 가치로 간략성simplicity, parsimony도 빼놓을 수 없다. 이론은 현실 자체가 아니라 확실할 수 없는 현실에 대한 이해를 돕고 사회를 위해 유용하게 활용될 수 있는 인식 틀, 즉 모형이다. 모형이 너무 복잡하면 이해를 돕거나 활용되기에 힘들어지므로 가급적 간략, 간단한 모형일수록 좋다. 또한, 기계가 복잡할수록 고장이 잦고 제도가 복잡할수록 부작용이 크듯이, 이론이 복잡할수록 논리상 허점이 많아진다. 사회 현실이 너무 복잡해 이론도 복잡해질 수밖에 없다는 말이 종종 들리지만, 엄격히 말하자면 현실 자체가 아니라 현실에 대한 우리의 인식이 복잡한 것일 뿐이다. 그러므로 일견 복잡한 듯 느껴지는 현상이라고 해도 그에 대한 인식을 최대한 간략화하기 위한 노력을 기울여서 이해와 활용에 도움이 되고 논리상 결함이 크지 않은 이론을 세워야 한다.

간략성은 최소 투입input으로 최대 산출output을 얻는 연구의 효율성 개념과 일맥상통한다. 우리는 시간, 재원, 지력, 체력 등의 제약 속에서 연구 성과를 내려하므로 효율성을 간과할 수 없다. 연구의 효율성을 기하려다 보면 (가급적) 최소의 변인(들)에 대한 (가급적) 최소의 관찰로 (가급적) 최대로 많은 설명을 시도하게 되므로, 여기서 산출되는 이론에는 독립변인이 적은 수만 상정될 것이고 또한 핵심적이지 않은 부연 내용은 포함되지 않을 것이다. 이에 따라 연구의 효율성은 결국 이론의 간략성으로 이어지기 쉽다. 물론 양자의 관계가 항상 자동적인 것은 아니고, 연구의 효율성을 추구하는 경우에도 문제의식이나 주제, 관점 등에 따라 간략하지 않은 이론을 산출할 수 있다. 간략성과 상쇄관계에 있을 수 있는 심층성, 구체성, 정밀성 등을 갖춘 이론을 만드는 것이 목표라면 연구의 효율성을 추구해도 산출되는 이론은 간략성을 띠지 않을 것이다.

7) 분석적 효용성(이론적 연계성)

하나의 이론은 홀로 존재하기보다 다른 이론(들)에 체계적으로 연결·연계된다면, 즉, 분석적 효용성 혹은 이론적 연계성을 띤다면 더 바람직하다. 그래야 이론이 단편적 존재를 넘어 이론 체계로 축적·누적될 수 있고, 그럼으로써 더 많은 이론적 시사점을 파생시키고 학문적 논쟁과 담론을 촉발시킬 수 있다. 학문은 결코 혼자 할 수 없고 수많은 사람이 협력과 비판의 과정을 거쳐 조금씩 일궈나가는 사회적 과업social enterprise이다. 정치 양극화의 수준과 양상을 서술하는 내 이론과 정치 양극화의 원인을 설명하는 남의 이론이 연결된다면 보다 종합적인 이해를 도모할 수 있고, 그 기반 위에서 또 다른 누군가가 선거제도나 복지정책에 관해 정립해놓은 이론을 적절하게 활용해 정치 양극화를 완화하는 데 효과가 있을 선거제도나 복지정책을 강구할 수 있다.

다른 이론(들)에 연결·연계된다는 말은 꼭 상호 부합해야 한다는 뜻이 아니다. 기존 이론에 비판적이거나 상반되는 이론을 산출함으로써 기존 이론을 더 적절하게 수정할 수 있고 미처 생각하지 못했던 새로운 쪽으로 생각의 지평을 확대해나갈 수도 있다. 그러므로 우리는 어떤 이론(주장)을 제시함에 있어서 여러 다른 이론을 체계적으로 정리하고 비판적으로 평가한 후 자기 이론은 이 다른 이론들을 어떻게 보완, 수정, 확대, 대체할 수 있는지 논하게 된다. 학회지에 실리는 학술논문을 보면, 기존 문헌에 대한 비판적 정리를 하고 기존 이론들과 필자의 이론이 어떻게 연결·연계되는지 상술하는 부분이 상당한 분량을 차지한다는 점을 알 수 있다. 분석적 효용성을 기하고자 노력하는 가운데 방대하면서도 유용한 이론 체계가 구축되고 공론의 장이 마련될 수 있을 뿐 아니라, 내 이론이 어떠한 특색이 있고 여타 이론들과 어떻게 다른지 명료하게 파악하게 되는 부수적 효과도 거둘 수 있다.

킹·코헤인·버바는 분석적 효용성, 즉 여타 이론들과의 연계성을 높이기 위한 6가지 방법을 추상적인 수준에서 제안한다.[14] 이 유용한 방법들을 차례로 소개하고, 관련된 구체적 예를 찾아봄으로써 이해를 도모해보자. 첫째 방법으로, 기존 학계에서 중요하게 간주하나 아직 아무도 체계적으로 연구를 수행하지 못한 주제를 과감하게 탐구하면 분석적 효용성이 높은 이론을 산출하는 데 좋다. 예를 들면, 퍼트넘Robert Putnam은 탈산업사회로 이행할수록 개인의 원자화가 심해져 사회활동 참여가 줄어들고 사회적 자본social capital이 고갈된다는 점을 수많은 자료를 통해 체계적으로 뒷받침함으로써 이 문제에 대해 학계에서 중요하게 여겼으나 체계적 연구가 없었던 공백을 훌륭하게 메워주었다.[15] 그의 연구는 탈산업사회에서 발생하는 개인의 소외감과 사회적 자본의 쇠퇴에 대해 사람들이 명확하게 인식하고 치열한 공론을 형성하게 되는 계기를 가져왔다.

둘째, 기존 문헌이나 학계 등에서 널리 받아들여지고 있으나 왜

14 Gary King, Robert O. Keohane, and Sidney Verba, *Designing Social Inquiry: Scientific Inference in Qualitative Research* (Princeton, NJ: Princeton University Press, 1994), pp. 16–17.

15 Robert D. Putnam, *Bowling Alone: The Collapse and Revival of American Community* (New York: Simon and Schuster, 2000).

지 의심이 가는 이론(주장)을 골라 그 진위를 연구해보면 높은 이론적 연계성(분석적 효용성)을 인정받을 수 있다. 관련 예를 들자면, 맨스브리지Jane Mansbridge는 타운미팅이 사람들의 정치참여를 북돋고 시민의식을 고양시키는 모범적 제도로 널리 받아들여지고 있는 데에 의심을 품고 정말 그런지 몇 군데 타운미팅을 실제로 참관하고 참가자들을 심층 면접하였다. 그 결과, 타운미팅에 대한 기존의 긍정적 인식과 달리 참가자들 대부분은 건전한 시민의식을 함양하기는 커녕 오히려 정치에 대한 불신감과 자괴감을 더욱 느끼게 된다는 결론을 내렸다.[16] 맨스브리지의 주장은 참여민주주의에 대한 기존의 단순한 이론을 수정하고 보완하는 데 큰 기여를 했고 민주주의에 대한 후속 연구들을 자극해 보다 정교하고 풍부한 시사점을 얻는 데 혁혁한 공을 세운다.

셋째, 기존 논쟁과 관련해 한쪽 편을 들어 강력한 논리 또는 증거를 제시하거나, 아예 기존 논쟁 자체가 그릇된 방향으로 진행되고 있다고 비판하면 분석적 효용성 기준에서 높은 평가를 받을 수 있다. 예를 들면, 미국사회가 문화적으로 양극화되어 "문화전쟁"이 벌어지게 된 원인과 그 해결책이 무엇인지에 대해 학계의 논쟁이 집중되던 1990년대에 피오리나Morris Fiorina는 미국사회의 문화적 양극화는 실상 미국 정치권의 양극화에 의한 착시현상이므로 정치적 양극화의 원인과 해결책에 논쟁이 집중되어야 한다고 주장하였다.[17] 그럼으로써 피오리나는 그 후 미국에서 양극화 논쟁이 정치

16 Jane J. Mansbridge, "Town Meeting Democracy," in Peter Collier, ed., *Dilemmas of Democracy: Readings in American Government* (New York: Harcourt Brace Jovanovich, 1976), pp. 148-167.

17 Morris P. Fiorina, with Samuel J. Abrams, and Jeremy C. Pope, *Culture War? The Myth of a Polarized America* (New York: Pearson Education).

영역을 범위로 재정립되는 데 지대한 역할을 한다.

넷째, 학계나 기존 문헌에서 무심코 당연시되는 가정assumption을 밝혀내 이 가정에 물음표를 던지고 대안적 가정에 입각한 연구를 제창한다면 높은 분석적 효용성으로 우리의 이론적 시야를 중대하게 넓혀주는 선구자라고 칭송받을 수 있다. 예를 들어, 엘스터Jon Elster와 일군의 동료는 기존 문헌에서 매우 당연하게 인간은 단일 자아를 지닌 합리적 행위자로 가정되는 데에 도전장을 던지고 인간은 다중자아multiple self를 지닌 복합체라는 가정하에 정치, 경제, 사회, 국제관계, 종교에 대한 이해를 도모할 것을 주창하였다.[18] 이들은 근본적으로 새로운 가정에 입각해 이론을 전개했다는 점에서 가히 '혁명적'인 변화를 가져올 수 있는 여지를 남겼다. 물론 새로운 가정을 세워 근본적으로 다른 시각을 제공하는 일이 말처럼 쉬울 리는 없어, 엘스터 등의 노력이 그 후 아직 큰 가시적 성과는 내고 있지 못하다. 그러나 기존의 가정에 타성적으로 젖어있던 학계에 신선한 자극과 충격을 가했다는 공은 높이 인정해야 한다.

다섯째, 기존에 간과되어온 중요한 주제나 관점을 찾아 체계적으로 연구하고 발전시킨다면 기존 이론들의 한계와 맹점을 보완하고 사회적 과업으로서의 학문 공동작업에 공헌하는 좋은 이론을 세울 수 있다. 예를 들어, 스카치폴Theda Skocpol이 보기에 기존 문헌은 주로 국가state 권력이 사회적 투입input에 수동적으로 반응하는 측면만을 조명하고 역으로 국가 권력이 능동적으로 사회를 이끌어가는 측면을 경시한다. 여기서 문제의식을 잡은 스카치폴은 후자를 규명하는 데 집중함으로써 정치학계에 새로운 바람을 불러일으키고

18 Jon Elster, ed. *The Multiple Self* (Cambridge: Cambridge University Press, 1985).

학풍에 큰 변화를 가져온다.[19] 기존 문헌의 한계를 파악한 후 그것을 극복하는 쪽으로 이론을 개발함으로써 새로운 지평을 넓혔을 뿐만 아니라 여러 학자가 참가하는 열띤 논쟁을 일으켜 분석적 효용성에서 높은 평가를 받을 수 있었다.

여섯째, 특정 분야에서 개발되어 활용되는 이론이나 경험적 증거를 다른 분야에 가져와서 적절하게 응용·적용한다면 분야를 뛰어넘어 수많은 이론이 긴밀하게 연결될 수 있다. 분석적 효용성, 즉 이론적 연계성은 꼭 특정 분야 내에서만 추구할 수 있는 것이 아니고 분야를 초월해 고려될 때 지식체계의 구축에 더 큰 도움이 될 수 있다. 예를 들어, 게임 이론, 합리적 선택 이론, 정신분석학의 여러 이론, 진화론, 시스템 이론, 사이버네틱스cybernetics 이론 등은 한 분야에서 개발된 후 여타 분야들로 퍼져나가 방대한 지식체계를 세우는 데 큰 역할을 하였다. 이론의 분석적 효용성을 기해주는 이 여섯째 방법은 초분야적 학제(學際) 연구의 핵심을 이룬다. 앞선 제2장에서 말했듯이 초분야적 학제(學際) 연구의 융합적 접근이 성과를 내기 쉽지 않지만, 다소라도 낼 수 있다면 분석적 효용성이 얼마나 큰 파급력으로 지식 창출과 축적에 공헌할 수 있는지 보여주는 예가 될 것이다.

8) 참신성

이론은 진부하지 않고 새로워야 남의 흥미를 끌 수 있고 우리 사회에 진정으로 도움이 될 수 있다. 이미 충분히 다루어졌고 더

---

19 Theda Skocpol, "Bringing the State Back In: Strategies of Analysis in Current Research," in Peter B. Evans, Dietrich Rueschemeyer, and Theda Skocpol, eds., *Bringing the State Back In* (Cambridge: Cambridge University Press, 1985).

이상의 논쟁을 낳지 않는 이론은 무의미하다. 물론 참신성(창의성)을 기한 이론이란 새 땅을 일구는 것과 마찬가지여서 실제로 뒷받침하기가 힘들 수밖에 없다. 이미 많이 다뤄진 이론을 논증하기가 비교적 쉬운 것과 대조를 이룬다. 그래도 힘듦을 무릅쓰고 참신한 이론을 제시하면 경험적 뒷받침이 다소 부실하거나 논리 전개가 다소 허술해도 높은 평가를 받을 수 있다.

참신성을 기하려면 남들이 다루지 않은 주제를 잡거나, 이미 다뤄진 주제지만 남들과 다른 관점이나 문제의식으로 접근하거나, 익숙한 주제를 익숙한 관점에서 접근하더라도 남들이 아직 보지 못한 자료를 제시하면 된다. 이 모든 것이 실제로는 난제지만, 모든 현상은 끊임없이 변하는 데다 사람들의 주관적 인식 속에서 재구성되는 것이므로 새로운 주제, 관점(문제의식), 자료를 찾는 일이 아주 힘든 것만은 아니다. 익숙한 기존 틀을 벗어나 새 영역을 개척하기 위해서라도 기존 이론들을 두루 섭렵하며 한계나 허점을 짚어내야 한다는 점에서 참신성과 상기 분석적 효용성은 밀접히 연관되어 있다. 다른 사람들의 이론(주장)이나 생각과 아무 교류 없이 홀로이 이론을 제시하는 것이 아니라, 활발한 교류 속에서 사회적 과업으로서의 학문을 하는 가운데 기존 이론을 보완, 대체, 적용, 확대하는 식으로 내 이론을 제시할 때 진정한 참신성을 기했다고 인정받을 수 있는 것이다.

혹자는 이론적 연계성(분석적 효용성)을 중시하면 기존 이론들에 휩쓸리게 되어 참신성을 추구하기 힘들어진다고 말할지 모르겠으나, 그것은 이론적 연계성을 오해한 말이다. 진정한 이론적 연계성은 기존 이론들을 그대로 답습하는 것이 아니고 비판적으로 보며 수정해 계승 발전시키는 것이다. 그러므로 참신성과 이론적 연계성은 수레의 두 바퀴로서 상호 보완적 관계에 있는 경우가 많다.

9) 이해용이성

이해용이성intelligibility은 남이 쉽게 이해할 수 있는 상태를 뜻한다. 한 이론이 이해용이성을 갖춰야 여러 사람에게 공감을 얻고 사회적으로나 학문적으로 반향을 일으켜 유용하게 사용될 수 있다. 그런 의미에서 이 특성은 사회적 과업으로서의 학문에 필수적이라 하겠다. 구체성, 간략성을 기하면 이해용이성도 함께 높아지는 경향이 있으므로(물론 너무 간략한 이론은 이해용이성이 낮을 수 있겠지만) 서로 밀접히 연결되는 기준들이다.

이해용이성을 신경 쓴다면 이론에 너무 어려운 전문용어를 섞어 현학적인 척하지 말아야 한다. 물론 심층적인 논의를 할 때는 부득이 전문용어나 난해한 개념을 쓰지 않을 수 없기도 하겠지만, 최대한 자제할 필요가 있다. 또한, 이론을 남이 쉽게 이해할 수 있도록 여러 예를 제시하면 좋을 것이다. 샌들Micahel Sandel의 저작은 담겨 있는 이론의 어려움을 일상생활의 여러 쉬운 예로 상쇄한 모범 사례이다. 여러 예로 이해용이성을 기한 덕에 샌들의 책은 일반 대중에게도 반향을 일으켜 베스트셀러가 될 수 있었다. 이해용이성을 위해 또한, 이론을 만들고 전개할 때 과연 남이 잘 이해할 수 있을지 항상 유념하며 남의 눈높이에 서는 노력을 의도적으로 해야 한다. 이때의 '남'이란 맥락에 따라 달라질 수 있으므로 내 이론을 전달하고자 하는 대상이 누구인지 냉철하게 판단하는 노력도 요구된다.

10) 적실성

일상 대화에서 "말 되네"라는 표현을 종종 듣는다. 주장에 적실성이 있을 때 쓰는 표현이다. 적실성relevance이란 사회적 적절함, 즉 의미성, 중요성, 유용성 등을 복합적으로 뜻한다. 특기할 점으로, 적실성은 시간적·공간적 맥락에 따라 결정되는바 사회적 판단이 수반된다. 한 이론이 맥락에 따라 말이 될 수도, 그렇지 않을 수도 있다. 그러므로 이론이 적용되는 맥락이 어떤지, 그리고 그 맥락을 어떻게 이해하는지가 관건이 된다.

어떤 사람이 왜 죽었는지 물어보는 질문에 대한 다양한 답이 맥락에 따라 적실성을 띠거나 그렇지 않을 수 있다는 예를 들어보자.[20] "그는 인간이기에 죽었다."라고 답하면 거의 모든 맥락에서 적절하지 않고 자칫하면 장난치냐며 빰 맞을 수 있다. 그러나 신과 인간이 함께 등장하는 그리스 신화의 맥락에서는 신은 불멸하나 인간은 그렇지 않으므로 인간이기에 죽었다는 답이 적실성을 띨 수 있다. "그는 암(癌) 때문에 죽었다."라고 답하면 대부분 맥락에서 말이 되는 것으로 인정받을 수 있겠지만, 그가 암병동 암환자라는 특수 상황이었다면 너무 당연한 말이기에 적절하지 않다고 욕먹을 것이다. "그는 심장이 멈춰 죽었다."라고 말하면 실없다고 핀잔을 듣겠으나, 식물인간으로 간신히 연명치료로 버티던 환자였다면 그 맥락에서는 적실성이 있는 말로 수용될 수 있다. 이 예를 통해 알 수 있는 것은, 일상적이고 당연한 데서 이유를 찾으면 적실성을 띠기 힘들고, 반대로 비일상적이고 특이한 데서 이유를 찾아야 말이 된다고 그 사회적 의미성, 즉 적실성을 인정받을 수 있다는 점이다. 인간이 죽는 것은 일상적이고 당연한 일이나, 그리스 신화에서는 죽음이 인간에게만 해당되는 비일상적인 일이다. 암으로 죽는 것은 비일상적이지만, 암병동 암환자라면 암으로 죽는다는 것이 일상적이다. 심장 정지는 죽음에 당연히 수반되는 일이어서 질문에 답이

20 이 예는 다음에서 원용하고 재해석한 것임: John Gerring, *Social Science Methodology: A Criterial Framework* (Cambridge, UK: Cambridge University Press, 2001), pp. 93–94.

될 수 없지만, 억지로 심장을 뛰게 해 연명하던 환자라면 심장 정지는 비일상적인 일로서 죽음의 이유가 될 수 있다. 물론 일상적인지 비일상적인지는 일률적으로 정하기보다 시공 맥락을 봐야 판단할 수 있으므로, 어느 이론이 적실성 있는지 살피려면 어떤 맥락에서 그 이론을 논하는 것인지를 신중하게 고려할 필요가 있다.

적실성은 어떤 관점을 취하는가에 영향받기도 한다. 예를 들어, 하츠Louis Hartz는 미국을 유럽과 비교하며 이념적으로 균질한 사회라고 규정하였다.[21] 극우부터 극좌까지 이념 스펙트럼이 넓은 유럽 국가들과 비교해볼 때 미국은 국민 대부분이 이념의 양극단보다는 중간지대에 몰려 있다는 것이다. 이 비교의 관점에서 하츠의 이론은 적실성을 띤다. 그러나 만약 미국을 중국, 북한, 사우디아라비아, 이란 등 다양성이 높지 않은 사회와 비교하며 똑같은 이론을 말한다면 적실성을 인정받기 힘들 것이다. 또한, 높은 교육수준의 유권자일수록 선거투표에 참여하는 경향이 높다는 이론도 미국만을 범위로 할 때는 적실성을 띨 수 있지만, 세계 각국을 두루 보는 비교 연구의 관점에서는 그렇지 않다. 미국은 대졸자 비율로 본 국민의 교육 수준이 세계에서 가장 높은 편이나 동시에 선거투표 참여율은 가장 낮은 편이기 때문이다.

이론의 적실성은 어떤 현상이나 사건의 원인을 얼마나 먼 과거에서 찾을지에 있어서 중요한 논점을 제공한다. 너무 먼 과거로 내려가 원인(遠因)을 찾아도, 너무 가까운 과거에서 근인(近因)을 찾아도 적실성을 잃기 쉽다. 1차 세계대전의 원인을 세르비아 청년에 의한 오스트리아 황태자의 암살로 인한 긴장과 갈등에서 찾는다면 너무

21 Louis Hartz, *The Liberal Tradition in America* (Harcourt Brace Jovanovich, 1955).

근인이라서 적실성 있는 설명이 되기 어렵고, 9세기 프랑크 왕국의 분열에서 찾는다면 너무 먼 과거의 일이라 역시 적실성을 인정받기 어렵다. 현대 한국의 비극인 6.25 전쟁의 원인도 북한군의 무력 남침은 과도한 근인이므로 그보다 적당히 더 과거로 내려가 찾아야 하는데, 과연 북한 김일성과 공산당의 적화 의도, 애치슨 라인(한반도를 미국의 극동방위선 바깥에 둠), 북한 김일성 체제의 수립, 해방 정국의 이념 대결, 얄타 회담(한반도를 38도선으로 나눠 미군과 소련군이 각각 남과 북을 맡아 군정을 시행하기로 결정함), 일본의 군국주의적 야욕, 조선의 식민지 전략, 대원군의 폐쇄정책(조선의 발전을 가로막은) 등등 얼마나 먼 과거의 요인을 지적하면 적절할지 논란의 대상이 된다. 한국 정치의 고질병인 지역주의는 3김 씨의 권력투쟁, 5.18 광주항쟁, 박정희 시대의 영남 우대 기조, 일제 강점기 호남 유민과 다른 지역주민 간 갈등, 백제와 신라 간 적대관계 등 얼마나 먼 과거에서 원인을 찾으면 적실성을 띤 것인지 마찬가지로 논쟁 대상이 되고 있다.[22]

사회과학에서 추구하는 지식, 그리고 그 지식이 담기는 틀인 이론은 맥락에 영향을 받지 않을 수 없다. 물론 과학적 지식의 특성이자 이론 정립의 기준 중 하나가 일반성이지만, 그것이 맥락초월적 보편성을 뜻하는 것은 결코 아니다. 그러므로 이론을 정립할 때 적용 범위가 되는 시대 및 사회의 맥락에 대한 배경 정보를 충분하게 익혀 적실성이 충족되도록 할 필요가 있다. 다만, 지나갔거나 현재 진행 중인 현상이나 사건은 그 맥락적 배경을 살펴보기가 상대

---

22 너무 가까운 과거에서 근인(近因)을 찾으면 적실성에서 문제가 발생하는 데 더해, 원인과 결과가 실제로 같아지는 동어반복(tautology)의 문제가 발생할 수도 있다. 북한군의 무력 남침은 6.25 전쟁의 원인이기보다 6.25 전쟁 그 자체의 한 부분이고, 3김 씨의 권력투쟁은 지역주의 정치의 원인이기보다 그 자체의 일부분이다. 동어반복에 대해선 이 장의 제5절에서 상세하게 부연할 것임.

적으로 무난한 데 비해, 앞으로 있을 미래는 어떤 맥락에 놓일지 판단하기 힘들어 예측의 적실성은 논하기가 상대적으로 더 어렵다. 특히 얼마나 먼 미래 시점에 대해 예측할 때 적실성을 인정받을 수 있을지 결정하기 힘들다. 정치학이나 사회과학에서 다루는 주제들을 생각해보면, 통상적으로 1주 후에 대한 예측은 너무 가깝고 100년 후에 대한 예측은 너무 멀어 적실성이 높아 보이지 않는다. 그러나 선거 예측이라면 1주 후 예측도 적실성을 띨 수 있고, 기후변화의 사회·경제적 영향, 인구 절벽의 사회·문화적 문제 등과 관련해서는 100년 후 예측도 적실성을 띨 수 있다.

11) 기준 간의 상쇄효과(trade-off)

이상 소개한 10가지 기준들은 서로 부합하기도 하고 충돌하기도 한다. 예를 들어, 구체성을 기하는 가운데 정밀성, 이해용이성이 함께 높아질 수 있고, 참신성을 추구하다가 기존 이론들의 수정 발전에 도움을 줘 분석적 효용성이 높아질 수도 있다. 기준들이 상호 부합한다면 연구자로서는 반가운 일이다. 그런데 기준들이 상호 충돌하고 모순되어 연구자에게 딜레마를 가져오는 경우도 많다. 전술했듯이 정확성은 정밀성과 반대되기 쉽고, 일반성은 심층성과 필연적으로 부딪친다. 간략성은 이해용이성을 높여주고 정확성과 부합할 수 있지만, 구체성, 심층성, 정밀성 등과 충돌하는 때가 많고 맥락에 따라서는 이해용이성을 높이긴커녕 오히려 훼손하기도 한다. 분석적 효용성은 다른 이론들과의 연결·연계를 강조하는 가운데 너무 전문 학술적 측면만 두드러지게 해 이해용이성, 적실성 등을 낮출 여지가 있다.

이처럼 기준들은 다양한 상쇄효과를 내므로 이 기준들을 동시에 다 추구하는 일은 불가능하다. 여기서 이론 정립의 왕도가 없다는 시사점을 얻을 수 있다. 각자의 문제의식, 연구환경, 연구사례의 성격 등에 따라 우선순위를 두어야 할 기준들이 달라질 수 있다. 수년에 걸쳐 박사학위 논문을 쓰는 사람과 부탁받은 주제에 대해 두 달 내로 학회 발표문을 써야 하는 사람은 중시하는 기준들이 다를 것이다. 일반 국민을 대상으로 전염병 방역 조치를 세워 홍보해야 하는 공무원과 전문가 집단을 대상으로 전염병과 민주주의 간 관계를 설파해야 하는 학자도 우선순위에서 차이가 날 것이다. 엄밀한 검증을 강조하는 과학주의자와 풍부한 의미 파악을 강조하는 해석주의자도 다른 기준들을 선호하게 된다. 혼자서 연구를 진행해 단독 논문을 쓰는 경우와 여러 명이 팀을 짜서 연구를 진행하고 공동 보고서를 쓰는 경우도 다를 수밖에 없다. 역사 현상을 거시적으로 서술·설명하는 연구와 행위자의 행태나 선택을 미시적으로 예측하는 연구도 다른 우선순위를 추구할 것이다. 그러므로 우리는 모든 기준을 다 기하려고 과욕을 부리지 말고, 각자의 문제의식, 연구환경, 연구사례 등에 따라 기준들의 우선순위를 정하는 전략적 판단을 해야 한다.

12) 서술적 분류를 위한 추가적 기준들

이론의 목적 중 하나인 서술은 많은 경우 서술적 분류의 형태를 취한다. 그 사람은 진보적 이념성향을 지닌다, 그 나라는 반미 진영에 속한다, A정당의 선거공약은 현상타파보다 현상유지의 성격을 더 짙게 띤다, 등의 서술적 추론은 관찰대상을 특정 범주(진보, 반미, 현상유지)로 분류하고 있다. 일상생활에서 내가 무엇을 좋아하거나 싫어하거나, 날씨가 맑거나 흐리거나, 체력이 강하거나 약하거나 등 수많은 서술적 분류를 하듯이 사회과학은 물론 학문 전 분야에서도 무수히 많은 서술적 분류를 한다. 그런데 이 작업이 생각만큼 쉽지 않다. 개체는 다 고유한데 편의상 몇 개의 부류로 나누려니 범주를 어떻게 만들지 결정하기가 쉬울 리 없다. 정치인들을 진보, 중도, 보수 3개 범주로 분류할지 아니면 극진보, 진보, 중도, 보수, 극보수 5개 범주로 분류할지 상황을 잘 보며 판단해야 하는데 척척 답이 나오지 않는다. 민주주의 각국의 권력구조를 분류할 때 대통령제, 내각제로 범주화할지 이원집정제라는 또 하나의 범주를 추가할지도 고민을 자아낸다. 서술적 분류는 이처럼 애매할 수 있다 보니 자칫 연구자의 자의성이 과도하게 개입될 위험성도 있다. 자의성을 막기 위해 아래의 기준들을 고려하면 도움이 된다. 물론 후술하듯이 이 기준들을 충족시키기도 대단히 힘들 수 있다는 점은 단서 삼아 유념할 필요가 있다.

첫째, 서술적 분류를 위해 범주들을 만들 때 상호 배타성mutual exclusivity 기준을 지켜야 한다. 즉, 분류 범주 간의 구분이 명확하고 중복되지 말아야 한다. 만약에 하나의 관찰 결과를 둘 이상의 범주로 분류할 수 있다면 연구자가 자의적으로 그때그때 다른 결정을 내릴 위험성이 있다. 예를 들어, 인종을 백인, 흑인, 아시아계, 히스패닉 등으로 범주화하면 백인 히스패닉은 백인으로 분류할 수도, 히스패닉으로 분류할 수도 있다. 즉, 히스패닉 범주는 백인 범주와 일부 중복되고 흑인 범주와도 일부 중복되므로 분류 시 혼란을 일으키게 된다. 또 다른 예로, 선거공약을 경제 분야, 사회 분야, 정치 분야, 대외 분야로 분류한다면 경제와 사회에 중복되는 고용정책, 경제와 대외에 중복되는 무역정책, 사회와 정치에 중복되는 선거연령 조정안 등은 어느 범주로 분류할지 자의적으로 흘러갈 수밖에 없다.

둘째, 전체 포괄성exhaustiveness 기준을 고려해야 한다. 이는 각 관찰결과를 빠짐없이 어느 한 범주에 분류할 수 있는 상태를 뜻한다. 범주들을 만들었으나 빠진 공백이 생기면 어느 범주로도 분류할 수 없는 관찰결과가 나올 수 있다. 인종을 백인, 흑인, 아시아계, 히스패닉 등 4개 범주로 분류하면 아메리카 원주민, 호주 원주민, 혼혈 등은 어디에도 해당되지 않을 수 있어서 곤란하다. 세계 각국의 정당체제를 양당체제와 다당체제, 2개 범주로 분류하면 1당 독재체제 국가는 어디에도 포함될 수 없게 된다. 설문에 응답할 때 주어진 보기 중 어디에도 해당되지 않는다면 난감해진다. 그런 이유로 '기타,' '어디에도 속하지 않음' 등의 옵션을 상례적으로 제시한다. 그러나 이러한 옵션은 온갖 다양한 관찰결과를 편리하게 몰아넣고 잊어버리는 쓰레기통처럼 남용될 수 있으니 조심해야 한다.

셋째, 범주화 작업을 단일 척도에 따라 할 때 비교 적절성comparability 기준을 기했다고 말한다. 여러 척도를 사용해 범주를 나누면 이해하기가 어려워지고 상기 두 기준(상호 배타성, 전체 포괄성)을 기하는 데도 한계가 생기게 마련이다. 인종을 백인, 흑인, 아시아계, 히스패닉으로 분류할 때 백인, 흑인 범주는 피부색 기준, 아시아계는 출신지 기준, 히스패닉은 역사 문화 기준으로 세 개의 척도를 쓰고 있어 혼란스러울 뿐 아니라 범주 간 중복, 범주 간 공백의 문제가 발생한다. 만약 세계 각국을 대통령제, 내각제, 이원집정제, 신정체제, 왕정체제로 분류한다면 앞의 세 범주는 권력구조를 척도로, 뒤의 두 범주는 주권소재를 척도로 하는 것이라 비교 적절성 기준이 충족되지 않는다. 이러면 이해하기도 힘들고, 이원집정제면서 신정체제인 이란이나 내각제면서 왕정체제인 요르단은 어느 범주로 분류할지 혼란스러워진다.

넷째, 분류를 위한 범주화가 잘 되었는지 판단하는 데 범주 수의 적정성도 고려할 필요가 있다. 범주가 너무 많으면 간략성, 이해용이성, 적실성 등이 타격을 받고, 범주가 너무 적으면 군집화 오류

grouping error가 발생해 정밀성, 구체성, 심층성 등이 떨어진다. 소득수준을 20등급으로 나눠 분류한다면 정밀성, 구체성, 심층성을 기할 수 있으나 간략성, 이해용이성, 적실성, 정확성 등이 약해질 수 있다. 소득수준을 고-중-저 3개의 범주로만 분류하면 범주 수가 너무 적어 반대의 문제가 발생한다. 실제의 설문 문항을 예로 들자면, 모 학자의 연구에서 응답자의 월 소득수준을 다음과 같은 6개 선택지 중 택일하게 하였다: ① 199만원 미만 ② 200~299만원 ③ 300~399만원 ④ 400~499만원 ⑤ 500~599만원 ⑥ 600만원 이상. 이 설문에서 특히 ⑥번 범주는 너무 넓어 웬만한 중견 월급쟁이와 재벌 총수를 함께 포괄한다. 이러면 군집화 오류가 너무 커지며 정밀성, 구체성, 심층성, 적실성 등이 저해된다.

군집화 오류는 학문에서 피하기 힘들다. 모든 관찰대상은 고유한데 몇 개의 범주로 분류하려니 크고 작은 오류가 필연적으로 발생한다. 분류 작업은 서술적 추론에 수반될 수밖에 없는 핵심 요소이니 군집화 오류를 완벽히 막을 수는 없고 대신 과도하지 않도록 유의해야 한다. 아울러, 서술적 분류에 입각한 관찰은 그 해석에 있어서 신중함을 기해야 한다. 자칫 일률적 해석은 큰 왜곡을 초래할 수 있다. 예를 들어, 미국정치 연구에서 유권자를 민주당 지지자, 공화당 지지자, 독립적 무당파자, 세 범주로 분류해 각 범주의 특징을 서술하는 경향이 있다. 여기서 세 번째 범주(독립적 무당파자)에는 중도 성향의 지식인, 기성세대를 불신하는 청년, 극우 파시스트, 극좌 공산주의자, 도시 노숙인, 세속을 떠난 '자연인' 등 매우 이질적인 사람들이 포함된다. 이들을 하나의 범주로 묶어 일반적 특성을 논하면 제대로 될 리가 없다. 서술적 분류를 조심스럽게 해야 하고 각 범주에 대한 해석은 더욱 신중하게 진행해야 한다.

4. 인과관계의 정립

이론의 목적 중 서술에는 해당되지 않지만 설명과 예측에서 가장 중요한 핵심 요소는 인과성, 인과관계, 즉 원인과 결과 사이의 작용이다. 우리는 일상사에서 인과관계를 과도하게 찾는 경향을 보인다. 너로 인해서…, 엄마 때문에…, 저것만 아니면…, 등 하루를 살며 내뱉는 말 중 상당수가 인과관계에 대한 것이다. 그러나 학문적으로 매우 난해하고 정립하기 힘든 개념이 인과관계이다. 이번 4절에서는 인과관계의 의미와 구성요소를 살펴보고, 인과관계에 입각한 이론을 정립할 때 충족시켜야 할 기준(조건)들을 짚어본다. 다음 5절에서는 인과관계 정립 시 빠지기 쉬운 함정들과 고민거리를 던지는 논점들에 대해 상술할 것이다.

1) 인과관계의 의미

인과관계를 쉽게 말하자면 원인과 결과의 관계이다. 게링은 X가 Y의 발생 확률을 높인다면 X는 원인이고 Y는 결과인 인과관계가 존재한다고 쉽게 본다.[23] 그러나 인과성, 인과관계의 의미는 사회과학, 철학, 역사학, 자연과학을 막론하고 학문 전 분야에서 오래전부터 탐구되어온 매우 어려운 주제로서 간단치 않은 학문적 논쟁을 일으켜왔다.[24] 여기서는 킹·코헤인·버바의 글을 통해 학문적으로 엄밀한 관점에서 인과관계를 생각해보자.[25] 그들은 서술적 추론도

23 John Gerring, *Social Science Methodology: A Criterial Framework* (Cambridge, UK: Cambridge University Press, 2001), p. 138.

24 이 학문적 논쟁에 대해서는 이번 장의 마지막 부분인 6절에서 상세하게 다룸.

25 Gary King, Robert O. Keohane, and Sidney Verba, *Designing Socia Inquiry: Scientific Inference in Qualitative Research* (Princeton, NJ: Princeton University

물론 불확실하므로 신중하게 논해야 하지만 인과적 추론은 반사실적 혹은 반실제적counterfactual 상황을 상상으로 떠올려 실제적factual 상황과 비교해야 하므로 더욱 불확실하고 힘들 수밖에 없다고 말한다. 예를 들어, 대통령의 금품 스캔들이 국정지지도에 영향을 끼치는 인과관계에 대해 논하려면, 스캔들이 터지지 않은 상황을 상상으로 가정해서 그때의 국정지지도는 어떠했을까 추정하고 스캔들이 터진 실제 상황의 국정지지도와 비교해야 한다. 이때 다른 조건은 다 똑같고 스캔들 발생 여부만 다른 경우를 비교해야 한다. 만약 두 국정지지도 사이에 차이가 없으면 인과관계는 존재하지 않는 것이고, 차이가 있다면 그만큼의 인과적 효과가 있는 인과관계가 있다고 말할 수 있다. 스캔들처럼 발생했는지 아닌지 단 두 개의 가능성만 있는 것이 아니라 실업률처럼 무수히 많은 값을 취할 수 있는 경우에는 인과적 추론이 더욱 힘들어진다. 현재 실업률이 7%이고 국정지지도가 50%라면, 다른 조건은 다 똑같은 상황에서 실업률이 6%, 5%, 8%, 9%… 등인 다양한 반사실적 상황을 가상으로 생각해보고 그때의 국정지지도를 추정해야 한다. 이처럼 수많은 반사실적 상황을 상상으로 떠올려 더듬어 추정해야 하므로 인과적 추론은 쉽게 시도할 수 있는 것이 아니다.

인과관계에 확률의 개념까지 추가하면 더욱 난해해진다. 자연현상도 주로 확률적 추정으로 논하는데, 사회현상은 더욱 그렇다. 스캔들이 터졌을 때 국정지지도는 하나의 값만 갖는 것이 아니고, 여러 차례 반복 관찰하면 매번 약간씩 다른 값이 나올 것이다. 가상적으로 무한대로 많이 관찰한다면 그 관찰값이 정규분포를 이룰 것이다. 이 정규분포의 정중앙, 곧 평균값을 스캔들이 터졌을 때의 국

Press, 1994), pp. 75-85.

정지지도로 간주한다. 스캔들이 나지 않았으면 어떻게 되었을지 반사실적 가정에서의 국정지지도도 하나의 값만 나오지 않고 약간씩 다른 값이 나올 것이다. 반사실적 가정 아래 무한대로 많이 관찰하면 국정지지도 값이 정규분포를 이룰 것이다. 이 정규분포의 정중앙, 곧 평균값을 스캔들이 터지지 않았을 때의 국정지지도로 간주한다. 사실적 상황(스캔들 발생)에서의 국정지지도 추정값(무한대로 관찰해 나오는 정규분포의 평균값)과 반사실적 상황(스캔들 미발생)에서의 국정지지도 추정값(역시 무한대로 관찰해 나오는 정규분포의 평균값) 간에 차이가 있으면 인과관계가 성립되고 그 차이를 인과적 효과라고 부른다.

독립변인(원인이라고 추정되는)이 딱 2개의 관찰값(예/아니오, 찬성/반대, 유/무, 0/1 등)만 갖는 가장 간단한 예에서 인과성을 확률론적 관점으로 엄밀하게 정의 내리자면, 독립변인이 작용한 무한대로 많은 경우에서 종속변인 관찰값들의 평균을 추정하고, 같은 조건에서 독립변인이 작용하지 않은 무한대로 많은 경우에서 종속변인 관찰값들의 평균을 추정했을 때, 양 평균 간의 차이라고 할 수 있다. 그 차이가 고려할 만큼 크다면 인과관계가 있다고 말할 수 있다. 가장 간단한 예에서도 인과성을 논하기가 이처럼 힘드니 독립변인이 수많은 관찰값을 보일 수 있는 보다 일반적인 예에서는 얼마나 더 힘들지 상상도 가지 않을 지경이다. 학문적으로 엄밀히 보면 이처럼 힘든 것이니, 인과관계를 너무 쉽게 논해선 곤란하다는 시사점을 얻게 된다.

인과성을 상관성과 혼동해선 안 된다. 상관성은 이것과 저것이 정비례하거나 반비례해서 같이 변할 때의 상태를 말할 뿐, 이것과 저것이 원인과 결과의 인과관계인지 보여주지 못하고, 인과관계라고 해도 어느 것이 원인이고 어느 것이 결과인지 보여주지 못한다. 즉, 복수의 요인이 원인-결과 관계가 아니어도 동시에 발생하거나 공존하는 상태를 상관성이라 일컫는다. 상관성이 있다고 해서 인과성도 당연히 존재한다고 말할 수 없지만, 인과성이 존재한다면 상관성은 당연히 수반된다. 그러므로 상관성은 인과성의 필요조건이지만 충분조건은 아니고, 역으로 인과성은 상관성의 충분조건이지만 필요조건은 아니다. 일상생활과 심지어 학술연구에서도 상관관계를 너무 쉽게 인과관계로 과장되게 말하는 경향이 있다. 특히 계량적 접근방식을 취하는 연구에 핵심적으로 등장하는 회귀분석에서 X변인들과 Y변인 간의 상관성만 보고 하나는 원인, 다른 하나는 결과라고 쉽게 단언하는 경우가 많은데, 이러한 오류를 범하지 않도록 상당히 주의해야 한다. 역사를 탐구하는 거시적 연구에서도 비슷한 시기에 발생한 현상들을 놓고 원인－결과 관계를 당연한 듯 논하는 우를 범하기 쉽다. 그러므로 후술하는 인과관계 정립의 기준들이 충족되고 있는지, 그리고 빠지기 쉬운 방법론적 함정들이 도사리고 있지 않은지 잘 살펴 매우 신중하게 인과관계를 논해야 한다.

2) 인과관계의 구성요소

특정 인과관계에 관한 이론엔 통상 원인과 결과만 등장하지만, 방법론적으로 말하자면 인과관계에 대한 추론, 즉 인과적 추론(설명)엔 4개의 구성요소가 들어있다. 첫째, 종속변인dependent variable은 설명하고자 하는 대상으로서 결과변인, Y변인이라고도 부른다.[26] 둘째, 독립변인independent variable은 종속변인을 설명해주는 원인으로서 설명변인, 원인변인, X변인이라고도 한다. 종속변인 하나에

26 영어 variable의 번역어로 변인보다 일상적으로 더 익숙한 표현은 변수이다. 관찰하는 사례(개체)마다 관찰값이 변할 수 있다는 의미인데, 변수는 관찰값이 숫자라는 뉘앙스가 너무 강해 관찰값이 수치화되기 힘든 사회현상을 대상으로 할 때는 변인이라는 표현이 더 나아 보인다. 이 글에서는 변인이란 표현을 쓰지만, 변수라고 해도 무방하다.

대한 독립변인이 꼭 하나일 필요는 없고 보통은 여러 개다. 셋째, 개입변인intervening variable은 독립변인이 아니나 종속변인에 영향을 끼치는 변인(들)로서 외부변인, 통제변인, Z변인과 동의어다. 개입변인은 연구의 주 대상이 아니어서 이론적 문제의식에 들어있지 않지만, 연구자는 그 존재를 인지하고 가능한 한 통제(control, 차단)한 상태에서 독립변인과 종속변인 간 관계를 탐구할 필요가 있다.

예를 들어, 성별이 정당성향에 끼치는 영향을 관찰한다면 성별은 독립변인, 정당성향은 종속변인인데, 성별 외에도 정당성향에 영향을 끼칠 수 있는 세대, 이념성향, 소득수준 등은 개입변인이 된다. 성별과 정당성향 간의 인과관계를 규명하기 위해서는 세대, 이념성향, 소득수준 등 개입변인이 정당성향에 끼치는 영향을 통제(차단)한 가운데 관찰을 해야 한다. 개입변인의 통제가 잘 이루어지지

변인 관계의 도식화

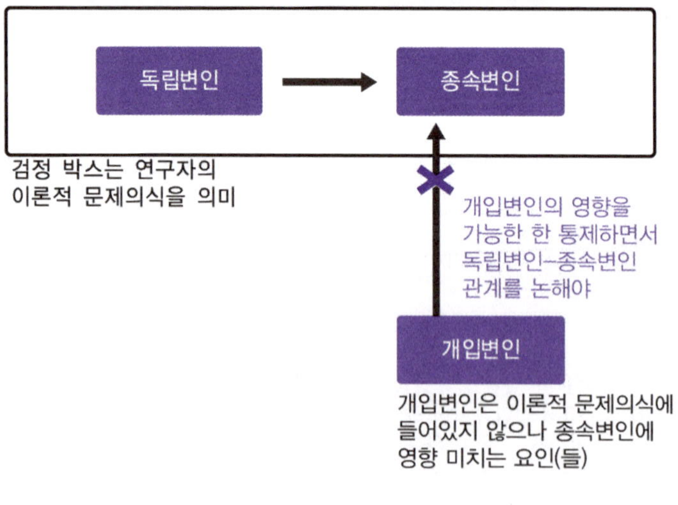

않는다면 독립변인과 종속변인 간에 허위적spurious 인과관계를 세울 위험성이 크다. 물론 모든 개입변인을 고려하고 통제하는 일은 불가능하니 가장 중요하고 특히 종속변인에 큰 영향을 끼치는 것들을 골라 집중할 수밖에 없다. 종속변인, 독립변인, 개입변인의 관계는 옆 페이지의 도식을 보면 더 쉽게 이해할 수 있다.

세 종류의 변인을 논함에 있어서 특기할 점은, 어떤 개념을 종속변인으로 놓고 또 다른 어떤 개념을 독립변인 혹은 개입변인으로 놓을지는 연구자의 의도와 문제의식에 달렸다는 것이다. 어떤 개념도 태생적으로 종속변인이거나 독립변인일 수 없다. 연구자의 문제의식이 성별에 따른 이념성향의 차이에 있다면 성별이 독립변인, 이념성향이 종속변인이 되고 정당성향은 개입변인이 되지만, 연구자의 관심이 이념성향이 정당성향에 인과적 영향을 끼치는지에 있다면 이념성향은 독립변인이 되고 정당성향이 종속변인, 성별이 개입변인의 자리를 차지한다. 이처럼 연구자의 관점에 따라 어떤 개념의 위치가 종속변인, 독립변인, 개입변인 사이에서 이동할 수 있는 것을 일컬어 변인 관계의 상대성, 임의성이라고 한다. 결국 연구자의 문제의식이 가장 중요하다는 시사점을 얻을 수 있다.

잊기 쉬우나 성립선행조건(시간적·공간적 범위)도 인과적 설명의 넷째 구성요소다. 사회현상에 대한 모든 이론이 그렇듯이 인과적 추론도 시공을 보편적으로 초월할 수 없고 특정 시간적·공간적 범위에서만 유효할 수 있다. 제2장에서 전술한 과학적 지식의 맥락성, 불확증성을 여기서 재확인할 수 있다. 이론의 성립선행조건을 적절하게 정하기 위해서는 가능한 한 많은 사례를 비교 분석할 필요가 있다. 예를 들어, 강한 정당체제가 민주주의 체제의 정착에 필요하다는 이론과 관련해 여러 사례를 비교해봄으로써 기존 서구 국가들로 그 이론의 성립선행조건을 한정짓고, 반면에 식민지에서 벗어나 공화국으로서 새로이 국가 건설에 나선 비서구 사회들은 범위에서 뺄 수 있다. 비교방법은 제5장 연구설계 부분에서 상세하게 후술하겠지만, 원인-결과 관계를 정태적으로 정립하거나 원인과 결과 간의 동태적 인과적 경로를 파악하는 데뿐 아니라 인과적 이론이 어떤 범위에서 유효한지 판단하는 데도 유용하다.

물론 비교 연구가 성립선행조건과 관련해 항상 공감대를 형성하는 것은 아니다. 다양하게 사례들을 비교해도 의견이 크게 엇갈릴 수 있다. 예를 들어, 민주주의가 긍정적이고 필요하다는 이론과 관련해, 센A. Sen과 한국의 김대중은 여러 사례를 관찰하며 그 이론은 서구와 비서구를 망라해 적용될 수 있다고 말한 반면, 싱가포르의 리콴유는 그 이론이 적어도 유교 문화가 강한 아시아에는 해당되지 않는다고 주장하였다.[27] 이처럼 논란과 논쟁의 여지는 항상 있지만, 가능한 한 많은 사례를 비교해본다면 이론의 성립선행조건을 정하는 데 상대적으로 도움이 될 것이다.

3) 인과관계 정립의 기준(조건)

인과관계가 성립되려면 몇 가지 기준(조건)을 충족해야 한다. 이 기준 중 하나라도 충족되지 않으면 상관관계는 몰라도 인과관계는 존재한다고 말할 수 없다. 이 기준들을 추상적 표현으로 소개하면 너무 당연한 것으로 들리지만, 5절에서 후술하듯이 실제 구체적인 탐구 대상들을 놓고 문장으로 인과관계를 논하는 경우엔 만족스럽

27 Amartya Sen, "Democracy as a Universal Value," *Journal of Democracy*, Vol. 10, No. 3 (July 1999); Dae Jung Kim, "Is Culture Destiny? The Myth of Asia's Anti-Democratic Values," *Foreign Affairs*, Vol. 73, No. 6 (Nov./Dec. 1994); Kuan Yew Lee, with Fareed Zakaria, "Culture Is Destiny: A Conversation with Lee Kuan Yew," *Foreign Affairs*, Vol. 73, No. 2 (March/April 1994).

게 충족하기가 만만하지 않다. 우선 추상적으로 이 기준들을 소개한다.

첫째, 변인들의 규칙적 공변성 기준을 들 수 있다. X변인의 관찰값은 다양하게 나오는데 Y변인의 관찰값은 다 똑같게 고정되어 있다면 공변(共變)성이 충족되지 못해 X와 Y 사이에 인과성이 존재할 수 없다. 역으로 Y변인의 관찰값은 다양하게 나오는데 X변인의 관찰값은 다 똑같게 고정되어 있어도 공변성이 없어 인과관계가 성립될 수 없다. X변인의 관찰값과 Y변인의 관찰값이 다양하게 나오나 규칙적인 양상을 보이지 않는 경우에도 공변성은 존재하나 그 앞의 수식어 '규칙적'이라는 조건이 충족되지 않아 인과관계를 논할 수 없다. X변인의 관찰값과 Y변인의 관찰값이 다양하게 나오면서 정비례든 반비례든, 직선형이든 곡선형이든 규칙적인 양상을 보일 경우에만 규칙적 공변성이 충족돼 인과관계를 정립할 여지가 생긴다. 물론 규칙적 공변성만으로 상관관계를 넘는 인과관계까지 논할 수는 없으나 필요조건 하나는 충족된다. 아래의 그림은 이 점을 시각적으로 보여준다.

윗단의 그래프 3개에는 X변인과 Y변인 사이에 규칙적 공변성이 존재하지 않아 인과관계가 성립될 수 없고 아랫단의 그래프 3개에는 규칙적 공변성이 존재해 인과 관계가 성립될 여지가 있음 (물론 이것만으론 인과관계를 확신할 수 없지만)

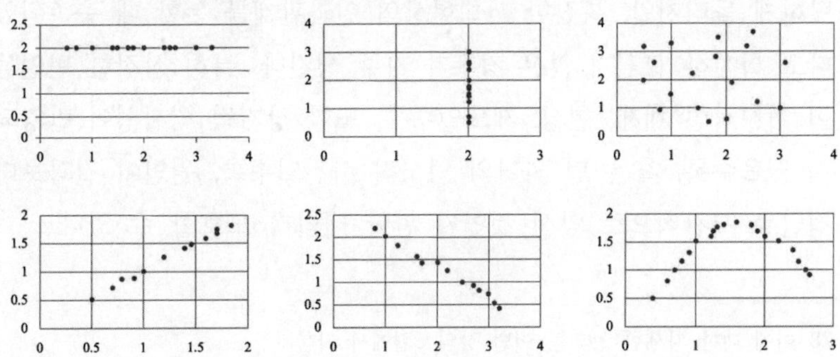

둘째, 인과관계를 정립하려면 변인 간의 개념적 상호독립성 기준도 충족되는지 살펴야 한다. 원인과 결과, 즉 독립변인과 종속변인은 개념상 같거나 크게 중복되어선 안 된다. If A → B, then A ≠ B 도식이 성립된다는 것이다. 개념적 상호독립성은 차별성이라고 말할 수도 있다. 너무나 당연한 기준이지만, 후술하듯이 실제로 사회현상과 관련해 원인과 결과를 논하다 보면 양자가 같거나 크게 중복되는 경우가 자주 발생한다. 이런 동어반복의 경우엔 인과관계가 성립될 수 없다. 특기할만한 논란으로, 한 변인이 다른 변인을 필연적으로 수반하는 경우를 생각해볼 수 있다. A와 B가 필연성으로 연결된다면 양자는 서로 구별되는 것이지만 개념상 독립되었다고 보기는 힘들다. 현상이나 상태 간의 필연성은 전술한 발생적 설명에서 언급한 바가 있는데, 변인 간 필연성은 변인 간 개념적 상호독립성을 충족하는 것으로 볼수는 없다. 이 이유로 과학주의 전통에서는 필연성을 인과관계 정립의 기준으로 보지 않고 인과성과 별개로 취급하는 경향이 있는데, 모든 사람이 그렇게 생각하는 것은 아니어서 논쟁은 계속되고 있다.[28]

셋째, 변인 관계의 시차성도 인과관계 성립의 핵심 기준이다. 원인(독립변인)은 결과(종속변인)보다 시차에서 앞서 발생해야 한다. If A → B, then A must precede B 라는 것이다. 이 기준도 너무나 지당하게 들리지만, 복잡한 사회현상의 인과관계를 논할 때 충족되었다고 확신하기 쉽지 않은 경우가 자주 생긴다. 특히 상정한 변인들이 거시적인 체제, 현상, 제도일수록, 또한 장기적 역사성이 반영되어 있을수록, 혹은 먼 과거의 역사적 사건일수록, 원인이 결과보다 정말로 시간적으로 앞선 것인지 판단 내리기 모호할 수 있다.

28 이에 대한 자세한 논의는 이번 장의 6절에서 다룸.

넷째, 독립변인의 순수 독립성이라는 기준도 추가로 필요하다. 말 그대로 독립변인은 종속변인에 영향받지 않아야 한다는 말이다. 상기 둘째와 셋째 기준들이 충족되면 이 기준도 충족되기 쉬우나 항상 그런 것은 아니다. 독립변인과 종속변인이 명확히 구분되는 개념이고 전자가 후자보다 시차에서 선행해도, 만약 전자가 후자를 염두에 두고 후자의 반응을 고려해 발생한다면 전자는 후자로부터 순수하게 독립적이라고 볼 수 없다. 이 기준도 추상적으로 듣기에 매우 당연하나 실제 사회현상에 대한 인과적 추론을 할 때는 충족되지 않는 경우가 많다. 다음 5절에서 내인성의 함정을 소개하며 이 기준과 변인 관계의 시차성 기준에 문제가 발생한 여러 예를 들도록 하겠다.

다섯째, 변인 관계의 비(非)일상성 기준도 인과관계 정립 시 고려해야 한다. 지극히 일상적인 것은 원인으로 볼 수 없고, 비일상적인 변인을 원인으로 해서 인과관계를 정립해야 한다는 것이다. 예를 들어, 행인이 다리를 건널 때 다리가 무너져 사망했다면, 행인이 다리를 건너는 것은 일상적 행위이나 반면에 다리가 무너진 사고는 비일상적이기에 사망의 원인은 비일상적인 다리 붕괴라고 할 수 있다. 5년 주기의 대통령 선거에서 여당 후보가 패해 정권교체가 이뤄졌다면, 선거실시나 야당 후보의 출마는 일상적이라서 원인이 될 수 없고 경제 침체, 정치 스캔들, 정책 실패 등이 비일상성 기준을 만족시키므로 그것을 원인으로 상정하는 인과관계를 정립할 수 있을 것이다.

5. 인과관계의 논점

상기한 인과관계 성립 기준(조건)들은 추상적으로 듣기엔 당연한 것 같지만 실제 사회탐구에서 충족되었다고 확신할 수 있는 경우는 오히려 드물다. 인과적 추론은 반사실적 상황에 대한 상상이 수반되므로 그 의미상으로도 매우 힘든데, 상기 기준들을 추구하는 가운데 여러 함정에 직면하기 쉬우므로 대단한 난제라고 하겠다. 이번 절에서는 우리가 인과관계를 논할 때 자주 빠지는 함정들을 규명하고 인과관계에 관련된 논쟁과 몇몇 논점을 소개한다.

1) 관찰오류

관찰오류는 인과적 추론뿐 아니라 서술적 추론에도 생기는 문제다. 그러나 어떤 변인과 변인을 원인과 결과, 즉 인과관계로 연결하는 인과적 추론이 상대적으로 더 불확실하므로 관찰오류를 범할 가능성과 위험성도 더 크다. 관찰오류는 무작위 오류random error와 정형적 혹은 구조적 오류structural error로 구분할 수 있다.

무작위 오류는 어떤 편향이 깃들지 않아도 단순 실수나 단기 상황에 의해 관찰값이 참값으로부터 약간의 플러스나 마이너스의 오차를 내는 경우를 말한다. 무작위 오류는 상대적으로 심각한 문제가 아닌데, 반복 관찰해서 평균을 구하면 플러스-마이너스 오차가 상쇄되어 참값을 얻을 수 있다. 구조적 오류는 관찰자, 관찰지표, 관찰방법이나 환경 등의 문제로 구조적 편향이나 왜곡이 발생해 관찰값이 참값보다 항상 플러스 또는 마이너스 쪽으로 치우쳐 오차가 생기는 경우를 말한다. 그냥 쉽게는 편향 또는 왜곡bias이라고도 부른다. 구조적 오류가 발생하면 반복 관찰해서 평균을 구해도 참값보다 한쪽으로 치우친 값이 나오므로 심각한 문제가 된다.

예를 들어, 키(신장)의 참값이 170cm인 경우 왜곡 없이 재도 때론 169cm, 또 때론 171cm가 나오기도 한다. 이때 무작위 오류가 발생했다고 말한다. 반면, 까치발을 한 채로 재거나, 자 눈금이 잘못되었거나, 다쳐서 꾸부정한 상태로 재면 계속 참값보다 크거나 작게 나온다. 이때 정형적 오류가 발생했다고 말한다. 국정 지지도의 예를 들면, 아무 왜곡 없이 국민 설문조사를 실시해도 실제보다 약간 높거나 낮게 관찰될 때는 무작위 오류가 발생한 것이다. 그러나 설문조사를 위한 표본추출에 문제가 생겨 특정 사회계층만 표본에 들어갔거나 문항이 잘못돼 특정 방향으로 답이 유도된다면 국정 지지도는 실제보다 항상 좋거나 항상 나쁜 쪽으로 관찰될 것이다. 정형적 오류가 생긴 경우다. 세대와 이념의 관계, 교육수준과 사회봉사 참여도의 관계 등을 관찰하는 예를 생각해보자. 만약 청년층과 고학력층은 솔직하게 답하는데 노인층과 저학력층은 솔직하지 않거나 설문조사에 익숙하지 않아 엉뚱한 답을 한다면 관찰은 편향될 수밖에 없어 정형적 오류에 빠지게 된다.

정형적 오류는 무작위 오류보다 훨씬 심각한 문제이므로 인과적 추론은 물론 서술적 추론을 할 때도 세심한 주의를 기울여 범하지 않도록 노력해야 한다. 정형적 오류는 모든 관찰사례에 똑같은 정도의 편향이 생기는지 아니면 관찰사례마다 다른 정도의 편향이 생기는지 그 차이에 따라 심각도가 달라지므로 나눠서 볼 필요가 있다. 먼저 전자의 경우로, 변인(들)을 관찰할 때 모든 사례에서 과대든 과소든 동일 정도의 정형적 오류가 발생하면 어떻게 될까? 즉, X변인, Y변인 중 어느 하나 혹은 둘 다를 관찰할 때 매번 똑같은 정도의 왜곡이 발생하는 경우를 생각해보자. 이때 당연히 서술적 추론에는 문제가 발생한다. 그러나 인과적 추론에는 문제가 초래되지 않는다. 예를 들어, 학생들의 공부 시간(X변인)과 성적(Y변인)의 관계를 관찰하는 경우, 학생 모두에게 기본 점수 30점을 준다면, 다시 말해 Y변인에 일률적으로 +30을 한다면, 학생들의 성적에 대한 서술적 추론은 참값보다 과장된 결론을 얻겠지만 X-Y 관계에 대한 인과적 추론에는 아무 문제가 생기지 않는다. 또 다른 가상의 예로, 각국의 국민소득 수준(X변인)이 복지정책 예산액 비중(Y변인)에 어떤 영향을 끼치는지 관찰하는 경우를 생각해보자. 만약 세계공황이 갑자기 터져 모든 나라의 국민소득이 비슷한 규모만큼 감소했다면, 즉 X변인 관찰값에 거의 같은 −α가 가해진다면, 두 변인 간의 관계에 대한 인과적 추론에는 큰 타격이 가해지지 않는다.

이 점은 아래 그림을 통해 더 명료하게 이해할 수 있다. X변인이나 Y변인에 일률적으로 ±α가 가해져도 원래의 X-Y 관계를 보여주는 직선이나 새로 그려진 직선들이나 기울기에는 차이가 없다. 이 기울기는 X변인이 1단위만큼 변할 때 Y변인이 변하는 인과적 효과를 보여주는 것이므로, 아무 왜곡이 없을 때나 X값들에 ±α만큼 왜곡이 생겼을 때나 Y값들에 ±α만큼 왜곡이 생겼을 때나 상관없이 인과적 추론은 동일 결론을 얻게 된다는 점을 기울기가 달라

세 직선의 기울기는 똑같다. X값 Y값의 어느 한쪽, 혹은 양쪽에 똑같은 +α 의 정형적 오류가 생겨도 인과적 추론(직선의 기울기로 알 수 있는)에는 문제가 생기지 않는다.

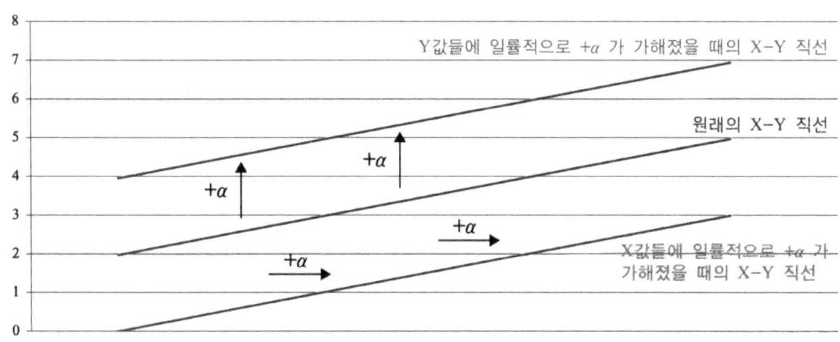

지지 않음을 통해 알 수 있다.

이로부터 매우 중요한 시사점이 파생된다. 규모나 수준이 상당히 다른 사례들을 비교하며 변인들의 관계를 연구할 때 인과적 추론에 큰 문제가 발생하지 않는다는 것이다. 예를 들어, 소득(X변인)과 소비(Y변인)의 관계를 연구하는 경우, 소득과 소비에서 최상위 수준에 있는 미국 국민을 관찰해 인과적 추론을 하고 그 수준의 수십분의 일에 불과한 어느 빈곤국 국민을 관찰해 인과적 추론을 한 다음에 두 나라를 비교해도 논리상 큰 문제가 발생하지 않는다. 빈곤국의 관찰값들은 미국 경우의 X변인 관찰값들과 Y변인 관찰값들에 동일한 −α, −β를 한 것으로 간주할 수 있기 때문이다. 아니면 미국의 관찰값들이 빈곤국 경우의 관찰값들에 +α, +β를 한 것으로 간주해도 무방하다. 마찬가지의 예로, 정부지출액(X변인)과 실업률(Y변인)의 관계에 있어서, 정부지출액이 오늘날과 상대도 되지 않았던 1950년대의 경우를 관찰해 인과적 추론을 하고 정부지출액이 수십배 커진 오늘날의 경우를 관찰해 인과적 추론을 한 다음에 시대 간의 비교를 해도 논리상 큰 문제가 생기지 않는다. 여러 사례를 놓고 시간적 또는 공간적 교차 비교 연구를 하는 경우 규모나 수준에서 너무 현격한 차이가 나서 비교를 해도 될까 의심스러워질 때가 있으나 인과적 추론은 너무 큰 걱정 없이 시도할 수 있다는 시사점을 얻을 수 있다.

반면 일부 사례에만 정형적 오류가 가해지거나 사례 간에 정형적 오류의 정도가 크게 차이 난다면 보다 심각한 문제가 된다. 서술적 추론은 물론 인과적 추론에도 큰 왜곡이 초래된다. 전술했듯이 설문조사에서 일부 응답자들만 솔직히 답을 하지 않거나, 일부 학생에게만 기본 점수를 보너스로 주거나, 국가 간 비교에서 국가마다 자료에 다른 정형적 오류들이 가해지거나, 시대별로 정형적 오류가 들쑥날쑥한 가운데 비교연구를 한다면 서술적 추론과 인과적 추론에 다 큰 문제가 발생하니 매우 유의해야 할 사안이다.

2) 동어반복

독립변인과 종속변인 간에 개념적 상호독립성 기준이 충족되지 않는다면 동어반복tautology의 함정에 빠졌다고 한다. 원인과 결과, 즉 독립변인과 종속변인은 개념상 같거나 크게 중복되어선 안 된다는 말은 당연하게 들리지만, 복잡하고 긴 언어로 표현하는 가운데 원인과 결과가 개념상 같거나 과하게 중복되는 일이 흔히 발생한다. 변인들이 상이한 언어로 표현되어도 곰곰이 들여다보면 개념상 별 차이가 없는 경우를 말한다.

예를 들어, 한국 민주주의의 낙후성에 대해 여러 원인이 제시되는데, 권위주의 문화의 상존이 그 하나로 곧잘 언급된다. 양자는 분명히 다른 언어표현이나 자세히 보면 비슷한 말로서 명확히 구분되지 않는다. 민주주의의 낙후성이란 개념 속에 권위주의 문화의 상존이 들어있고, 또 역으로 권위주의 문화의 상존이란 개념 속에 민주주의의 낙후성이 들어있다. 어느 쪽이 더 포괄적인 개념인지조차 확언하기 힘들 만큼 둘은 비슷하다. 이런 동어반복을 피하려면 양 개념을 좁게 구체화해야 한다. 가령 의회－행정부 관계의 비민주적 불균형은 일반 국민의 권위주의적 문화에 영향받는다는 식으로 구체화된 인과관계를 세울 수 있다. 혹은 정치문화의 권위주의적 성격이 선거제도의 비민주성에 인과적 영향을 준다고 양 개념을 구체화해서 구분해도 될 것이다.

동어반복의 또 다른 예로 철권통치가 북한 전체주의 체제 유지의 원인 중 하나라는 익숙한 주장을 생각해보자. 얼핏 무리 없이 들리지만, 곰곰 따져보면 철권통치는 전체주의 체제의 핵심적인 한 부분으로서 개념상 명확히 구분되지 않는다. 동어반복의 함정을 피하는 방법으로, 가령 시차를 확실하게 두어 1940년대 후반 김일성 집권 초기의 철권통치 방식이 인과적 작용을 한 결과로, 처음엔 흔들리던 북한 체제가 1950년대 들어와서 전체주의적으로 통제될 수 있었다고 말할 수 있을 것이다. 아니면, 이견을 용납하지 않는 김씨 일가의 반대파 숙청 전략이 일반주민 전체에 공포심을 퍼뜨려 그들에 대한 전체주의적 통제가 가능해졌다고 개념들을 구체화해서 말해도 동어반복을 피할 수 있다.

복잡하게 인식되는 사회현상을 놓고 인과관계를 논하다 보면 독립변인과 종속변인이 똑같지는 않더라도 크게 겹치는 경우가 많으므로 동어반복을 피하기가 쉽지 않다. 특히 거시적 차원에서 원인과 결과를 논할 때 그러한 위험성이 커진다. 상기 예에서 말했듯이 가능한 한 개념들을 구체화함으로써 인과적 추론이 동어반복에 빠지지 않도록 유의할 필요가 있다. 나아가, 서술적 차원에서도 언어 표현에 신경 써 동일 의미의 단어가 중첩되게 이어지는 일이 없도록 조심해야 한다. 특히 일상대화에서 서술적 동어반복을 자주 범하게 되는데, 동해바다, 역전앞, 무궁화꽃, 맡은 바 직무, armed gunman, single bachelor 등 많은 예가 있다. 일상대화에서 일부러 강조하기 위한 것이거나 입에 관용적으로 밴 표현이라면 그러려니 하지만, 학문 차원에서 서술적 추론이나 인과적 추론을 시도할 때는 동어반복을 각별하게 유의해야 한다.

3) 내인성

독립변인(원인)이 종속변인(결과)에 선행하지 않는 경우, 즉 변인 관계의 시차성 기준이 미충족된 상태를 내인성 또는 내생성endogeneity 內因性, 內生性의 문제라고 한다. 또한 시차성은 충족해도 독립변인이 종속변인의 기대되는 반응에 미리 영향받는 경우, 즉 독립변인의 순수 독립성 기준이 훼손된 상태도 같이 내인성 또는 내생성의 문제라고 한다. 독립변인이 '독립적'이지 않고 오히려 종속변인에 의해 조건 지어진다면 독립변인이란 표현을 쓸 수 없고 인과관계를 논할 수 없어지는 것이다.

우리는 일상생활에서 내인성에 대한 고민 없이 너무 쉽게 인과관계를 논하는 경향이 있다. 특히 "무엇 또는 누구 때문에"라고 어떤 탓을 할 때 내인성의 우를 범하는 경우가 많다. 언론 기사를 봐도 내인성의 함정에 빠진 주장이 많다. 정치인 간의 공방은 더욱 그렇다. 어느 편이 먼저 잘못을 저질렀고 무엇이 그 결과인지 시차에 대한 고민 없이 마구 서로 탓을 하는 경향이 농후하다. 학문 영역에서는 그 정도는 아니어도 내인성이 경시되는 때가 종종 있다. 특히 계량 분석을 시도하는 연구에서 똑같은 자료를 놓고 독립변인과 종속변인을 이리저리 바꿔가며 분석하다 보면 그러한 문제가 발생하기 쉽다. 예를 들어, 경제성장(율)과 경제개방(도)의 관계를 논하는 논문에서 먼저 전자를 독립변인, 후자를 종속변인으로 해서 분석하고 바로 이어서 독립변인과 종속변인을 맞바꿔 분석해 두 결과를 함께 논한다면 방법론적으로 내인성의 문제가 발생할 수밖에 없다.

내인성 논란이 일어나는 예를 더 생각해보자. 시차성 기준에 문제가 생긴 경우로, 막스 베버를 비판하는 학자들은 신교도 윤리가 자본주의 정신을 발흥시켰다는 베버의 이론이 역사적 사실의 시차를 거꾸로 이해했다고 말한다.[29] 즉, 종교개혁으로 서유럽에서 수직적 질서에 안주하는 구교(가톨릭)가 물러나고 개인의 근면을 강조하

29 Gary King, Robert O. Keohane, and Sidney Verba, 전게서, pp. 186－7에서 재인용.

는 신교(프로테스탄트)가 퍼진 후 그 신교 윤리에 잘 맞는 자본주의 생산양식이 발전, 확장되었다는 말이 사실에 부합하지 않는다는 것이다. 이와는 정반대로, 서유럽에서부터 중세 구교 봉건질서와 맞지 않는 초기 자본주의 요소가 발흥한 후 자본주의를 더욱 확산시키기 위해 종교개혁을 통해 구교를 몰아내고 새로운 질서를 위해 신교 윤리를 내세웠던 것이라고 비판가들은 주장한다. 베버와 그 비판가들 중 어느 쪽 주장이 역사적 사실에 더 맞는지는 여기서 논외로 하고, 양쪽은 서로 상대가 시차성 기준을 어겨 내인성의 오류를 범했다고 볼 것이다.

독립변인의 순수 독립성 기준이 논란을 일으킨 예로, 군축은 전쟁 가능성을 낮추고 반대로 군비 증강은 전쟁 가능성을 높인다는 이론을 들 수 있다. 군비를 축소하거나 증강하는 것은 이유가 있기 때문이고 그 이유는 다른 나라(들)와 적대감이 약해지거나 강해지면서 전쟁 가능성이 작아지거나 커지는 상황에서 찾을 수 있다. 주변국들과의 관계와 전쟁 가능성을 고려하지 않고 그냥 군비를 축소하거나 증가할 리는 없다. 그러므로 군비 축소/증강을 독립변인(원인)으로 놓고 전쟁 가능성을 종속변인(결과)로 놓을 경우, 전자는 후자를 예상하며 후자에 조건 지어지므로 결코 '독립적'이라고 볼 수 없다. 순수 독립성 기준을 충족시키지 못해 내인성의 오류를 범한 또 다른 예로, 후보들의 선거비용이 득표율에 끼치는 인과적 효과를 밝히려는 연구를 생각해보자. 후보들은 괜히 선거비용을 쓰는 것이 아니고, 각자 득표율을 예상하며 당선 가능성이 매우 크거나 거의 없으면 선거비용을 많이 쓰지 않을 것이고 접전이 예상되면 어떤 방법으로든 선거비용을 조달해 많이 쓸 것이다. 실제 상황을 봐도, 어차피 당선될 후보는 선거비용을 거의 쓰지 않고도 높은 득표율을 기록하고 당선 가능성이 불확실한 후보는 많은 선거비용을 쓰고도 그다지 높지 않은 득표율을 기록하곤 한다. 만약 선거비용을 독립변인으로, 득표율을 종속변인으로 놓는다면 독립변인이 (순수하게) 독립적이지 않아 논리상 내인성의 함정에 빠지게 되고 실제 관찰결과도 해석하기 힘들게 될 것이다.

이처럼 내인성에 빠지지 않으려면 고도의 신경을 써야 한다. 이에 대해선 제5장 연구설계를 다룰 때도 언급할 것이나 여기서 간략히 몇 가지 방법을 제시해본다. 첫째, 원인-결과 인과관계 정립에 앞서 관련 2차문헌 등을 통한 사전 조사를 충분히 하여 시차성 기준과 순수 독립성 기준의 충족 여부를 잘 살펴야 한다. 둘째, 독립변인과 종속변인의 의미를 개념의 구체화를 통해 분명히 하면서 시차성과 순수 독립성을 기할 수 있다. 예를 들어, 종교 신앙심과 정치적 적극성의 인과관계를 정립할 때 어느 것이 시차상 앞서는지 한쪽으로 정하기 힘들므로, 전자는 "어린 시절부터 가져온 신앙심"으로, 후자는 "성인이 된 후의 정치적 적극성"으로 좁게 재개념화함으로써 내인성의 문제를 피할 수 있다. 셋째, 관찰사례들을 선별적으로 고르는 방법도 생각할 수 있다. 예를 들어, 유권자의 이념성향이 그의 정당성향에 끼치는 인과적 영향을 관찰할 때, 설문에서 대략 몇 살부터 이념성향, 정당성향을 갖게 되었는지 물어보고 전자가 후자보다 선행하는 사례들만 분석하고 반대 사례들은 분석에서 뺀다면 내인성 문제를 극복할 수 있다.

인과관계의 내인성 문제와 관련해 명확한 답을 찾기 힘든 논쟁거리로 순환적 인과관계 개념을 들 수 있다. A 변인이 B 변인에 영향을 주고, 이어서 B 변인이 역으로 A 변인에 영향을 주는 경우를 말한다. 예를 들어, 사회적 소외감이 클수록 정치 참여가 저조하고, 정치 참여가 저조할수록 사회적 소외감이 더 커진다. 극우나 극좌 이념을 믿어 극우정당이나 극좌정당에 가입했고, 그런 정당 가입의 결과로 극단적 이념을 더욱 신봉하게 된다. 양 변인이 서로를 강화하는 경우라 하겠다. 또한 체계이론에서 말하는 '투입input → 산출output → 환류feedback → 재투입 → 재산출 → 재환류 . . .'의 사이클 도식도 순환적 인과관계를 예시한다. 사이클 순환적 인과관계는 6단계 국가정책결정과정인 '문제 인식 → 의제 설정 → 대안 모색 → 정책 결정 → 정책 집행 → 정책 평가 → 새로운 문제 인식 → . . .'이 무한 반복하는 것으로도 예시할 수 있다. 이런 예에서 모든 요소는 원인이기도 하고 결과이기도 하다. 얼핏 보면 내인성 문제가 초래된 것 같아 인과관계를 논하기가 혼란스러워진다.

이런 혼란은 인과관계와 인과모형을 구분함으로써 해소할 수 있다. 상기 4절에서 논했듯이 인과관계는 원인-결과 관계로서 독립변인, 종속변인, 개입변인, 성립선행조건으로 구성된다. 인과모형은 복잡하게 인식되는 사회현상을 이해하기 위해 여러 인과관계를 연결시켜 만드는 상대적으로 더 큰 인식체계를 말한다. 김웅진·김지희는 "인과 네트워크의 형태를 지닌 분석모형"을 인과모형이라고 부르며 그 종류로 순차모형, 순환모형, 순차순환 통합모형을 든다.[30] 여기서의 순환모형이 바로 위에서 언급한 순환적 인과관계를 말한다. 이러한 모형을 전체로 보면 인과 작용이 순환하지만, 한 부분으로서의 인과관계 각각에서는 원인과 결과 사이에 시차성의 기준, 순수 독립성의 기준이 적용된다. 그러므로 순환적 인과관계라는 표현 대신에 순환적 인과모형이라는 표현을 쓰면 혼란을 없앨 수 있을 것이다.

---

30 김웅진, 『정치학방법론서설: 경험과학연구의 논리와 규준』 (서울: 명지사, 1992), pp. 97-108.

4) 중요한 변인의 누락, 불필요한 변인의 포함

인과관계는 불확실한 현실을 단순하게 축약한 구성물이므로 모든 변인을 포괄할 수는 없다. 연구자의 문제의식에서 핵심인 변인들을 중심으로 인과관계를 정립하게 된다. 그러므로 어떤 종속변인(연구대상)을 설명하는 데 특정 독립변인(들)만 상정하고 다른 독립변인(들)은 누락시켰다고 비판하는 것은 종종 적절하지 않을 수 있다. 연구자의 문제의식에 따라 핵심 변인들이 다르기 때문이다. 누락 변인과 관련해 비판하려면 과연 연구자의 문제의식상 핵심적 위치에 있는 변인(들)이 빠진 것인지를 잘 판단해야 한다. 그러한 핵심적 변인(들)을 누락시킨 채 인과관계를 세운다면 그 이론은 정확성(타당성), 적실성 등에서 비판받아 마땅하다.

예를 들어, 선거예측 모형에서 경제상황을 독립변인에 넣지 않고 선거결과(종속변인)를 예측하는 경우를 생각해보자. 만약 연구자의 문제의식이 경제 외적 요인, 가령 총기규제 정책이 선거결과에 끼치는 영향을 규명하는 것이라면 경제상황을 독립변인에 넣지 않아도 무방하다. 물론 총기규제 정책과 선거결과의 관계가 허위적 인과성을 보이지 않도록 하려면 경제상황을 개입변인으로 놓아 통제할 필요가 있으나 굳이 독립변인으로 상정하지 않아도 된다. 반면, 통상적으로 선거예측 모형의 목적은 어느 후보가 승리할지 미리 알자는 것이므로 그동안 수많은 선거에서 가장 중요한 요인으로 작용해온 경제상황을 독립변인에 넣지 않는다면 선거예측을 제대로 하지 못해 연구의 취지를 살릴 수 없게 된다. 신축 건물 붕괴 사고의 원인을 찾는 것이 문제의식인 경우, 만약 건물의 구조적 하자는 누락시킨 채 날씨, 입장객 수 등만을 독립변인으로 상정해 관찰한다면 타당성, 적실성이 심각하게 상실된 결과가 나올 것이다.

중요한 변인의 누락과 정반대로 불필요한 변인의 포함도 인과관계 정립 시 유의해야 할 함정이다. 인과관계는 축약 모형이므로 너무 많은 변인을 포함하면 오히려 바람직하지 않은데, 때로는 무엇을 독립변인(들)으로 놓으면 좋을지 몰라 이것저것 여러 요인을 고려하는 가운데 불필요한 것이 포함돼 들어가기도 한다. 그런 경우 연구의 효율성(능률)이 떨어질 뿐 아니라 연구결과의 타당성과 적실성에도 타격이 가해질 수 있다. 예를 들어, 역대 미국 대통령 선거를 보면 키 큰 후보가 주로 승리했고 대통령 당선자의 신장(身長)은 미국인 평균보다 훨씬 크다. 그렇다고 해서 미국 대선 결과를 설명해주는 독립변인으로 후보들의 신장을 넣는다면 그 연구는 적실성이 떨어져 사회적 조롱거리가 될 것이다. 물론 후보들의 신장을 재개념화해 후보들의 외적 이미지를 독립변인으로 상정하고 그것을 보여주는 하나의 경험지표로 신장을 관찰한다면 적실성에서 인정받을 수도 있다. 그러나 그러한 재개념화 없이 후보들의 신장을 독립변인으로 상정한다면 불필요한 변인의 포함이라는 우를 저지르게 된다.

불필요한 독립변인의 포함과 관련해 다중공선성(多重共線性, multicollinearity) 문제를 짚어볼 필요가 있다. 이것은 상정된 독립변인들 간의 상관성이 과도히 높은 경우를 말하는데, 각 독립변인과 종속변인 간의 관계를 추론하는 작업을 아예 불가능하게 하거나 왜곡을 초래한다. 예를 들어, 국정지지도를 종속변인으로 놓고 성별과 이념성향을 두 개의 독립변인으로 상정했다고 하자. 200명을 관찰했는데 만약 남성은 거의 다 보수성향을 지녔고 여성은 거의 다 진보성향을 지녔다면 상정된 두 독립변인 간의 상관성이 너무 높아 각 독립변인이 국정지지도와 어떠한 관계를 갖는지 추론하기 힘들어진다. 기호 등식으로 표현하자면, $Y=a+b_1X_1+b_2X_2$에서 만약 $X_1=X_2$라면 $Y=a+(b_1+b_2)X_1$ 혹은 $Y=a+(b_1+b_2)X_2$의 등식이 성립되며 (b_1+b_2) 값은 파악할 수 있어도 b_1, b_2 각각의 값은 파악할 수 없는 것이다. 독립변인들 간의 상관성이 너무 높은 다중공선성 문제가 발생한다고 의심이 간다면 독립변인 중 하나를 없애고 추론을 시도하면 된다. 상기 예에서 성별과 이념성향이 실제로 거의 같게 겹치므로 하나를 없애고 분석을 시도해야 한다. 아니면, 관찰사례를 증가시켜 가령 500명을 관찰해 남성 중 진보적인 경우도 늘고 여성 중 보수적인 경우도 늘어 성별과 이념성향 간 상관관계가 좀 약해진다면 두 독립변인을 그대로 둬도 괜찮다.

예를 더 들자면, 두 개의 독립변인으로 선거구제(소/중대/비례)와 정당구도(양당/다당)를 상정해 종속변인인 정치 안정성을 설명한다고 하자. 40개 국가사례를 봤더니 소선거구제인 곳에서 모두 양당구도가 나타나고 중대선거구제/비례대표제인 곳에선 모두 다당구도가 나타났다면, 두 독립변인은 개념상으론 구별되어도 실제 관찰상으론 똑같다. 두 독립변인을 그대로 두고 분석을 시도하면 완벽한 다중공선성 문제가 발생해 각 독립변인과 종속변인 간의 관계를 추론할 수 없다. 그러므로 두 독립변인 중 하나는 불필요한 것으로 빼야 한다. 아니면, 관찰사례를 더욱 늘려서 두 독립변인 간의 상관성이 과도하지 않은 수준이 된다면 그대로 분석을 해도 괜찮다.

불필요한 변인이 분석에 포함되면 독립변인 수가 너무 늘어나면서 추론에 어려움이 초래될 수 있으니 꼭 필요한 독립변인만 넣도록 유의할 필요가 있다. 확률론의 세계에서는 말할 것도 없고 결정론의 세계에서도 불확실한 것에 대한 추론은 관찰 건수보다 많을 수 없다. 예를 들어, $100 = 20 + 2X$ 라면 한 번의 관찰로 하나의 미지수(X)에 대한 추론을 할 수 있다. 반면 $100 = 20 + 4X_1 - 3X_2$ 라면 관찰은 한 번인데 미지수(X_1, X_2)가 2개여서 각 미지수에 대한 추론이 불가능해진다. 미지수가 2개라면 관찰은 최소 2번 있어야 한다. 가령 $100 = 20 + 4X_1 - 3X_2$이고 또한 $X_1 = 2X_2$라면 두 개의 미지수에 대한 값을 얻을 수 있다. 결정론의 세계도 이러하니 확률론의 세계는 어떠하겠는가. 불필요한 변인은 분석에서 제외시켜 독립변인의 수를 가급적 줄여야 한다는 시사점을 얻을 수 있다.

중요한 누락 변인은 없는지, 불필요하게 포함된 변인은 없는지 등을 판단하는 일이 쉬울 리 없다. 해당 주제에 대한 사전 지식을 풍부하게 쌓아야 적절하게 판단할 수 있다. 기존 문헌을 광범하게 섭렵하여 관련 이론들을 익혀야 하고, 또한 사회적 맥락을 유심히 살펴 적실성을 기하는 노력도 기울여야 한다.

5) 비교역사방법 논쟁

원인과 결과에 대한 인과적 추론(설명)이 과학주의 전통의 핵심 목표라는 점은 전술한 바와 같다. 인과적 추론은 현실을 과도하게 왜곡하니 개별 현상에 대한 풍부한 서술적 추론을 하는 데서 학문의 본령을 찾자는 해석주의가 과학주의에 대한 전면적 도전이라면 (제2장에서 다루었음), 라긴Charles Ragin 등 일부 학자가 제기한 비교역사방법comparative historical method 논쟁은 주류 과학주의가 경시하는 부분을 보완하여 인과성, 인과관계에 대한 이해를 더욱 충실하게 하자는 개혁 운동이라 하겠다.[31] 라긴과 그를 따르는 학자들은 주류

---

31 Charles C. Ragin, *The Comparative Method: Moving beyond Qualitative and Quantitative Strategies* (Berkeley, CA: University of California Press, 1987); Charles C. Ragin and David Zaret, "Theory and Method in Comparative Research: Two Strategies," *Social Forces*, Vol. 61, No. 3 (1983), pp. 731–754.; Charles C. Ragin, "The Logic of Qualitative Comparative Analysis," *International Review of Social History*, Vol. 43, No. 6 (1998), pp. 105–124; Helmut Anheier and Hagai Katz, "Learning from History? Comparative Historical Methods and Researching Global Civil Society," in Marlies Glasius, Mary Kaldor, and Helmut Anheier, eds., *Global Civil Society 2005/6* (London: SAGE Publications, 2006), pp. 288–302.

사회과학이 인과성을 찾고자 "왜Why"라는 질문에만 집중하는 가운데 "어떻게How"라는 질문을 간과한다고 주장한다. 즉, 주류 사회과학은 독립변인(들)과 종속변인 간 관계를 정립하는 데 머물고, 인과작용이 어떤 과정을 어떻게 거치는지 중간경로를 간과한다는 것이다. 정치탄압, 경제난 등이 원인으로 작용해 혁명 또는 쿠데타를 일으킨다는 이론을 정립하는 것은 좋으나, 정치탄압이나 경제난이 다양한 위치와 입장의 사람들에게 어떠한 작용을 가하고 그 사람들이 어떠한 행태를 보여 그것이 집합적으로 어떤 결과를 가져와 혁명 또는 쿠데타로 이어지는지 그 중간경로도 알아야 더 충실한 학문으로 성숙할 수 있다는 주장이다.

라긴 등이 보기에, 사회과학의 기존 연구들은 주로 변인 간의 정태적 인과성을 규명하는 것으로 만족한다. X변인과 Y변인 사이에 상관관계나 인과관계가 있는지, X변인이 1단위만큼 변하면 Y변인은 얼마큼 변하는지, X변인과 Y변인의 관계는 선형linear인지 비선형nonlinear인지 등 변인 간의 정태적 관계 정립이 주된 과제를 이뤄왔다. 특히 계량적 접근방식의 연구들이 그런 경향을 보여 변인 간 관계를 하나의 평균적 숫자(회귀계수, 상관계수, 유의도 등)로 압축해 제시한다. 마치 정물화를 보는 것 같은 느낌이 든다. 물론 이런 연구도 있어야 하지만, 라긴이 보기에 기존 사회과학은 너무 여기에만 머물고 현상의 전개과정인 동태적 인과경로에 대한 탐구를 소홀히 한다. 동태적 인과경로에 들어있는 수많은 이야기를 하나의 화살표(→)로 안이하게 처리하고 화살표 양쪽에 있는 변인들을 규명하는 것으로 만족한다는 것이다.

이러한 한계를 극복하기 위해 라긴은 첫째, 사회과학이 독립변인과 종속변인 사이의 동태적 중간경로를 파악하는 데 신경을 써야 한다고 주장한다. 즉, X변인(들)이 어떠한 연쇄적 작용을 거쳐 Y변인에 영향을 주는지 그 인과기제causal mechanism, 인과경로causal path, 인과사슬causal chain을 밝혀야 한다는 것이다. 둘째, 이를 위해 "어떻게?"라는 질문에 더 많이 집중하고 가능한 한 많은 역사 사례를 비교 관찰할 필요가 있다고 강조한다. 즉, 비교역사방법을 주창한다. 이 방법의 하나로 질적비교분석qualitative comparative analysis, QCA을 소개하기도 한다.[32] 셋째, 동태적 인과경로는 역사적 경로의존성에 입각해 있을 가능성이 크므로 경로의존성이 어떻게 작용해 어떠한 진화과정이 이루어지는지에 주목하는 탐구 자세를 설파한다.

라긴 등이 불을 붙인 비교역사방법 논쟁은 주류 사회과학에 적절한 비판적 자극을 가해 학문적 발전을 기하는 데 큰 공헌을 하였다. 정태적 인과성에 치우쳐온 관점을 동태적 인과경로를 밝히는 관점으로 보완할 필요가 있다는 지적, X−Y 변인 간 관계의 여부, 방향, 정도, 형태를 탐구하는 가운데 변인 사이를 잇는 화살표 내부를 등한시했다는 지적, 다양한 역사 사례를 비교 관찰함으로써 경로의존성을 찾아야 한다는 지적 등은 학계에 큰 반향을 일으켰다. 인과관계에 대한 탐구가 한층 원숙해지는 계기를 가져왔다. 그러나 인과성에 대한 주류 사회과학의 공헌을 너무 평가절하하면 곤란하다. 인과경로의 모든 중간단계를 잘 이해하지 못한다 해도 출발점으로서의 원인과 종착점으로서의 결과 간의 인과관계를 논할 수 있고, 그것만으로도 중요한 지식이 될 수 있다. 정태적 인과관계를 기본 틀로 우선 정립해야만 그 속에서 중간과정상의 동태적 인과기제를 파악할 수 있는 것이다. 청량리를 출발점으로 하고 신촌을 종착점으로 한다는 틀이 우선 있어야 중간경로를 종로로 할지, 을지로

32 질적비교분석(QCA)에 대해선 제5장에서 자세히 후술함.

로 할지, 빙 돌아 강남을 들려갈지 정할 수 있는 것과 마찬가지다. 또한, 사슬처럼 이어지는 인과과정의 각 단계마다 인과성을 규명하려면 주류 사회과학에서 취하는 인과성 탐구방식을 따라야 한다는 점도 주지할 필요가 있다.

복잡하게 인식되는 사회현상에 대한 인과적 추론은 사회과학의 백미인 만큼 최고 수준의 노력과 고민을 경주해야 한다. 변인 간의 정태적 인과성의 정립과 아울러 동태적 인과경로의 규명, 양자 모두 필요하다. 기존에는 전자에 치우쳐왔는데, 후자도 역사학의 과제로만 넘기지 말고 사회과학의 중심 무대로 가져오면 사회과학이 더욱 풍성하게 발전할 수 있을 것이다. 물론 양자의 조화롭고 종합적인 이해가 쉽지 않지만, 지향점으로 큰 의의를 지닌다고 하겠다.

6) 필요조건, 충분조건, 필요충분조건

수학과 같은 결정론적 세계에서는 원인 개념으로 필요조건, 충분조건, 필요충분조건을 내세운다. 주로 확률론적 관점을 취하는 사회과학에서는 자주 사용하는 개념이 아니지만, 그래도 간혹 통용되므로 간단히 소개하도록 한다. 필요조건necessary condition은 X가 Y에 필요하지만, X가 작동한다고 해서 Y가 항상 초래되는 것은 아닌 상태를 말한다. 예를 들어, 선거 시행은 국가 차원의 민주화에 꼭 필요하지만, 선거 시행이 국가 차원의 민주화를 항상 가져오는 것은 아니다. 선거를 시행해도 형식에 그치고 자유로운 경쟁이 허용되지 않는 전체주의 혹은 권위주의 국가들이 있기 때문이다. 여기서 선거 시행은 국가 차원 민주화의 필요조건이라고 말할 수 있다. 충분조건sufficient condition은 X가 항상 Y를 초래하지만, Y에는 X 외에 다른 원인(들)도 있는 상태를 말한다. 야당의 선거 승리는 항상 정권교체를 초래하지만, 정권교체는 야당의 선거 승리 외에 혁명,

쿠데타, 자발적 이양 등에 의해서도 초래될 수 있다. 이 경우에 야당의 선거 승리는 정권교체의 충분조건이라고 부른다.

필요충분조건necessary and sufficient condition은 말 그대로 필요조건이면서 동시에 충분조건인 상태로 X가 Y에 필요하고 X는 항상 Y를 초래하면서 X가 Y의 유일한 원인인 경우를 말한다. 필요충분조건은 사회현상과 관련해 그 예를 찾기 힘든데, 그 이유는 어떤 예를 생각해봐도 결국 동어반복의 위험성이 크기 때문이다. 가령 선거 시행은 대의제에 꼭 필요하고 대의제를 항상 가져온다고 말하면 선거 시행이 대의제의 필요충분조건이라는 뜻이지만, 곰곰이 들여다보면 선거 시행(대표자들을 뽑는)과 대의제(대표자들이 국정을 운영하는)는 개념상 겹치는 부분이 너무 커서 동어반복의 함정에 빠지게 된다. 정치나 사회현상과 관련해 동어반복이 아닌 필요충분조건을 찾기가 쉽지 않다. 그러므로 결정론의 세계에 더 어울리는 필요조건, 충분조건이라는 개념은 사회과학의 확률론적 세계에서도 조심스레 사용하되, 필요충분조건이라는 표현은 가능한 한 삼가는 편이 안전할 것이다.

7) 원인의 다양한 형태

원인 개념이 얼마나 복잡하게 인식될 수 있는지는 원인의 다양한 형태를 통해 알 수 있다. 첫째, 동시결합적conjunctural 원인(들)은 여러 원인이 함께 작용해야 결과를 초래하는 경우를 뜻한다. 각 원인은 결과의 필요조건이나 혼자만으로는 충분조건이 아니다. 불 피우기 예를 들면, 강한 마찰과 산소가 함께 작용해야 가능하다. 민주화를 생각해봐도 제도 변화와 의식 변화가 함께 작용해야 이룰 수 있다. 제도 변화와 의식 변화 중 하나만으로는 민주화를 기대하기 힘들고 양자가 합쳐져야 진정한 민주화가 가능하다는 점은 수많은 역사 사례가 뒷받침해준다. 어떤 현상에 대한 인과적 추론을 진행할 때 그것을 초래하는 동시결합적 원인들을 모두 똑같은 비중의 독립변인으로 상정해야 하는 것은 아니다. 문제의식에 따라 그중 하나 혹은 일부만을 독립변인으로 상정할 수도 있다. 그러나 그럴 때도 그 독립변인만으로 종속변인에 인과적 효과가 생기는 것은 아니라는 점을 특별히 강조할 필요가 있다. 또한, 동시결합적 원인들 간의 상대적 중요성에 대해 추론할 수 있다면 더욱 바람직하다. 민주화의 경우, 제도 변화와 의식 변화가 다 필요하나 역사적·사회적 맥락에 따라 양자 중 한쪽이 상대적으로 더 주도적으로 작용하는 다양한 사례들이 있을 것이다.

둘째, 다중multiple 원인(들)은 여러 원인이 각각 따로 작용해 동일 결과를 초래하는 경우를 말한다. 각 원인은 결과의 충분조건이나 필요조건은 아니다. 예로서, 화재는 누전, 가스 누출, 벼락, 방화 등 여러 원인 중 하나에 의해 발생한다. 이 여러 원인은 함께 작용할 필요 없이 각각 작용해 화재를 낼 수 있다는 점에서 다중 원인이 된다. 정치 개혁은 제도 변화나 의식 변혁을 통해 이뤄지는데, 제도와 의식이 꼭 함께 변해야만 정치 개혁이라고 부를 수 있는 것은 아니다. 그중 하나만으로도 가능하다. 체제 전복, 전쟁 발발, 특정 정치인의 인기 상승, 특정 정당의 선거 승리 등 정치학의 연구대상 중 대부분이 다중 원인을 지닌다. 동시결합적 원인과 마찬가지로 다중 원인과 관련해서도 모두 다 독립변인으로 상정해 똑같은 비중으로 분석할 필요는 없고 연구자의 문제의식에 따라 일부만 독립변인으로 놓을 수 있다. 특히 다중 원인들이 서로 아무 관련 없이 각각 결과에 영향을 끼친다면 독립변인으로 상정한 것 외의 것들을 두루 부연하지 않아도 된다. 누전이 화재에 어떠한 영향을 끼치는지 탐구할 때 굳이 방화까지 언급할 필요가 없다는 말이다.

그러나 실제 예를 보면 각 원인이 완전히 서로 독립적으로 홀로 결과에 영향을 끼치는 다중 원인이 아니고 또 완전히 동시결합적이지도 않으면서 여러 원인이 크고 작은 비중으로 공동으로 작용하며 인과효과를 내는 경우가 많다. 예를 들어, 정부 정책은 수많은 원인이 공동으로 작용한 결과이고, 유권자의 선택은 수많은 공동 원인에 영향을 받는다. 이런 경우, 독립변인으로 상정한 원인과 종속변인 간의 진정한 인과관계를 알기 위해 여타 원인들을 개입변인으로 놓고 그 인과효과를 통제(차단)하는 노력을 기울여야 한다. 예를 들어, 국회의원이 법안 찬반투표를 할 때 소속 정당, 이념성향, 지역구 특성이 원인으로 함께 영향을 끼치는 경우를 생각해보자. 연구자의 문제의식상 소속 정당만을 독립변인으로 상정한다면 이념성향, 지역구 특성을 개입변인으로 놓고 통제해야 하고, 소속 정당과 이념성향을 두 개의 독립변인으로 놓는다면 지역구 특성을 개입변인으로 놓고 통제해야 한다. 이러한 노력을 통해 상정한 독립변인과 종속변인 간 허위적 인과관계를 정립하는 우를 피할 수 있을 것이다. 개입변인에 대해선 이번 장 4절에서 인과관계의 구성요소를 다룰 때 전술했고, 제6장 연구설계에서 개입변인의 통제 방법에 대해 후술할 것이다.

셋째, 원인의 형태 중 실제적 원인cause in fact은 여러 원인이 혼재한 가운데 결과를 가져온 가장 결정적이고 최종적인 원인을 일컫는다. 예를 들어, 범인이 경찰 여러 명의 사격을 받아 사망했는데 처음 두 경찰로부터 받은 총상은 부상만 일으킬 정도였고 세 번째 경찰로부터 받은 총상으로 사망했다면 범인의 사망에 있어서 실제적 원인은 세 번째 경찰의 사격이라고 말한다. 행인이 차에 치여 숨졌는데 첫 번째 차에 치였을 때는 다치기만 했고 두 번째 차에 치여 목숨이 끊겼다면 행인 사망의 실제적 원인은 두 번째 차와의 충돌이다. 어느 나라에서 경제궁핍과 정치탄압으로 민심이 이반된 상황에서 권력자의 금품 스캔들이 터져 국민을 거리 시위로 나가게 한 결정타가 되었다면, 경제궁핍과 정치탄압도 국민 시위의 원인이나 금품 스캔들이 실제적 원인으로 작용했다고 말할 수 있다. 역사에 남은 수많은 사건을 보면 여러 요인이 일시에 작용하기보다는 시차를 두고 작용하는 경향이 크고, 결정적으로 "방아쇠를 당겼다," "도화선에 불을 붙였다" 등의 표현을 붙일 만한 요인이 등장하는 경우가 많다. 바로 이 요인을 실제적 원인이라고 부른다.

물론 실제적 원인을 판별하기란 쉬운 일이 아니다. 자동차 사고의 실제적 원인이 차체 설계 불량, 차의 기기 오작동, 정비 태만, 운전자 실수, 상대 운전자 실수, 도로 표지 부실, 도로 건설 결함, 궂은 날씨 등등 수많은 요인 중 어떤 것인지 경찰과 보험회사가 조사하고 법정에서 따져도 명확한 결론을 내지 못하는 경우가 잦다. 역사적 사건과 관련해서도 마찬가지인데, 특히 세간에서 방아쇠를 당긴 것으로 인식되는 요인 중에는 시차성이 너무 없어 적실성의 문제 혹은 동어반복의 오류를 발생시키는 것이 많다. 예를 들어 미국 남북전쟁의 실제적 원인을 찾는 가운데 섬터 요새Fort Sumter에 대한 남부 연맹의 포격이 지목되곤 하지만, 이 포격은 남북전쟁의 첫 단계로 봐야지 남북전쟁과 별개로 구분할 수는 없다. 동어반복의 함정에 빠졌다고, 혹은 주장의 적실성이 떨어진다고 비판 받지 않으려면 실제적 원인이 결과로서의 설명 대상과 시차상 너무 붙지 않았는지 따져볼 필요가 있다. 미국의 제1차 세계대전 참전의 실제적 원인이 루시타니아호 침몰인지 독일이 멕시코에 보낸 비밀전문의 공개인지, 유신체제 붕괴의 실제적 원인이 김재규의 박정희 시해인지, 냉전체제 종식의 실제적 원인이 베를린 장벽의 철거인지 등 수많은 역사 사건의 실제적 원인과 관련된 논쟁에서도 되새겨볼 만한 점이다.

넷째, 원인의 다양한 형태를 짚어봄에 있어서 인과관계가 선형linear 모습을 보이는지 비선형nonlinear 모습을 보이는지도 구분해볼 수 있다. X변인이 변하는 데 따라 정비례든 반비례든 일정한 비율로 Y변인이 변한다면 X는 Y의 선형 원인이라고 부르고, 관찰 구간에 따라 상이한 비율로 변한다면 비선형 원인이라고 부른다. 전자의 경우에는 X−Y 그래프에 일정한 기울기를 가진 직선 형태가 그려질 것이고, 후자는 S자, U자, 역U자, M자, N자 등 다양한 곡선 형태가 그려질 것이다. 전자는 결과로서의 현상이 점진적으로 변하거나 예측가능하게 진화한다는 표현을 요하고, 후자는 결과로서의 현상이 급격하게, 기하급수적으로, 때론 혁명적으로 변하고 예측하기 힘들다는 말을 낳게 한다. 후자에서 특히 중요한 점은 급격한 변화가 일어나는 지점, 즉 임계점, 문턱threshold이 언제, 어디인지 파악하는 것이다.

예를 들어, 공부 투여 시간이 성적에 미치는 영향을 볼 때 처음에는 투여 시간을 늘려도 성적이 별로 오르지 않다가 꾸준히 늘리는 어느 순간 갑자기 성적이 치솟는 경향이 있다. 공부 투여 시간은 성적의 비선형 원인이라 말할 수 있고, 어느 시점에 성적이 확 뛰는지 그 문턱을 파악하는 일이 중요성을 띤다. 정치적 억압 정도가 국민의 체제 불신감을 조장하는데, 그 관계가 선형이기보다는 특정 지점에서 확 높아지는 "도약"이 생기는 곡선 형태일 것이다. 정치적 억압이 어느 정도 되었을 때 체제 불신감이 급증해 체제를 불안정하게 할지 규명하는 일은 학문적으로 뿐 아니라 실제 국정 담당자나 일반 국민에게도 대단히 중요한 의미를 띤다.

비선형 원인은 그 형태를 파악하기가 상대적으로 힘들 수밖에 없다. 선형 원인은 단순하므로 관찰 범위가 좁거나 관찰 사례 수가 적어도 결과에 미치는 인과 효과를 찾아내기가 무난할 수 있다. 이와 달리 비선형 원인은 관찰 구간마다 인과 효과가 다르고 복잡하므로 전체 관찰 범위를 가능한 한 넓게 잡아 세부 구간마다 관찰을 해야 하고 그만큼 관찰 사례 수가 많아야 전체의 모습을 정확하게 추측할 수 있다. S자 곡선을 그리는 비선형 관계라면 곡선 기울기가 크지 않은 구간도 관찰해야 하고 기울기가 갑자기 커지며 급경사를 보이는 구간도 관찰해야 하고 기울기가 다시 평평해지는 구간도 관찰해야 하는 것이다. 계량분석에서는 변인 간 비선형 관계의 유무를 판단하기 위해 편의상 관찰값을 로그log값으로 전환시켜 인위적으로 선형을 만들어 분석한다. 그러나 단순히 관계의 유무가 아니라 관계의 전체적 모습을 규명하기 위해서는 관찰 구간을 세분해서 일일이 들여다볼 수밖에 없다.

이처럼 비선형 원인은 규명하기가 어려우나 사회현상의 상당수에 해당되므로 중요시하지 않을 수 없다. 온도가 물(H_2O) 형태에 끼치는 인과효과에서 보듯이 자연현상에도 비선형 원인이 많이 있겠지만, 사회현상은 여건이 충분히 무르익었을 때에야 확 발생하거나 변하는 경향이 크므로 비선형 원인이 보다 일반적인 양상일 것이다. 탄성resilience은 자연이나 물체에서도 관측된다. 마찬가지로 사회에서도 안정, 안전, 보전, 현상유지, 지속(가능)성 등 정상normal 상태를 지키는 취지의 개념들을 긍정적으로 본다는 데서 알 수 있듯이 대다수 사회현상이 탄성을 지니기 때문에 어떤 변화가 점진적으로 예측가능하게 일어나기보다는 잘 안 일어나다가 임계점을 넘는 순간 갑자기 일어나는 경향을 보인다. 사회현상과 관련된 인과관계를 정립할 때는 비선형 여부를 신경 써야 하고, 비선형으로 판단되면 X가 1단위 변할 때 Y는 b만큼 변한다고 일률적으로 말하지 말고 각 관찰구간별로 어떻게 다른지 상세하게 말할 필요가 있다.

다섯째, 원인의 형태 혹은 속성이 회귀적reversible인지 비회귀적

irreversible인지도 따져볼 수 있다. 회귀적 원인은 원인 값의 증감에 비례해 결과 값도 증감하는 것을 말한다. X변인 값이 5일 때 Y변인 값이 10인데 X변인 값이 10으로 늘면 Y변인 값도 비례해서 20으로 늘고 X변인 값이 다시 5로 줄어들면 Y변인 값도 맞춰서 10으로 회귀하는 경우다. X변인의 특정 관찰값에 상응하는 Y변인의 특정 관찰값은 하나로 고정되어 있다. 온도와 물(H_2O) 형태의 관계를 생각해보면, 온도가 섭씨 0° 아래일 때는 물이 고체 형태이다가 0°에서 100° 사이일 때는 액체로 변하고 100°를 넘어서면 기체가 되는데 온도가 다시 계속 아래로 내려가면 액체로, 이어서 고체로 복귀하는 양상이 나타난다. 만약 소득이 늘었다 줄었다 하는 것에 비례해 소비도 늘었다 줄었다 한다면 소득은 소비의 회귀적 원인으로 간주할 수 있다. 만약 정부의 타협적 중도 노선이 짙어짐에 따라 국민의 국정 지지도가 올랐다가 정부의 타협적 중도 노선이 옅어지면서 원상 복귀할 때 이에 맞춰 국정 지지도가 원래 수준으로 떨어진다면 양자 사이에는 회귀적 인과관계가 있다고 말한다.

그러나 사회현상과 관련해서 비회귀적 원인 작용을 자주 관찰할 수 있다. 소득이 늘면 소비수준도 올라가는데, 소득이 줄어도 한번 높아진 소비수준은 원래대로 돌아오지 않고 계속 높은 수준에 머무는 경향이 있다. 경제난이 심해져 국정 지지도가 떨어졌다가 경제가 회복되어도 이반된 민심은 빨리 호전되지 않아 국정 지지도가 원래 수준으로 돌아오지 않는다면 비회귀적 인과관계로 인해 그렇다고 말할 수 있다. 자연현상에서도 비회귀적인 경우가 많다. 지구 온난화가 일어나 사막화가 확산되는데 설혹 각종 노력으로 지구 온도를 다소 낮추더라도 사막화된 땅은 원래대로 돌아오기 어렵거나 매우 오랜 세월이 지나야 가능하다. 그러므로 사회현상에만 해당되는 것은 아니지만, 상기했듯이 사회현상은 특히 강한 탄성을 지니므로 자연현상에 비해 바뀌기도 힘든 반면 한번 도약해서 변하면 다시 원상 복귀하기도 힘들다. 정책이나 제도를 새로 도입하거나 변경함에 있어서 경솔해선 곤란하고 그 효과에 대한 신중한 판단을 해야 하는 이유라 하겠다.

여섯째, 인과효과가 나타나는 시차에 따라 단기short-term 원인과 장기long-term 원인을 구분해볼 수 있다. 전자는 독립변인이 작용함에 따라 짧은 시차로 즉각 종속변인에 효과가 나타나는 경우고, 후자는 시차가 길게 나며 인과 효과가 오래 후에 나타나는 경우를 말한다. 상기한 비선형 원인과 비회귀적 원인이 현상의 탄성에 의해 발생하는 때가 많은 것과 마찬가지로, 장기 원인도 현상이 자극을 받아도 즉각 바뀌지 않고 오랜 시간이 지나야 효과가 나타난다는 점에서 탄성의 작용에 의한 것이라고 볼 수 있다. 예를 들어, 교육정책은 학생들의 학업능력이나 인성에 영향을 끼치나 그 효과가 오래 지나서 나타나는 경향이 있다. 문화정책이나 과학기술정책도 소기의 결과를 내는 데 오랜 기간이 소요된다. 정치 스캔들이 터지자마자 국정 불신감이 고조되기보다 처음에는 긴가민가하다가 시간이 지나며 서서히 국정 불신감이 커지는 경우도 있다. 장기 원인은 비선형 원인과 비슷할 수 있지만, 장기적으로 효과가 나타날 때 꼭 곡선형 형태를 보이는 것은 아니고 비선형 관계도 단기에 나타날 수 있다는 데에 양자의 차이가 있다.

장기 원인은 단기 원인에 비해 파악하기 어려울 수밖에 없다. 시차가 큰 만큼 중간에 수많은 개입변인이 작용할 수 있어 명확한 인과관계를 정립하는 데 한계가 있다. 또한, 오래 전에 존재했거나 작용한 어떤 요인이 현 상황(상태)의 근원적 장기 원인이었다고 말하면 현 시점에 별 반향을 일으키지 못하고 그에 따라 사회적 적실성을 높게 인정받지 못할 가능성도 크다.

8) 인과관계의 강약과 대소

변인 간의 인과관계를 탐구함에 있어서 일련의 작업을 거친다. 첫째, 인과관계가 있는지 없는지 유무를 판단 내린다. 둘째, 그 관계가 정비례인지 반비례인지 방향을 파악한다. 셋째, 바로 앞 소절에서 논한 대로 인과관계의 형태를 규명한다. 이어서 넷째, 그 관계의 강약, 다섯째, 그 관계의 대소에 대해서도 추론을 진행한다. 이 넷째 및 다섯째 작업에 대해 이번 소절에서 살펴본다.

인과관계나 인과효과의 강약은 X가 특정 값을 가질 때 Y는 어떤 값을 보일지 얼마나 높은 확률로 예측할 수 있는지에 관한 것이다. 사람들이 자기 소득이 100만원일 때 소비는 얼마나 할지, 소득이 200만원으로 올랐을 때 소비는 얼마가 될지 높은 확률로 맞출 수 있다면 소득과 소비는 강한 관계를 지닌다고 말할 수 있다. 그 확률이 높지 않을 때는 관계가 약하다고 말한다. 반면에, 인과관계나 인과효과의 대소는 X가 1단위만큼 변할 때 Y가 얼마나 큰 폭으로 변하는지에 관한 것이다. 소득이 10만원 늘었을 때 소비가 8만원 늘은 경우가 4만원 늘은 경우에 비해 인과관계(인과효과)가 크다고 말할 수 있다.

아래 그림을 보면, 왼쪽 그래프에는 관찰값들이 회귀선을 따라 조밀하게 몰려 있고 오른쪽 그래프에는 그렇지 않아, 왼쪽 그래프의 관계가 오른쪽에 비해 강하다는 것을 알 수 있다. 반면, 오른쪽 그래프에서 X가 1만큼 변할 때 Y도 1만큼 변하는 데 비해 왼쪽 그래프에서는 X가 1만큼 변할 때 Y는 0.5쯤 변해, 오른쪽의 인과관계가 상대적으로 더 크다는 것을 알 수 있다. 통계분석에서는 변인 간 관계의 강약을 결정계수(R^2)나 상관계수(r)로 파악할 수 있고, 변인 간 관계의 대소는 회귀계수(b)로 알 수 있다. 이러한 계수를 통해 여러 사례를 놓고 인과관계의 강약 및 대소를 명료하게 비교할 수 있다. 그러나 이와 대조적으로, 질적 관찰에 의존하는 연구(예 정치 지도자가 측근 참모들의 행동에 끼치는 영향의 강약 및 대소)에서는 그러한 정밀한 척도를 쓸 수 없고 감에 의존해야 하므로 영향이 강하다든지 크다든지 등의 표현은 특히 신중을 기해 써야 할 것이다.

인과 관계의 강약과 대소

인과 관계의 강약과 대소는 구분된다.
왼쪽 그래프의 X-Y관계가 상대적으로 강하고
오른쪽 그래프의 X-Y관계는 상대적으로 크다.

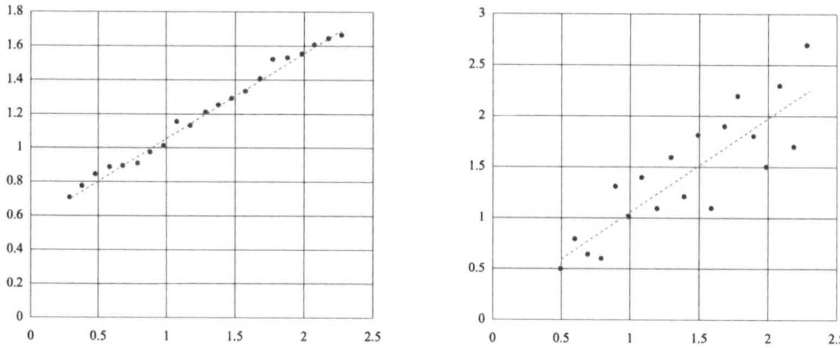

6. 인과성에 대한 대안적 관점

이번 장에서 다룬 인과관계에 대한 논의는 흄(David Hume 1711년~1776년)의 인과성 개념에 기반을 두고 있다.[33] 정치학은 물론 사회과학 전 분야에 걸쳐 기존 과학주의 전통에서 통용되는 개념이지만, 모든 사람이 동의하는 내용은 아니다. 흄은 인과관계는 현상에 대한 확률론적 경험 관찰로 정립할 수 있고, 순전히 결정론적인 논

33 흄이 인과성 개념을 다룬 저작은 다음과 같음: *A Treatise of Human Nature* (1739–40년 출판); *An Enquiry concerning Human Understanding* (1748년 출판).

리로 정립할 수 있는 것이 아니라고 본다. 여기서 흄은 선험적 연역성을 중시하는 데카르트가 아닌, 경험적 귀납성을 강조하는 베이컨의 맥을 따른다는 점을 알 수 있다. 사회현상의 실체적 존재보다는 사회현상이 인간에게 어떻게 인식되는지를 규명하려 한 흄으로서 인과관계를 결정론적 논리로 이해할 수는 없는 일이다. 흄이 보기에 원인과 결과 사이는 논리적 불가피성, 즉 필연성으로 연결되지 않는다. 필연성은 결국 원인과 결과의 동어반복을 의미할 뿐이다. 흄의 사고에서 원인과 결과는 상호 독립적인바, 비(非)필연적·우연적contingent 관계로 연결된다. 이 상호 독립적인 요인들을 비필연적 인과관계로 연결 짓는 것은 확률적인 일반 법칙general law이다. 과연 경험적으로 그러한 일반 법칙을 찾을 수 있는지에 인과관계 정립의 여부가 달려있다.

인과관계를 결정론적으로 논리적 필연성의 관점에서 이해한다면 흄과 근본적으로 다른 입장에 서는 것이다. 흄과 상반된 이 관점에서 볼 때 결과는 원인에 내재하는바, 원인-결과 관계는 필연이지 우연에 의한 것이 아니다. 어떤 현상, 행동, 사건, 제도 등으로부터 다른 현상, 행동, 사건, 제도 등으로의 연결이 내적 필연성 혹은 논리적 불가피성에 의한다는 것이다. 이러한 관점으로 흄의 인과관계 개념을 비판한 학자 중 한 명이 매킨타이어A. MacIntyre이다. 그는 특히 정치학 분야에서 자주 차용되어 우리에게 익숙한 "특정 신념beliefs에서 특정 행동actions이 나온다."라는 방식의 설명에 논의를 집중한다.[34] 그가 보기에 신념과 행동은 상호독립성의 기준 및 시차성의 기준을 충족시킬 수 있는 것이 아니고, 체계적 공변성에 대

---

34 Alasdair MacIntyre, "A Mistake about Causality in Social Science," in Peter Laslett and W. G. Runciman, eds., *Philosophy, Politics and Society* (Second Series) (Oxford: Basil Blackwell, 1972), pp. 48-70.

한 일반화의 틀 속에 넣을 수 있는 것도 아니다. 그 이유는 특정 신념이 논리적으로 전개되면 필연적으로 특정 행동으로 이어지기 때문이다. 사회적으로 모든 결과는 행위자가 목적purpose을 갖고 의도해intend 필연적으로 나온 것이다. 예를 들어, 베버가 말했듯이 신교도 윤리에서 자본주의 정신에 맞는 행동이 자연히 나오고 이에 따라 자본주의 생산양식이 필연적으로 자리를 잡게 된다. 또한 스탈린주의 이념에서 계획경제 정책으로 필연적으로 연결된다. 매킨타이어가 보기에, 행동은 신념과 상호 독립적이거나 시차를 두고 이어질 수 있는 것이 아니고 신념의 동시적 표현expression일 뿐이다. 흄 방식대로 신념과 행동을 구분해 원인-결과 관계로 논하기가 불가능하다는 말이다. 매킨타이어는 인과성을 원인과 결과가 자주 만나 생기는 외적 관계가 아니라, 원인이 결과를 내포해 필연적으로 생기는 내적·논리적 관계로 본다는 점을 알 수 있다.

윈치P. Winch도 매킨타이어와 동일 입장으로 원인과 결과 간에 논리적 연결logical connection이 존재함을 명령-복종, 제도-행위 등의 예를 통해 설파한다.[35] 윈치는 다음과 같이 말함으로써 흄의 인과관계 개념과 정반대 대척점에 선다. "특정의 역사 현상이나 사건에 대한 설명은 일반화 형태의 이론을 적용하는 것이 아니라 내적 관계internal relations를 추적하는tracing 것이다."[36] 폰라이트G. H. von Wright는 목적론적 설명 방식에 천착하며 흄의 인과론적 설명 방식과 대조되는 대안을 제시한다.[37] 인과적 설명은 설명 대상(설명되어야

35 Peter Winch *The Idea of a Social Science and Its Relation to Philosophy* (London: Routledge & Kegan Paul, 1963), pp. 124-131.

36 상게서, p. 133.

37 Georg Henrik von Wright, *Explanation and Understanding* (London: Routledge and Kegan Paul, 1971), 특히 pp. 83-131.

할 현상이나 사건)에 선행하는 무언가를 원인으로 찾기 위해 과거로 가는데, 이와 달리 목적론적 설명은 행위자의 목적, 의도가 어떤 결과를 가져오는지 미래에 대해 추론한다. 여기서 목적, 의도와 결과의 관계는 외적, 우연적이지 않고 내재적intrinsic, 개념적conceptual, 논리적logical이다. 즉, 폰라이트의 목적론적 설명은 윈치의 주장과 마찬가지로 "논리적 연결론"logical connection argument이라고 할 수 있다. 목적론적 설명은 목적, 의도에 의한 행동action을 결과라고 보고, 반면 인과론적 설명은 행동보다 의도성이 덜 들어있는 행위behavior를 결과라고 본다. 행동은 본인이 의도하고 의미를 아는 것(그래서 해석할 수 있는 것)이어서 행위와 구분된다. 이러한 생각을 전개하며 폰라이트는 역사와 사회과학에서 설명은 바로 이 목적론적 행동의 의미를 찾아내는 것이어야 한다고 강조한다.[38]

목적론적 관점을 역사 영역에서 더욱 발전시킨 학자로 올라프슨F. Olafson을 들 수 있다.[39] 그는 역사 설명은 인간의 의도적 행동에 대한 목적론적 의미를 찾는 것이지, 자연과학처럼 몰역사적이고 보편적인 인과 규칙성(일반화)을 찾는 것이 아니라는 데 동의한다. 특히 역사적 서사historical narrative는 일반화가 아니라 개별적 특수화를 추구하는바, 목적론적 역사 설명을 위해선 특정 의도가 담긴 행동action과 아울러 구체적 상황situation에 대한 개별적 이해를 시도해야 한다고 한다.[40] 이때 구체적 상황이란 당대에 공유되는 특정의 가치관 및 규범, 전통을 말한다. 그러므로 역사 설명은 목적론에 더해 발생론적 관점도 가미되어야 한다고 본다. 여기서 목적론에만 천착

38 상게서, 특히 pp. 132－151.

39 Frederick A. Olafson, *The Dialectic of Action: A Philosophical Interpretation of History and the Humanities* (Chicago: University of Chicago Press, 1979).

40 상게서, p. 149.

하는 폰라이트 등과 구별되는 올라프슨의 역사관을 엿볼 수 있다. 다시 말해, 역사를 설명하기 위해서는 당대 행위자의 목적, 의도가 투영되는 미래(당대 시점의 이후)를 조망해야 할 뿐 아니라 특별하고 구체적인 상황을 형성시킨 과거(당대 시점의 이전)를 살펴봐야 한다는 것이다. 사람들의 여러 행동이 오랜 기간 연속되는 과정에서 어떤 경로의존성이 어떻게 작용하며 목적론적 지속성과 변화를 발생시키는지 묘사하는 것이 역사 설명이라는 것이다.

이번 장에서 상술한 인과관계 개념에 가장 극단으로 반대쪽인 관점은 아예 일반화 자체를 거부하는 해석주의에서 찾을 수 있다. 해석주의에 대해서는 앞선 제2장(제5절)에서 다뤘으므로 간략히만 언급하자면, 일반화는 반드시 현실을 왜곡하게 되니 일반화에 입각한 인과적 설명은 학문 본령에 두지 말고 구체적인 대상 각각의 고유한 의미를 심층 해석하는 데 학문 목표를 두자는 것이다. 그 대표적 학자인 기어츠C. Geertz는 주류 과학주의의 주된 연구방식인 외적 행태behavior의 결정 요인(원인) 찾기보다는 내적 의도가 담긴 행동action의 사회 문화적 의미 찾기에 천착하자고 설파한다.[41] 이에 따라 사회현상을 법칙에 따라 움직이는 물리적 과정이 아니라 각각 고유한 의미를 지닌 상징적 구현체에 비유한다.[42] 이러한 기어츠식의 해석주의에서는 설명explanation이라는 인과적 표현조차 금기시되고, 대신에 해석을 위한 해설explication이라는 표현이 선호된다.

주류 과학주의의 인과적 추론(즉, 설명) 방식이 여러 각도로 비판받고 있음을 살펴보았다. 흄의 인과성 개념에 바탕을 두고 이루어

---

41 Clifford Geertz, *Local Knowledge: Further Essays in Interpretive Anthropology* (New York: Basic Books, 1983); *The Interpretation of Cultures* (New York: Basic Books, 1973).

42 Clifford Geertz, *Local Knowledge*, 전게서, p. 34.

진 기존 인과관계에 대한 이해는 이러한 비판적·대안적 관점들로부터 좋은 자극을 받을 필요가 있다. 특히, 인과관계에 대한 논의를 너무 쉽게 남발해선 곤란하다는 교훈을 얻을 수 있다. 일상생활이나 정치 및 정책 영역뿐 아니라 학문 세계에서도 충분한 논리의 뒷받침이나 풍부한 경험 관찰 없이 원인-결과 관계를 논하는 경향이 있고 "설명"이라는 표현을 남용하기도 한다. 자료 중심적으로 계량분석을 시도하는 연구는 자칫 요인 간의 논리적 연결이나 행위자의 목적·의도 등에 대한 이론적 고민을 경시하고 자료를 이리저리 돌려보며 요인 간의 우연적contingent 관계가 어떤 확률적 정형을 보이는지 피상적으로 관찰하는 데 그칠 수 있다. 즉, 경험적으로 드러나는 외적 인과관계에 집중하는 가운데 현상에 내재한 필연성, 내적 논리성을 너무 논외로 할 위험성이 있다. 그럴 경우, 전술했듯이(이번 장 제5절 비교역사방법 논쟁 관련 부분에서) 요인 간의 정태적 인과성을 파악하는 데 그치고 인과작용이 어떠한 동태적 경로를 거치는지는 공백으로 남겨둘 수 있다. 또한, 인과관계의 정립을 위해 일반화 차원의 정형성을 찾는 데 매몰된다면 개별 현상에 깃든 고유한 의미를 너무 안이하게 무시해버릴 수 있다는 점도 교훈으로 유의할 만하다.

상기 대안적 관점들로부터의 비판은 좋은 교훈을 주지만, 그러한 비판에도 한계가 있으므로 무조건 다 받아들일 필요는 없다. 이번 장에서 논한 인과관계에 대한 기존 과학주의의 이해는 여전히 큰 유용성을 지닌다. 우리는 양쪽의 장단점을 따져보며 양쪽에서 필요한 부분을 조화롭게 취해 우리의 연구를 만족스럽게 만들 수 있으면 된다. 예를 들어, 모든 사회현상에서 행위자의 목적이나 의도가 필연적으로 어떤 행동으로 이어지며 결과를 가져온다고 말할 수는 없다. 실례(實例)를 많이 떠올릴 수 있을 것이다. 또한, 많은 경우에 아예 행위자의 목적이나 의도가 수반되지 않는 가운데 중대한 사회현상이나 정치적 추세가 전개되기도 한다. 실제로 목적론적 설명 방식을 취하기 힘들거나 아예 불가능한 경우가 많은 것이다. 그러므로 주어진 탐구 대상이 어떤 맥락에 있는지 잘 살펴 변인 간의 확률적, 비필연적, 외적 인과관계를 파악하는 노력과 변인 간 논리적, 필연적, 내적 연계를 규명하는 노력 사이의 경중을 따지고 적절한 조화를 기해야 할 것이다.

이러한 절충적 입장을 견지하는 학자로 로티R. Rorty를 들 수 있다. 그는 복잡한 인간사회를 탐구하고 나아가 사회를 바람직하게 변화시키는 실용적 임무를 위해서는 일반화에 의존하는 인과적 설명과 개별 사안의 깊은 의미를 더듬어보는 해석학적 이해 사이의 조화가 필요하다고 강조한다.[43] 꼭 로티의 주장을 인용하지 않더라도, 실제 역사나 사회에 대한 탐구에서 개별 사안의 구체적 의미를 짚어보는 데만 머물지 않고 일반화 차원의 지식에서 인과적 설명의 근거를 찾는 경우가 많다. 발생적 설명의 경우, 한 단계에서 다음 단계로 넘어가는 것을 설명할 때 일반적 원칙에 의존하지 않을 수 없다. 맑스의 유물사관에 들어있는 일반화 형태의 원칙들을 예로 들 수 있다. 목적론적 및 기능적 설명에도 마찬가지로 일반화가 개재됨을 부인할 수 없다. 햄펠C. Hempel처럼 보편적 "포괄법칙" covering law을 핵심으로 내세우지 않는다고 해도, 사회과학 및 역사 연구에서 적어도 확률적 추론에 입각한 일반화를 동원하지 않기는 힘든 것이다.[44] 네이걸E. Nagel도 설명과 관련해, 암묵적으로 받아들여지는 상

---

43 Richard Rorty, "Method, Social Science, and Social Hope," *Canadian Journal of Philosophy*, Vol. 11, No. 4 (December 1981), p. 575.

44 Carl G. Hempel, "Explanation in Science and in History," in P. H. Nidditch, ed., *The Philosophy of Science* (Oxford University Press, 1968), pp. 70-74.

식이나 자연과학 혹은 사회과학에서 정립되어 받아들여지는 일반 법칙, 즉 인과적 일반화가 불가결하게 활용된다는 점을 설파한다.[45] 역사가 중에는 그러한 일반화(일반 법칙)의 정립을 자신들의 과제로 간주하지 않는 사람이 다수 있지만, 그들도 적어도 기존의 일반화에 의존하고 그것을 활용해 연구를 진행한다는 것이다.

사회과학은 서술, 설명뿐 아니라 예측도 추구해야만 그에 따라 사회 변화를 위한 각종 방안을 탐색할 수 있다. 이 예측은 현상의 내적, 논리적 필연성의 규명에 입각할 수도 있지만, 더 높은 빈도로 요인 간의 비필연적 인과관계의 확률적 일반화("이러저러한 경우에 여차저차한 결과가 나오는 경향이 있다")에 입각한다. 후자의 방식으로 예측을 해야 사회 변화를 위한 여러 대안을 비교하고 평가하기에 좋다. 이러한 실용적인 측면을 고려할 때도, 우리는 이 장에서 논한 인과관계의 기준들을 충족하는 인과적 추론(설명)을 시도해야 한다는 점을 확인할 수 있다. 다만, 대안적 관점으로부터의 비판을 고려해 더욱 조화로운 연구를 진행하도록 노력해야 한다는 점은 주지하는 바이다.

---

45 Ernest Nagel, *The Structure of Science: Problems in the Logic of Scientific Explanation* (New York: Harcourt, Brace & World, 1961), pp. 549－550.

04

CHPATER

개념을 어떻게 정의 내릴까?

개념은 무엇을 뜻하는 것인지, 특정 개념에 의미를 부여할(즉, 정의를 내릴) 때 어떤 기준들을 중시해야 할지, 개념에 정의를 내린 후 경험 관찰을 위한 조작화 operationalization는 어떻게 하는 것인지, 개념의 유형 구분은 어떻게 하면 좋을지 등에 대해 논한다.

CHAPTER

04

개념을 어떻게 정의 내릴까?

앞선 장에서 3대 연구요소 중 이론을 다룬 데 이어, 이번 장에서는 또 다른 연구요소인 개념을 다룬다. 개념은 무엇을 뜻하는 것인지, 특정 개념에 의미를 부여할(즉, 정의를 내릴) 때 어떤 기준들을 중시해야 할지, 개념에 정의를 내린 후 경험 관찰을 위한 조작화 operationalization는 어떻게 하는 것인지, 개념의 유형 구분은 어떻게 하면 좋을지 등에 대해 논한다. 앞선 장보다 내용이 상대적으로 쉽게 느껴지겠지만, 연구에서 개념 정립을 경시하다가 연구 전체를 망치는 경우가 빈번하므로 신경 써서 들여다봐야 할 필요가 있다.

1. 개념이란?

개념은 두 가지 상이한 각도에서 이해될 수 있다. 한편으로, 개념은 연구의 3대 요소 중 하나로, 특히 다른 요소인 이론과의 유기적 관계 속에서 이해될 수 있다. 다른 한편, 그 자체로 학문적 의미를 띠는 것으로 이해될 수 있다. 먼저 전자의 관점으로부터 시작하자면, 개념이란 이론(주장)에 들어있는 피(被)인식대상을 뜻한다. 보통은 한 이론 속에 여러 개의 피(被)인식대상, 즉 개념이 들어있다. 예를 들어 "경제성장이 민주주의 발전을 초래한다."라는 이론에는 경제, 성장, 경제성장, 민주주의, 발전, 민주주의 발전, 초래 등 여러 개념이 들어있다. "조직이 제도화되어야 성과가 증가한다."라는 이론에는 조직, 제도화, 성과, 증가 등 개념들이 들어있다. 그러므로 개념은 이론을 구성하는 단위라고 말할 수 있다. 이론이 집이라면 개념은 벽돌이다. 즉, 레고 작품이 이론이라면 그 구성단위인 레고 조각을 개념이라고 할 수 있다.

이론이 일반화 차원의 진술로서 여러 경우를 포괄하는 일반적 성격을 띠듯이, 그 구성단위인 개념도 개별 개체의 구체적인 고유 속성이 아니라 같은 부류에 속하는 여러 개체가 공통으로 지닌 일반 속성을 표현한다. 나무라는 개념은 활엽수, 침엽수, 큰 나무, 작은 나무, 소나무, 전나무 등 온갖 다양한 종류의 개체가 공통되게 지니는 일반 속성을 지칭한다. 민주주의라는 개념도 자유주의적 민주주의, 공동체주의적 민주주의, 공고화된 민주주의, 불안정한 민주주의, 의회 민주주의, 학교 민주주의, 가정 민주주의 등 온갖 다양한 경우를 포괄하며 전체적으로 공유되는 일반 속성을 표현한다. 일반 속성을 지니는 개념을 세운 후에 구체적 고유성을 지닌 개별 경우를 지칭하기 위해서는 수식어를 붙이거나 고유 명사로 만들면 된다. 아테네 민주주의Athenian Democracy, 잭슨 민주주의Jacksonian Democracy, 4.19 혁명, 재스민 혁명, 6.25 전쟁, 진화론 대 창조론 문화 전쟁 등 수많은 예를 떠올릴 수 있다.

개념이란 단어는 일상생활에서 여러 의미로 사용되기 때문에 혼란을 일으키기도 한다. "그 사람, 개념 없네." "그런 행동을 하면 개념을 상실했다고 욕먹는다." 등의 표현에 나오는 개념은 상식, 예의, 교양을 뜻한다. "진화론에 대해 사람들이 어떤 개념을 갖고 있니?"라는 용례에 들어있는 개념이란 단어는 생각, 입장, 주장을 뜻한다. 이런 일상 차원에서의 용례로 혼동을 겪지 말고 학문에서는 상기(上記)했듯이 이론(주장)의 구성단위나 구성요소라고 이해하면 된다. "네 주장에 들어있는 핵심 개념들을 정의 내려야 공감을 얻을 수 있다."라는 예를 들 수 있다.

주목할 점은, 개념이 학문적으로 이론의 한 부분으로만 의의를 갖는 것은 아니고 그 자체만으로도 의미를 띠고 학문 담론에 기여할 수 있다는 것이다. 이 관점에서 보자면, 복잡한 현상, 제도, 집단, 행태 등을 하나의 용어로 축약한 것을 개념이라고 한다. 예를 들어, 선거가 자유로운 분위기에서 자유로운 경쟁 속에 진행되고 당선자(들)가 유권자의 뜻을 받들어 국정운영을 하고 그에 책임을 지는 복잡한 과정을 대의민주주의라는 개념으로 축약할 수 있다. 선거 승리를 위해 뭉치고 국정과정에서도 집단행동을 하는 사람들의 복잡한 조직은 정당이라는 개념으로 축약할 수 있다. 여러 사람이나 단체, 국가 간에 힘이 한쪽으로 일방적으로 쏠리고 힘의 주체가 원하는 바를 이루고자 큰 제약 없이 힘을 발휘하는 거시적 현상을 패권(헤게모니)이라는 개념으로 축약하기도 한다. 아이작A. Isaak은 이 관점을 강조하며 개념을 언어의 맥락에서 어떤 일반적 대상을 '서술하는 단어'descriptive word라고 본다.[1] 존슨과 조슬린도 같은 관점에서 어떤 현상이나 특성을 지칭하는 이름을 개념이라고 한다.[2]

---

1 Alan C. Isaak, *Scope and Methods of Political Science* (Homewood, IL: The Dorsey Press, 1969), pp. 72–76.

특히, 새롭게 인식되는 어떤 대상을 하나의 단어로 축약해 개념화할 때 넓은 담론을 형성하며 학문적 공헌을 할 수 있다. 거버넌스governance, 대중사회mass society, 탈대중사회post-mass society, 젠트리피케이션gentrification, 지구화globalization, 세방화世方化 glocalization, 사회적 자본social capital, 전략적 극단주의strategic extremism, 포퓰리즘populism 등 최근 정치학의 핵심어들을 예로 들 수 있다. 이처럼 개념은 복잡하고 다측면적인 대상을 하나의 단어(이름)로 줄여줌으로써 그 자체로도 큰 의의를 지닐 수 있다.

그러나 학문 영역에서 개념은 그 자체로서보다는 이론의 구성요소로서 더 많이 활용되는 경향을 보인다. 대의민주주의든 정당이든 개념은 그 자체로 현상의 압축물이라는 학문적 가치를 지닐 수 있지만, 다른 한편 가령 "정당 없이 대의민주주의의 발전을 논할 수 없다," "정당이 너무 강하면 숙의 가치를 실천하기 힘들다," "정당의 정치적 비중이 줄어들고 있다." 등 여러 일반화 형태의 이론(주장)의 구성요소로서 더 큰 인식체계를 형성하고 지식의 더 많은 축적에 기여할 수 있다. 사회의 복잡다단한 어떤 특성을 사회적 자본이라는 개념으로 축약시킨 것도 가치를 인정받을 만하지만, 그 개념이 다른 개념들과 연계되어 "사회적 자본은 민주주의 발전의 핵심 요소이다," "사회적 자본이 정보화의 심화로 타격을 받는다." 등 여러 이론을 구성한다면 지식 창출에 더욱 큰 공헌을 할 수 있다.[3]

이렇게 이해되는 개념의 영어 표현으로 가장 적절한 것은

---

2 Janet Buttolph Johnson and Richard A. Joslyn, *Political Science Research Methods*, 2nd edition (Washington, D.C.: CQ Press, 1991), p. 41.

3 이처럼 개념과 이론의 연계성을 강조하는 이 책의 입장은 게링의 저서와 맥을 같이 한다: John Gerring, *Social Science Methodology: A Criterial Framework* (Cambridge: Cambridge University Press, 2001), 특히 pp. 38-39.

'concept'이다. 영어사전에는 그 외에 conception, notion, idea 등이 제시되고 있으나 이것들은 이론 그 자체에 더 가까운 '관념'의 뜻을 지니고 있어, 이론의 구성요소이자 현상의 압축체로서 한 단어의 형태를 띤 개념과 구분된다. 개념의 한자어를 보면 '대개 개'(槪)와 '생각 념'(念)이 합해진 것으로서 직역하면 대강의 생각이라고 이해할 수 있지만, 이 또한 모호한 표현이어서 혼란을 부채질하는 경향이 있다. 물론 우리가 일상생활에서의 익숙한 용례를 틀렸다고 매도할 수는 없다. 언어는 일상적인 문화의 산물이므로 학문적 관점에서 일상적 용례를 비판하기에는 무리가 따른다. 그렇지만 적어도 방법론 차원에서는 개념의 의미를 명확히 해 사용할 필요가 있다.

게링은 개념의 세 가지 요소를 제시하며, 이들 간의 복잡한 상호작용을 통해 특정 개념의 의미가 정립된다고 말한다.[4] 첫째 요소는 용어term로서 그 개념의 언어적 표현체를 뜻한다. 개념의 간판이라고 볼 수 있다. 둘째 요소는 정의definition로서 그 개념의 일반 속성을 기술한 추상적 인식체이다. 개념의 핵심 내용이라고 말할 수 있다. 셋째 요소는 지칭 대상referent으로서 그 개념을 경험적으로 예시해주는 구체적 관찰대상이다. 개념의 참고자료에 비유할 수 있다. 이 세 요소를 예로써 말하자면, 동맹이라는 용어를 선택해 그 일반 속성을 "복수의 국가가 서로의 목적을 위해 특정 상황에서 함께 행동하기로 한 약속"이라고 정의를 내리고 이에 속하는 구체적 지칭 대상으로 오늘날의 한·미 동맹, 북대서양조약기구, 과거의 영·일 동맹, 한자 동맹Hanseatic League 등을 예시할 수 있다.

개념 정립의 세 요소는 통상 그리 체계적으로 연결되지 않고 진

4 상게서, p. 41.

행 순서도 명료하지 않다. 어떤 정치현상과 관련해, 용어로부터 시작해 추상적 정의를 내린 후 구체적 지칭 대상을 찾을 수도 있고, 관련된 구체적 지칭 대상에서 문제의식을 느껴 용어를 선택하고 추상적 정의를 내리는 때도 있을 것이고, 그 정치현상의 일반 속성부터 정리하며 동시에 구체적 지칭 대상을 떠올려보고 적절한 용어를 찾는 경우도 생각할 수 있다. 개념 정립에 이 세 가지 요소가 다 필수적으로 중요하지만, 용어 선택은 상식 수준에서 비교적 쉽게 할 수 있다. 물론 적절한 용어를 택하려면 맥락에 대한 충분한 이해가 있어야 하고, 특히 새롭거나 복잡한 현상에 대해서는 압축적인 용어를 찾기가 만만한 일이 아니다. 하지만 용어 선택은 방법론적 차원의 고민보다는 상식 차원의 판단에 속하는 일이다. 반면, 정의 내리기와 지칭 대상 찾기는 상식에만 의존해서는 충분하지 않다. 이하에서 우선 '개념 정의'를 내릴 때 유념해야 할 기준들(제2절)과 정의 내리기에 유용한 방법(제3절)을 논하고, 이어서 현실에서 구체적인 지칭 대상을 찾는 작업과 밀접히 연관된 '조작 정의'(제4절)에 대해 상술한다.

2. 개념 정립의 기준

어떤 개념의 정의를 내릴 때 고려해야 할 기준들을 짚어보자.[5] 물론 이 기준들은 이상형ideal-type으로서 충족시키기가 쉬운 일이 아니고, 더욱이 기준들 상호 간에 상쇄효과trade-off가 있기에 모두를 충족시키기란 불가능하다. 그래도 가능한 한 크게 충족시키기

---

5 상게서, 다음 쪽에서 많이 참조함: pp. 35-64.

위해 노력하며 개념에 정의를 내리는 작업을 진행할 필요가 있다.

1) 일관성

개념의 의미상 내적 모순이 없어야 한다. 즉, 앞뒤 부분 간에 충돌이나 모순이 생기지 않게 일관성을 지켜야 한다. 그래야 연구자 혹은 화자(話者)의 자의성을 막고 오해를 방지하며 여러 사람이 제대로 소통할 수 있다. 예를 들어 민주주의를 링컨처럼 "국민에 의한by the people, 국민을 위한for the people, 국민의of the people 통치"라고 정의하면 "국민에 의한" 부분과 "국민을 위한" 부분이 충돌되는 경우가 있을 수 있어 일관성에 문제가 생긴다. 우리 시에 화장시설이나 쓰레기소각장을 설치하는 것이 시 거주민을 위한 정책일 수 있지만, 거주민 사이에 여론이 부정적이라면 거주민에 의한 정책은 될 수 없다. 그렇다면 그 정책이 민주주의에 부합하는 것인지 아닌지 판단하기 불가능해진다. 만약 경제성장을 "경제적 가치의 창출이 증가하면서 동시에 그 가치의 분배가 공평하게 이루어지는 상태"라고 정의 내린다면, 이론상으로는 가능할지 몰라도 실제로는 가치 창출의 증가와 가치의 공평한 분배가 동시에 이루어지기보다는 상호 배타적인 경우가 더 잦아 개념의 일관성이 떨어질 수 있다.

개념의 일관성은 표를 얻기 위해 복지, 안보, 번영 등 여러 개념의 의미를 넓게 잡아 좋은 것을 다 늘어놓는 정치인들이 훼손하기 쉬운 기준이지만, 학문 영역에서도 신경 쓸 필요가 있다. 연구의 핵심 개념들에 정의를 내릴 때 앞뒤 모순이 생기는 일은 없을지 세심히 살펴야 한다. 개념의 의미를 너무 넓게 확장하고 너무 길게 기술하다 보면 일관성이 약해질 가능성도 자연히 커지므로 개념 정의는 가능한 한 필수불가결한 내용만 담는 것이 바람직하다. 이 점에서 일관성은 후술하는 간략성 기준과 잘 통한다. 또한 일관성을 기하려 하면 의미를 명료하게 하려 노력하게 마련이어서 후술하는 구체성과도 일맥상통한다.

2) 차별성

하나의 개념은 다른 개념들과 명확히 구별되어야 하므로 개념에 정의를 내릴 때 여타 개념들과의 차별성에 신경 써야 한다. 일관성이 개념의 내적 속성이라면, 차별성은 다른 개념들과의 관계에서 찾을 수 있는 외적 속성이라고 말할 수 있다. 차별성을 기할 때 그 개념의 뜻이 명료해지므로 후술하는 구체성과도 잘 연결된다고 볼 수 있다. 만약 어느 개념이 다른 개념과 의미상 차별성이 없다면 그 개념을 쓸 이유가 없다. 물론 복잡한 사회현상에 관련된 개념들은 상호 중첩되는 부분이 있을 수밖에 없지만, 정도 문제로 그 중첩이 가능한 한 적어야 한다. 특히 새롭거나 그리 익숙하게 통용되지 않는 개념을 사용하고자 한다면 기존에 널리 통용되는 비슷한 개념들과 어떤 면에서 차별성이 있는지를 분명히 짚으며 정의를 내릴 필요가 있다. 만약 차별성이 별로 없다면 굳이 새롭고 생경한 개념을 쓸 이유가 없다.

예를 들어, 거버넌스governance라는 개념은 널리 사용되기 시작한 것이 그리 오래전의 일이 아닌데, 기존의 비슷한 개념들인 통치, 국정운영, 정치, 시스템 등과 어떻게 다른지 명료하게 밝히며 정의를 내려야 한다. 차별성이 드러나지 않는다면 이 생소한 개념을 기존의 익숙한 개념으로 대체하는 편이 나을 수 있다. 숙의deliberation라는 개념도 근래 학계의 중요한 핵심어인데, 여타 개념인 토론debate, 토의discussion, 담론discourse 등과의 차별성을 기하며 의미를 부여해야 한다. 거버넌스, 숙의뿐만 아니라 인간안보human security, 레짐regime, 생태주의ecologicalism, 통섭consilience, 탄성resilience, 지속가능성sustainability

등 비교적 근래에 사회과학 영역에서 유행되고 있는 개념들을 정립할 때 특히 중시해야 할 기준이 차별성이라 하겠다.

3) 구체성

전술한 일관성, 차별성과 맥을 같이 하는 구체성 기준은 개념의 의미가 모호하지 않고 명확한 상태를 뜻한다. 구체성을 기하지 못한 개념은 오해와 혼란을 일으켜 이론(주장)의 충실한 전달과 의사소통을 불가능하게 한다. 나는 원자력 발전을 생각하며 '핵 기술nuclear technology'이란 개념을 쓰는데 상대방은 그것을 핵무기로 이해한다면 의사소통이 되겠는가. 그런데 이 기준은 많은 경우에 결코 쉽게 충족시킬 수 있는 것이 아니고 결론 내기 힘든 논쟁을 수반하므로, 연구자는 자기 연구에서 특정 개념을 왜 그런 식으로 구체화하는지에 대한 나름의 정당성을 제시할 수 있어야 한다. 예를 들어, 평등 개념은 기회의 평등을 뜻할 수도 있고 정반대로 결과의 평등을 뜻할 수도 있으므로 해당 연구에서 어떤 의미로 쓰이는지 구체성을 기해야 오해를 막을 수 있다. 아울러, 평등을 왜 기회의 평등 혹은 결과의 평등으로 구체화하는지 그 이유를 제시해야 한다. 여기서 그 이유의 정당성을 놓고 공감대가 형성될 때도 있지만 그렇지 않을 때도 많다. 사회과학에서 다루는 개념 중에는 경제발전, 복지, 소통, 진정성, 정의, 폭력 등 중의적이거나 모호한 의미를 갖는 경우가 많으므로 해당 논문에서 어떤 의미로 쓰이는지 구체적으로 정의를 내리는 일이 큰 중요성을 띠게 된다.

구체성을 기하기 위해 개념의 조작화operationalization를 시도할 수 있다. 조작화란 추상적 개념에 관찰가능한 지표(들)를 제시하는 것을 말한다. 예를 들면 선거민주주의 개념은 추상적인데, 이를 출마자 소속 정당들의 수, 정당들의 의석 분포, 선거를 통한 정권 교체의 빈도, 투개표 부정 논란의 건수, 선거권자/피선거권자 등록의 연령·성별·인종·재산상 제약의 여부 및 정도 등 관찰가능한 지표를 그 척도로 삼음으로써 구체화할 수 있다. 다만, 조작화를 가한 경우를 조작 정의operational definition라고 부르며 개념 정의conceptual definition와 구분하는 경향이 있으므로, 개념 정의의 기준을 다루는 여기서는 논외로 하고 제3절에서 후술하기로 한다.

구체성과 관련해 유념할 점은 과도한 구체성으로 인해 개념의 의미가 축소될 수 있다는 것이다. 그럴 경우 그 개념은 넓은 범위로 적용될 수 없어 포괄성, 즉 일반성을 요하는 이론 정립에 별 도움이 되지 않을 수 있다. 더욱이, 개념은 개별 개체의 고유 속성이 아니라 같은 범주에 있는 여러 개체의 공통적인 일반 속성을 표현하는 것이라는 그 의미를 고려할 때 너무 구체적이어도 개념을 정립하는 취지에 맞지 않을 수 있다. 그러므로 개념 정의를 내릴 때 가능한 한 구체성을 중시하되 취지를 망가뜨릴 만큼 과도해지지 않도록 신경 써야 한다. 부득이 강한 구체성을 표현하고 싶다면 개념 앞에 수식어를 붙여 사용하면 된다. 예를 들어, 민주주의 개념 앞에 온갖 다양한 종류의 수식어(예 자유, 사회, 공동체주의적, 대의, 참여, 숙의, 초국적, 파수꾼, 신, 토착적, 한국, 미국, 아테네 등)를 붙여 구체성을 높일 수 있다. 리더십 개념도 앞에 권위적, 수직적, 형식적, 민주적, 수평적, 설득적, 촉진적 등 여러 수식어를 붙여 구체화할 수 있다.

4) 타당성

개념 정립의 기준으로 가장 이상적이나 실제로 가장 공허하기도 한 것이 타당성, 혹은 정확성이다. 이것은 왜곡이나 편견, 즉 정형적 오류가 없는 상태로서, 어떤 개념의 참값 혹은 진실true value, truth을 찾아 기술한 상태를 말한다. 참값이므로 당연히 가장 중요하지만, 객관적이기보다는 인간의 주관적 인식 속에 존재하고 주어진 맥락에서 상호주관성을 추구할 뿐인 사회현상의 특정 개념이 이 기준을 기했는지 실제 판단 내리기는 불가능하다. 따라서 개념 정립의 타당성 기준은 치열한 학문적 논의대상이 되기도 힘들어 공허함을 남긴다. 그렇지만 현실상 완전히 도달할 수는 없어도 거기로 가고자 노력해야 하는 이론적 지향점으로서의 의의는 가진다. 이러한 지향점이 있어야만 사람들이 상호주관성을 기하려는 동기와 의지를 갖게 될 것이다.

5) 유용성, 적실성

개념은 어떤 맥락에서 사용되는가에 맞게 적절한 의미를 부여받을 필요가 있다. 여기서 적절함이란 그 맥락에서 얼마나 유용하고 적실성 있게 받아들여지는가를 말한다. 어떤 개념의 정의에 대해 당대 사람들이 상호주관성을 형성해 공통되게 사용하려면 당연히 그들이 보기에 그 정의가 유용하고 적실성을 띠어야 한다. 개념의 맥락적 유용성 혹은 적실성은 3가지 종류로 나눠 생각해볼 수 있다.

첫째, 사회적 유용성social utility은 개념의 정의가 당대의 사회적 필요성이나 요구에 맞아 사회에 도움이 되는, 즉 사회적으로 의의를 지니는 상태를 일컫는다. 사회적 적실성social relevance이라고 달리 표현할 수도 있다. 모든 개념은 사회적 맥락으로부터 떨어져 있을 수 없으므로 정의를 내릴 때 사회적 유용성을 기해야 한다는 점은 당연하다. 그러나 이 기준의 충족 여부나 정도는 당대 사회의 집합적 판단에 달려 있으므로 확실하게 말하기는 힘들고 논쟁이나 논란을 수반하기도 한다. 예를 들어, 정당을 정치인들의 조직이라는 데 초점 맞춰 정의할지, 아니면 유권자의 이익을 대변하는 기능에 방점을 두어 정의할지? 한편으로 생각해보자면, 유권자를 능동적 정치행위자로 보는 민주적 사회라면 후자가 사회적 유용성에서 더 높은 평가를 받을 수 있다. 그러나 이렇게 일률적으로만 볼 수 없는 이유는, 민주적 사회에는 유권자의 이익을 대변하는 기능을 이익단체들도 수행할 수 있고 정당은 이익단체와 달리 온갖 다양한 이익을 수렴, 집약, 통합하는 정치조직으로서 더 큰 존재가치를 지닌다는 주장도 있기 때문이다. 과거 산업시대에는 정당이 사회이익의 투입societal input을 중시하다가 근래 탈산업시대로 접어들어선 정책 산출policy output을 강조하는 쪽으로 성격 변환을 겪는 경향을 실제로 관찰할 수 있다. 그러므로 정당이라는 개념을 어떻게 정의 내릴지는 사회적 맥락에 대한 관점에 따라 다양한 답을 낳을 수 있다.

사회적 유용성과 관련해 쉽게 판단하기 힘든 또 다른 예로 복지 개념을 들 수 있다. 복지가 과거엔 약자 계층에 대한 구호라고 받아들여졌는데, 현대복지국가 모델이 공감을 얻으면서부터는 국민 모두에 대한 삶의 질 보장이라고 이해해야 사회적 유용성이 높은 것으로 인식되기 시작하였다. 그러나 최근 들어 세계 곳곳에서 경제난, 사회 갈등, 국정 위기가 커지는 상황에서 '보편 복지' 대 '선별 복지'의 논쟁이 거세짐에 따라 과연 복지 개념에 어떠한 의미를 부여하는 것이 사회적 요구와 필요성에 부합하는 것인지 한쪽으로 결론 내리기 힘들어졌다.

둘째, 분야 유용성field utility은 한 개념에 의미를 부여할(즉, 정의를 내릴) 때 그것만 생각하지 말고 해당 분야에서 연관성이 있는 여타 개념들도 두루 고려해 개념들 상호 간의 연계성 혹은 부합성을 기하는 것을 말한다. 언어는 복잡하게 얽혀있으므로 한 개념에 정의를 내리다 보면 자연스레 연관 개념들에도 영향을 끼치게 된다. 민주주의에 어떠한 정의를 내리는지에 따라 권위주의 개념도 영향을 받고, 인간안보를 어떻게 정의하는지에 따라 국가안보도 개념상 영향을 받는다. 이처럼 서로 연결되어 한 분야field를 이루는 개념들의 예를 무수히 생각해볼 수 있다. 코포라티즘－다원주의, 진보－보수－중도, 대통령제－내각제－이원집정제, 현실주의－이상주의, 계급－계층－집단 등등. 한 분야의 여러 연관 개념들은 하나의 넓은 개념을 구성하는 여러 범주(즉, 하위 개념)라고 이해할 수도 있다. 권력구조 혹은 통치구조라는 넓은 개념의 범주로 대통령제, 내각제, 이원집정제 등 연관 개념들을 들 수 있는 것이다. 한 범주의 의미를 어떻게 잡는가에 따라 다른 범주들의 의미도 자동으로 영향받을 수밖에 없는 것과 마찬가지로, 한 개념의 정의를 내릴 때는 분야 유용성을 기하기 위해 여타 연관 개념들도 염두에 두어야 한다.

셋째, 분석적 유용성analytic utility은 한 개념의 정립을 그 개념이 들어있는 이론에 맞춰 진행할 때 인정받을 수 있는 속성이다. 즉, 그 개념을 포괄하는 이론, 혹은 이론적 문제의식에 부합하는 방향으로 개념에 의미를 부여하는 것을 말한다. 예를 들어, 제국이란 개념은 홀로 존재할 때와 달리 제국주의라는 이론의 구성요소로 사용될 때면 거기에 맞게 정의될 필요가 있다. 제국empire만 따로 떼어서 보면 제왕emperor이 통치하는 큰 나라라고 의미 부여해도 무방하겠지만, 제국주의imperialism 이론 틀 속에서 보면 제국은 제왕이 있는지 없는지는 중요하지 않고 영토, 경제적 이익, 정치적·이념적·문화적 영향력 등을 위해 기존 경계 바깥으로 세력을 확장해가는 국가나 조직이나 체제라고 의미 부여할 필요가 있다. 그래야 공식적인 제왕이 존재치 않는 미국도, 국가가 아닌 초국적 재벌 그룹도, 실체를 잡기도 힘든 어떤 문화 패러다임도 제국으로 묘사되며 제국주의 이론의 핵심을 차지할 수 있다.

종속이란 개념도 종속이론 틀 속에는 일상적인 맥락에서와 달리 구조적 관계에 편입되어 형성되고 빠져나오기 힘든 무형의 관계로 규정될 때 분석적 유용성을 기했다고 말할 수 있다. 지역은 통상 지리적 속성을 띠는 개념이지만, 한국 정치의 고질병인 영·호남 지역주의에 관한 이론 속에서는 분석적 유용성을 고려해 사회적, 정치적, 역사적 측면을 강조해서 정의 내려야 할 것이다. 다만, 분석적 유용성을 기할 때 조심해야 할 점은, 자칫 개념과 그 개념을 포괄하는 이론이 똑같아지는 동어반복을 범하기 쉽다는 것이다. 이론을 의식하여 개념에 정의를 내리다 보면 그 정의에 이론의 내용이 대거 들어가기 쉽다. 그러므로 동어반복의 함정을 조심하며 분석적 유용성을 기하는 신중함이 요구된다.

6) 반향성

개념 정의는 가능한 한 많은 사람에게 쉽고, 친숙하고, 흥미롭게 다가가며 반향을 일으킬 수 있어야 한다. 그래야 그 개념을 사용하는 연구과제를 여러 사람이 함께 하거나 관련 학문 담론을 널리 퍼뜨리며 "학문은 사회적 과업social enterprise"이라는 대전제에 부응할 수 있다. 또한 그 개념이 구성요소로 들어간 이론이나 주장에 대한 상호주관성을 사회에 널리 세우며 사회발전을 위한 공감대를 형성시킬 수 있다. 반향성은 남이 이해하고 숙지하기 좋아야 가능하므로 연구자는 타인의 눈높이를 취하고 전문어나 은어보다는 평이한 일상 언어를 쓰며 개념의 정의를 내릴 필요가 있다. 링컨은 민주주의를 쉬운 일상어로 운율까지 넣어 "governing by the people, for the people, and of the people"이라고 정의 내림으로써 높은 반향성을 구현했다. 전술했듯이 이 정의는 일관성 기준에서는 좋은 평가를 받을 수 없지만, 대중에게 호소해야 하는 노련한 정치인으로서 반향성을 우선했다는 사실은 놀라운 일이 아니다.

그러나 반향성은 항상 용이한 것이 아니다. 복잡하게 인식되는 사회 및 정치 현상과 관련된 개념, 예를 들어 국가, 시민사회, 자유주의, 공동체주의, 양극화, 중도, 합리적 선택, 제도화, 지구화, 세력 균형, 국정 교착 등은 정치학의 인기 높은 고전적 개념이지만 일반인에게 반향성 있게 그 의미를 전달하기가 쉽지 않다. 또한, 비교적 새롭게 대두한 개념들도 기존의 익숙한 이해 및 인식과는 다르게, 그래서 다소 생소한 내용으로 정의 내리게 되므로 일반대중 사이에서 반향성을 기하기 어렵다. 거버넌스, 인간안보, 사회적 자본, 구성주의, 탈진실 등의 예를 떠올릴 수 있다. 반향성은 학문보다는 실제의 실무 분야나 상식 영역에서 더 용이하고 중요하게 여기는 경향이 있지만, 학문도 결국 지적 유희가 아닌 사회와 개인 삶을 위해 널리 활용되는 도구가 되어야 하므로 넓은 반향성을 개념 정립 시 경시하지 말아야 할 것이다.

7) 간략성

개념의 의미는 가능한 한 간략해야 한다. 과학적 지식은 주관적 인식 속에서 불확실하게 존재하는 현실을 이해하기 좋게 일반화 차원으로 축약(단순화)시킨 모델, 즉 이론임을 상기할 필요가 있다. 그러한 이론의 구성요소인 개념이 너무 복잡해선 곤란하다. 개념의 의미가 간략해야 흥미를 불러일으키고 이해를 도모하기(즉, 오해를 막기)에 좋고, 연구자 혹은 화자의 자의성을 줄이며 논의의 앞뒤 일관성을 기하기에 유리하다. 또한, 개념을 가급적 넓은 범위에 걸쳐 쓰며 일반화에 기여하기 위해서도 그 정의를 간략하게 내려야 한다. 물론 간략성을 중시하다 보면 차별성, 구체성, 반향성, 유용성 등이 약해질 여지도 있으므로 유의해야 한다. 예를 들어, 거버넌스 개념을 간략하게 정의 내릴 때 국가 수준뿐 아니라 각종 공공기관, 회사, 학교, 종교단체, 사회단체, 심지어 가정 수준으로까지 확장시켜 포괄적으로 사용할 수 있는 반면, 구체성이 떨어지며 여타 연관 개념들과의 차별성, 분야 유용성 및 분석적 유용성이 약해지고 두루 많은 사람에게 큰 반향을 일으키기 어려울 수 있다.

8) 포괄성

개념이 넓은 범위에서 통용되며 포괄성을 띤다는 것은 다시 말해 일반성, 즉 일반적 적용성을 기한다는 말이다. 바로 앞에서 논했듯이 포괄성은 간략성과 통하는 대신 구체성 등 여타 기준들과 상충될 수도 있지만, 과학주의의 핵심 목표가 일반화라는 점에서 포괄성 기준이 얼마나 중요하지 알 수 있다. 반핵운동을 "원자력 발전에 따르는 사고 등 재해와 환경 파괴의 위험성 때문에 그것을 반대하고 폐기를 주장하는 사회운동"이라고 정의 내리면 재해나 환경 파괴보다는 낮은 경제적 타당성 때문에 반대하는 경우는 담을 수 없어 포괄성이 떨어진다. 그냥 "원자력 발전을 반대하고 폐기를 주장하는 사회운동"이라고 정의 내리면 다양한 경우에 두루 통용될 수 있어 포괄성이 높아진다. 물론 이렇게 포괄성을 기하면 반핵운동의 고유하고 구체적인 성격을 놓칠 수 있으므로 맥락을 잘 살피며 조심해야 한다.

포괄성은 국가, 지역, 문화, 조직, 계층 간 다각도의 비교를 통해 일반화를 추구하는 연구에서 특히 중요한 비중을 차지한다. 너무 좁게 적용되는 개념으로는 다양한 사례를 가로지르는 비교가 불가능하기 때문이다. 포괄성은 일반화를 핵심으로 삼는 과학주의 전통은 물론 거대 담론을 다루는 인문학에서도 중시된다. 인문학은 개별 사례의 고유성을 천착하지만 그 고유성을 논하는 데 사용되는 개념들은 대단히 거시적이고 포괄적인 것이 많다. 생명, 죽음, 자아, 사랑, 증오, 행복, 불행, 권력, 정복, 억압, 해방, 복수 등 무수한 개념이 예로 떠오른다. 이 개념들은 문학작품, 철학서, 역사서에서 온갖 구체적인 사람과 사건을 엮어주는 포괄성을 띠며 중심을 차지한다. 전술한 해석주의 전통이 일반화보다는 개별 현상의 고유한 의미를 찾는 데에 학문의 본령을 두는 만큼 개념의 포괄성과 잘 맞지 않을 것 같지만, 실제상 고유한 의미를 해석하는 데 포괄성을 띤 개념들이 십분 활용된다. 예를 들어, 원시부족의 기우제가 왜 특정 의식(儀式)과 절차를 밟는지 그 의미를 해석하는 데 권력, 공포심, 질서, 불신 등 대단히 포괄적인 개념들이 동원된다.

9) 기준들 간의 상쇄관계

상기 8개의 기준들은 개념에 정의를 내릴 때 고려해야 하는 것이지만, 이들 간의 상쇄trade-off 관계로 인해 모든 기준을 동시에 충족시킬 수는 없다. 이미 앞선 논의의 여러 대목에서 이에 대해 언급했지만, 특히 구체성 대 포괄성, 차별성 대 간략성, 분석적 유용성 대 반향성 등의 상쇄 효과가 현격히 드러난다. 구체성과 일관성의 관계는 한편으로 상호 부합하기도 하나, 구체성을 과도하게 기하다 보면 의미가 길어지면서 앞뒤 충돌이 생겨 일관성이 깨질 여지도 있어 한쪽으로 단언하기 힘들다.

이 기준들 중 어느 것에 우선순위를 두는가는 결국 연구자에게 달렸다. 그는 자신의 문제의식, 이론적 관점, 연구 환경, 연구 사례의 성격 등을 면밀하게 따져 우선순위를 정해야 한다. 체계적인 주장의 엄밀한 검증을 추구하는 학자와 일반 대중에게 호소해 공감을 얻어야 하는 정치인 혹은 공무원은 우선시하는 기준들에서 차이가 날 것이다. 학자도 여러 사례에 대한 광범한 비교 분석을 시도하는지 단일 사례에 대한 깊은 고찰을 추구하는지에 따라 달라진다. 또한 충분한 연구 기간이 주어졌는지, 연구보조원의 도움을 받을 수 있는지 등등 연구 환경도 기준들의 상대적 비중에 영향을 준다. 이처럼 절대적으로 옳거나 그른 개념 정의는 없고 여러 맥락에 달려 있으므로 연구자의 조화로운 판단과 결정이 필요하다.

3. 개념 정의 내리기의 전략

개념에 정의를 내릴 때 앞선 제2절의 논의를 유념하면 되지만 좀더 친절하고 상세한 방법을 고려할 수 있다면 좋을 것이다. 이와 관련해 게링은 'min-max 전략'이라는 유용한 방법을 제공한다.[6] 한 개념의 최소정의와 최대정의를 먼저 생각해보고 그 중간에서 적절한 맥락적 정의를 찾는 전략을 일컫는다. 최소정의minimal definition란 개념의 속성 중 모든 사례에 공통적으로 해당되는 가장 일반적인 것만 정리한 정의를 말한다. 포괄성이 극대화되는 만큼 가장 덜 구체적이고 덜 엄밀한 정의이다. 속성의 수가 최소인 데 비해 해당되는 실제 사례 수는 최대가 된다. 이와 달리, 최대정의maximal definition는 이상형 정의ideal-type definition라고도 하며 개념의 가장 순수하고 이상적인 속성을 최대로 적시한 정의를 의미한다. 가장 엄밀한 정의로서 그 속성을 모두 만족시키는 실제 사례가 없을 수도 있는 논리상의 구성물이다. 순수한 이상형 정의답게 당위적 관점을 내포한다고 볼 수 있다. 최소정의와는 반대로, 해당되는 실제 사례 수는 최소이나(아예 없을 수도) 속성의 수는 최대가 된다.

---

6 상게서, pp. 78-86.

최소정의와 최대정의를 내린 후엔 연구의 문제의식, 주제, 이론적 맥락, 경험적 맥락, 심지어 연구 환경 등을 고려해서 최소정의와 최대정의 중간 적당한 지점에서 맥락적 정의contextual definition를 내려 그것을 연구에서 사용할 개념 정의로 채택하면 된다. 해당 연구에 적합한 맥락적 정의부터 갑자기 내리기는 힘들므로 최소정의에 일부 속성을 더해보고 또한 최대정의에서 일부 속성을 빼보면서 최종적으로 채택할 맥락적 정의를 만들자는 것이 'min－max 전략'의 요체다. 물론 애당초 최소정의와 최대정의를 정리하는 작업이 쉬울 리 없고, 맥락적 정의를 위한 판단은 해당 주제에 대한 충분한 이해가 선행되어야 하므로 더욱 힘든 일이 된다. 그렇지만 연구자가 개념 정의를 주먹구구식으로 불쑥 던지기보다는 좀 체계적인 방식으로 접근할 수 있게 해준다는 데에 이 전략의 유익함이 있다.

오늘날 한국 정부 관료bureaucrat를 연구 대상으로 삼는다면 그 맥락적 정의를 어떻게 내릴지 예시해보자. 우선 관료의 최소정의는 정부와 고용관계를 맺은 공인이라고 정할 수 있다. 관료의 최대정의는 다음의 여러 속성을 포함한다고 정리된다: 정부와 고용관계를 맺은 공인, 정치적 중립성, 정책 집행의 역할, 실적제를 통한 채용, 정해진 임기, 정해진 봉급, 규칙에 따른 업무 수행, 융통성보다는 일반성을 우선시, 내부 위계질서, 업무의 연속성, 업무의 분화 등등. 다음으로 오늘날 한국 정부라는 맥락을 고려하고 그 맥락에서 관료의 정책집행 효율성 증가를 문제의식으로 삼아 관료에 대한 맥락적 정의를 내린다면 어떤 속성을 넣거나 뺄지 정한다. 가령 정부와 고용관계를 맺은 공인, 규칙에 따른 업무수행, 융통성보다는 일반성을 우선시, 내부 위계질서 등의 속성만 남겨서 맥락적 정의를 내릴 수 있다. 만약 한국뿐 아니라 미국, 일본, 대만, 멕시코, 브라질 등 여러 국가를 비교하며 관료의 정책집행 효율성을 연구한다면 관료 개념이 더 포괄성을 띠어야 하므로 속성의 수를 줄여 정의를 내릴 수 있을 것이다.

4. 조작 정의

개념 정의conceptual definition는 개념에 일반적, 추상적 의미를 부여한 것이라 개념이 이론의 구성요소가 되고 담론을 형성하는 데에 지대한 공헌을 한다. 그러나 그 일반성, 추상성으로 인해 개념 정의만으론 경험적 관찰까지 나아가기 힘들어 가설 검증에는 활용되기에 충분하지 않다. 여기서 조작 정의operational definition의 필요성이 대두된다. 조작 정의는 개념을 조작화operationalization한 것이고, 조작화는 개념에 경험적 관찰지표를 부여하는 것을 말한다. 즉, 일반적, 추상적 언어로 정의 내려진 개념을 실제상 관찰하려면 이러저러한 현상, 행태, 제도 등이 어떤 모습을 어느 정도 나타내는지 보면 된다고 구체화하는 것이 조작화이다. 예를 들어, '민주주의의 공고화'라는 추상적 개념을 일부 학자는 "선거를 통한 평화적 정권교체가 적어도 두 번 이루어진 상태"라고 조작화한다. 선거에 의한 정권교체의 회수는 실제로 셀 수 있으므로 관찰 가능한 경험지표이다. 물론 이러한 조작화에 모두가 동의하는 것은 아니고, 일부는 '민주주의의 공고화'를 보다 엄밀하게 "선거를 통한 평화적 정권교체가 적어도 두 번 이루어지고 그 사이에 소수당이나 소수연합의 의회 의석이 30% 밑으로 떨어지지 않는 상태"라고 조작화할 수 있을 것이다. 이보다도 더 엄밀하고 상세하거나 다른 지표를 주목하는 조작화들도 물론 가능하다.

이처럼 조작 정의는 개념들로 구성된 이론을 구체적인 가설로 만들어 경험적 검증을 받을 수 있도록 해준다. 그 점에서 이론 세계와 경험 세계를 연결해주는 교량이라 하겠다. 조작 정의를 신경 쓰지 않는다면 연구자의 자의성이 과도해질 수 있고 이론 및 그 구성요소인 특정 개념에 대한 여러 사람 간의 의사소통도 힘들어진다. 그러므로 연구자는 핵심 개념들을 어떻게 조작화할지 매우 큰 비중을 두고 관련 지식을 충분히 쌓을 필요가 있다. 관련 지식이 충실할수록 다각도, 다측면적으로 적절한 조작화를 할 수 있다. 하나의 이론에서 여러 가설이 나올 수 있듯이(제3장에서 전술함) 하나의 개념에도 매우 다양한 조작화가 가해질 수 있고, 그중 어떤 것이 가장 적절할지, 혹은 여러 조작화를 어떻게 혼합해서 쓸지가 연구의 관건이 된다. 조작 정의를 위한 관찰 가능한 경험지표는 계량적 성격을 띠는 경우가 많지만, 항상 그래야 하는 것은 물론 아니다.

경제 발전의 예를 들어보자. 추상적으로 개념 정의를 내릴 수 있겠으나, 구체적으로 조작 정의를 내리기 위한 경험관찰이 가능한 지표로 실업률, 취업증가율, 1인당 GNP, 1인당 GDP, (연간)성장률, 이자율, 주가증감률, 무역수지, 소비자 신뢰도, 소득상위 5% 세대와 소득하위 30% 세대의 가치 창출 비(比) 등등을 생각해볼 수 있다. 이 지표들은 주로 계량화가 가능한 것이지만, 경제 이슈를 내건 대선 후보의 당선 여부, 종합 경기부양책의 의회 통과 여부, 추가경정예산의 편성 여부 등 비계량지표도 구체적인 경험관찰이 가능하다면 조작 정의에 포함될 수 있다. 이처럼 수많은 지표를 놓고 조작 정의를 어떻게 내리는지는 연구자마다 다를 것이다. 즉, 연구자가 경제 발전을 어떻게 이해하는가에 따라 상이한 지표(들)를 상이한 가중치를 두어 조작 정의에 넣을 수 있다. 경제 발전을 부의 양적 성장으로 보는지, 부의 안정적 흐름으로 보는지, 부의 적절한 분배로 보는지 관점에 따라 조작화 방식이 달라질 것이다. 또한 연구 대상이 선진 자본주의 국가인지, 개발도상국인지, 사회주의 국가인지도 조작화에 영향을 줄 것이다. 아울러 하나의 국가라도 불경기 시기인지 호황기 시기인지가 변수가 될 수 있다. 이처럼 관점과 공간적·시간적 맥락이 중요하게 작용하므로 어떤 조작 정의가 정답이라고 일률적으로 말할 수는 없다.

민주화라는 개념도 조작 정의를 내리기 위해 수많은 지표를 고려할 수 있다. 대통령 직선제 여부, 선거에 후보를 낸 정당의 명목 수, 의회 의석수에 의한 정당의 유효 수,[7] 야당의석 비율, 선거를 통한 평화적 정권교체의 회수, 정당의 득표율과 의석율 간의 비례성, 야당 발의법안의 통과율, 국회인사청문보고서 채택 없이 임명이 강행된 국무위원의 수, 행정부 수장의 칙령(법률과 동등한 효력을 가지는) 선포권 여부, 국회 공전 일수(日數), 시민단체 수, 시민단체 회원 수, 폭력이 수반된 거리 시위의 건수, 주요 정당의 공천과정상 일반 시민 참여 여부, 주민투표·주민발의·주민소환 등 직접민주주의 제도의 도입 여부, 공론조사 회수, 여론조사상 민주화가 되었다고 응답한 비율 등등. 민주주의를 자유주의 관점에서 이해하는지, 아니면 참여민주주의나 숙의민주주의처럼 공동체주의 관점에서 보는지, 또한 자료가 신빙성 높고 열람이 개방되어 있는지 등등에 따라 이

---

7 정당의 유효 수 = $\frac{1}{\sum_{i=1}^{n} P_i^2}$ (n = 정당의 명목 수, P = 각 정당의 의석률). 예를 들어, 2개의 정당이 의회 의석을 각각 60%, 40%씩 차지하고 있다면 정당의 유효 수는 $\frac{1}{0.6^2+0.4^2} = \frac{1}{0.52} = 1.92$임. 만약 2개 정당의 의석률이 각각 90%, 10%라면 정당의 유효 수는 $\frac{1}{0.9^2+0.1^2} = \frac{1}{0.82} = 1.22$임. 만약 2개 정당의 의석률이 정확히 50%, 50%라면 정당의 유효 수는 $\frac{1}{0.5^2+0.5^2} = \frac{1}{0.5} = 2$로 정당의 명목 수와 똑같아짐. 만약 3개 정당의 의석율이 70%, 20%, 10%라면 정당의 유효 수는 $\frac{1}{0.7^2+0.2^2+0.1^2} = \frac{1}{0.54} = 1.85$임.

지표들을 다양한 방식으로 조합해서 민주화에 대한 조작 정의를 내릴 수 있다. 어떤 조작 정의가 정답인지 판단할 수는 없고, 주어진 특정 맥락에 가장 적합한 조작 정의가 무엇인지에 대해서 논쟁이 펼쳐질 수 있다.

경제 발전, 민주화뿐 아니라 정부 제도화, 사회 불만도, 탈산업화, 정보화, 양극화, 지구화, 지역주의 등 정치학 및 사회과학에서 다루는 온갖 개념에 경험관찰을 위한 조작화를 가할 수 있다. 그러나 조작화는 경험적 연구에 핵심적으로 필요함에도 불구하고 상당한 한계를 수반하므로 유의해야 한다. 우선, 얼핏 떠오르는 대부분의 관찰가능한 지표가 계량적 성격을 띠므로 질적 해석의 측면이 경시될 위험성이 있다. 실제로 관찰할 수 있는 지표에는 가령 대통령에게 칙령선포권이 있는지 여부, 파리 기후변화 협정에 가입했는지 여부, 집권당의 노선이 진보·보수·중도 중 어떤 것인지, 오늘날 경제사정이 4년 전에 비해 나아졌는지·나빠졌는지·비슷한지 등 비계량적인 것이 많다. 그런데 이 점을 등한시하고 개념의 조작화를 계량지표 위주로만 생각하면 그만큼 연구 지평이 좁아지거나 편향될 수 있다.

보다 근본적으로, 정치나 사회현상 관련 개념 모두가 계량이든 비계량이든 관찰가능한 지표로 무리 없이 전환될 수 있는 것은 아니다. 예를 들어, 권력욕 혹은 권력지향 심리는 정치과정상 결정적인 작용을 하나 겉으로 명확히 드러나지 않으므로 어떤 행태로 그것을 가늠할 수 있을지 막막하다. 카리스마도 정치지도자의 중요한 자질이나 그 자신과 주변 사람들이 어떤 모습이나 행동을 보일 때 카리스마가 있다고 말할 수 있을지 판단하기 힘들다. 적대감, 효능감, 신뢰, 정체성, 진정성 등도 마찬가지로 그 정치적, 사회적 중요성에도 불구하고 조작화가 쉽지 않다. 물론 서베이나 인터뷰를 실시해 피관찰자로부터 직접 응답을 받아 관찰할 수 있지만, 과거에 살았던 사람이나 접촉이 힘든 사람의 경우에는 불가능한 일이다. 거시적 현상, 예를 들면 체감 경기, 사회 전반의 삶의 질, 잠재 갈등, 사회적 불만 등도 직접 응답이나 여러 지표를 활용해 조작 정의를 내릴 수는 있겠으나 상당한 논란을 불러일으킬 것이다. 사회적 불만의 경우, 시위 건수, 시위 참여자 규모, 이민자 수, 범죄율, 납세율, 이혼율, 주류 판매량, 소송 건수 등 계량지표에 더해 여론조사를 통한 주관적 응답을 조작화의 지표로 삼을 수 있겠으나 지표 하나하나가 과연 정확한 척도인지 확신이 들지 않는다.

조작화가 어려운 개념들은 빼고 상대적으로 무난한 개념들만 다룬다면 문제의식이 진부해지고 연구범위가 축소되게 된다. 정치학에서 특히 주목해야 할 개념들은 겉으로 드러나는 행태나 제도보다는 가시적이지 않은 의식이나 서서히 분산·파급되는 역사적 효과나 현상일지도 모른다. 그런데도 정작 중요한 개념은 조작화가 어렵다고 방기하고 가시성이 높은 개념에 집중한다면 주객이 전도되는 셈이다. 이 위험성은 짧은 기간에 연구를 마치려고 서둘 때에 특히 심각할 수 있다. 제1장에서 논했듯이 방법론지상주의에 빠져 조작화가 가능한 영역으로 연구의 문제의식을 협소화시켜선 곤란하다. 그렇다고 해서, 불확실한 개념에 억지로 조작화를 가하다가는 왜곡이 과도해질 수 있으니 그 점도 또한 경계해야 한다.

조작 정의는 이상에서 논한 것처럼 상당한 한계를 지니고 있음에도 불구하고 가설의 경험적 검증에 필수이다. 불완전할 수밖에 없고 논란을 일으키는 경우가 많으나 조작 정의를 시도하지 않을 수 없다. 다만 그 한계를 충분히 인정하며 신중한 자세를 취해야 하고, 개념의 조작화에 입각해 도출되는 결론은 논조를 너무 강하지 않도록 유의할 필요가 있다.

5. 개념의 유형 구분

연구 대상인 특정 개념을 어떠한 유형으로 분류하는가에 따라 분석 및 관찰 방법이 달라지고 해석도 달리하게 된다. 그러므로 연구를 진행하면서 관련 개념의 유형 구분을 명확히 할 필요가 있다. SPSS 등 통계프로그램으로 계량분석을 한다면 프로그램에서 해당 개념의 유형을 지정해야 하므로 특히 중요하다. 질적 분석의 경우에도 문제의식과 자료의 성격에 맞춰 적절한 관찰과 해석을 하려면 개념의 유형 구분에 신경 써야 한다.

크게 보면 세 가지 유형이 있다. 첫째로 명목nominal 혹은 분류classificatory 개념은 하위 범주들에 대해 상호 간의 대소, 강약, 고저, 선후 등을 따질 수 없는 경우를 지칭한다. 성별은 남과 여라는 2개의 범주를 갖는데, 남과 여는 그 자체로 대소, 강약, 고저, 선후를 논할 수 없다. 남녀라는 표현도 관습으로 익숙한 것일 뿐, 여남으로 바꿔 표현해도 무방하다. 계량분석 시 편의상 남과 여를 0, 1로 코딩할 수 있지만, 이것도 1, 0으로 바꿔 코딩해도 아무 문제가 없다. 지역도 수도권·강원·충청·영남·호남으로 범주화든지, 북부·중부·남부로 범주화든지 그 하위 범주 간에 어떤 정형화된 관계나 양상이 존재하지 않는다. 당락, 찬반, 승패, 여야, 동서남북, 소속 정당(A당, B당, C당…), 이념(진보, 보수, 중도), 체제(양극상태, 다극상태, 1강상태, 무질서상태, 통합상태…), 세대(노령기, 중장년기, 청년기, 아동기) 등 정치학 및 사회과학에서 자주 다루는 개념 중 상당수가 명목 개념으로 구분된다.

둘째로 서수ordinal 혹은 비교comparative 개념은 하위 범주들을 대소, 강약, 고저, 선후 등을 기준으로 순서대로 열거할 수 있는 경우를 말한다. 순위(석차)는 1등, 2등…, 등급은 A급, B급… 범주 간의 순서를 정할 수 있다. 다만, 범주 간의 간격은 의미가 없어 각 범주와 다음 범주 간의 간격은 일정하다고 가정된다. 선호도를 아주 선호, 약간 선호, 중간, 약간 비선호, 아주 비선호 등으로 범주화한다면 서수 개념이 된다. 국정 지지도를 편의상 0부터 10까지의 11개 정수 척도로 표시한다고 해도 숫자로 표시되는 범주들은 상호 간에 순서만 의미가 있을 뿐이고 간격은 일정하다고 가정된다. 사회혼란(극심하다, 심하다, 보통이다, 양호하다, 아주 양호하다), 경제상황(호황부터 불황까지), 민족주의 감정(강한 정도에 따라), 유언비어의 확산(속도, 지역 범위 등) 등 수많은 개념이 범주들의 속성상 서수 유형으로 구분될 수 있다.

셋째로 기수cardinal 혹은 정량quantitative 개념은 하위 범주들에 실제의 숫자를 부여해 순서대로 열거할 수 있을 뿐 아니라 범주 간 간격의 크고 작음이 의미를 갖는 경우를 말한다. 소득이란 개념은 단위가 한화 원이든 미화 달러든 0부터 + 혹은 -로 매우 큰 숫자까지 무수히 많은 하위 범주를 지니는데, 그 범주 간의 간격이 크기도 하고 작기도 하다. 생산량, 인구수, 의원 재적수, 집단방위체제 회원국의 수, 실업률, GDP, 연령 등 수많은 예를 들 수 있다. 기수 개념은 절대값 0이 존재하는지 그 여부에 따라 절대값 0이 있으면 ratio 개념, 그렇지 않으면 interval 개념이라고 구분하기도 한다. 방금 제시한 예들은 모두 절대값 0이 존재하지만, 가령 온도는 편의상 0°를 정하지만, 온도가 정말로 영(零, nil)이 된다는 말은 아니다. 섭씨 0°와 화씨 0°는 다르다는 데서 온도의 숫자는 편의상 붙여진 것이라는 점을 알 수 있다. 정치학에서 자주 언급되는 국가 민주주의 지수, 보수(혹은 진보)성향 지수, 국정 지지도, 정당 단합도 등도 편의상 0을 부여할 수 있으나 실질적인 의미를 지니는 것은 아니다.

한 개념이 어떤 유형에 속하는지는 통상 연구자가 정하기 나름이다. 이념성향을 예로 들어보자면, 하위 범주를 진보·보수·중도로 정하면 명목 개념이 되고, 하위 범주를 아주 진보, 진보, 약간 진보, 중도, 약간 보수, 보수, 아주 보수 총 7개로 만들면 서수 개념이 된다. 의원이 100번의 표결 중 모두 진보 쪽으로 표를 던지면 100점, 모두 보수 쪽으로 던지면 0점을 부여해 진보성향을 매긴다면, 이때 진보성향은 기수 개념이 되었다고 볼 수 있다. 그러나 엄밀하게 말하자면, 진보성향으로 대체된 이념성향과 관련해 100점이다, 50점이다, 0점이다 등의 분류는 이해의 편의를 위한 것이지 절대값으로서의 숫자를 부여한 것은 아니다. 그런 의미로 이 경우에 이념성향은 ratio 개념이 아니라 interval 개념이고, 또 어찌 보면 기수 개념이기보다는 서수 개념이라고 말하는 것이 더 적절할지도 모른다. 중요한 점은, 연구자가 각자 관점이나 문제의식, 혹은 사례나 자료의 성격에 맞춰 특정 개념의 유형을 융통성 있게 바꿀 수, 즉 재개념화할 수 있다는 것이다.

연구자는 이와 관련해 잘 판단해야 한다. 추구하는 이론이 정밀성, 구체성, 심층성을 중시한다면 그 구성요소인 개념도 이에 걸맞게 명목 유형보다는 기수나 적어도 서수 유형으로 개념화될 필요가 있다. 예를 들어, 소득 개념을 가진 자와 못 가진 자로 두 범주만 가진 명목 개념으로 만든다면 소득수준을 10등급으로 나눠 서수 개념으로 만들거나 아예 소득액 자체를 관찰해 기수 개념을 상정한 때에 비해 정교하고 세밀한 이론을 추구하기 힘들다. 반면 이와 상쇄관계에 있는 정확성, 일반성, 반향성, 간략성 등의 가치를 추구하는 데는 더 유리할 수 있다. 그러므로 명목 개념보다 서수나 기수 개념이 더 우월하다고 일률적으로 말할 수는 없고, 연구자의 문제의식에 달렸다. 또한 어떠한 자료가 존재하고 입수 가능한지도 결정적으로 개념의 유형 구분에 영향을 끼친다. 자료의 뒷받침이 안 되는 상황에서 계량화가 가능한 기수 개념을 무턱대고 최고라고 볼 수는 없는 일이다.

05

CHPATER

연구 설계를 어떻게 짤까?

어렵사리 진행되는 연구가 실패로 끝나지 않도록 하려면 3대 연구요소에 두루 신경써야 한다. 이 장에서는 셋째 연구요소인 연구설계(research design)를 논한다. 연구설계를 어떻게 짜면 개념 정립 및 이론 정립에 잘 조응하며 유용한 지식을 산출하고 공감을 얻을지 여러 논점을 살펴보자.

CHAPTER

05

연구 설계를 어떻게 짤까?

3대 연구요소 중 이론 정립과 개념 정립을 제3장, 제4장에서 다룬 데 이어 이 장에서는 셋째 연구요소인 연구 설계research design를 논한다. 게링J. Gerring이 강조했고[1] 제2장 마지막 부분에서도 전술했듯이 이 3대 연구요소는 순차적으로 연결되기보다는 복잡하고, 심지어 혼란스럽게 맞물려 진행되며 소기의 연구결과를 낳기도 하고 때로는 남에게 보일만한 성과를 내지 못하기도 한다. 이 책은 편의상 이론 정립, 개념 정립, 연구 설계의 순서로 다루지만, 실제로는 연구 순서가 일률적으로 정해져 있는 것이 아니다. 연구 진행 중 역방향으로 되돌아가기도 하고 수차 반복해서 수정해야 하는 등 지난한 과정을 거치며 연구가 이루어진다. 어렵사리 진행되는 연구가 실패로 끝나지 않도록 하려면 3대 연구요소에 두루 신경 써야 하는 바, 그 하나인 연구 설계를 어떻게 짜면 개념 정립 및 이론 정립에

1 John Gerring, *Social Science Methodology: A Criterial Framework* (Cambridge, UK: Cambridge University Press, 2001), p. 23.

잘 조응하며 유용한 지식을 산출하고 공감을 얻을지 여러 논점을 살펴보자.

1. 연구 설계의 구성과 필요성

연구 설계는 다음과 같은 핵심적인 내용으로 구성된다. 첫째, 연구범위 설정, 둘째, 관찰사례 선택, 셋째, 관찰 방식 선정, 넷째, 자료 수집 및 관찰 실행 등이 그것이다. 우선, 어떤 개념과 이론도 맥락에 영향을 받으므로 시공을 초월해서 논리를 세우거나 경험적 검증을 할 수는 없고 연구의 시간적·공간적 범위를 정해야 한다. 이때 이론적 문제의식에 맞춰 적절한 범위를 정하도록 신경 써야 한다. 그런데 이렇게 정한 범위 내의 모든 사례를 관찰하는 것은 불가능하니 일부만을 관찰 대상으로 선택할 수밖에 없다. 물론 사례 선택도 대표성을 고려하는 등 충분히 정당화될 수 있도록 할 필요가 있다. 이와 아울러, 선택된 관찰 대상으로서의 사례들을 어떠한 방법으로 관찰할지 그 방식을 세워야 한다. 그런 연후에 적절한 자료를 수집하고 관찰을 실행한다. 이러한 일련의 단계가 연구 설계를 구성한다. 이 중 마지막 측면(자료 수집 및 관찰 실행)은 다음 제6장에서 따로 다룰 것이다. 또한, 첫째 측면(연구범위 설정)과 둘째 측면(관찰사례 선택)은 실제로 크게 중복되고 동시에 진행되는 경향이 있으므로 명확히 구분하지 않고 섞어서 논의하도록 한다.

연구를 진행할 때 연구 설계를 체계적으로 세워 항상 의식해야 하는 것은 마치 집을 지을 때 계속 설계도를 보며 그에 따라야 하는 것에 비유할 수 있다. 건축 설계도는 집짓기를 위한 기본구도와 진행 가이드를 담고 있다. 마찬가지로 연구 설계는 특정 주제를 연구하기 위한 기본구도와 진행 가이드를 담고 있다. 설계도 없이 집을 지으면 부실한 공사가 될 공산이 크듯이 연구 설계를 신경 쓰지 않고 연구를 진행하면 부실한 과정에 미흡한 결과가 나올 위험성이 크다. 짓는 집이 크고 복잡할수록 설계도가 자세하고 명확해야 하듯이, 복잡하게 인식되는 현상을 다루는 연구일수록 상세하고 명료한 설계가 필요하다. 이 연구 설계는 가능한 한 어딘가에 체계적으로 기재되면 도움이 될 것이다. 꼭 기재하지 않을 수도 있겠지만, 기억력에 한계가 있으므로 기재하는 편이 연구과정 내내 기본구도를 일관성 있게 지키며 초점 있게 진척을 이루는 데 훨씬 유리할 것이다. 물론 건축용 설계도도 중간에 필요에 따라 수정될 수 있듯이, 연구 설계는 연구 진행 중에 융통성 있게 변경될 수 있다. 애당초 상정한 이론적 문제의식에 수정이 가해진다면, 혹은 자료의 유무나 상태에 대한 예상이 빗나갔다면, 연구 설계도 상응해서 변할 수밖에 없다. 처음에 정한 연구 설계를 너무 무리하게 고수하다가는 만족스러운 결과를 내기 힘들 것이다.

2. 연구 설계의 유형

연구자는 주제, 이론적 문제의식, 연구 환경(예 주어진 시간, 자료 입수 가능성, 연구팀의 규모, 재정 여건, 연구자의 능력) 등을 종합적으로 고려해 시간적·공간적 연구범위를 설정한다. 그 범위를 어떻게 잡는가에 따라 연구 설계의 여러 유형을 구분해볼 수 있다. 시간적 범위는 좁히고 공간적 범위를 넓히면 횡단 분석, 반대로 시간적 범위를 넓히고 공간적 범위를 좁히면 종단 분석, 시간적으로나 공간적으로나 범위를 좁히면 사례 분석, 시간적으로나 공간적으로나 범위를 넓히면 패널 분석이라고 한다. 이때 범위가 좁거나 넓다는 것은 물론 상대적인 관점에서의 표현이다.

1) 횡단 분석과 개입변인의 통제

횡단cross-sectional 분석은 교차집단 분석 혹은 동시적synchronic 분석이라고도 하는데, 시간적 범위는 가능한 한 좁히고 공간적 범위를 상대적으로 확대한 경우를 말한다. 예를 들어, 2020년 한국을 비롯한 OECD 국가들의 정치부패 상황을 비교 연구하거나, 2021년 한국·일본·중국 동양 3국의 기후변화 정책을 비교 연구한다면 횡단 분석을 하는 것이다. 공간적으로 범위를 어떻게 확대할지는 연구 의도와 연구 환경에 맞춰 신중하게 판단해야 하고, 글을 쓸 때 반드시 그 범위에 대한 정당화를 제시해야 한다. 특기할 점은, 공간적 범위를 적절하게 정함으로써 중요한 비교학적 시사점을 얻을 수 있을 뿐만 아니라, 나아가 개입변인(들)을 효과적으로 통제한 상태에서 독립변인(들)과 종속변인 간의 관계를 추론할 수 있다는 것이다. 이는 매우 중요한 논점으로서 여러 예를 통해 살펴보자.

20세기 중반 무렵 공산주의 이념이 작용한 결과로 세계 곳곳에서 계획경제체제가 공고화되었다는 주장을 검증하기 위해 공간적 연구범위를 헝거리, 폴랜드, 루마니아 등 동유럽으로 설정하면 소련 군정이라는 개입변인을 통제할 수 없다. 이 국가들은 모두 2차 세계대전 이후 강압적인 소련 군정을 받았는데, 그 경험과 공산주의 이념의 도입이 한꺼번에 있었기 때문에 양자 중 어떤 것이 계획경제체제의 공고화를 추동했는지 판단 내리기 어렵다. 반면, 연구범위를 동유럽 '위성국가'가 아닌 중국, 베트남, 유고슬라비아 등 소련 군정의 경험이 없는 공산주의 국가들로 달리 잡는다면 적어도 소련 군정이라는 개입변인은 효과적으로 통제한 상태에서 이념과 체제의 관계를 보다 자신감 있게 논할 수 있게 된다.[2]

---

2 이 예는 다음 저서에서 내인성의 문제와 관련해서 인용된 것을 여기서는 개입변

선거구 제도가 정치 안정에 어떠한 영향을 끼치는가는 정치학 분야에서 등 수많은 주장을 낳아왔다. 여기서 헌법 권력구조(통치구조)라는 개입변인을 통제해 연구를 진행하려면 유사한 헌법 권력구조를 가진 국가들만을 연구범위에 넣을 필요가 있다. 한국, 미국, 멕시코 등 대통령제 국가들만 관찰하거나, 영국, 독일, 일본 등 내각제 국가들만 관찰해야 한다. 그래야 헌법 권력구조는 개입변인으로 통제된 상태에서 선거구 제도와 정치 안정 간의 관계를 상대적으로 더 확실하게 추측할 수 있다. 여건이 허락한다면 대통령제 국가들만 묶어 관찰하고 또 내각제 국가들만 묶어 관찰한 후 양자를 비교한다면 더욱 풍부한 시사점을 얻을 수 있을 것이다.

유권자의 이념성향이 투표행태에 어떠한 인과적 효과를 내는가를 연구한다면 연구범위 설정을 통해 세대, 성별, 소득수준 등 여러 개입변인을 통제할 수 있다. 같은 세대에 속하는 사람들끼리 묶어 관찰한다면 세대 요인을 통제할 수 있고, 같은 성별의 사람들끼리만 관찰한다면 성별 요인을 통제할 수 있다. 또한, 지역구 특성이 의원의 표결행태에 끼치는 영향을 추론하고 싶다면 동일 정당에 속한 의원들끼리 묶어 관찰함으로써 정당이라는 개입변인을 통제할 수 있다. 이처럼 횡단분석을 시도할 때, 연구범위를 대충 정하지 말고 어떤 것들을 비교해야 유용한 시사점을 얻을 수 있을지 깊게 생각해봐야 하고, 특히 의심되는 개입변인(들)을 통제하려면 공간적으

인의 통제를 예시해주는 것으로 수정해 재인용함: Gary King, Robert O. Keohane, and Sidney Verba, *Designing Social Inquiry: Scientific Inference in Qualitative Research* (Princeton, NJ: Princeton University Press, 1994), p. 191–193; 이 예의 원래 출처는 Nina Halpern, "Stalinist Political Economy," in Judith Goldstein and Robert O. Keohane, eds. *Ideas and Foreign Policy: Beliefs, Institutions and Political Change* (Ithaca, NY: Cornell University Press, 1993).

로 범위를 어떻게 확대하면 좋을지에 대해 고민하는 자세가 요구된다.

2) 종단 분석과 시대구분

종단longitudinal 분석은 통시적diachronic 분석 혹은 시계열time-series 분석이라고도 하는데, 공간적 범위는 좁히고 시간적 범위를 상대적으로 넓게 늘리는 경우를 말한다. 예를 들어, 한국의 정치부패 상황을 1950년대부터 2010년대까지의 범위에서 연구하며 그 역사적 변천을 논하는 연구는 이 유형에 속한다. 이승만, 윤보선, 박정희 등을 거쳐 문재인까지 역대 대통령의 리더십 스타일을 연구한다면 역시 종단 분석이 된다. 횡단 분석이 공간적 비교를 가능하게 해주는 데 비해 종단 분석은 시간적, 즉 역사적 비교를 가능하게 해주므로 사회현상의 역사성에 주목하는 관점에서 특히 선호된다. 횡단 분석이 개입변인의 통제 등 확실한 의도를 갖고 공간적 범위를 확대해야 하듯이, 종단 분석도 이론적 문제의식과 연구 환경을 잘 고려해서 명확한 근거 위에서 시간적 범위를 적절하게 조절할 필요가 있다.

종단 분석에서 특별히 신경 써야 하는 것은 시대구분periodization을 어떻게 할지다. 가령 지난 100년을 연구범위로 잡는다고 해서 그 기간을 통으로 보는 것이 아니다. 그 기간을 여러 부분으로 나눠, 즉 여러 시대로 구분해서 각 시대의 특징을 찾는다. 그래야 시대 간의 비교를 통해 풍부한 시사점을 얻을 수 있다. 종단 분석의 핵심은, 시간적 범위를 무조건 확대하는 데 있지 않고 범위를 가능한 한 많은 기간(시대)으로 나눠 관찰 포인트를 늘림으로써 다각도의 비교를 시도하고 여러 시사점을 얻는 데 있다. 시대구분은 연구자의 문제의식에 따라 다양하게 시도할 수 있다.

예를 들어 1948년 이래 대한민국의 역사적 변천을 연구하는 종단 분석을 생각해보자. 국회 각대의 특징을 찾아 서술하는 것이 연구자의 문제의식이라면 시대구분은 제헌(1대)국회, 2대국회, 3대국회, … 21대국회 식으로 하면 된다. 역대 대통령의 통치 스타일을 비교 분석하는 것이 문제의식이라면 이승만 시기, 윤보선 시기, 박정희 시기, … 문재인 시기 등으로 시대구분을 한다. 10년 단위의 거시적 사회변동에 관심을 두는 인구학자나 대중문화 평론가라면 1940년대, 1950년대, … 2010년대 등으로 시대구분을 하면 적절할 것이다. 민주주의의 역사적 진화과정에 문제의식을 두는 정치학도라면 발아기, 억압기, 개화기, 탄압기, 부흥기, 공고화기, 반동(反動)기… 등의 시대구분을 고려해볼 수 있다.

이처럼 연구자의 문제의식 혹은 관점에 따라 시대구분이 달라진다는 점은 수많은 역사 유형을 통해 확인할 수 있다. 가장 통상적으로는 왕조사 중심으로 각국 역사를 논하는 경향이 있지만, 그 외에 민중사, 종교사, 복식사, 음식사, 도구사, 산업사, 서예사 등 온갖 다양한 역사 유형으로 각국의 시대구분을 할 수 있다. 세계사를 거시적으로 본다면 원시, 고대, 중세, 근세, 현대 등 단순 시간에 따른 시대구분이 가장 통상적일 수 있으나, 결정적인 큰 전쟁으로 영토를 얻거나 잃는 이야기가 중심을 차지하는 경향이 크므로 제국 흥망사 또는 전쟁사의 성격을 띠며 시대구분을 다르게 할 수도 있다. 사상사, 음악사, 미술사, 건축사 등 특정 초점에서도 다양한 시대구분이 가능하고, 유물사관을 전개한 맑스와 앵겔스처럼 생산수단 및 생산관계를 중심으로 원시공산사회, 고대노예사회, 중세봉건사회, 근대자본주의사회, (미래)사회주의사회 식으로 시대구분을 할 수도 있다.

중요한 점은, 시간적 범위를 확대할 때 시대구분은 이론적 문제의식에 맞아야 하므로, 기존 문헌에서 제시된 익숙한 시대구분을 너무 당연시하지 말고 내 연구에서는 어떠한 시대구분이 더 적절할지 고민을 기울여야 한다는 것이다. 내 연구에 알맞게 새로운 방식으로 시대구분을 해서 각 시대에 참신하고 적절한 이름을 붙인다면 학문적으로 큰 반향을 일으킬 수 있을 것이다. 시대구분을 할 때 수반되는 질문으로 각 시대는 어느 시점부터 어느 시점까지로 끊을지, 특히 중복되는 기간이 길다면 어떻게 할지, 세밀하게 구분된 시대가 너무 많아 다 보기 힘들다면 어떤 시대(들)만 핵심적으로 선택할지, 시대를 아무리 짧게 구분해도 그 시대를 다 볼 수 없으므로 관찰 포인트(들)을 잡아야 한다면 어떻게 선택할지 등이 연구자에게 고민거리를 던질 것이다. 종단 분석을 시도할 때 유념해야 할 점이다.

3) 패널 분석과 비교의 명암

패널panel 분석은 공간적으로나 시간적으로나 연구범위를 확대하는 경우를 말한다. 지난 10년간 OECD 국가들의 연간 부패상황을 연구한다면 패널 분석의 예가 된다. 지난 20년간 정부기관별 연례 업무성과에 대한 연구, 오바마 대통령 집권 8년간 각 정책영역별 분기별 국정지지도에 대한 탐구, 60명 학생의 1년간 월별 성적의 관찰 등도 예로 들 수 있다. 관찰 포인트가 공간적, 시간적 양쪽으로 늘어나므로 다양한 비교를 통해 풍부한 시사점을 얻을 수 있다. 그런 만큼 가장 이상적으로 들릴 수 있으나, 관찰 포인트가 늘어나면서 무작위 오류는 물론 구조적 오류(즉, 왜곡, 편향)가 발생할 여지가 커진다는 단점도 있다. 공간적 범위가 넓은 만큼 비교가능성(후술함)이 크지 않은 사례들을 비교하거나, 시간적 범위가 넓은 만큼 시간적 흐름에 따른 상황의 변화나 개입변인의 개입 가능성이 커져 구조적 오류가 생기기 쉬운 것이다. 모든 것에 명암이 있듯이, 연구범위가 넓고 관찰 포인트가 많은 패널 분석도 무조건 좋은 것만은 아니니 각 사안에서 어떤 문제는 없는지 세심히 살펴볼 필요가 있다.

예를 들어, 원자력 발전의 사회적 인지도를 한국, 미국, 독일 3개국을 대상으로 1960년부터 2020년까지 60년에 걸친 시간적 범위에서 연구하고자 한다. 상당히 방대한 연구로서 관찰 포인트가 많으므로 연구가 잘 진행되면 유용한 시사점을 많이 얻을 수 있을 것이다. 그러나 문제는 여러 이유로 왜곡이 발생할 수 있다는 데 있다. 한국의 경우, 요즘과 달리 1960~80년대까지는 신빙성 있는 여론조사 자료가 별로 없어서 원자력 발전의 사회 인지도에 대해 시간적 범위의 처음부터 끝까지 일관성 있게 관찰해서 신뢰성 높은 결과를 얻기가 불가능하다. 과거 자료의 미비함으로 인해 왜곡이 초래되기 쉽다. 미국의 경우엔, 원자력 용어가 중간에 atomic에서 nuclear로 바뀌면서 자료의 일관성이 약해졌고 대중 인식도 어느 정도라도 영향을 받았을 것이다. 독일의 경우엔, 중간에 통일이 되면서 여론조사 대상자의 모집단이 중대한 변화를 겪어 조사 결과에도 일관성이 훼손되게 되었다. 이처럼 3개국 모두에서 관찰이 긴 시간적 범위에서 일관성 있게 이루어질 수 없는 데다 3개국의 여론조사 방식이나 문화, 사회 분위기의 차이로 인해 공간적 비교에도 무리가 따를 수 있다. 더욱이, 3개국에서의 사회 인지도를 설명해 줄 독립변인(들)으로 어떤 것을 상정해도 긴 기간 동안 수많은 개입변인이 끼어들었을 것이므로 인과 추론을 하는 데 한계가 만만치 않다.

인간을 분석단위로 삼아 관찰하는 미시적 연구의 예를 통해서도 패널 분석의 장단점을 엿볼 수 있다. 같은 응답자 1,000명을 여러 해에 걸쳐 분기별로 반복적으로 질문을 던져 경기 상황에 대한 소비자 인식을 탐구하고자 한다. 많은 대상자를 동시에 관찰할 뿐 아니라 시계열 방식으로 수십 회에 걸쳐 관찰하므로 다각도의 비교를 통해 풍부한 시사점을 얻을 수 있다. 그러나 시간의 흐름에 따라 일부 응답자는 자연적으로 혹은 자발적으로 관찰 대상에서 빠지게 되고, 더 심각하게는 피관찰자로서 부자연스러운 심리 효과를 내며 솔직하지 않게 응답할 수도 있다. 어떤 인과관계를 상정해 관찰하든지 개입변인(들)의 통제를 하기 쉽지 않다는 문제점도 물론 상존한다.

4) 사례 분석과 분석단위

사례case 분석은 시간적으로나 공간적으로나 연구범위를 좁힌 경우를 말한다. 물론 이때 좁힌다는 말은 상대적인 관점의 표현이고, 관찰사례가 통으로 하나의 분석단위unit of analysis가 된다는 의미이다. 2020년 한국의 부패상황을 연구한다면, 특정 연도의 특정 국가만 연구하므로 시간적·공간적 연구범위가 상대적으로 좁혀진 것이다. 물론 그 범위 내에서 여러 관찰을 할 수 있겠으나 관찰 포인트를 체계적으로 늘려 상호 비교하는 것을 목적으로 하지 않고, 2020년 한국의 부패상황을 통으로 이해하면서 여러 측면을 보는 것을 목적으로 한다면 사례 분석이라고 볼 수 있다. 미국 혁신주의 운동이 일어난 계기가 된 정당 부정부패 사례 중 하나로 19세기 말 뉴욕시 태머니홀Tammany Hall이 자행한 보스 정치를 연구할 때, 관찰 포인트가 무수히 많을지라도 그 관찰 결과들을 체계적으로 비교하기보다는 태머니홀 보스정치 자체를 하나의 분석단위로 놓고 그것의 여러 면을 보여주는 것으로 이해한다면 역시 사례 분석이라고 간주할 수 있다.

이처럼 사례 분석인지 여타 유형의 분석인지 구별하는 관건은 관찰 대상을 하나의 분석단위로 놓고 통으로 관찰하는지 아니면 시간적으로든 공간적으로든 관찰 포인트 수를 늘려 체계적 비교를 시도하는지에 달렸다. 사례 분석은 아무래도 시간적·공간적 범위가 좁은 경향을 보이지만, 이때 넓거나 좁다는 표현은 상대적인 것으로서 모호함이 수반된다. 실상 분석단위가 통으로 하나인지 그 여부, 관찰 포인트 간의 체계적 비교가 시도되는지 등도 그다지 명료한 표현은 아닌바, 이번 장의 제5절(사례연구 방법)에서 상세하게 후술하고 제4절(비교방법)에서도 부분적으로 언급을 할 것이니 이 대목에서는 간단히 운을 떼는 것으로 만족하고자 한다.

3. 연구 설계의 기준

연구범위를 설정하고 관찰사례를 선택하고 관찰방식을 선정하여 자료를 수집하는 일련의 연구 설계에서 충족시키고자 힘써야 할 기준들을 전술한 게링의 책(특히 pp.163~199)을 중심으로 생각해 보자. 이론 정립의 기준들(제3장 제3절에서 논한), 개념 정립의 기준들(제4장 제2절에서 논한)의 경우와 마찬가지로 연구 설계의 기준들도 상호 간에 복잡한 상쇄관계trade-off가 있다. 그 때문에 모두를 함께 충족시키기는 불가능하다. 연구자는 주제, 문제의식, 이론적 틀, 연구 환경, 자료 등을 종합적으로 보며 기준들의 우선순위를 정하는 주체로서 신중함과 결단력을 발휘해야 한다.

1) 다수성

연구범위가 넓어 관찰사례(즉, 관찰 포인트) 수가 많을수록 풍부한 시사점을 찾을 수 있으므로 제시된 개념과 이론을 뒷받침하는 데 유리하다. 특히 결정론적 관점보다 확률론적 관점에서 다수성은 매우 중요하다. 소수의 관찰만으론 확률을 논할 수도 없다. 확률론적 세계에서도 변인 간 관계의 규칙성이 높지 않은, 즉 관계의 강도가 약한 경우에 가능한 한 많은 관찰을 해야 그 관계를 파악할 수 있다. 독립변인이 변할 때 종속변인이 변하기는 하되 작은 폭으로 변하는, 즉 관계의 크기가 작은 경우에도 관계를 확인하려면 많이 관찰해야 유리하므로 관찰의 다수성이 중요하다. 또한, 이론(주장)의 구체성, 정밀성이 높은 경우에도 당연히 관찰 수가 많아야 그 이론(주장)을 정당하게 뒷받침할 수 있다. 하나의 원인이 작용할 때보다 여러 원인이 작용해 효과를 낼 경우에도 그 복잡함을 이해하기 위해서는 당연히 관찰의 다수성이 우선순위를 갖게 된다. 이처럼 여러 측면에서 다수성 기준이 중요하므로 꼭 계량분석이 아니어도 그 기준을 기하는 노력이 요구된다.

물론 다수성도 맥락에 따라 꼭 필요하지 않을 수 있다. 체계적 비교를 목적으로 하지 않는 경우, 변인 간 관계가 강하거나 커서 비교적 파악하기가 쉬운 경우, 주장을 정교하지 않게 해도 되는 경우, 인과관계가 간단명료한 경우 등에는 다수성보다 후술하는 여타 기준들이 더 중요할 수 있다. 또한 연구 환경이나 자료 조건으로 인해 소수의 사례만 관찰하는 Small-N 연구에서 다수성은 높은 우선순위를 가질 수 없다. 그러므로 무조건 다수성 기준만 보고 연구를 평가해선 곤란하다. World Values Survey는 전 세계 수십 개 국가를 대상으로 몇 년마다 주기적으로 실시하는 국민 인식조사인데 관찰사례 수를 다 합하면 수십만 명에 이른다.[3] 개별 국가별로

3 World Values Survey의 자료는 다음 사이트에서 참조할 수 있음:

봐도 수천 명의 응답을 관찰한 것으로서 다수성에서는 명실상부 최고라고 할 수 있다. 하지만 국가 간의 비교가능성(후술함)이나 설문내용의 적절성 등에 관한 여러 논란이 일어나고 있는 점을 볼 때 과연 가장 양질의 지식을 산출하고 있는지 확신하기 힘들다.

2) 범위 적절성

당연한 말이지만 연구범위는 연구 목적과 취지, 그리고 이론적 문제의식에 알맞게 설정되어야 한다. 이를 위해서는, "연구에 꼭 필요한 사례를 포함하는 범위인가," 그리고 "불필요한 사례를 포함하지 않은 범위인가"의 질문에 긍정적 답을 할 수 있어야 한다. 이러한 범위 적절성 기준은 당연하게 들리나 실상 실천하기가 쉽지 않을 수 있다. 특히 시간적으로나 공간적으로 현재 여기에서 멀리 떨어진 연구범위는 적절해서 꼭 다루고 싶어도 자료의 미비, 연구자의 능력 부족, 독자(전문가, 정책결정자, 실무자, 일반대중을 포괄한)의 관심 부족 등 여러 현실적 이유로 곧잘 제외되곤 한다.

현실 여건상의 제약보다도 범위 적절성 기준에 더 큰 타격을 가하는 근원적 문제점으로, 우리 인간은 내세우고 싶은 주장(이론)에 유리할 것 같은 사례들만 취사선택해 관찰하고 그렇지 않은 사례들은 편리하게 무시하는 경향을 자주 보인다. 즉, 연구범위를 어떤 원칙에 따라 설정하지 않고, 요리조리 살피며 원하는 결과(미리 정해놓은 결론)를 낼 것으로 기대되는 사례들만 포함될 수 있게 연구범위를 자의적으로 설정하곤 한다는 것이다. 이 문제는 마치 정파적 이득을 위해 선거구를 이상야릇한 모양으로 획정하는 게리맨더링을 연상시키듯이 미리 정해놓은 결론이 나오도록 연구범위를 자의적으로

---

www.worldvaluessurvey.org.

잡고 유리한 관찰사례만 편리하게 선택한다는 의미에서 '사례 게리맨더링'case-gerrymandering이라고 불린다.[4]

'사례 게리맨더링'은 학술 연구뿐 아니라 사회 곳곳에서 목격된다. 언론매체는 수많은 기삿거리 중 자기네 논조에 맞는 사례만 골라 보도하는 편향성을 보인다. 정당들은 여러 정책 쟁점 중 불리한 것은 애써 무시하고 유리한 것만 공론화한다. 정부도 사례 게리맨더링의 함정에 빠져 때론 꼭 필요한 이슈를 의제 범위에서 빼고 불필요한 이슈는 넣는 불합리한 모습을 보인다. 학문 외의 영역들이 이처럼 편파적 자의성에 강하게 영향받는다고 해서, 학문 영역마저 그렇게 된다면 곤란한 일이다. 물론 연구자도 각종 편향성으로부터 완전히 자유로울 수 없는 인간이지만, 자의성을 최대한 극복할 수 있도록 의식적으로 노력을 기울여야 한다.

연구자는 범위설정 시 '사례 게리맨더링'을 저지르지 않도록 항상 유의하며 연구 목적, 취지, 문제의식에 맞춰 일관성을 지켜야 하고, 특히 핵심 주장(이론)을 지지하지 않는 반례(反例, counter-example)가 자의적으로 배제되는 일이 없도록 해야 한다. 반례는 주로 확률론의 세계에 머무는 사회과학에서 자연스럽게 나타날 수밖에 없다. 이를 억지로 숨기거나 회피하지 말고 솔직하게 인정하면서 "그러한 반례에도 불구하고 이러저러한 점에서 이렇게 주장할 수 있다."라고 말할 수 있다면 오히려 연구 결과의 설득력과 신뢰성을 더 높일 수 있다. 또한, 제시된 가설, 이론, 주장을 반례가 반증falsify하는 효과를 내지만, 반례의 존재 때문에 그 가설, 이론을 너무 성급하게 통째 버릴 필요는 없다. 확률론적 주장의 톤tone을 낮춘다거나, 이론이 적용되는 범위(성립선행조건)를 조정하거나, 이론 내용을 좀 수정

4 John Gerring, 전게서, p. 173.

해보거나 이론의 경험적 관찰태(態)인 가설을 달리 바꿔보든지 여러 갈래로 추가적인 노력을 기울이며 다양한 시사점을 풍부하게 도출해낼 수 있다. 반례가 연구를 더 입체적으로 만들며 다각도의 시사점을 산출하고 종합적이고 균형 잡힌 관점을 갖는 데 도움이 될 수 있는 것이다.

3) 비교가능성

연구범위를 설정해 복수의 관찰사례들을 선택할 때 과연 이 사례들을 같은 잣대로 관찰할 수 있을지, 즉 이 사례들이 상호 비교가능성을 지니는지 잘 헤아려볼 필요가 있다. 비교가능성은 '개념 비교가능성'concept comparability과 '인과적 비교가능성'causal comparability으로 구분된다. 먼저, 개념 비교가능성이란 핵심 개념이 관찰사례들에서 동일 의미를 띠는 상태를 말한다. 얼마나 행복하다고 느끼는지 각국 국민을 대상으로 조사해서 국가별 '행복지수'를 작성하는 경우 응답한 사람들이 국가를 불문하고 행복 개념을 동일하게 생각해야만 상호 비교가 가능해진다. 만약 한국과 부탄에서 통용되는 행복 개념이 서로 똑같지 않다면 행복지수라는 하나의 잣대로 두 나라를 제대로 비교 평가할 수 없다.

1960년대 행태주의 학풍이 대세이던 당시에 일군의 정치학자는 미국, 영국 등 소위 선진국부터 중남미, 아시아, 아프리카의 소위 후진국까지 각국 국민의 정치행태를 보며 근대화, 정치발전, 민주주의 등에 대한 여러 일반화를 제시하였다.[5] 그러나 정부, 정당, 참

5 대표적으로 Gabriel A. Almond and Sidney Verba, *The Civic Culture: Political Attitudes and Democracy in Five Nations* (Princeton, NJ: Princeton University Press, 1963).

여, 권리, 이익, 시민, 효능감, 자부심 등 핵심 개념들에 대한 사람들의 이해가 국가별로 때론 명확한, 또 때론 미묘한 차이를 보인 상황에서 동일 척도에 의한 비교는 상당한 왜곡을 낳을 수밖에 없었다. 여기서 나온 일반화 차원의 주장들이 공감뿐 아니라 큰 비판과 논쟁을 촉발했다는 사실은 놀라운 일이 아니었다. 당시 제시된 근대화 및 정치발전 관련 이론들이 사례들의 비교가능성을 중시하지 않고 다분히 서구 선진국 우월적 관점에서 여타 국가들을 너무 안이하게 비교하며 자국중심주의ethnocentrism의 굴레를 벗지 못했음은 우리에게 귀중한 교훈을 준다.

자국중심주의는 1960년대의 근대화·정치발전 이론에만 국한되지 않는다. 국제정치와 관련해서도 연구자들이 익숙한 강대국(들)의 관점에서 여타 중견국이나 약소국을 일방적으로 비교하며 획일적인 결론을 내는 경향이 있다. 다른 사회과학의 세부 분야에서도 비슷한 경향이 종종 드러난다. 자기 국가 중심일 뿐 아니라 자기 문화나 지역, 인종, 집단 중심으로 협소한 편향성을 보이며 세상을 일률적으로 재단하기도 한다. 이러한 문제를 극복하기 위해서 연구자는 복수의 관찰 대상을 고를 때 상호 비교가능성에 우선순위를 두며 신중함을 기해야 한다. 과연 핵심 개념(들)이 비교 관찰의 대상인 여러 맥락에서 완벽히 똑같지는 않더라도 거의 비슷한 의미로 받아들여지고 있는지 유의해야 한다. 예를 들어, 미국의회의 필리버스터 제도와 한국국회의 필리버스터 제도는 도입 취지와 활용 상황에서 분명한 차이를 보이는데, 양자를 일직선에서 비교할 수 있는지? 비교한다면 맥락적 차이를 고려해 어떤 식으로 주장을 완화하거나 수정할지? 이런 식의 질문에 유의해야 개념 비교가능성을 크게 훼손하지 않는 연구를 진행할 수 있다.

둘째 유형의 비교가능성은 인과적 비교가능성으로서, 복수의 관찰 대상(사례)에서 인과관계가 동일 논리로 작동되는 상태를 말한다. 이 기준을 충족시키지 못하는 사례들을 관찰하면 상호 비교가 힘들므로 인과관계를 살펴보기도 마찬가지로 힘들어진다. 예를 들어, 복지정책 예산액의 증감이 노숙자 수에 인과 효과를 내는지 추론하고자 미국과 한국 사례를 본다면, 개인주의 문화가 강한 미국에서는 예산액의 증감이 노숙자 수에 직접적인 영향을 끼치는 데 비해 끈끈한 집단주의 문화가 강한 한국에서는 친지의 집에 더부살이하는 식객 문화가 완충작용을 하므로 예산액의 증감이 노숙자 수에 큰 영향을 끼치지 못한다. 이처럼 인과관계가 동일 논리로 작동되지 않는 사례들을 함께 보면 인과적 추론을 뒷받침하는 데 유용하지 않거나 왜곡된 추론을 할 수 있다. 물론 이 경우에 개입변인인 문화의 차이로 양 사례의 상이함을 설명할 수 있겠지만, 그러한 개입변인에 대한 고려 없이 양 사례를 비교하려 하면 문제가 발생한다는 것이다.

또 다른 예로, 다수당과 소수당의 의석 차가 클수록 법안가결율에 어떤 효과가 미쳐지는지 추론할 때 내각제인 영국과 대통령제인 미국은 헌법 권력구조의 차이로 인해 인과관계가 동일 논리로 작동되지 않아 인과적 비교가능성이 떨어진다. 영국식 내각제는 권력융합적 성격을 띠기에 의석 차가 법안가결율에 직접적으로 영향을 끼치지만, 미국식 대통령제는 권력분립적 성격을 띠므로 의석 차가 법안가결율에 영향을 끼치는 중간에 여러 요인이 완충작용을 한다. 그러므로 이 경우에도 개입변인으로서의 헌법 권력구조에 대한 고려 없이 두 사례를 관찰하면 인과적 비교가능성이 충족되지 않아 인과 추론에 도움이 되지 않거나 왜곡이 초래될 가능성이 크다.

개념 비교가능성이든 인과적 비교가능성이든 전술한 다수성 기준과 충돌된다. 비교가능성을 신경 쓸 때 그만큼 아무 사례나 관찰할 수 없고 맥락상 비슷한 사례들만 선택적으로 관찰할 수 있기 때문이다. Small-N 연구는 당연히 사례들의 비교가능성을 우선할 것이고, 계량분석을 시도하는 Large-N 연구는 다수성을 우선하는 가운데 비교가능성이 떨어지는 사례들을 무분별하게 관찰하는 일도 종종 있을 것이다. 어느 쪽이 낫다고 일반화할 수는 없고, 연구자의 문제의식과 주제, 연구 환경 등에 따라 판단할 일이다.

4) 상호독립성

연구 설계에서 유의하고 충족시키고자 노력해야 할 또 다른 기준으로 여러 관찰사례 간의 상호독립성을 들 수 있다. 이는 관찰사례가 각각 독립적으로 존재하며 상호 영향력이 행사되지 않거나 혹은 여타 요인에 공동으로 영향받지 않는 상태를 말한다(제3장에서 논한 인과관계의 조건 중 하나인 변인 간의 개념적 상호독립성과 혼동하지 말 것). 사례 수가 100이라고 해도 만약 특정 사례가 다른 사례(들)에 큰 영향을 끼친다면 실제 사례 수는 100에 미달하게 된다. 예를 들어, 10명의 동급생이 라면과 햄버거 중 어떤 것을 먹기를 원하는지 관찰하는데, 가장 인기 있거나 주먹이 센 친구 한 명의 결정을 나머지 9명이 눈치 보며 그냥 따라간다면 실제 관찰대상의 수는 1명에 불과하다. 10명이 각각 독립적으로 의사결정을 해야만 사례 수는 10이 된다. 국회의원 300명의 표결행태를 관찰하는 경우, A당 소속 150명, B당 소속 100명, C당 소속 50명이 자율성 없이 철저히 당론에 따라 움직인다면 실제 관찰사례 수는 300이 아니라 3에 불과하다. 관찰사례 수가 명목상 N개라 해도 실제로 N개인지, 사례 간의 상호독립성 기준이 충족되지 않아 실제로 N개에 못 미치는지 잘 판단할 필요가 있다.

분석단위가 국가인 예를 생각해보자. 환경정책과 교통정책의 관계를 연구하기 위해 덴마크, 독일, 이태리, 미국, 일본, 브라질, 이집트 총 7개국을 비교 관찰하는 경우, EU 회원국인 덴마크, 독일, 이태리는 EU 전체의 환경정책과 교통정책 규정에 구속되므로 거의 비슷한 모습을 보일 수밖에 없다. 그러므로 이 세 국가는 상호독립성 기준을 만족시키지 못하고 하나의 사례에 그친다고 볼 수 있다. 정권의 정치적 억압이 반정부 시위를 촉발하는 인과 작용을 연구하기 위해 북아프리카 5개국인 이집트, 리비아, 알제리, 튀니지, 모로코를 관찰한다고 치자. 이 국가들은 인접해 있어서 한 국가에서의 시위가 이웃에 쉽게 파급되며 도미노 효과를 내는 경향이 있다. 그 때문에 상호독립성 기준을 기하기가 어렵다. 이로 인해 정치적 억압과 반정부 시위 사이의 인과관계를 추론하는 데 실제보다 과장되게 왜곡될 공산이 농후하다.

관찰사례 간의 상호독립성이 충족되지 않아 발생하는 추론상의 왜곡을, 그것을 지적한 학자의 이름을 따서 '갈톤Galton의 문제'라고 부른다.[6] 그러나 연구범위를 설정하고 관찰사례들을 선택하는 과정에서 신경 써야 할 문제점이라는 데 이견이 있을 수 없다 해도, 사회과학에서 완벽히 피하기는 거의 불가능한 문제점이다. 같은 사회적 맥락에 존재하는 행위 주체(사람, 국가, 집단 등)는 완전한 상호독립성을 갖기 힘들다. 서로 멀리 떨어져 있는 행위 주체 간에도 적은 정도의 영향력이라도 교환되는 것이 상례이다. 특히 지구화로 국가 간 상호의존성이 깊어지고, 정보화로 사람 간, 집단 간 의식적이든 무의식적이든 교류가 급증하고 있는 오늘날 더욱 그렇다. 연구범위를 시간적으로 확대해 관찰사례 수를 늘리는 경우에도, 과거의 사례가 그 후의 사례(들)에 경로의존적 영향을 끼치므로 사례 간의 상

---

6 Francis Galton (1822–1911). 영국의 통계학자

호독립성 기준을 기하기 쉽지 않다. 이러한 현실적 한계에도 불구하고, 가능한 한 관찰사례들의 상호독립성이 너무 과하게 훼손되지 않도록 유의하며 연구 설계를 짠다면 추론상의 왜곡을 줄일 수 있을 것이다.

5) 대표성

과학주의 전통에서 대부분의 연구는 그 목적을 연구대상 전체(즉, 모집단 population)에 대한 일반화에 두지, 관찰사례로 국한된 이해만을 추구하지는 않는다. 그러므로 선택된 관찰사례가 모집단 전체를 대표할수록 좋은 연구 설계가 된다. 정책 쟁점에 대한 국민 여론을 파악하는 것이 목적이라면 모집단인 국민 전체를 잘 대표하는 표본sample을 추출해서 관찰해야 한다. 신제품 개발을 위해 소비자 선호를 조사한다면 소비자 전체를 대표할 수 있는 사람들을 표본으로 골라 관찰할 필요가 있다. 국가체제의 안정을 도모해주는 여러 요인을 일반화 차원에서 탐구한다면 너무 특이하거나 예외적인 국가보다는 가장 전형적이어서 상대적으로 대표성이 높은 국가(들)를 관찰하는 것이 당연히 낫다.

관찰사례 수가 많은 Large-N 연구에서는 대표성을 기한 표본을 얻기 위해 무작위random 추출방식을 시도하거나 비슷한 것들끼리 묶어 비례적으로 추출하는 '짝짓기'matching 방식을 시도할 수 있다. Large-N 연구를 위한 여러 표본추출 방식에 대해선 다음 장(제6장)의 앞부분에서 상세하게 후술할 것이다. 대표성 기준을 위해 표본추출에 신경 쓰는 Large-N 연구와 달리, 사례 수가 적은 Small-N 연구에서는 대표성 기준이 실천하기 힘든 이상형에 그치게 마련이다. 소수의 국가나 조직, 쟁점을 통해 연구를 진행할 때 어떤 관찰사례(들)를 선택해도 그것이 전체를 잘 보여주는 대표성을 띤다고 말하기 힘들다. 그러므로 Small－N 연구에서의 사례 선택과 관련해 대표성representativeness이란 개념보다는 전형성typicality, 정상성normality, 정례성regularity, 일반성generality 등의 표현이 더 적절해 보인다.

물론 전형성, 정상성, 정례성, 일반성 등도 충족시키기 만만한 기준이 아니다. 누구나 동의할 만한 명확한 판단 기준을 찾기가 불가능해 보이고 그런 만큼 연구자의 자의성이 작용할 여지가 크다. 그러므로 Large－N 연구에서도 표본을 통해 모집단에 대한 일반화를 조심스럽게 해야 하듯이, Small－N 연구에서는 더욱 신중하게 접근해서 성급한 일반화의 오류에 빠지지 않도록 유의할 필요가 있다.

6) 변이성

연구범위와 관찰사례들을 정할 때 독립변인(들)과 종속변인의 관찰결과가 여러 사례 간에 같은 값을 보이기보다는 가능한 한 충분한 변이variation, 즉 다양한 값들을 보일 수 있도록 해야 한다. 전술했듯이 인과관계의 조건 중 하나가 독립변인과 종속변인의 체계적 공변성(共變性)이므로, 양 변인이 변이성을 보일 수 있도록 관찰사례들을 선택해야 인과관계에 대한 추론이 가능하다. 예를 들어, 혁명의 원인을 탐구하기 위해서는 혁명이 발발한 사례와 발발하지 않은 사례를 함께 봐야 변이성 기준이 충족되며 인과적 추론을 할 수 있다. 만약에 1917년 러시아 혁명 사례, 1960년 4·19 혁명 사례, 1979년 이란 혁명 사례를 선택해 관찰한다면 연구 설계가 잘못되었다. 이 세 사례에서 모두 혁명이 발발했으므로 종속변인의 관찰결과가 변이성을 지니지 않는다. 이렇게 되면 어떤 독립변인을 상정하더라도 X－Y 변인 간 체계적 공변성을 파악할 수 없어 원인－

결과 관계를 추론할 수 없다. 이 세 사례에 더해, 혁명이 일어날 것도 같았으나 결국 발발하지 않은 사례들(예 1980년 '서울의 봄' 당시, 19세기 말 러시아 나로드니키 운동, 1989년 중국 텐안먼 사건)도 함께 본다면 종속변인(혁명 발발 여부)에 변이성이 기해져서 인과적 추론이 상대적으로 가능해질 수 있다.

비슷한 예로, 전쟁의 원인을 탐구하기 위해 실제로 전쟁이 일어난 1차 세계대전, 2차 세계대전, 한국전, 베트남전, 걸프전 등 5개 사례를 관찰해도 종속변인(전쟁 발발 여부)이 변이성 기준을 미충족함으로써 인과 추론을 시도하기 힘들다. 전쟁 분위기가 고조되는 상황에도 결국 전쟁이 터지지 않은 다른 사례들을 추가로 관찰해서 종속변인의 변이성을 기할 필요가 있다. 가령 1962년 쿠바 미사일 사태, 1968년 동해상에서 북한이 미군 푸에블로호를 나포한 사건, 1976년 판문점 도끼 만행 사건, 1979년 주(駐)이란 미국 대사관 인질 사태, 제1차 연평해전(1999년)과 제2차 연평해전(2002년) 등 전쟁 가능성이 고조되었음에도 전쟁까지는 가지 않은 사례들을 관찰범위에 추가할 수 있을 것이다.

만약 종속변인의 변이성을 기해줄 수 없다면 연구의 문제의식을 인과적 추론에서 서술적 추론으로 바꿔 다른 목적의 연구를 진행하면 된다. 혁명이 발발한 사례들을 보면서 혁명이 어떠한 과정에서 어떠한 양상을 보이며 전개하는지 그 일반성 혹은 다양성을 풍부하게 서술할 수 있을 것이다. 또한, 전쟁이 터진 사례들만 관찰하면서 전쟁 발발의 과정을 다각적으로 서술하는 연구를 진행할 수 있을 것이다. 어떤 목적의 연구를 진행하든지, 연구자는 인과적 추론을 위해서는 변인들의 관찰값이 변이성을 보이도록 사례들을 선택해야 하고 서술적 추론을 위해서라면 변이성 기준을 그처럼 중시하지 않아도 된다는 점을 유념할 필요가 있다. 기존에 혁명이나 전쟁, 혹은 국가건설nation-building, 정치발전, 경제성장, 개헌 등 특정 주제를 잡아 다 비슷하게 성공한 사례들만 골라 각 장(章)으로 다룬 연구들이 다수 있다. 만약 그러한 연구에서 원인-결과 관계에 대한 인과적 주장이 핵심 위치를 차지하고 있다면 그 주장은 신빙성을 얻기 힘드니 유의할 필요가 있다. 그럼에도 만약 성공 사례들만 보며 인과적 추론을 하고자 한다면 성공 여부에 대한 문제의식을 바꿔 혁명의 폭력성 정도, 전쟁의 피해 규모, 국가건설의 소요기간 등에 대한 인과적 추론으로 연구 방향을 달리 잡도록 한다.

정책 제안을 담은 정부나 공공기관의 보고서에 외국 사례가 거의 빠지지 않고 등장한다. 특히 새로운 제도나 정책 프로그램을 도입하자는 보고서는 가장 중요한 근거로 외국에서의 성공 경험을 제시하는 경향이 있다. 그러나 특정 제도나 정책이 좋은 효과를 낼 것이란 주장을 하려 한다면 변이성 기준을 고려해서 그 제도나 정책을 시행한 사례와 시행하지 않은 사례를 함께 관찰해서 비교하며 분석해야 한다. 시행해서 성공한 사례만 아무리 많이 열거해봐야 그 인과적 주장에 힘이 실리지 않는다. 변이성 기준은 일상사에서도 염두에 둘 필요가 있는데, 예를 들어 인생 성공을 위한 비결을 찾고 있다면 소위 성공을 거둔 위인들의 전기만 읽지 말고 실패담도 두루 읽거나 들어야 한다. 고시에 합격하고 싶다면 합격자 수기만 읽어선 부족하고 불합격자의 경험담도 들어야 합격에 유리한 요인들을 찾을 수 있다.

변이성 기준은 특히 X-Y 관계가 비선형으로 복잡한 경우에 중요하다. 공부 투여시간(X 변인)과 성적(Y 변인)의 관계를 생각해보자. 성적은 처음에 공부 투여시간을 늘려도 큰 변화 없다가 시간이 임계점을 넘는 순간부터 확 오르는 경향이 있고, 성적이 정점에 오르면 계속 공부 시간을 늘려도 별 차이가 없다가 공부 시간이 너무 과해져도 성적이 오히려 떨어지는 양상을 보인다. 이처럼 변인 간 관계가 복잡하게 S자 곡선 모양을 보이는 경우라면 관찰사례들의 범위도 가능한 한 대폭 확대해 X 변인과 Y 변인이 다양한 관찰값을 보일 수 있도록 해야 한다. 만약 성적이 높은 사례만 보거나 공부 투여시간이 적은 사례만 본다면 복잡한 X－Y 관계를 놓치고 왜곡된 주장을 하게 될 것이다. 소득수준과 복지예산액의 관계, 정치신뢰도와 투표율의 관계, 누적투입비용과 기술개발성과의 관계 등 정치학이나 사회과학에서 자주 다루는 주제들은 S자, U자, 역U자, M자 등 복잡한 양상의 관계를 보이는 경향이 크므로, 연구자는 관찰값이 다양하게 나올 수 있도록 연구범위 설정과 관찰사례 선택에 신경 써야 한다.

물론 X나 Y 중 한 변인이 변이성을 보이지 않아도 연구 가치가 완전히 사라지지는 않는다. 상기했듯이 인과적 추론은 힘들어도 서술적 추론 차원에서는 귀중한 시사점을 얻을 수 있다. 또한 인과적 추론에도 어느 정도는 도움이 될 수 있다. 예를 들어, 관료체제의 특성이 경제성장에 어떠한 영향을 끼치는지 살펴보는 연구에서 한국, 대만, 멕시코 3개국을 관찰사례로 잡았다고 치자. 이 경우 독립변인(관료체제의 특성)에서는 3개국이 모두 위계질서적이고 간섭적인 성격을 보여 관찰값의 변이성 기준을 만족시키지 못한다. 반면 종속변인(경제성장)에서는 대기업 위주의 빠른 경제성장(한국), 중소기업 위주의 안정된 경제성장(대만), 저성장과 불경기의 악순환(멕시코) 등 변이성이 충분한 다양한 관찰값이 나왔다. X 변인이 일정한 관찰값을 내며 변이성을 기하지 못했지만, Y 변인에서 변이성이 기해졌기에 "적어도 위계질서적이고 간섭적인 관료체제의 특성은 경제성장에 인과적 효과를 끼치지 못한다."라는 시사점을 얻을 수 있다. 그러나 이 경우에도 ○○은 △△의 원인이 아닐 거라는 추론 정도만

가능할 뿐이고 무엇이 △△의 원인인지에 대해서는 추론을 할 수 없다. 이처럼 변이성 기준이 충족되지 못하면 추론의 폭과 확실성이 떨어질 수밖에 없고 특히 인과관계를 설명하기에 한계가 생긴다는 점을 유념해야 한다.

정치학의 주제 중에는 변이성 있는 사례들의 관찰이 아예 가능하지 않은 것도 있다. 핵전쟁의 원인에 대한 탐구, 초국적 민주주의 모델에서 말하는 범세계적 초국적 정치통합체의 촉진 조건에 관한 연구, 완벽하게 진정한 숙의를 가능하게 해주는 제도의 연구 등은 실제로 발생했던 적이 없는 가상의 대상을 종속변인으로 상정했기에, 아무리 많은 경험 사례를 관찰해도 실제로 종속변인의 변이성을 기할 수 없다. 이런 경우에는 부득이 유사 연구주제로 대체해서 간접적인 시사점을 얻는 수밖에 없다. 핵전쟁이 아니라 재래식 전쟁으로 바꿔 그 원인을 탐구하고 그 결과를 핵전쟁의 경우로 신중하게 투영할 수 있을 것이다. 또한 EU 등 지역적 정치통합체의 촉진 조건을 탐구하고 그 논리를 범세계적 초국적 정치통합체의 경우로 확대해볼 수 있을 것이다. 진정한 숙의라고 볼 수는 없어도 비교적 의사소통이 원만하게 이루어져 갈등이 표면화되지 않은 어떤 공론조사 모임(들)을 사례로 잡아 그 토의를 관찰한 후, 진정한 숙의를 촉진할 수 있는 제도를 위한 시사점을 간접적으로 탐색해볼 수 있을 것이다.

7) 분석적 효용성

이론을 정립하거나 개념에 정의 내릴 때 기존 이론들과의 연계성을 고려해야 하듯이, 연구 설계를 짤 때도 기존의 이론적 논쟁에 일조하거나 이론적 체계의 한 부분을 메우는 데 도움이 될 수 있는 쪽으로 고민할 필요가 있다. 즉, 연구범위와 관찰사례가 분석적 효용성(이론적 연계성)을 띨 수 있도록 하면 좋다는 것이다. 만약 연방주의에 관한 연구를 진행한다면 이 분야의 이론적 논쟁에서 핵심적 위치를 차지하는 미국 사례를 연구범위에 넣음으로써 분석적 효용성을 기할 수 있다. 싫건 좋건 간에 미국 사례가 연방주의 이론의 발전 과정에서 많이 연구되어 빈번하게 인용이나 원용되고 있는 만큼 그 사례를 관찰해야 이론적 논쟁에 합류하며 주목을 받아 광범한 이론적 공감이나 비판을 받기에 유리하다. 혁명 연구에서 프랑스 대혁명 사례, 비현실적인 정치제도의 부정적 결과에 관한 연구에서 바이마르 공화국 사례, 파시즘 연구에서 1930~40년대 독일 및 이탈리아 사례, 게릴라 전술의 효과성에 관한 연구에서 베트남 전쟁 사례, 압축 경제성장 연구에서 한국 사례, 국난 극복을 위한 대통령의 적극적 통치력 연구에서 미국 프랭클린 루즈벨트 사례 등 해당 분야의 학문 담론에서 빈번한 논의대상으로서 분석적 효용성이 높은 경우를 예시할 수 있다.

물론 분석적 효용성은 모호한 개념이다. 어떤 사례가 이론적 논쟁과 학문 발전에 이바지할 수 있는 것인지는 해당 분야를 해박하게 이해하고 있어야만 판단할 수 있을 테고, 사실 그럴 때도 확언하기는 힘들 것이다. 아울러, 분석적 효용성이 높은 사례가 일반적으로 어떤 특성을 보이는지는 더욱 논하기가 힘들다. 가장 대표적representative이거나 전형적인typical 사례가 분석적 효용성을 인정받을 수 있는 것인지, 가장 중요하거나important 선도적인leading 사례가 그런 것인지, 가장 극단적인extreme 사례가 그런 것인지, 맨 먼저의starting, launching 사례가 그런 것인지 판단 내리기 힘들다. 분석적 효용성은 "학문은 홀로서가 아니라 여러 사람이 공동으로 하는 사회적 과업"이라는 대명제에서 나오는 기준이라는 점에서 그것을 기한 사례는 당대 담론에 결정적인 영향을 끼치는 패러다임paradigm

사례와 같은 의미인 것으로 볼 수 있을 것이다. 다만, 무엇이 패러다임 사례인지 확실한 공감대를 형성하기 힘들다는 데서 분석적 효용성 기준의 모호함은 상존한다고 하겠다.

8) 반복가능성

내 연구의 과정을 남이 그대로 반복해 봐도 동일 결과가 나온다면 당연히 신뢰성reliability이 높아지므로 연구범위, 관찰사례, 관찰방법 등이 반복가능성replicability을 갖추도록 하는 노력이 요구된다. 반복가능성이 있는 연구 설계일수록 남들의 재검증을 받아 연구 결과의 신뢰성을 높일 수 있을 뿐 아니라 연구를 공동의 장으로 확장해 새로운 지식을 창출하고 적용 범위를 넓히는 데 도움이 될 수 있다. 또한, 장기간 진행되는 연구과제의 경우에는 연구자 본인이 전에 했던 연구 절차를 나중에 다시 반복하게 될 때가 있으므로 애당초 반복가능성을 신경 쓰며 연구를 진행할 필요가 있다. 반복가능성은 특히 실험 방식에 크게 의존하는 자연과학에서 중요한 기준이다. 줄기세포 분야의 스타였던 황우석 박사의 연구가 신뢰성을 잃게 된 이유는 여타 연구자들이 그의 논문에 나온 연구과정을 반복해보면서 자료가 조작되었다는 사실을 발견했기 때문임은 주지하는 바이다.

사회과학에서는 실험 방식에 의존하기 쉽지 않은 만큼 반복가능성이 너무 요원한 이상일 수 있다. 객관적으로 존재하는 자연현상과 달리 사회현상은 주관적 인식 속에 정립될 수 있을 뿐이므로, 똑같은 사회현상을 관찰대상으로 삼아 똑같은 방식으로 관찰하거나 똑같은 자료를 참고한다 해도 연구자들은 각자 상이한 주관적 인식작용을 거치며 상이한 추론을 할 수 있다. 실험실에서 엄격한 규칙과 통제 아래 진행되는 연구에 비해 인간의 힘으로 통제하기 어려운 사회현상을 똑같이 재현해보는 연구가 어려울 수밖에 없다. 그러한 근본적 한계에도 불구하고, 연구과정의 완벽한 복제는 불가능하더라도 현실상 가능한 범위에서 최대한 반복가능성을 중시해야 더 넓은 공동연구, 추가적인 파생연구, 일관성 있는 장기 연구, 생산적인 학문 논쟁과 담론 형성 등이 가능해진다.

반복가능성을 기하기 위해서는 두 가지 점을 유념해야 한다. 첫째, 연구 진행과정을 철저하고 세심하게 정리하고 가능한 한 기록해야 한다. 둘째, 그것을 연구물(논문, 책, 보고서 등)에 개방적이고 솔직하고 또한 명확하게 제시할 필요가 있다. 첫째 방안은 연구노트(종이노트, 독서카드, 컴퓨터, 아이패드, 휴대폰 등)의 항시 지참과 수시 기록, 관찰자료(하드카피, 온라인 자료 등 다양한 형태로 존재하는)의 보존과 체계적인 폴더/파일 정리 등을 통해 실천할 수 있다. 이 점을 소홀히 해 나중에 후회하는 일이 빈번하므로 연구자는 성실하고 부지런한 자세를 유지할 필요가 있다. 둘째 방안은 이 책의 제7장(연구결과 글쓰기에 관한)에서 상세하게 다루므로 여기서는 간단히 언급하는 것으로 만족하고자 한다.

9) 인과경로의 추적

제3장에서 비교역사방법 논쟁을 소개할 때 논급했듯이, 독립변인(들)과 종속변인 간의 정태적 관계를 추론하는 연구도 있고 독립변인(들)과 종속변인 사이의 동태적 인과경로causal mechanism, causal path, causal chain를 파악하는 연구도 있다. 각 독립변인과 종속변인 간의 관계를 하나의 평균값으로 압축해 일반화하는 전자나 독립변인(들)과 종속변인 사이의 복잡하고 다양한 경로를 찾는 후자나 다 높은 가치를 지닐 수 있다. 어느 쪽이 더 우월하다고 단순하게 말할 수는 없다. 다만, 기존 사회과학의 주류 학풍이 계량분석을 강조

하다 보니 전자가 대세를 이루고 후자는 상대적으로 경시되는 경향이 있다. 이러한 편향성을 시정해서 원인과 결과 사이의 동태적 인과경로에 대한 연구도 균형 있게 강조할 필요가 있다. X와 Y의 관계만 논하지 말고 X와 Y 사이에 그려지는 화살표 내부에 대한 이해도 함께 도모하면서 X－Y 관계를 말해야 주장의 설득력이 높아질 수 있다. 시민사회가 활성화되어야 국정 거버넌스가 잘 도모될 수 있다는 주장은, 시민사회가 활성화되면 유권자와 정치인 등 각종 정치행위자의 행태에 어떠한 변화가 생기고 정부와 정치권 내에 어떠한 역학작용이 일어나 국정 거버넌스가 도모되는지도 함께 밝힐 때 더욱 설득력을 띨 수 있다. X와 Y 사이에 마치 블랙박스를 덮듯이 화살표 하나로 중간의 인과경로를 뭉뚱그려 단순화한다면 인과적 설명으로서 큰 공감을 얻기에는 충분하지 않다.

그러므로 동태적 인과경로를 추적하기에 적합하도록 연구 설계를 짜면 좋을 것이다. 연구범위를 설정하고 관찰사례를 선택할 때 독립변인(들)과 종속변인의 값을 측정(관찰)하는 데만 신경 쓰지 말고 그 중간 경로(들)도 추측할 수 있도록 연구의 시간적 범위를 구간별로 세분화해서 관찰 포인트를 늘릴 필요가 있다. t－1 시점에서 t 시점으로, 또 t 시점에서 t＋1 시점으로 어떠한 연쇄작용이 일어나는지 추론할 수 있어야 한다. 그런 만큼 이 경우에는 시간성에 주목하는 종단분석이 유용성을 띠게 된다. 아울러, 중간의 인과경로가 하나만 존재하지 않고 복잡하고 다양한 양상을 띨 수 있으므로 그 점을 밝히기 위해 공간적으로도 범위를 확대해 여러 분석단위(국가, 집단, 개인, 제도, 정책, 사회적 이슈 등)를 횡단으로 비교할 수 있으면 좋다. 결국, 종단 및 횡단 분석을 합한 패널 분석이 인과경로의 추적에 가장 유리하다. 물론 패널 분석에도 여러 한계가 있다는 점은 상기 제2절(연구 설계의 유형)에서 지적한 바 있다.

10) 대안의 비교

내 주장을 할 때 다른 대안적 주장(들)도 언급하면서 내 주장의 상대적 우월성을 논한다면 설득력이 더 높아질 수 있다. 즉, Y를 설명할 때 핵심 독립변인 X뿐 아니라 X′, X″ 등도 함께 제시하면서 X의 상대적 이점을 설파할 필요가 있다는 것이다. 실제로 학술논문 중에는 핵심 가설의 검증을 위해 여타 대안적 가설(들)도 같이 상정해 살펴봄으로써 높은 평가를 받는 경우가 많다. 그러므로 연구 설계를 세울 때 대안의 비교라는 기준을 간과하지 말아야 한다. 연구 범위 설정, 관찰사례 선택, 자료 수집 등에서 핵심 주장에 직결되지 않아도 대안의 비교에 도움이 될 수 있는 부분까지 포괄해서 고려하는 자세가 필요하다.

이때 유의할 점은 연구자가 내세운 핵심 주장(가설)을 뒷받침하려고 허술하고 만만한 대안들만 '허수아비'straw man로 세워선 곤란하다는 것이다. 대통령의 영향력이 가장 큰 영역은 대외안보정책 분야라는 점을 강조하려고, 대통령이 평상시에 큰 관심을 기울이지 않았을 것으로 쉽게 짐작되는 외국교환학생정책이나 지방관광개발정책, 공기업규제정책 등을 대안으로 비교한다면 주장에 힘이 실리기는커녕 그 의도에 의심만 살 수 있다. 물론 어떤 대안이 적절한 것인지 아니면 허수아비인지 판단하기란 쉬운 일이 아니고 통상적으로 논쟁을 일으키곤 한다.

대안의 비교 기준은 상기한 범위 적절성 기준과 한편으로 부딪치고 또 한편으로는 상호 부합하기도 한다. 대안의 비교를 위해선 연구 설계를 가능한 한 폭넓게 짤 필요가 있는데, 범위의 적절성을 위해선 연구 설계를 꼭 필요한 부분까지만 확대하고 방만해지지 않도록 해야 한다. 이에 따라 양자가 잘 맞지 않을 수 있다. 그러나 전술했듯이 범위 적절성을 중시한다면 '사례 게리맨더링'을 저지르지 않고 반례도 진지하게 고려하게 되므로, 이 측면에서 보면 포괄적으로 대안적 관점이나 대안적 사례를 살펴 비교해야 한다는 점과 잘 맞는다고 할 수 있다. 허수아비가 아닌 적절한 대안(들)을 세우는 것과 강력한 반례를 회피하는 사례 게리맨더링을 삼가는 것은 결국 같은 맥락의 말이라 하겠다.

11) 기준들의 상쇄효과

이상에서 연구 설계 시 추구될 필요가 있는 기준들을 살펴보았다. 이 기준들은 이론 정립의 기준들, 개념 정립의 기준들과 마찬가지로 이상형ideal-type으로서 각각을 완벽하게 충족하기는 힘들고 더욱이 상호 상쇄관계trade-off로 인해 모두를 한꺼번에 추구하기도 불가능하다. 특히 다수성 기준은 여타 기준들 대부분과 상충하는 경향이 있고, 대표성은 분석적 효용성과 논리상으론 아닐지 몰라도 실제 경험상 잘 부합하지 않는 경우가 많다. 전술했듯이 범위 적절성은 대안의 비교 기준과 역시 부딪힐 가능성이 있다. 그 밖에도 기준 간에 여러 복잡한 양상의 상쇄효과가 존재한다. 그러므로 결국 연구자가 이 기준들과 관련해 어떠한 우선순위를 정하는지가 관건이다. 연구자는 주제, 문제의식, 이론적 관점, 관찰사례, 연구방법 등과 아울러 연구환경(시간, 재정, 능력, 주위 반응 등의 여건)의 현실적 맥락을 종합적으로 고려해서 신중한 판단을 내려야 한다. 예를 들어, 계량분석 위주의 Large-N 연구를 추구한다면 다수성을 중시할 것이고 질적 해석 위주의 Small-N 연구를 한다면 이와 달리 비교가능성, 상호독립성 등을 중시할 것이다. 연구 설계와 관련해 왜 특정 범위를 설정하고 특정 사례들을 특정 방법으로 관찰했는지에 대한 근거를 상기 기준들의 경중을 따져 제시한다면 독자에게 신뢰를 얻고 반향을 일으키기에 좋다.

4. 비교방법[7]

전술한 연구 설계의 유형 중 사례 분석만 빼고 모든 유형에서 비교가 가장 핵심적인 위치를 차지한다. 횡단 분석은 공간을 가로지르며, 종단 분석은 시간을 가로지르며, 패널 분석은 공간과 시간을 함께 가로지르며 관찰대상들을 비교한다. 이처럼 연구 설계에서 가장 중요한 비교를 어떤 방식으로 하면 좋을지 이번 절에서 상세하게 살펴보자.

비교를 핵심으로 삼는 연구 방법을 지칭하는 용어로 '비교방법' comparative method, '비교분석'comparative analysis, '비교연구'comparative research 등 여러 동의어를 들 수 있다. 어느 것도 무방하겠으나 이 책에서는 비교방법이란 용어를 주로 사용하고자 한다. 그 이유는 연구를 위한 도구, 수단이라는 뉘앙스가 가장 명확하게 드러나기 때문이다. 상식적으로 생각해볼 때, 비교분석이나 비교연구는 해당 연구 그 자체를 뜻하고, 비교방법은 그것의 도구라는 뜻을 담고 있다. 또한 비교연구는 국가나 사회, 집단, 개인 등을 횡적으로 교차 비교하는 뉘앙스를 띠는바, 정치학에서는 특정적으로 비교정치학 분야에만 연관된 것으로 오해될 여지도 있다.

이번 제4절에서는 비교방법의 의미, 목적, 필요성, 관점 등을 논

---

7 이 절은 다음의 졸고로부터 많은 부분을 인용, 원용하고 있음: 임성호, "비교방법: 정치학의 희망과 한계," 한국정치학회 편, 『정치학 이해의 길잡이 Vol. 2: 정치이론과 방법론』(경기도 파주시: 법문사, 2008년), pp. 364－404.

한 후 구체적으로 여러 유형의 비교방법을 소개한다. 또한 비교방법의 한계도 지적하고 향후의 발전 지평에 대해서도 논의를 전개한다.

1) 비교방법의 의미

학문적으로 볼 때, 비교방법의 의미를 광의로 이해하는 관점과 협의로 이해하는 관점이 존재한다. 전자를 취한다면, 비교를 시도하는 모든 유형의 연구 방법을 비교방법이라 할 수 있다. 비교방법을 가장 넓게 이해하는 관점은 "비교정치학은 정치학의 모든 것"이라는 로버츠G. Roberts의 주장에 극명하게 담겨있다.[8] 체계적 비교를 통해 정치현상을 연구하는 것이 비교정치학이고 모든 정치학 탐구가 체계적 비교를 시도하지 않을 수 없으므로 비교정치학이 곧 정치학 자체라는 것이다. 비교방법은 경험적 사회과학의 목적인 서술, 설명, 예측을 위한 "유일하고도 또한 가장 적절한 방법"이라는 말에도 비교방법을 방법론 그 자체로 광범하게 보는 관점이 드러난다.[9] 스멜서N. Smelser도 실험방법, 통계방법, 비교방법은 같은 비교논리를 달리 적용하는 것일 뿐이라며 셋을 근본적으로 구분하지 말고 넓은 의미의 비교방법에 다른 두 방법도 포함되는 것으로 보자고 주장한다.[10]

그러나 비교방법을 보다 좁고 제한적인 의미로 이해하는 시각도 있다. 예를 들어, 사르토리G. Sartori는 레이파트A. Lijphart의 생각을 계

---

8 Geoffrey K. Roberts, *What Is Comparative Politics?* (London: Macmillan, 1972), p. 7; 최명, 『비교정치학서설』 (서울: 법문사, 1979), p. 14에서 재인용.

9 김웅진·김지희, 『비교사회연구방법론』 (서울: 한울아카데미, 2000), p. 12. 인용문의 밑줄은 원문에 없으나 강조하기 위해 추가한 것임.

10 Neil J. Smelser, *Comparative Methods in the Social Sciences* (Englewood Cliffs, NJ: Prentice-Hall, 1976).

승하며, 비교방법은 '변수는 많고 사례는 적은' 현상을 관찰하기 위한 것으로서 실험방법, 통계방법 등과 구별된다고 말한다.[11] 사르토리는 비교방법을 정치학 연구에 최적이라고 본다. 실험방법은 현상 설명을 위한 도구로 가장 이상적이지만 사회과학에서는 실제로 활용하기에 한계가 크고, 통계방법은 실험방법 다음으로 강력한 관찰도구이지만 수많은 사례를 관찰할 수 있는 조건이 충족되어야만 한다. 반면 비교방법은 '변수는 많고 사례는 적은' 대부분의 정치현상 관련 주제들에 가장 적절하다는 것이다. 여기서 비교방법은 아무렇게나 하는 것이 아니고, 변인과 연구범위(사례)를 제한, 즉, 통제control해 관찰한 후 그 결과를 살피며 현상에 대한 이해를 도모하는 것을 뜻한다. "비교라 함은 통제하는 것이다."라는 사르토리의 말처럼, 잘 따져보며 관찰 각도를 나름의 기준으로 기울 있게 잡아야 비교방법이라고 할 수 있다.[12] 또한, 사르토리는 비교할 때 차이점과 유사점이 둘 다 있는 대상들이 필요하다는 점을 강조한다. 왜냐하면 대상들이 유사하기만 하면 차이점이 없는 것으로서 그들은 하나의 동일 대상이라는 말이고, 대상들이 다르기만 하면 아무런 연관이 없어 그들을 비교해도 어떤 의미를 찾을 수 없기 때문이다.[13]

안재흥은 비교방법을 통계방법과 사례연구방법의 중간에 놓인 것이라고 본다. 통계방법은 연구대상이 포괄적 일반성(보편성)을 띨 때 사용하는 것이고 사례연구방법은 연구대상이 고유한 복잡성(특수

---

11 Arend Lijphart, "Comparative Politics and the Comparative Method," *American Political Science Review*, 65 (1971); Giovanni Sartori, "Compare Why and How: Comparing, Miscomparing, and the Comparative Method." in Mattei Dogan and Ali Kazancigil, eds., *Comparing Nations: Concepts, Strategies, Substance* (Oxford, UK: Blackwell, 1994), p. 16.

12 상게서, p. 16.

13 상게서, p. 17.

성)을 띨 때 사용하는 것이다. 반면에 연구대상에 포괄적 일반성(보편성)과 고유한 복잡성(특수성)이 함께 맞물려 있는 경우에 사용하는 것이 비교방법이라고 규정한다.[14] 비교방법을 제한적으로 본다는 데서 안재홍과 사르토리의 공통점이 있다. 그러나 사르토리가 변인과 사례의 수에 따라 비교방법을 규정하는 데 비해, 안재홍은 연구대상이 보편성과 특수성 양자를 접목하고 있는가에 주목하며 비교방법을 이해한다. 안재홍은 학계가 일반성을 추구하는 정량적·통계적 방법과 특수성을 찾는 정성적·사례(역사)연구 사이의 양극적 논쟁에 빠져, 보편성과 특수성이 교차하는 실제의 수많은 연구대상에 대한 비교방법의 적실성을 잊고 그 정체성을 잃고 있다고 비판한다.

라긴C. Ragin은 비교방법을 한층 더 제한적이고 매우 특정한 성격을 지닌 것으로 본다.[15] 그는 앞선 제3장에서 비교역사방법 논쟁과 관련해 소개되었듯이, 주류 사회과학이 변인 간의 정태적 관계에만 관심을 두고 동태적 인과작용을 경시한다고 비판한 학자답게 비교방법도 특이하게 이해한다. 즉, 현대 사회과학의 주류 방법론인 분석적 접근과 대조되는 개념으로 비교방법을 규정한다. 그에 의하면, 비교방법은 i) 넓은 일반화를 목적으로 하기보다는 적은 수의 사례가 지닌 고유함에 대한 깊은 이해를 추구하고, ii) 변인중심적variable-oriented이기보다는 사례중심적case-oriented이고, iii) 미시적이기보다 거시적인 관점을 취해 개별 사례를 전체론적holistic으로 이해하고, iv) 확증적confirmatory 이론 검증보다는 개념 및 이론의

14 안재홍, "비교방법의 방법론적 정체성," 『국제정치논총』 46집 2호 (2006년).

15 Charles C. Ragin, "Comparative Method," *The SAGE Encyclopedia of Social Science Research Methods*, Vol. 1 (Thousand Oaks, CA: SAGE Publications, 2004), p. 148.

정립에 유용한 탐색적exploratory 시사점을 도출하고, v) "왜"라는 인과적 추론보다 "어떻게"라는 인과과정을 찾아내고, vi) 독립변인 각각의 상대적 비중을 논하기보다는 여러 독립변인이 함께 어떤 방식으로 결합해 종속변인에 집합적 영향을 미치는지에 더 관심을 기울이는 연구방법이다. 라긴이 이처럼 규정한 이상형ideal-type으로서의 비교방법은 학계에서 통상적으로 받아들여져 온 비교방법과는 크게 다르다. 상기 광의의 비교방법과 다른 것은 물론이고, 실험방법 및 통계방법과 구별되는 특정 관찰방식으로서의 비교방법(레이파트, 사르토리가 논한)과도 상이하다. 특수성을 탐색하는 정성적 방법과 일반성을 찾는 정량적 방법 중간에서 양자가 접목·통합된 형태로 있는 연구방법을 비교방법이라고 이해하는 안재흥과도 대비된다.

이상 소개했듯이 비교방법의 의미에 대해서 다양한 입장 차가 존재한다. 단순히 기법 차원의 부분적 차이가 아니고 사회현상의 성격과 학문 탐구의 목적에 관한 근원적 인식의 차이라 하겠다. 교과서로서 이 책에서는 특정 입장만 따르기보다 비교방법의 여러 측면을 가능한 한 포괄적으로 소개한다. 비교방법을 좁고 제한적인 의미로 보면 다양한 측면과 논점을 다루기 힘드니, 최대로 넓게 보며 기존 학계에서 활용되는 비교방법의 여러 유형을 두루 이해하는 접근방식을 취해 이 책의 취지에 부합하고자 한다.

2) 비교방법의 목적

"모든 지식은 비교학적이다."라는 말은 비교방법의 중요성을 극명하게 표현한다.[16] 지식 창출은 비교방법을 통해야 한다는 뜻이다. 비교방법의 목적이 지식 창출이라는 데 동의하지 않는 사람은 없을

16 John Gerring, 전게서, p. 157.

것이다. 비교를 허용치 않는 단 한 번의 관찰에 의존하는 연구는 근본적 한계가 있어 단순 사실 정보가 아닌 지식을 낳을 수는 없다.[17] 그 첫째 이유로, 대부분의 정치현상이나 사회현상은 단 하나의 원인만 수반하지 않는다. 그러므로 독립변인을 어떻게 상정해도 대안적 가설이 있기 마련이다. 모든 대안적 가설을 고려할 수는 없어도 일부 핵심적인 것만이라도 고려하려면 추론을 여러 번 해야 하므로, 단일 관찰로는 만족할 만한 지식을 얻을 수 없다. 둘째, 무작위 오류random error나 정형적 오류bias 등 관찰 오류measurement error의 가능성이 항상 있으므로 단일 관찰로는 오류를 범하지 않았다는 확신을 할 수 없고 그런 만큼 만족스럽게 지식을 얻을 수 없다. 셋째 이유로, 세상은 결정론적으로 보기에 너무 복잡하다는 점도 들 수 있다. 파악되지 않은 개입변인의 작용에 의한 우연과 예외가 너무 많다. 따라서 확률론적으로 현상을 보게 되는데, 확률의 정의상 단일 관찰로는 추론 자체가 불가능하다. 이러한 여러 이유로 인해, 단일 관찰로는 신뢰성reliability과 타당성validity을 기한 지식을 얻을 수 없다. 신뢰성을 극대화해 타당성을 추구하기 위해서는 다양한 범위의 다양한 사례를 다양한 각도에서 관찰한 후 여러 차례 나오는 결과들을 비교해야만 한다.

앞서 제1장과 제2장에서 강조했듯이 지식은 사실로 확인할 수 있는 개별 정보와 달리 눈에 보이지 않는 무언가에 대한 일반론 차원의 추론(일반화)을 수반한다.[18] 크래머G. Kramer의 말을 빌리자면, 지식은 우리의 관찰 결과를 의미 있게 배치한 상징체계인 일반화된 이론의 형태를 띠는데 그 일반화는 다양한 자료를 다각도에서 관찰

17 King et al, 전게서, pp. 209－212.

18 특히 상게서, pp. 7－8 참조할 것.

한 결과를 비교해봐야 검증될 수 있다.[19] 그런 의미에서 학자 대부분이 비교방법의 목적은 지식 창출이고 특히 일반화의 정립이라는 데 동의한다. 사르토리도 이와 같은 취지로 "모든 사회과학적 설명은 일반화를 수반하고, 어떤 일반화도 비교 검증의 대상이 된다."라고 말한다.[20] 그가 보기에 사례연구(이번 장 제5절에서 후술함)는 이해의 깊이와 풍부함을 위해 일반성을 희생하는 반면 비교연구는 과학적 지식의 핵심인 일반성을 기하는 가운데 맥락적 고유성이 다소 희생되어도 크게 마다하지 않는다.[21]

비교방법으로 추구하는 일반화는 서술과 인과 추론, 즉 설명(예측을 포함한)으로 나눠볼 수 있는데, 분석적 성격이 강한 과학주의 전통에서는 전자(서술)보다 후자(설명)에 주안점을 두며 그것의 도구로 비교방법을 강조한다. 예를 들어, 킹·코헤인·버바는 인과성을 정의내림에 있어서 비교 개념에 핵심적으로 의존한다.[22] 제3장에서 보았듯이 그들에 의하면, 독립변인이 작용한 무한대로 많은 (가상의) 경우들에서 종속변인 값들의 평균을 구하고 똑같은 환경에서 독립변인이 작용하지 않은 무한대로 많은 (역시 가상의) 경우들에서 종속변인 값들의 평균을 구할 때 양자 사이의 차이(이것을 mean causal effect라 함)가 진정한 인과성이다. 인과성을 엄밀하게 논하려면 가상의 세계에서 여러 각도의 관찰을 무한대로 많이 반복하고 그 결과들을 비교해야 한다는 것이다. 비교가 인과 추론의 근간임을 알 수 있다. 킹·코헤인·버바는 인과성의 이처럼 엄격하고 추상적인 조건을 다

19 Gerald H. Kramer, "Political Science as Science," in Herbert F. Weisberg, ed., *Political Science: The Science of Politics* (N.Y.: Agathon Press, 1986).

20 Giovanni Sartori, 전게서, p. 27.

21 상게서, p. 24.

22 King et al, 전게서, pp. 76－85.

소 현실적으로 누그러뜨려 "단위 동질성"unit homogeneity 가정에 입각한 인과 추론[23]도 전개하는데, 이 경우에도 역시 비교방법이 추론의 핵심을 차지한다.[24]

이처럼 비교방법을 통해 일반화 차원의 인과 추론을 시도하는 것이 중요하게 인식되지만, 서술을 위한 일반화도 비교방법의 목적 중 하나로 간과할 수 없다. 게링은 서술이 인과적 설명을 위한 배경지식으로만 존재 가치를 갖는 것이 아니고 그 자체로 매우 중요할 수 있다고 보며 이를 위한 비교방법의 유용성을 논한다.[25] 킹·코헤인·버바도 단순 사실의 관찰과 구분되는 서술적 추론을 하기 위해서는 비교관찰에 따른 일반화가 필요하다는 점을 강조한다.[26] 이런 관점에서 볼 때 비교방법의 목적으로 서술도 중요한 자리를 차지한다. 심지어 어떤 현상에 이름을 붙이는 개념화도 비교방법을 통해 할 수 있음을 주지할 필요가 있다. 예를 들어, 어떤 현상을 도시화, 산업화, 민주화, 극단화 등 일반적 개념으로 표현하기 위해서는 다른 사례들과의 비교가 필수적으로 수반된다.

비교방법은 일반화만을 목적으로 하지 않고 특정 사례가 얼마나 독특하고 고유한지를 파악하는 데도 도움이 된다. 예를 들어, 어떤 사건을 2차 세계대전, 스페인 내전, 명예혁명 등 고유한 이름으로 지칭하기 위해서는 다른 사례들과 비교를 통해 왜 "2차"이고 "세계대전"인지, 왜 "내전"인지, 왜 "명예"를 붙이는지 밝혀야 한다.[27] 안

---

23 독립변인에서만 차이가 나고 나머지에서는 동질적인 복수의 대상을 동시에 관찰해서 나오는 종속변인 상의 차이를 인과성이라고 규정하는 것을 뜻함.

24 상게서, pp. 91−94.

25 John Gerring, 전게서, p. 122.

26 King et al, 전게서, p. 34.

27 John Gerring, 전게서, p. 157.

재홍은 일반화 못지않게 개별 사례의 고유성, 특이성을 찾아내는 작업도 비교방법의 목적이라는 점을 특히 강조한다.[28] 매킨타이어의 경우, 제3장에서 논했듯이 흄의 인과성 개념에 바탕을 둔 주류 과학주의의 인과적 추론 방식을 비판하지만, 비교 자체를 부인한 것은 아니다. 사회과학자가 통상 추구하는 법칙적 일반화law-like generalization를 부정하는 것이지, 관찰한 경우들에만 적용되는 실례(實例) 차원의 실제적 일반화de facto generalization는 인정한다. 그런 이유로 매킨타이어는 실제적 일반화에 천착하는 비교역사학이 법칙적 일반화에 매몰된 비교정치학보다 근원적이고 우선적이어야 한다고 주장한다.[29]

매킨타이어만 해도 비교방법과 서술 차원의 맥락적 일반화를 인정하지만, 이와 달리 극단적으로 일반화와 비교를 부정하는 시각도 있다. 특히 제3장에서 논한 윈치, 테일러 등 개별 사회적 맥락의 고유한 의미와 특정 사회 구성원들 간의 독특한 상호주관성inter-subjectivity을 탐구의 핵심으로 상정하는 일군의 학자들이 일반화 위주의 비교정치학을 거부하는 지적 움직임을 이끌었다.[30] 여기에 큰 힘을 실어준 것은 전술한 인류학자 기어츠가 제창한 "풍부한 서술thick description" 개념이었다. 그는 일반화, 특히 인과관계에 대한 일반화가 필연적으로 현실을 자의적으로 재단하고 왜곡한다고 비판하며, 감정이입empathy을 통해 관찰대상자들에 대한 내적 관점internal point of view을

---

28 안재홍, 전게서.

29 Alasdaire MacIntyre, "Is a Science of Comparative Politics Possible?" in Alan Ryan, ed., *The Philosophy of Social Explanation* (Oxford University Press, 1973).

30 Peter Winch, *The Idea of a Social Science and Its Relation to Philosophy* (Routledge & Kegan Paul, 1963); Charles Taylor, *Philosophy and the Human Sciences* (Cambridge University Press, 1985).

취하고 개별 현상이나 행위의 독특한 의미를 해석하기 위해 풍부한 서술에 주안점을 두어야 한다고 주장했다.[31] 이러한 관점에서 볼 때, 각 사례(국가든 집단이든 문화든 사람이든)는 고유한 역사와 문화의 맥락 속에 형성되므로 일반화 차원에서 그 사례들을 비교하면 실패하게 마련이다.

그러나 비교방법을 거부하는 극단적 해석주의 시각을 따르는 정치학자는 별로 없다. 적어도 일반화 차원의 이해의 틀을 만들지 않고서는 고유한 맥락의 의미에 대한 이해도 불가능하다고 생각한다면 비교방법을 거부할 수 없다. 해석주의자의 주장처럼 이론적 일반화가 필연적으로 현실을 왜곡(즉, 재구성)하게 되지만, 어떠한 사회현상에 대한 논의도 어느 정도의 현실 왜곡(즉, 재구성)을 피할 수 없다. 어떤 현상도 고유하지만, 전술했듯이 일반화 차원의 이해의 틀을 세우지 않고서는 고유한 맥락의 의미에 대한 이해도 불가능하다.[32] 물론 일반화가 인간의 인위적 구성물이라고 해서 아무렇게나 만드는 것은 아니다. 여러 시간적·공간적 사례에 대한 체계적 비교 관찰에 입각해야 한다. 정치문화, 근대화, 종속 등의 예가 보여주듯이 특정 국가나 지역을 다룬 연구가 정치학에 중요한 이론적, 개념적 공헌을 해온 것이 사실이지만,[33] 이러한 공헌은 특정 현상에 대

31 Clifford Geertz, *Local Knowledge: Further Essays in Interpretive Anthropology* (New York: Basic Books, 1983); *The Interpretation of Cultures* (New York: Basic Books, 1973).

32 특히 King et al, 전게서, pp. 12, 42−43.

33 Robert H. Bates, "Area Studies and the Discipline: A Useful Controversy?" *PS: Political Science & Politics*, 30, 2 (June 30, 1997), p. 168; John W. Harbeson, Cynthia McClintock, and Rachel Dubin. "Area Studies and the Discipline: Towards New Interconnections," *PS: Political Science & Politics*, 34, 4 (December 2001).

한 관찰을 비교방법을 통해 이론 틀 속에서 활용한 덕에 가능했다. 사실, 특정 현상의 고유한 의미를 해석하기 위해서도 의식적이건 무의식적이건 다른 현상들과의 비교와 일반화의 도움을 받지 않을 수 없는 것이다.

3) 비교방법의 필요성

비교방법의 학문적 의미나 목적에 관해 학문적 논쟁이 진행되는 다른 한편으로, 넓은 의미의 비교방법은 이미 원시 시대부터 인류의 일상생활에서 광범하게 사용되어왔다. 정치학에서는 현대 비교정치학 분야의 정립과 함께 체계적인 비교방법의 필요성에 대한 재인식이 이루어졌다. 전술한 행태주의가 널리 퍼지며 현대 비교정치학이 학문 분야로 정착되던 초기인 1960년대에 각 국가나 지역의 정치에 대한 비교연구가 붐을 이루었다.[34] Almond, Verba, Apter, Coleman, Pye, Weiner 등 개별 지역이나 국가를 연구하는 학자들이 비교정치학의 여러 이론 작업을 주도했다. 그러나 이들은 다양한 국가의 다양한 맥락을 경시한 채 성급히 이론적 일반화를 시도했고 서구중심적 관점에서 획일적으로 정치현상을 설명했다는 비판을 받았다.

그러한 비판은 1960~70년대 이래로 널리 공명을 자아내, 각 국가나 지역의 정치를 비교정치학의 포괄적·체계적 이론 틀에서 연구하기보다는 각각의 맥락에서 개별적 고유성을 연구하는 경향이 20세기 후반 점차 커졌다. 각 국가나 지역에만 초점을 맞춰 다양한 각도에서 그 속을 들여다보는 경향이 증가한 것이다. 다른 국가나

34 John W. Harbeson et al, 상게서.

지역을 연구하는 정치학자들과의 교류는 줄어들고 자기의 전공 국가나 지역을 공부하는 여러 학문 분야의 학자들과의 교류가 외연을 확대하였다. 때마침 냉전 시대를 맞아 국가 경쟁력 제고를 위한 실용적 전략의 하나로 지역학area studies이 성장함에 따라, 특정 국가나 지역의 정치에 관한 연구가 지역학으로서의 성격을 띠게 된 것이다.

그러나 지역학으로서의 정체성 재정립 노력은 학계 일각의 호응에도 불구하고 정치학과 사회과학 전반에 걸쳐 강한 반발과 논쟁을 낳았다.[35] 많은 학자가 특정 국가나 지역의 고유성 탐구에 천착하는 지역학으로서의 관점에 반대해서, 특정 국가나 지역에 관한 깊고 맥락적인 지식을 활용해 널리 일반적으로 적용될 수 있는 이론을 만들자고 주장하였다. 그들은 순진하고 때론 자국중심적인 ethnocentric 일반화를 반성하고 다양한 맥락에 관한 조건적 일반화를 정교한 방법론으로 추구하는 것을 목표로 삼았다.[36] 지역학으로서의 정치연구에 대한 이러한 비교정치학적 반격은 정치학계에 큰 반향을 일으켰다. 우리가 개별 사례의 고유성에 대한 해석에만 치중한다면, 경험하지 못한 다른 사례에 대한 추론이 불가능하고 해석이 과학적이기보다는 자의적으로 흐르게 된다는 데에 대한 인식이 공감을 자아낸 결과일 것이다.

개별 국가나 지역의 독특한 성격을 탐구하는 방식은 지구화의 심화 추세로 인해 한계를 더욱 드러내게 되었다. 카첸스타인을 인

---

35 Robert H. Bates, 전게서; Peter A. Hall and Sidney Tarrow, "Globalization and Area Studies: When Is Too Broad Too Narrow?" *The Chronicle of Higher Education*, 23, 44 (January 1998); 임성호, "지역학의 일부인가 정치학의 핵심인가: 미국정치연구의 성격과 과제," 『미국학』 제30집 (2007년 12월).

36 Gabriel Almond and Sidney Verba, *The Civic Culture Revisited* (Boston: Little, Brown, 1980).

용하자면, "1990년대에 지배적 개념으로 떠오른 지구화로 인해 동질화와 수렴의 정치과정이 전개되기 시작하여 다양한 나라와 지역의 내부 사안에 대한 자세한 이해가 점점 그 적실성을 잃게 되었다."[37] 국가 간 그리고 부문 간 상호의존이 심화한 상황에서 한 나라나 부문에만 초점을 맞추어서는 여러 정치현상에 대한 이해가 불가능해진 것이다. 비록 관찰범위는 한 나라나 지역에 한정시킨다 해도, 비교학적인 이론 틀 속에서 공통점과 차이점을 찾으며 접근해야만 적실성, 타당성 등을 기할 수 있게 되었다. 예를 들어, 립셋은 "한 나라만 아는 것은 기본적으로 아무 나라도 제대로 아는 것이 아니다."라고 말하며 미국의 예외주의적 특성을 이해하기 위해 일본의 특성과 비교하는 방식을 취했다.[38] 특히 자기 사회를 위한 실제적 시사점을 찾고자 한다면 명시적 방식으로 자기 사회와 다른 사회(들)와의 비교를 시도하는 것이 바람직하다. 또한, 지구화가 국가 간의 동질화를 가져왔을 뿐만 아니라 주권국가의 배타적 절대성에도 타격을 가하며 초국가적 단위들 및 국가 이하의 하부 단위들의 중요성을 배가시킨 상황을 고려할 때, 국가를 넘어 다른 단위(초국가적 단위와 하부 사회집단)들에 대한 비교연구가 필요하다는 지적이 공감을 자아낸다.[39]

비교방법을 통해 일반화를 추구하는 접근방식은 물론 위험성을

37 Peter J. Katzenstein, "Area and Regional Studies in the United States," *PS: Political Science & Politics*, 34, 4 (December 2001), p. 790.

38 Seymour Martin Lipset, "Binary Comparisons: American Exceptionalism — Japanese Uniqueness," in Mattei Dogan and Ali Kazancigil, eds, *Comparing Nations: Concepts, Strategies, Substance* (Oxford, UK: Blackwell, 1994), p. 154.

39 Vicente L. Rafael, "The Cultures of Area Studies in the United States," *Social Text* 41 (1994).

수반한다. 다양성-일반성의 대칭축 선상에서 일반성 쪽으로 너무 편향될 수 있다. 그에 따라 "특정 지역의 다양한 문화적, 역사적, 정치적 맥락에 관심이 줄어들 수 있다".[40] 즉, 각 국가나 지역의 내적 복잡성과 고유성은 잘 인지하지 못한 채 세계 차원의 넓은 경향에만 경도될 위험성 있다.[41] 그럴 경우, 특정 국가의 경제 문제나 정치 문제는 상당 부분 국내적 상황에 기인하는 것인데도 불구하고 세계화에 따른 여파로만 그 원인을 돌릴 수 있다. 그러나 과거에 비해 볼 때 오늘날 지구화와 탈산업화로 인해 각종 경계를 초월한 동질화, 수렴화가 가속화되고 수많은 수준에서 상호연계성이 깊어지고 있는 상황에서는, 비교방법의 적실성과 필요성이 커졌고 그만큼 이론 개발에 공헌할 수 있는 여지도 커졌음을 부인할 수 없다. 근래 지역연구도 특정 지역만 좁게 다루기보다 넓은 관점에서 비교방법을 활용해 비교학적 시사점을 찾는 경향이 나타나고 있다.

4) 비교방법의 전략: 사례 수, 관점, 분석단위, 개념 정립, 이론 정립

"하나의 특정한 비교방법이 있는 것이 아니라 여러 비교방법이 있을 뿐이다."라는 점은 앞 절에서 비교방법의 의미와 목적에 대한 다양한 시각을 논하는 가운데 확인하였다.[42] 그러므로 여러 비교방법 중 어느 것을 선택해 어떻게 활용하면 좋을지 전략적 접근을 취할 필요가 있다. 그 전략적 접근을 위해서는 다음과 같은 다섯 가

---

40 Hall and Tarrow, 전게서, p. B4.

41 상게서, p. B5.

42 E. Gene DeFelice, "Causal Inference and Comparative Methods," in Alan Sica, ed., *Comparative Methods in the Social Sciences* Vol. 1 (London: SAGE Publications, 2006), p. 294.

지 측면을 종합적으로 고려해야 한다: (1) 관찰사례의 수, (2) 연구관점, (3) 분석단위, (4) 개념 정립, (5) 이론 정립. 이하에서 각 측면에 대해 생각해보자.

첫째, 연구자는 비교방법을 쓸 때 관찰사례 수를 크게 할지, 작게 할지, 중간으로 할지 고민하게 된다. 이번 장 앞부분(3절-1)에서 논했듯이 연구설계에서 중시해야 할 기준으로 무엇보다 다수성plenitude을 들 수 있다. 많은 사례를 다양한 각도에서 관찰한 결과를 비교할 때 비교방법의 목적인 일반화 차원의 지식 창출에 도움이 되므로, 가능한 한 사례 수를 늘릴수록 바람직하다. 관찰사례 수가 많은, 즉 다수 사례Large-N 연구의 경우라면 후술할 실험방법이나 통계방법을 시도할 수 있다.

넓은 의미로 비교방법은 실험방법과 통계방법을 포괄하지만, 비교방법을 좁게 제한적으로 이해한다면 관찰사례 수가 적은, 즉 소수 사례Small-N 연구만 고려할 것이다. 디펠리체DeFelice는 사례 수가 적어 통계분석을 할 수 없을 때 비교방법이 특히 큰 유용성을 갖는바 "소수 사례 연구라는 것은 고쳐야 할 단점이 아니라 비교방법의 고유한 특징이다."라고 했다.[43] 다수성이 통상 중요하나 항상 절대적으로 그러한 건 아니다. 관찰 수가 늘어날수록 비교가능성comparability에서 문제가 생길 수 있기 때문이다. 비교하기 어려운 이질적 사례들을 많이 관찰해봐야 왜곡만 초래될 뿐이다. 비교가능성은 다수성과 상반될 수 있는바, 비교가능성을 충족한 비교방법을 위해서는 사례 수가 적은 편이 유리하다. 소수 사례 연구를 위한 비교방법으로는 후술할 이원비교방법, 비교사례연구comparative case study 등이 있다.

---

43 전게서, p. 291.

비교방법 중에는 다수 사례나 소수 사례가 아니라 중간 수Medium-N 사례의 경우에 쓸 수 있는 것도 있다. 대표적으로 라긴Ragin 등이 체계화해서 주창한 비교역사방법[44]에 바탕을 둔 질적비교분석QCA, Qualitative Comparative Analysis을 들 수 있다.[45] 라긴은 소수 사례 연구와 다수 사례 연구의 단점을 각각 극복하면서 동시에 변인과 변인 사이의 동태적 인과과정을 추적할 수 있으려면 10~50개 정도의 사례에 대한 비교방법이 필요하다고 말한다. 특히, 종속변인과 각각의 독립변인 사이의 독립된 인과관계를 밝히기보다 여러 독립변인이 어떤 방식으로 조합되어 종속변인에 집합적 영향을 미치는지 인과경로를 파악할 필요가 있다고 강조한다. 그래서 발전시킨 비교방법이 바로 QCA이다. 이에 대해선 자세히 후술할 것이다.

보통 하나의 사례를 심층 관찰하는 "단일" 사례연구case study는 비교방법의 한 유형으로 고려할 수 있을까? 사르토리는 부정적으로 답한다.[46] 그는 사례연구는 특정 사례에 대한 맥락적 이해의 깊이와 풍부함을 추구하는바 일반성과 포괄성을 기하는 데는 유용하지 않으므로 비교방법으로서 가치를 가질 수 없다고 생각한다. 물론 사례연구도 이론의 정립theory-building에 나름 중요한 공헌을 할 수 있으나,[47] 이론의 통제(theory-controlling, 이론 검증을 위해 변인들을 다양한 각도에서 관찰하는 것)에는 큰 도움이 되지 않으므로 비교방법이라고 할 수 없다는 것이다. 엑스타인H. Eckstein도 단일사례에 관한 관찰이 이론 정립을 위한 도구가 될 수 있음을 주목했지만, 이론통제의 핵심

---

44 라긴 등이 제창한 비교역사방법에 대해선 제3장 5-5)절에서 소개했음.

45 Charles C. Ragin, "The Logic of Qualitative Comparative Analysis," *International Review of Social History*, Vol. 43, No. 6 (1998).

46 Giovanni Sartori, 전게서, pp. 23-24.

47 이에 대해서는 이번 장의 제5절(사례연구 방법)에서 자세히 다룸.

으로 생각했던 것은 아니다.[48]

사례 수가 진정으로 1이고 딱 일회의 관찰에 그친 연구로는 인과 추론은 물론 단순한 사실의 전달이 아닌 서술적 추론도 시도하기 힘들다. 비교방법의 취지인 지식 생산에 이바지할 수 없는 것이다. 다만, "단일" 사례도 다양한 수준과 관점에서 접근해 관찰 횟수를 늘릴 수 있다면 비교방법의 취지를 살릴 수 있다.[49] 통상 사례연구라고 불리는 대부분의 연구는 특정 사례에 대해 딱 한 번의 관찰만 하지 않고 그 사례의 내부에 다각적 관찰을 여러 차례 실시한다. 또한, 연구의 주된 관심은 특정 사례에 있지만, 그 사례를 선택하기 전후에 다른 가능한 사례들과 명시적이든 암묵적이든 비교하는 과정을 거치기 마련이다. 즉, "공식적"formal 사례를 연구하기 위한 비교의 준거 틀로 "비공식적"informal 사례를 명시적 혹은 암묵적으로 고려하는 경우가 드물지 않다는 것이다. 이렇게 본다면 사례연구도 비교방법의 목적을 기할 수 있는 하나의 유형이라고 할 수 있다. 그런 의미에서 "사례연구의 N은 종종 비확정적이다."라는 말도 들린다.[50] 다만, 이처럼 구분하기가 애매하나 단지 이해의 편의를 위해 비교방법과 사례연구는 구분하는 경향이 크다. 후자에 대해서는 다음 제5절에서 상세하게 다룬다.

둘째, 연구자는 비교방법을 동시적 관점 혹은 통시적 관점 중 어느 쪽을 택할지도 전략적으로 판단할 필요가 있다. 통상적으로,

---

48 Harry Eckstein, "Case Study and Theory in Political Science," in Fred I. Greenstein and Nelson W. Polsby, eds., *Handbook of Political Science* Vol. 1, *Political Science: Scope and Theory* (Reading, Mass.: Addison-Wesley, 1975).

49 King et al., 전게서, pp. 217-228.

50 John Gerring, 전게서, p. 217.

비교방법은 동일 시점에 여러 연구대상(사례, 개체, 단위)을 관찰 비교하는 동시적(同時的 혹은 共時的 synchronic) 관점을 주로 취한다. 즉, 시간 범위는 좁히고 공간 범위는 넓히는 횡단cross-sectional 분석의 관점이다. 사사키Sasaki는 비교연구를 정의 내림에 있어서 전적으로 동시적 비교방법의 관점만 언급한다.[51] 국가 간, 지역 간, 계층·집단 간 교차연구적 성격이 강한 비교정치 분야 그리고 변인 간의 관계를 파악하는 사회과학연구 일반에서 동시적 관점이 선호되는 경향이 있다.

그러나 다른 일각에서는 시간 범위를 넓혀 다양한 시점에서 관찰하고 그 결과를 비교하는 통시적(通時的, diachronic) 관점도 비교방법에 널리 활용된다. 종단longitudinal 혹은 역사적historical 관점이다. 맥락이 크게 다른 국가나 사회, 집단을 교차해서 동시적으로 비교할 때 생기기 쉬운 편견과 왜곡을 피할 수 있다는 장점이 있다. 그러나 시간적 범위가 전체적으로 커지고 관찰 시점 사이의 간격이 늘어날수록 시대변화에 따른 맥락의 차이도 벌어져 비교 시 왜곡의 여지가 커지며 비교가능성이 훼손될 수 있다. 또한 역으로, 관찰 시점 간 간격이 너무 좁아도 인과 추론에 필요한 관찰사례 간의 독립성 조건이 충족되지 않아 방법론적 문제가 발생한다.[52] 역사 전개에서 나타나는 경로의존성path dependence, 자기상관성autocorrelation 문제로 인해 사례 독립성의 조건이 동시적 연구에서보다 더 심하게 훼손될 가능성이 있는 것이다. 연구자는 본인의 문제의식에 의해 통시적 관점을 취해야만 한다면 이 점을 신경 써야 한다.

---

51 Masamichi Sasaki, "Comparative Research," *The SAGE Encyclopedia of Social Science Research Methods*, Vol. 1 (Thousand Oaks, CA: SAGE Publications, 2004).

52 John Gerring, 전게서, pp. 224-5.

통시적 관점의 비교방법으로 특히 주목할 만한 것으로 제3장에서 전술한 비교역사방법Comparative Historical Method을 들 수 있다. 주류 사회과학이 원인과 결과 간의 정태적 관계를 알기 위해 "왜"라는 질문을 던지는 가운데 "어떻게"라는 질문을 놓쳐 인과작용이 이뤄지는 동태적 중간경로를 간과한다는 비판적 문제의식에서 나온 것이 비교역사방법이다. 동태적 인과과정을 밝히려면 과거가 어떠한 경로에서 어떠한 연쇄작용을 거쳐 현재와 미래에 영향을 끼치는지 규명해야 하고 그것은 여러 역사 사례의 비교를 통해 가능하다는 것이다. 이처럼 동태적 역사에서 문제의식을 찾는다면 그것을 뒷받침할 실제 기법으로 후술할 질적비교분석Qualitative Comparative Analysis을 시도하면 적절할 것이다.

비교역사방법은 특히 지구시민사회를 연구하는 일단의 학자들에 의해 선호되고 있다.[53] 그들에 의하면, 지구화가 진행되면서 지방적, 지역적, 국가적, 국제적, 초국가적 영역을 가로질러 상호작용이 복잡하게 벌어지고 각종 수준의 행동단위도 유동성이 커지고 있다. 이런 상황에서는 고정된 실체의 성격에 대한 정태적 분석보다 동태적 사건 전개의 이해에 연구의 초점이 맞춰져야 할 필요성이 증가한다.[54] 즉, 역사 전개의 순서성sequentiality과 인과경로의 서술을 강조해야 한다는 것이다. 앞으로 지구화와 탈산업화, 정보화 등의 추세가 더욱 심화하면서 사회구조의 복잡성, 유동성, 다차원성이 커질수록, 지구시민사회뿐 아니라 탈경계적 성격을 띤 각종 주제를

53 Helmut Anheier and Hagai Katz, "Learning from History? Comparative Historical Methods and Researching Global Civil Society," in Marlies Glasius, Mary Kaldor, and Helmut Anheier, eds., *Global Civil Society 2006/6* (London: SAGE Publications, 2006).

54 상게서, p. 289.

연구할 때 이러한 시각은 더 큰 공명을 자아낼 것으로 전망된다.

셋째, 비교방법을 활용할 때 핵심 분석단위를 변인variable으로 할지 아니면 사례case로 할지도 전략적 사고를 필요로 한다. 분석을 강조하는 현대 사회과학은 변인 위주의 접근을 선호하는 편이다. 비교정치학 분야에서 여러 국가를 교차 비교하는 학풍이 강하지만, 이 경우에도 국가들에 기본초점을 맞춰 국가들의 차이점과 유사점을 논하기보다 변인을 더 핵심적인 초점으로 삼아 "어떠어떠한 국가들을 대상으로 어떠어떠한 변인들을 분석한 결과 변인 간에 이러저러한 상관관계 혹은 인과관계가 보인다."라는 결론을 내는 데 집중하는 경향이 있다. 연구 핵심은 국가들의 특성이 아니라 변인 간의 관계에 있다. 이러한 변인중심적 시각을 대표하는 학자인 셰볼스키·튜니Przeworski and Teune는 사회과학의 목표는 사례(국가, 지방, 문화 등)들의 고유명사를 변수들의 보통명사로 대체하는 것이라고 주장한다.[55] 국가나 문화 같은 큰 사례를 통째로 단위로 삼아 비교하는 전체론적holistic 비교는 불가능하므로 변인 위주의 접근방식을 해야 한다는 것이다. 골드쏘프Goldthorpe도 이러한 생각에 동의한다. 그가 보기에, 사례중심적 비교방법은 너무 많은 방법론적 문제를 내포하고 있어 사용하기에 위험성이 크다.[56]

그러나 이러한 시각은 사례중심적 관점으로부터 비판을 받는다. 변인중심적 접근은 분석적 환원주의analytic reductionism에 빠져 이론을 위한 이론으로 흘러가고 실제 문제해결에 별 도움이 되지 않으

---

55 Adam Przeworski and Henry Teune, *The Logic of Comparative Social Inquiry* (N.Y.: Wiley, 1970).

56 John H. Goldthorpe, "Current Issues in Comparative Macrosociology: A Debate on Methodological Issues," in Alan Sica, ed., *Comparative Methods in the Social Sciences*, Vol. 1 (London: SAGE Publications, 2006).

므로, 사례를 핵심 분석단위로 하여 사례들을 깊이 이해하는 데 주력해야 한다는 것이다. 전술한 라긴은 사례중심적인 관점에서 비교방법을 이해한다.[57] 그는 국가 등 거시적 분석단위가 단순히 변인들의 측정을 위한 재료에 그치는 것이 아니라 각기 "의미 있는 전체"meaningful whole로 이해될 수 있도록 비교방법을 활용해야 한다고 전체론적holistic인 주장을 펼친다. 물론 라긴이 분석 방식을 거부하고 모든 사례를 전체적 역사 변화의 한 부분으로만 보는 극단적 입장을 따르는 것은 아니다. 한 예로, 라긴의 QCA는 개별 사례 하나하나의 특성을 살피면서 동시에 변인 간의 인과관계를 찾고자 하는 분석성 높은 연구방법이다. 변인을 핵심적으로 보면서도 사례들의 특성을 경시하지 않는 이러한 절충적 비교방법이 큰 유용성이 지니는 것으로 공감을 자아낸다.

사례중심적 관점 내에서 학문 논쟁을 일으키고 있는 이슈로 '방법론적 국가주의'methodological nationalism를 들 수 있다. 한편으로, 한 국가만 관찰하지 않고 여러 국가를 상정해 국가끼리 비교를 시도하는 것은 바람직하다.[58] 전술했듯이, 한 국가에만 초점을 맞춰 깊이 파는 지역학에 비해 여러 국가의 비교를 통해 이론적 일반화를 시도하는 비교정치학은 지식 창출에 더 밀접히 직결될 수 있다. 그러나 다른 한편, 비교방법이 마치 교차국가적 비교연구만을 의미하는 것으로 오해되어선 곤란하다. 방법론적 국가주의에 경도되어선 안 되고 국가 이외의 다른 주체들도 비교방법의 분석단위로 많이 상정

57 Charles C. Ragin, "Comparative Method," *The SAGE Encyclopedia of Social Science Research Methods*, Vol. 1 (Thousand Oaks, CA: SAGE Publications, 2004).

58 Mattei Dogan, "Strategies in Comparative Sociology," in Alan Sica, ed., *Comparative Methods in the Social Sciences*, Vol. 1 (London: SAGE Publications, 2006), p. 313.

되어야 한다는 것이다. 도간M. Dogan은 사회 부문이나 영역 단위 sectorial units에 초점을 맞추는 비교분석이 실상 더 다수라고 말한다.[59] 요즘처럼 지구화의 심화로 국가를 뛰어넘는 접근방식의 필요성이 커지고 있는 상황에서는 방법론적 국가주의의 한계가 더욱 크게 느껴진다. 지방, 지역, 사회부문, 국가 영역을 가로질러 초국적으로 사회관계가 복잡해지고 그 유동성이 높아지고 있으므로, 국가와 같은 지리적 차원의 고정된 실체보다 여러 경계에 걸쳐 진행되는 사건이 비교분석의 핵심단위로 부각되어야 한다는 주장도 점점 큰 공명을 자아내고 있다.[60]

넷째, 비교방법을 잘 활용하기 위해서는 연구의 가장 기본적 기초인 개념 정립이 잘 되어있어야 한다. 개념 정립 시 충족시켜야 할 여러 기준은 제4장에서 전술했는데, 그 중 특히 비교방법에 직결되는 것들을 골라보자. 우선, 차별성을 기하는 것이 필요하다. 한 개념의 의미가 다른 개념들의 의미와 명확히 차별되지 않고 상호중복되는 면이 있다면 자칫 동어반복tautology이나 내인성endogeneity의 문제가 발생하게 될 뿐 아니라 여러 사례 간 혹은 변인 간 비교도 불가능해진다. 또한, 조작화operationalization된 구체성이 요구된다. 적어도 독립변인이나 종속변인을 이루는 핵심 개념들에 명확한 관찰지표로 구체화된(즉, 조작화된) 의미를 부여하지 않는다면 비교 관찰이 일관성과 체계성을 잃을 수 있다. 아울러 주지할 점으로, 개념이 간략성을 띠지 못하고 복잡하다면 공간적 범위나 시간적 범위를 넓혀 다양한 맥락을 비교 관찰할 때 자의적으로 달리 적용될 위험성이 커진다. 그러므로 의미 전달에 해를 끼치지 않는 한 개념은 되

59 상게서, p. 310.
60 Anheier and Katz, 전게서, p. 289.

도록 간략하게 정의 내려질 필요가 있다. 덧붙여, 맥락의 포괄성(즉, 일반성)을 염두에 두며 개념을 정립해야 여러 사례를 같이 비교할 수 있다.

관찰 대상들의 특성을 비교 관찰할 때 여러 분류 작업이 수반되게 마련이다. 여기서 분류 기준을 명확히 세우지 않는다면 비교방법은 신뢰성을 확보할 수 없다. 적절한 분류를 위해서는 우선 해당 개념을 명목적nominal, 서수적ordinal, 기수적cardinal 개념 중 어떤 것으로 볼지에 대한 명확한 판단이 필요하다(제4장 5절에서 다룸). 다음으로는 상호배타성, 전체포괄성, 비교적절성이라는 조건을 염두에 두며 분류 범주들을 정해야 한다(제3장 3절-12)에서 다룸). 전술했으나 복습 삼아 반복하자면, 상호배타성mutual-exclusivity은 분류에 따른 범주들 상호 간에 중복이 없어야 한다는 조건이고, 전체포괄성exhaustiveness은 모든 관찰치(관찰결과)를 빠짐없이 특정 범주에 넣을 수 있어야 한다는 조건을 말한다. 비교적절성comparability은 분류 범주들의 차원, 즉 구분의 기준이 같아야 한다는 조건을 말한다. 비교적절성 기준을 위해서는 단일의 관점(또는 원리)에 따라 범주들을 분류하고 있는지 연구자가 신중하게 되짚어볼 필요가 있다. 추가로, 비교를 잘하기 위해서 분류 범주의 수에 대한 고민도 필요하다. 분류 범주의 수가 너무 적으면 비교 시 왜곡이 발생하고 자료가 지나치게 소실될 위험성이 있고, 너무 많으면 분류 작업이 너무 복잡해지며 연구자의 자의성이 개입하거나 비교에 혼란이 초래될 수 있다.

다섯째, 비교방법을 잘 활용하기 위해서는 연구의 중심 이론 또는 가설도 여러 기준을 충족시키며 정립될 필요가 있다. 특히 어떠한 기준들을 신경 써야 할지 생각해보자면, 우선 이론 또는 가설이 명확성을 띠어야 그것을 여러 공간적 혹은 시간적 사례들에 맞춰보며 그 공통점 및 차이점을 의미 있게 비교할 수 있다. 또한, 내적 일관성이 기해져 핵심 이론(주장)의 여러 부분 간에 상호모순이 발생하지 않아야 의미 있는 비교가 가능하다. 적용범위의 넓이, 즉 포괄성을 확보할 수 없는 주장을 상정한다면 특정 사례의 고유성을 뛰어넘는 이론적 일반화를 위한 비교방법을 시도하기 힘들다는 점도 유념해야 한다. 또한, 개념 정립의 경우와 마찬가지로 상정한 명제가 너무 복잡해 간략성 기준을 기하지 못한다면 다양한 관점의 비교가 힘들어진다. 아울러, 비교방법을 여러 학자가 함께 시도할 수 있는 사회적 과업으로 넓게 이해한다면, 적실성도 이론 정립 시 필요한 기준으로 요청된다. 어떤 이론의 사회적 중요성(적실성)을 다른 사람들이 인정한다면, 그 이론에 대한 탐구가 학문적 공감이나 논쟁을 낳을 것이고 더 많은 후속 연구를 촉발시킬 수 있을 것이다. 이런 경우 결과적으로, 학계 차원에서 공동의 비교방법이 시도되는 것이라고 말할 수 있다.

5) Large-N 비교방법: 실험방법, 통계방법

전술했듯이 협의의 비교방법은 변인은 많고 관찰사례는 적을 때 체계적 관찰을 위해 사용하는 것이지만, 광의의 비교방법에는 비교를 의도적이든 비의도적이든, 명시적이든 암묵적이든 시도하는 모든 유형의 연구가 포함된다. 실험방법, 통계방법처럼 관찰사례가 많은 Large-N 연구부터 살펴보자.

실험방법의 요체는 실험집단과 통제집단에 다른 자극을 가한 후 그 차이를 비교하는 것이다. 실험방법은 특히 자연과학 연구에서 핵심적으로 사용된다. 가장 간단하고 기초적인 예를 들자면, 신약의 효과를 알기 위해 실험용 쥐들을 두 개의 집단으로 분류하고 한 집단(실험집단)에는 신약을 투여하고 다른 집단(통제집단)에는 신약을 투여하지 않은 후 두 집단에 속하는 쥐들의 건강 상태가 차이를 보이는지, 보인다면 어떠한 차이를 보이는지 관찰할 수 있다. 여기서 분석단위는 실험용 쥐이고, 독립변인은 신약 투여 여부, 종속변인은 건강 상태이다. 이 실험방법에서 비교는 핵심적 위치를 차지한다. 실제의 실험방법은 이 기초적인 절차를 연구 의도에 맞게 더 복잡하게 변용해서 진행된다. 관찰 대상을 3개 이상의 집단으로 세분해서 분류할 수도 있고, 신약 투여의 여부뿐 아니라 정도도 보기 위해 투여량을 다양하게 조절할 수도 있고, 개입변인(들)의 효과를 통제하거나 관찰하기 위해 온도, 습도, 먹이 등에 다양한 변화를 가할 수도 있다.

자연과학과 달리 사회과학은 실험방법에 유리한 토양이 아니다. 사회현상과 관련해서는 실험방법을 적용할 수 있는 주제가 매우 한정적이다. 인간을 실험용 쥐처럼 자유롭고 편리하게 취급하면 윤리적 문제가 발생할 수밖에 없고, 이미 흘러간 과거의 일은 실험하기 힘들어 시간적 범위가 축소될 수밖에 없다. 또한 무리해서라도 실험을 할 때 그 비용이 과도해질 수 있다. 인간은 실험 대상이 되었을 때 여타 동물이나 사물과 달리 그것을 의식하며 평소와 달리 부자연스럽게 행동하는 경향도 있다. 이러한 여러 현실상의 어려움은 예전부터 있었지만, 특히 근래 들어 인권 감수성이 높아지면서 인간을 대상으로 하는 실험방법이 민감한 논란을 일으키기 쉬워졌다. 동물 대상 실험도 윤리성 논쟁을 일으키고 있는 상황에서 인간 대상의 사회과학적 실험방법이 그 입지를 크게 넓히기란 힘든 일이다.

이러한 현실적 한계에도 불구하고 사회과학에서 실험방법을 적절하게 실시할 수 있다면 지식 창출을 위한 강력한 비교방법이 될 수 있다. 연구 의도와 문제의식에 딱 맞게 사례, 변인, 환경 등을 조정, 조절할 수 있다는 최대 장점이 있다. 사회과학 주제에 관한 실험방법의 예로 각종 시뮬레이션simulation을 들 수 있다. 시뮬레이션이란 가상의 여러 조건을 부여하고, 혹은 여러 자극을 가하고 그 결과를 예측 비교하는 방법을 말한다. 전쟁 시뮬레이션은 다양한 시나리오에서 전쟁 발발의 여부, 양상, 결과 등을 예측 비교하는 방법으로, 여러 참가자가 가상으로 특정 관련자(국가원수, 참모총장, 아군 야전 사령관, 적성국 원수, 적군 야전 사령관 등등)가 되어 역할극을 하기도 하고 참가자들에게 무작위로 여러 상황을 제시하고 그때 그들이 어떤 판단을 하는지 관찰해 행동의 양상과 사건 전개의 경로를 파악하기도 한다. '사회적 거리두기' 시뮬레이션은 사회적 거리두기를 어느 등급으로 할 때 전염병 감염이 얼마나 예방될 수 있을지 기존 자료를 근거로 하여 등급별 감염자 수를 예측한다.

실험방법은 게임이론, 합리적 선택 이론 등 인간은 모두 자기 이익을 극대화하려 하고 최소 투입으로 최대 산출을 얻으려 한다는 기본 가정에 입각한 체계적 이론 틀을 개발하는 데도 유용성을 가진다. 여러 조건에서 행위자들이 어떤 선택을 하는지를 비교 관찰할 수 있다는 데서 게임은 시뮬레이션과 비슷하다. 2명의 공범이 따로 신문(訊問)을 받을 때 둘 다 묵비권을 행사하기보단 자백을 선택해 더 긴 형량을 받게 된다는 '죄수의 딜레마'나, 열심히 일하든 게으르게 무임승차를 하든 모두가 똑같이 공공재를 나눠 받는다면 일과 게으름 중 무엇을 선택할지에 관한 '공공재 이론' 등은 다양한 조건과 상황에서 게임 실험을 통해 정교한 형태로 개발되어왔다. 법안의 통과를 위해 그 내용을 어떻게 꾸밀지, 심의 규칙을 어떻게 만들지, 심의 절차를 어떤 순서로 할지 등의 주제도 게임과 같은 실험방법을 통해 많이 탐구되어왔다.

실험방법의 예로 시범적 정책 시행도 들 수 있다. 어떤 정책을 갑자기 전국적으로 시행하면 어떤 부작용이 있을지 예측하기 힘들어 우려가 들 경우, 부분적으로 시행해서 결과를 보며 부작용이 있다면 그에 대한 보완책을 마련할 수 있다. 여기서 정책이 부분적으로 시행되는 곳은 실험집단으로, 시행되지 않는 나머지 곳은 통제집단으로 간주하며 양자의 차이를 관찰한다는 데서 비교가 탐구의 핵심임을 알 수 있다. 실례를 들자면, 자유학기제를 도입 시행할 때 먼저 연구학교를 몇 개 선정해서 시행해보고 몇 년에 걸쳐 연구학교 수를 점차 늘려가다가 최종적으로 전면 도입했던 적이 있다. 도시재생 정책도 일부 지역만을 골라 시범사업을 하며 시범지역과 여타 지역을 비교하는 방식을 취한다. 그 밖에 수많은 정책이나 제도가 시범적인 실시 후 그 실험 결과가 만족스러운 경우에만 전면 도입되는 과정을 거친다.

실험방법은 한때 행태주의 열풍 속에서 사람들의 온갖 행태를 이해하기 위한 도구로 많이 활용되었다. 특히 심리학 분야에서 그러한 경향이 두드러졌다. 그러나 실험 대상자에게 전기 자극을 가해 고통의 반응을 살피거나 여러 기만적인 상황을 연출해 순간적 반응을 살피는 등 윤리성을 무시한 실험방법을 남발함으로써 논란을 낳기도 하였다. 1930~40년대 세계대전 시기와 1950~60년대 냉전 시기에 일부 국가에서는 국가적 목적을 위해 죄수, 피난민, 노숙인 등을 동의 없이 실험 대상으로 삼아 인권을 침해함으로써 실험 결과의 의미를 퇴색시키기도 하였다. 오늘날까지도 폐쇄적인 일부 권위주의 국가에서는 밖으로 잘 드러나지 않아도 정권 유지와 국민 통제의 수단으로 실험방법을 무분별하게 남용하고 있을 것이다. 그러한 오남용 실태로 인해서, 상기 현실상의 어려움은 차치하더라도, 사회과학의 비교방법으로서 실험방법이 더 큰 매력을 인정받지 못하고 더 많이 활용되지 못하는 것 같다.

Large-N 비교방법으로 기존 자료를 계량적으로 분석하는 통계방법도 들 수 있다. 실험방법은 연구 취지에 따라 관찰사례 수가 비교적 적을 수도 있지만, 통계방법에서는 적어도 세 자릿수의 사례가 있어야 의미 있는 확률적 결론을 낼 수 있다. 그런 의미에서 실험방법보다도 통계방법이 Large-N 연구를 가장 잘 대표한다고 말할 수 있다. 그러나 서론 장에서 밝혔듯이 이 책은 질적 방법론을 범위로 하므로 통계방법은 논외로 한다. 다만, 비교방법의 일종이라는 점만 밝히는 차원에서 간략히 소개하자면, 통계방법은 실제의 관찰결과(값)와 가상의 세계에서 통계학적으로 예상되는 결과(값), 이 양자를 비교하는 유의도 검사significance test를 핵심 개념으로 삼는다. 예를 들어, 성별(남/여)과 소득수준(고/중/저) 간에 관계가 있는지 탐구하고자 1,000명을 관찰한다면, 실제의 관찰결과를 기재한 표에서 계산되는 χ^2chi-square값과 영가설(零假說, 변인 간에 관계가 없다는 가정) 하에서 기대되는 χ^2값(=0)을 비교해서 양자의 차이가 영가설을 기각할 만큼 큰지 아닌지를 확률적으로 추정한다. 여기서 비교가 핵심임을 알 수 있다.

이러한 χ^2검증chi-square test과 마찬가지로 t-검증, F-검증 등도 실제의 관찰값과 가상의 영가설 하에서 기대되는 값을 비교하며 그 차가 영가설을 기각할 만한지(즉, 관계가 있다고 결론 내릴 수 있는지) 확률적으로 추정하는 방식을 취한다. 더 나아가 상관계수(r), 결정계수(R^2), 회귀계수(b) 등 모든 통계학적 추정은 실제값과 가상값 간의 차이를 비교해서 과연 통계학적으로 의미가 있는지 그 여부를 판단하는 방식에 의존한다. 도간M. Dogan은, 비교방법은 통계적 계량화를 시도함으로써 실험방법을 대체할 수 있다고 말함으로써 통계방법이 비교방법의 한 유형임을 분명히 했다.[61] 물론 통계방법을

61 Mattei Dogan, "Use and Misuse of Statistics in Comparative Research," in

사용하기 위해서는 자료가 충분해야 하고, 통계방법을 쓸 수 있는 주제가 제한되어 있으며, 통계방법으로 상관성을 뛰어넘는 인과성을 확인하기는 힘들다는 한계가 있다. 그러므로 지나친 계량화는 피해야 하지만, 실험방법과 마찬가지로 통계방법은 변인들을 다양한 각도에서 통제하고 비교 관찰을 함으로써 지식 창출에 이바지할 수 있다.

근래 통계학 분야의 발전으로 다양한 목적을 위한 다양한 통계 기법이 개발되었다. 특히 컴퓨터 기술의 눈부신 발전은 통계방법이 사회과학 연구의 핵심으로 자리 잡는 데 결정적인 역할을 하였다. 그러므로 다른 책이나 수업 등을 통해 통계방법을 충분히 익힐 것을 권한다. 물론 통계 기법의 사용법만 배워 무분별하게 남용하지 않도록 조심하고 통계학의 기본 원리와 논리를 충실히 닦아 과잉 해석에 빠지지 않도록 할 필요가 있다.

6) Small-N 비교방법: 이원 비교, 비교사례 연구

관찰사례 수가 적은 Small-N 연구에서 비교를 시도한다면 가장 적게는 2개의 사례부터 시작할 수 있다. 명확한 이론 틀에 따라 두 개의 대상(국가, 집단, 영역, 이슈, 사람 등)을 체계적으로 비교할 때 '명시적 이원 비교'explicit binary comparison라고 부른다. 예를 들어, 영국과 미국의 권력구조를 몇몇 요인으로 나눠 체계적으로 비교할 수 있다. A당과 B당의 정강 비교, 유권자와 정치인의 의식 비교, 대외 정책과 국내 정책의 인지도 비교 등 수많은 주제를 생각해볼 수 있다. 윌다브스키A. Wildavsky는 미국 대통령의 정치적 위상을 국내 정

Mattei Dogan and Ali Kazancigil, eds., *Comparing Nations: Concepts, Strategies, Substance* (Oxford, UK: Blackwell, 1994), p. 35.

책과 대외 정책, 두 영역으로 나눠 체계적으로 비교함으로써 각각의 특징을 잘 파악할 수 있었다.[62] 명시적 이원 비교는 지역 연구에서 많이 사용된다. 가령, 일본에 대한 지역 연구에서 일본의 특정 주제(예 파벌정치, 자민당 독주체제, 친미 기조, 중앙-지방 권력분산)를 이해하기 위해 한국과의 비교를 통해 그 특징을 명료하게 서술할 수 있다. 미국에서 공산주의, 사회주의가 정치적 세를 얻지 못하는 이유를 파악하기 위해 이념적 스펙트럼이 더 넓은 유럽과 체계적인 비교를 시도할 수도 있다.

명시적 이원 비교는 역사 연구에서도 그 활용도가 높다. 특히 '역사적 비유'historical analogy는 그 대표적인 예로서, 특정 역사 사례와 현재를 비교하며 역사적 교훈을 얻는 방법이다. 그 핵심은 과거와 현재의 유사함을 찾아서 오늘을 위한 적절한 교훈을 얻는 데 있다. 예를 들어, 구한말 국제 상황과 오늘날 한반도를 둘러싼 상황을 비교해 그 유사함을 지적하며 국정운영을 잘하지 못하면 또다시 주변 열강들의 경쟁 속에서 국가적 불이익이나 재앙을 겪을 수 있다고 경고한다면 역사적 비유에 의존한 주장이라고 말할 수 있다. 19세기 말부터 20세기 초까지 미국 혁신주의 운동이 전개된 시기의 상황과 오늘날 미국, 유럽, 일본, 한국 등 자본주의 국가들의 상황이 비슷하니 혁신주의 운동과 같은 성과를 내기 위해 여러 개혁 조치를 추구해야 한다고 주장해도 역사적 비유에 의한 것이다. 그 밖에도 1938년 뮌헨 협정 사례로부터 오늘날 유화정책의 위험성을 찾거나, 베트남 전쟁 사례로부터 오늘날 명분 없는 군사개입의 위험성에 대한 교훈을 얻는다면 역시 역사적 비유의 예로 볼 수 있다.

---

62 Aaron Wildavsky, "The Two Presidencies," *Transaction*, Vol. 4, No. 2 (1966).

역사적 비유는 장단점이 교차하는바, 모든 사람이 사회과학의 비교방법으로 선호하는 것은 아니다. 엄격한 과학적 접근을 중시한다면 역사적 비유가 엄밀한 인과적 추론이 아니라고 비판할 것이다. 과거와 현재의 유사함을 찾는 가운데 시대적 맥락의 차이를 경시하고 과도한 비약과 엉성한 일반화로 성급하게 결론을 내는 경향이 있다는 것이다. 그러나 극단적인 과학주의에 빠질 필요는 없다. 전술했듯이 모든 연구가 정교한 가설을 세워 엄밀하게 검증해야 하는 것은 아니다. 주제의 성격상, 그리고 문제의식의 내용상 확증적confirmatory 접근보다 탐색적exploratory 접근이 더 적합할 수 있다. 그러한 탐색적 연구에 역사적 비유 방법은 유용할 수 있다. 현재의 문제를 다룰 여러 방안들을 모색하는 데 교훈적 시사점을 제공할 수 있고, 추후 검증 작업을 위한 여러 가설을 세우는 데도 유용성을 지닌다.

명시적 이원 비교와 대조되는 것은 '암묵적 이원 비교'implicit binary comparison이다. 두 경우를 암묵적으로, 또 때로는 별로 의식하지도 못하면서 비교하는 방식을 말한다. 명확한 이론 틀 속에서 체계적으로 비교하지는 않지만 관찰자가 암묵적으로 자기 측(국가, 지역, 집단, 자신 등)의 관점에서 어떤 외부 대상을 관찰하며 시사점을 찾거나, 역으로 어떤 외부 대상을 마음에 떠올리거나 그것을 암묵적 준거 틀로 해서 자기 측을 관찰하고 주장을 세우는 것이다.[63] 예를 들어, 한국정치의 양극화에서 문제의식을 느끼며 미국정치의 양극화를 관찰 연구하고 그로부터 한국 관련의 시사점을 찾아낼 때 암묵적 이원 비교라 할 수 있다. 또한, 역으로 미국정치의 양극화를 마음에 떠올리며 한국정치의 양극화를 관찰하고 어떤 결론을 낼 때

63 Mattei Dogan, "Strategies in Comparative Sociology," in Alan Sica, ed., *Comparative Methods in the Social Sciences*, Vol. 1 (London: SAGE Publications, 2006), pp. 316-318.

도 그 경우라 하겠다. 물론 암묵적 이원 비교를 비교방법의 한 유형으로 간주할 지는 논란의 대상이다.

이원 비교보다는 비교사례 연구가 Small-N 비교방법을 대표하고 더 많이 활용되는 경향이 있다. 전술한 협의의 비교방법, 즉 변인은 많고 사례는 적은 경우를 비교사례 연구라고 한다. 통상 관찰 사례 수가 2개를 초과해 적게는 3~4개, 많게는 십여 개에 달한다. 예를 들어, 한국, 대만, 멕시코의 경제개발 전략을 비교해서 서술 혹은 설명을 할 때 비교사례 연구가 된다. 1987년 직선제 재도입 이래 역대 한국 대통령 7명의 국정 철학에 대한 비교 연구도 예로 들 수 있다. 중요한 점은 명확한 문제의식과 이론 틀을 갖춰 거기에 체계적으로 맞춰 사례들을 비교해야 한다는 것이다. 알몬드G. Almond와 버바S. Verba는 정치 발전의 개념을 정립하고 그것을 보여주는 여러 지표를 제시한 후 그것들을 기준으로 5개 국가(미국, 영국, 독일, 이태리, 멕시코)의 정치 발전 수준에 대한 서술, 설명, 평가를 시도했다.[64] 스카치폴T. Skocpol은 계급이익 및 계급관계로부터 자율성을 갖는 국가state 권력 및 조직이 사회혁명 과정에 끼치는 영향을 이론적으로 정리한 후 그 틀에서 프랑스, 러시아, 중국 세 나라의 사례를 비교한다.[65] 뉴스태트R. Neustadt는 정치 리더십을 "남을 설득하는 힘"이라고 규정하고 그 핵심요소로 정치권 내에서의 명성reputation과 대중 사이에서의 위신·명망prestige을 지목한 후 프랭클린 루즈벨트부터 레이건까지 9명의 미국 대통령을 그에 비춰보며

---

64 Gabriel A. Almond and Sidney Verba, *The Civic Culture: Political Attitudes and Democracy in Five Nations* (Princeton, NJ: Princeton University Press, 1963).

65 Theda Skocpol, *States and Social Revolutions: A Comparative Analysis of France, Russia, and China* (Cambridge University Press, 1979).

비교 평가하였다.[66] 로위T. Lowi는 정책을 그 성격에 따라 분배distribution, 규제regulation, 재분배redistribution 3개 영역으로 나눈 후 이 3개 영역의 특징을 체계적으로 비교하였다.[67]

조지A. George를 비롯한 일단의 학자는 비교사례 연구를 무턱대고 하지 말고 이론적 체계성을 기하며 해야 한다는 점을 강조하며 "구조화되고 초점 맞춘 비교"structured and focused comparison를 통해 인과 추론까지 나아갈 것을 주창한다.[68] 이론의 틀, 즉 독립변인-종속변인 관계를 잘 세워 명확한 인식 길잡이로 삼은 후 그에 맞춰 사례들에 대한 체계적 비교를 시도해야 한다는 것이다. 여기서 핵심은 첫째, 비교의 기준으로서 어떠한 변인들을 상정할지, 둘째, 어떠한 사례들을 선택해 관찰할지 결정하는 일이다. 첫째 핵심을 기하려면 전술한 인과관계의 조건 및 함정(동어반복, 내인성, 다중공선성, 중요한 변인의 누락, 불필요한 변인의 포함 등)을 세심하게 짚어봐야 하고, 둘째 핵심을 기하려면 역시 전술한 연구 설계의 기준들(특히 범위 적절성, 비교가능성, 상호독립성, 변이성, 분석적 효용성)을 신중하게 유념해야 한다. 비교사례 연구는 사례 수가 적은 탓에 자신 있는 인과 추론을 일반화 차원에서 하는 데는 한계가 있다. 하지만 각 사례의 고유한 특징을 크게 간과하지 않으면서 인과 추론을 위한 풍부한 시사점을 도출하는 데 상대적 강점을 보인다.

---

66 Richard E. Neustadt, *Presidential Power and the Modern Presidents: The Politics of Leadership from Roosevelt to Reagan* (New York: Macmillan, 1990).

67 Theodore J. Lowi, "American Business, Public Policy, Case-studies, and Political Theory," *World Politics*, Vol. 16, No. 4 (July 1964).

68 Alexander George and Timothy McKeown, "Case Studies and Theories of Organizational Decision Making," *Advances in Information Processing in Organizations* 2 (1985).

7) Medium-N 비교방법: QCA

비교방법 중에는 중간 사례 수Medium-N 연구에 특화된 것도 있다. 대표적으로, 전술한 라긴Ragin 등이 체계화한 비교역사방법에 바탕을 둔 질적비교분석QCA, Qualitative Comparative Analysis은 사례 수가 대략 10~50여 개 정도인 연구에 유용할 수 있다(연구 상황에 따라 이 수는 융통성 있게 약간 재조정되어도 괜찮음).[69] QCA는 종속변인과 각 독립변인 사이의 독립된 1:1 인과관계를 밝히기보다 여러 독립변인이 어떤 방식으로 조합되어 종속변인에 집합적 영향을 미치는지 그 동태적 인과경로를 파악할 수 있게 해준다는 특징이 있다. QCA를 사용해 나온 연구결과를 정리한 아래의 가상 예를 살펴보자.

+ 특정 시점 중남미 국가들의 체제 불안정 요인들

Y 안정=0 불안정=1	X_1 경제발전=0 경제침체=1	X_2 친미정부=0 반미정부=1	X_3 여대야소=0 여소야대=1	N 국가 사례 수
0	0	0	1	3
0	0	0	0	6
1	1	1	1	5
…	…	…	…	…

중남미 국가들의 체제 불안정 요인을 연구하는 경우, 전체 국가 수는 카리브해의 소국들을 합해 30여 개를 조금 넘는다. 이 정도 수로는 통계방법을 사용할 수 없고, 이원 비교나 비교사례 연구를

69 Charles C. Ragin, "The Logic of Qualitative Comparative Analysis," *International Review of Social History*, Vol. 43, No. 6 (1998).

하자니 수가 너무 많다. Medium－N 연구이므로 QCA를 시도하기로 하고, 종속변인과 독립변인들을 이항 또는 이원binary 변인으로 만든다. 종속변인인 체제 불안정 여부의 경우, 안정은 0, 불안정은 1로 코딩한다(어느 것을 0 또는 1로 코딩하는지는 큰 의미가 없음. 분석 결과를 해석할 때 혼동되지 않게 신경만 쓰면 됨). 독립변인도 마찬가지로 독립변인 1은 경제발전＝0, 경제침체＝1로, 독립변인 2는 친미정부＝0, 반미정부＝1로, 독립변인 3은 여대야소＝0, 여소야대＝1로 코딩한다. 그리고 각 중남미 국가를 변인별로 조사 관찰해 분류하고 코딩한다. 예를 들어, 가상적으로 브라질은 종속변인은 1, 독립변인 3개는 각각 1, 1, 1로 코딩하고, 컬럼비아는 종속변인은 1, 독립변인 3개는 각각 1, 0, 0으로 코딩한다. 이런 식으로 30여 개 중남미 국가 모두를 변인별로 코딩한다. 그 결과, 가령 종속변인과 독립변인 3개가 1－1－1－1로 코딩되는 국가의 수는 5개, 0－0－0－1 코딩 국가의 수는 3개, 0－0－0－0 코딩 국가의 수는 6개… 등 다양한 코딩 조합별 국가 수(경우의 수)가 나온다. 이 결과를 표에 그리고 살펴보면서 중남미 국가들의 체제 안정 혹은 불안정에 3개의 독립변인이 어떠한 조합으로 어떻게 작용하는지 여러 유형을 찾아낼 수 있고, 이러한 경우의 수를 통해 어떠한 인과경로가 있는지 파악하고 그 중 어느 것이 특히 대세를 이루는지 결론을 얻을 수 있다.

예를 더 들자면, 2012년 대통령선거에서 A 대학 B 학과 3학년 학생 60명이 2명의 후보(박근혜, 문재인) 중 누구를 지지했고, 그 후보 선택은 어떤 요인들과 상관관계를 갖는지 QCA를 한다고 하자. 종속변인(대선 후보 선택)은 박근혜＝0, 문재인＝1로 코딩한다(0과 1을 바꿔 코딩해도 아무 상관없음). 독립변인 1(성별)은 남성＝0, 여성＝1로 코딩한다. 독립변인 2(출신지)는 비호남＝0, 호남＝1로 코딩한다. 독립변인 3(대북정책 입장)은 대북지원 반대＝0, 대북지원 찬성＝1로 코딩한다.

60명의 학생에 설문지를 돌려 답을 얻고 변인별로 코딩을 해서 위 표에서처럼 결과를 정리한다. 그 결과를 보면서 문재인 후보 지지자 중 호남 출신 여성으로서 대북지원을 찬성한 학생(즉, 코딩이 1-1-1-1인 경우)은 몇 명인지, 박근혜 후보 지지자 중 똑같은 조건의 학생(즉, 코딩이 0-1-1-1인 경우)은 몇 명인지 다양한 경우의 수를 파악할 수 있다.

17개 광역자치단체의 교육감 총 17명의 이념성향에 어떤 요인들이 어떻게 작용하는지 분석하고자 할 때도 QCA가 유용하다. 종속변인(교육감의 이념성향)은 보수=0, 진보=1로 코딩하고, 독립변인 1(해당 자치단체 도지사의 정당소속)은 보수당=0, 진보당=1, 독립변인 2(교육감 선거 당시 단일화 여부)는 비단일화 후보=0, 단일화 후보=1로 코딩한다. 그렇게 관찰 틀을 갖춰놓은 후 17명 교육감의 경우를 두루 살펴 경우의 수들을 파악한다. 가령, 코딩이 1-1-1로 되는 경우(즉, 진보적 교육감이 진보당 소속 도지사와 함께 있고 단일화 후보로 당선된 경우)는 그 수가 9이고, 코딩이 0-0-0으로 되는 경우(즉, 보수적 교육감이 보수당 소속 도지사화 함께 있고 비단일화 후보로 당선된 경우)는 그 수가 7이고, 오직 하나의 사례에서만 코딩이 0-0-1로 나왔다면, 그 결과를 다각도로 해석해서 풍부하게 해설을 가할 수 있다.

상기 예들을 통해 알 수 있듯이, QCA는 독립변인들이 어떻게 조합될 때 종속변인이 어떤 모습을 보이는지 전체적인 그림을 그려주므로 다양한 동태적 인과경로(경우의 수)를 파악하고 각각의 상대적 비중을 비교하는 데 유용한 방법이다. 사례 수가 10~50여 개일 때가 이상적이나, 연구 질문이나 환경에 따라 그 이상의 사례 수인 경우에도 힘이 많이 들겠지만 사용할 수 있다. Small-N 연구와 Large-N 연구의 사이에 있는 비교방법답게 사례 수뿐 아니라 그 성격에서도 중간적, 절충적이다. 즉, 관찰 대상에 대한 질적인 이해와 독립변인 조합의 경우의 수에 대한 양적인 관찰이 섞여 있다. 사회과학의 기존 연구 중에 QCA를 활용한 것은 아직 많지 않은데, 그 유용성을 간과하지 말고 보다 널리 사용할 필요가 있다.

물론 QCA에는 여러 한계가 있다. 각 변인을 통상적으로 이원적 명목변인으로만 개념화해서 관찰치를 0 아니면 1로 단순하게 코딩하는 가운데 복잡한 현실을 너무 단순화하는 문제가 있다. 이분법적 세계관으로 사회현상을 관찰한다면 현실을 과도하게 왜곡하게 된다. 변인의 범주를 더 세분화해서 코딩을 가령 0－0.5－1로 하거나 0－1－2－3 등 더 세세하게 할 수 있지만, 그러면 변인들의 조합, 즉 경우의 수를 파악하고 이해하기가 너무 복잡해지고 힘들어진다. 또한 독립변인의 수가 너무 많아도 분석과 이해가 어려워지면서 QCA의 장점을 살리기에 한계가 커진다. 그러므로 종속변인과 독립변인 간의 관계에 대한 정교한 이론을 세우기에는 무리가 따른다. 그렇지만 사례 수가 중간쯤 되는 연구에서 독립변인이 다양하게 얽히는 큰 그림을 그리며 동태적 인과경로를 탐구하고 싶다면 QCA에서 풍부한 시사점을 얻을 수 있다.

QCA를 통계방법의 회귀분석과 비교해보면 어느 하나를 배척하지 말고 양자의 조화를 기할 필요가 있다는 점이 명료하게 드러난다. 회귀분석은 종속변인과 각 독립변인 간 관계를 평균으로 일반화한 값으로 보여준다. 회귀방정식 $Y = a + b_1X_1 + b_2X_2 + \cdots + b_nX_n$이 뜻하는 바는 X_1이 1만큼 변할 때 다른 X들을 통제한 상태에서 Y는 b_1만큼 변하고, X_n이 1만큼 변할 때 나머지 X들을 통제한 상태에서 Y는 b_n만큼 변한다는 것이다. 만약 회귀방정식이 다음과 같이 나왔다면 같은 방식으로 해석할 수 있다: 소득＝100＋23·교육수준－35·TV시청시간. 즉, 교육수준이 1단위만큼 높은 경우에 소득이 23만큼 크고 TV시청시간이 1단위만큼 늘어나면 소득이 35만큼 작아진다는 것이다. 회귀분석은 각 독립변인과 종속변인 간의 정태적 관계(관계의 유무, 방향, 크기, 강약, 형태)를 잘 보여준다. 반면에, 상기했듯이 QCA는 각 독립변인과 종속변인 간의 관계를 하나의 평균값으로 구체화해주지 못하고, 대신 여러 독립변인이 어떠한 조합으로 함께 작동할 때 종속변인이 어떠한 모습을 보이는지 전체적인 그림을 그려준다. 회귀분석이 미시적이라면 QCA는 거시적이라고 구분해볼 수 있다. 정치현상, 사회현상을 종합적으로 이해하려면 양자가 모두 필요할 것이다. 특정 접근의 절대적 우열을 논하지 말고 어떤 연구에 QCA가 적합하고 또 다른 어떤 연구에는 회귀분석이 적합한지 그 상대적 유용성을 따지는 자세가 필요하다.

8) 범위 설정과 사례 선택에 의한 비교방법

비교방법은 사례 수뿐만 아니라 범위 설정 및 사례 선택에 따라서도 다양한 유형으로 구분된다. 먼저, 최대유사체계most-similar system 비교방법은 가능한 한 여러 면에서 유사한 속성을 지니되 핵심 변인들에서만 다른 속성을 보이는 사례들을 선택해 비교하는 방법이다. 즉, 핵심적 독립변인인 X_1과 Y를 제외한 나머지에서 최대한 유사한 사례들을 선택해 비교하는 것이다. 핵심적 독립변인(X_1) 외의 독립변인은 모두 같은 값을 보여 상수로 '통제control'될 수 있다. 아래 표는 최대유사체계 비교방법의 가상 예이다.[70] 영국과 프랑스가 X_1과 Y를 제외하고 X_2~X_5에서는 똑같은 관찰값을 보이므로 X_2~X_5가 통제된 상태에서 Y(안정이냐 혁명이냐)는 X_1과 상관관계 혹은 더 나아가 인과관계가 있을 것이라는 추정을 할 수 있다.

---

70 John Gerring, 전게서, p. 211.

✚ 최대유사체계 비교방법의 예

사례	X_1	X_2	X_3	X_4	X_5	Y
영국	y	y	y	y	y	안정
프랑스	n	y	y	y	y	혁명

최대유사체계 비교방법은 인과적 설명력이 높다. X_1이 아닌 개입변인들은 다 같으므로 통제 상태에 둔 채 X_1과 Y의 변이성, 즉 체계적 공변성을 통해 양자 사이에 인과관계가 있을 것이라고 추론할 수 있다. 그러나 최대유사체계 비교방법을 쓸 수 있는 정치현실 사례들을 찾기가 쉽지 않아 정치학 연구에서 실제로 빈번하게 활용되기에는 한계가 있다. 만약 똑같이 생긴 쌍둥이 형제가 똑같은 배경에서 성장해서 똑같은 액수의 유산을 물려받아 재산 정도가 똑같다고 하자. 그런데 반사회적 성향을 지닌 형은 어떤 일로 소년교도기관(소년원)에서 1년을 보냈고, 형과 반대로 사회적 성향을 지닌 동생은 그런 경험이 없다. 이 경우, 종속변인인 사회성(사회적이냐 반사회적이냐)과 독립변인인 소년원 경험(유무)에서 두 관찰사례(형제)는 차이(변이성)를 보이지만, 나머지 요인들(성장 배경, 외모, 재산 정도)에서는 관찰값이 다 똑같다. 최대유사체계 비교방법을 사용할 수 있는 경우이고, 소년원 경험의 여부가 (비)사회성의 요인일 것이라는 추론을 할 수 있다. 물론 이 예에서는 내인성의 함정이 있어 보이지만, 그 문제가 없다면 양자 사이의 인과관계를 비교적 자신 있게 말할 수 있다.

그러나 복잡한 정치현상과 관련해서는 쌍둥이 사례가 별로 없다. 국가들이나 집단들을 관찰한다면 최대유사체계 비교를 할 만한 실제 예를 찾기 쉽지 않다. 무리해서 예를 들자면, 정치문화가 정당정치의 안정성 정도에 끼치는 영향을 파악할 때 한국과 미국을 비교해 볼 수 있다. 정치문화에서 수직적 집단주의 대 수평적 개인주의로 양국이 차이를 보이고 정당정치의 안정성도 불안정한 변화의 연속 대 안정적 유지로 차이를 보이는 데 비해 기본적인 정치제도의 틀은 삼권분립, 견제와 균형, 대통령제, 소선거구제 등 여러 면에서 유사하다. 이 경우, 한·미 비교를 한다면 정치문화를 X변인으로, 정당정치 안정성을 Y변인으로 하고 정치제도의 여러 면을 개입변인으로 통제하는 최대유사체계 비교방법이 될 수 있다. 그러나 한·미가 정치제도의 기본 틀에서 유사한 면이 있지만 그렇지 않은 면도 많이 있다는 점을 고려할 때 최대유사체계라고 규정하기에는 논란이 커 보인다.

이처럼 실행에서 어려움이 크기에 최대유사체계 비교방법은 학계 일각에서 비판을 불러일으킨다. 예를 들어 셰볼스키·튜니는 실제로 최대유사체계를 찾기 불가능하다고 비판하며, 가능한 한 여러 면에서 상이한 속성을 지니되 이론 틀 속의 변인들(종속변인, 독립변인)에서 유사한 속성을 보이는 사례들을 선택해 비교하는 최대상이체계most-different system 비교방법을 설파한다.[71] 디펠리체도 비슷한 국가들을 관찰해 검증할 수 있는 가설들만 인과 추론의 대상으로 삼지 말고 상이한 국가들을 비교해 검증할 수 있는 가설들도 다루어야 한다고 주장한다.[72] 즉, 과학적 비교정치학은 비슷한 국가들만 사례로 잡는 데 그치지 말고 여러 다양한 수준과 차이를 보이는 사례들의 비교에 우선순위를 두어야 한다는 것이다.[73] 최대상이체계

---

71 Adam Przeworski and Henry Teune, *The Logic of Comparative Social Inquiry* (N.Y.: Wiley, 1970).

72 E. Gene DeFelice, "Causal Inference and Comparative Methods," in Alan Sica, ed., *Comparative Methods in the Social Sciences*. Vol. 1 (London: SAGE Publications, 2006). p. 289.

73 상게서, p. 302.

비교방법을 아래 표에 나온 가상의 예를 통해 쉽게 이해해보자.[74] 상정한 X_1 변인과 Y 변인(혁명 여부) 외에는 최대로 상이한 두 개의 사례(중국, 프랑스)를 비교하며 적어도 X_2~X_5 변인들은 혁명의 원인일 수 없고 X_1만이 원인일 가능성이 있다는 시사점을 얻을 수 있다.

✚ 최대상이체계 비교방법의 예

사례	X_1	X_2	X_3	X_4	X_5	Y
중국	y	y	y	y	y	혁명
프랑스	y	n	n	n	n	혁명

최대상이체계 비교방법으로는 인과 추론을 시도하기가 상대적으로 더 힘들다. 독립변인과 종속변인의 관찰값들이 변이성을 보이지 않아 인과관계의 성립 조건 중 하나인 체계적 공변성이 충족되었는지 파악할 수 없기 때문이다. 이런 한계가 있으나, 적어도 어떠어떠한 변인들(표에서 X_2~X_5)은 원인이 아닌 것 같다는 시사점, 특정 변인(표에서 X_1)이 원인으로 유력해 보인다는(확실하지는 않지만) 시사점 등을 얻을 수 있다. 만약 콩고 어느 부족의 원시 사회, 중국 어느 성(省)의 농경사회, 멕시코시티의 공업 사회, 스웨덴의 후기산업적 복지 사회 등 여러 면에서 매우 다른 사회들에서 자살률이 같다면 자살의 원인으로 거시적 사회구조는 제외할 수 있다는 시사점을 얻을 수 있다. 같은 대학 같은 학과 출신의 동기 10명이 모두 탈원전 반대 의견을 갖고 있는데 성별(남, 여), 소득수준(고, 중, 저), 이념(보수, 진보, 중도), 정당성향(여당지지, 야당지지, 중립, 무관심), 출신지(영남, 호남, 충

74 John Gerring, 전게서, p. 212.

청, 서울, 경기, 강원), 직업(회사원, 자영업자, 공무원, 교수, 연구원, 운전기사, 가정주부 등) 등 여러 요인에서 다양하고 서로 크게 다르다면, 탈원전 반대 의견은 이 요인들과는 상관없고 동일 대학 동일 학과라는 점과 연관성을 가질 가능성이 있다고 추론할 수 있다.

최대유사체계에 비한 최대상이체계 비교방법의 상대적 우위는 실행의 용이성에 있다. 전자에 적합한 사례들을 찾기 힘든 것과 달리 후자는 워낙 복잡하고 다양한 세상에서 사례 대부분이 서로 차이가 크게 나므로 실행하기가 쉽다. 최대상이체계 비교방법의 가상 예로, A, B, C 세 정당의 높은 내부 기율을 설명하려는 연구를 생각해보자. 이 셋의 공천방식은 유사하나(폐쇄적이든 개방적이든) 이념색채는 상이하고(보수, 진보, 중도) 당원 수도 상이하고(대, 중, 소) 정치적 위상도 상이하고(의석수가 각각 100명, 60명, 20명) 역사도 상이하다고(길면서 지속성 있거나, 길지만 통폐합 변화가 많거나, 최근에 생겼거나) 치자. 여기서 A, B, C 세 정당은 내부 기율과 공천방식은 유사하나 나머지(이념색채, 당원 수, 정치적 위상, 역사)에서 상이함이 크다. 내부 기율을 종속변인으로 상정한다면 적어도 이 나머지 요인들은 원인이 될 수 없고 유일하게 공천방식이 원인이 될 가능성이 있다는 결론을 얻을 수 있다.

이처럼 최대상이체계 비교방법도 나름 유용하나 '단위 동질성'(unit homogeneity, 관찰대상들이 핵심 변인들을 빼고는 기본적으로 유사한 성격을 띠는 것) 가정에 입각한 최대유사체계 비교방법이 학계에서 더 널리 선호된다고 할 수 있다. 도건Dogan은 완벽한 최대유사체계란 존재하지 않겠지만, 사회경제적 조건/수준 등과 같이 비교적 단순한 범주화가 가능한 개념들을 연구한다면 대략적 수준에서나마 최대유사체계에 근접하는 사례들을 찾을 수 있다고 지적한다.[75] 게링도 최

---

75 Mattei Dogan, 2006, 전게서, p. 320.

대상이체계 비교방법에 비판적인데, 종속변인의 관찰결과에서 변이성이 나타나지 않기 때문에 특정 인과관계의 검증보다는 대안적 원인들을 배제하기에 더 유용할 뿐이라고 한다.[76] 전술했듯이 킹·코헤인·버바도 독립변인 및 종속변인의 관찰결과에서 변이가 나타나는 사례들을 신경 써서 선택해야만 인과적 추론이 가능하다는 점을 여러 예를 통해 강조한다.[77]

최대유사체계 또는 최대상이체계 비교방법이 사례 선택을 관건으로 하는데 비해, 시간적·공간적 연구범위를 핵심 기준으로 해서 구분되는 비교방법의 유형들도 있다. 이 유형들의 대부분은 이번 장 앞부분 제2절(연구 설계의 유형)에서 이미 그 내용이 직간접으로 소개되었다. 첫째, '전후 테스트'pre-test post-test 비교방법이 있다. 이것은 독립변인이 작용하기 전후로 종속변인 값을 한 번씩 관찰하고 양자를 비교해서 독립변인의 효과를 추정하는 방법이다. 도식으로 표현하자면 다음과 같다(O = 종속변인의 관찰값, X = 독립변인의 작용, 시간순으로 왼쪽에서부터 표시함).

$$O_1 \ X \ O_2$$

예를 들면, 대통령 연루 금품 스캔들이 국정 지지도에 미친 영향을 추정하기 위해 스캔들 발생 이전의 국정 지지도와 이후의 국정 지지도를 비교해서 만약 5% 포인트 하락이 관찰된다면 이 스캔들은 국정 지지도에 −5% 포인트의 인과 효과를 낸다고 말할 수 있다. 일상생활에서는 물론 학문연구에서도 빈번하게 사용되는 비

76 John Gerring, 전게서, pp. 212−214.
77 Gary King et al., 전게서, 특히 Chapter 4.

교방법이다. 그러나 개입변인의 통제가 전혀 고려되지 않는 단순한 방법으로서 그 신뢰성이 높을 수 없다. 금품 스캔들 때문에 국정 지지도가 떨어진 것인지, 비슷한 시기에 발생한 다리 붕괴 사고나 세율 인상 발표 때문인지 알 수 없다.

둘째, '단속적 시계열'interrupted time-series 비교방법은 종단 분석을 말하며 '전후 테스트' 비교방법을 시간적으로 더 늘린 것이다. 도식은 다음과 같다:

$$O_1\ O_2\ \cdots\ O_n\ X\ O_{n+1}\ O_{n+2}\ \cdots\ O_{n+m}$$

동일 예를 이어가자면, 우선, 금품 스캔들이 발생하기 전 국정 지지도를 한 번만 관찰하지 않고 시간적 범위를 확대해 여러 시점에서 총 n번 관찰한다. 다음, 스캔들이 발생한 후 국정 지지도를 역시 시간적 범위를 늘려 여러 시점에서 총 m번 관찰한다. 독립변인 작용 이전과 이후의 관찰 횟수가 같을 필요는 없으나 같아도 좋다. 즉, n=m이어도 된다. 이처럼 관찰 횟수를 시간적으로 늘리면 종속변인 관찰값의 시간적 추세를 볼 수 있어서 풍부한 해석을 할 수 있게 된다. 가령, 스캔들 발생 이전부터 이미 국정 지지도가 하락 추세였고 스캔들 발생 이후의 하락 추세는 앞선 추세의 연장선에 있는 것으로 관찰된다면 스캔들이 국정 지지도에 인과적 영향을 끼쳤다고 말할 수 없다. 또 가령, 스캔들 발생 직후 한동안 국정 지지도가 별 변화를 보이지 않아도 시간이 좀 흐른 후부터 국정 지지도가 떨어지기 시작한다면, 스캔들 직후엔 사람들이 긴가민가 의심하다가 점차 스캔들이 이목을 끌면서 공분도 커져 국정 지지도가 떨어졌다고 해석할 수도 있다.

이처럼 단속적 시계열 비교방법은 전후 테스트 비교방법보다 시간적 관찰범위가 확대되고 관찰 포인트가 많기에 더 다양한 시사점을 얻을 수 있게 해주는 상대적 이점을 지닌다. 그러나 종단 분석이 그렇듯이 시간적 관찰범위가 확대될수록 맥락의 변화에 따라 비교가능성이 훼손될 위험성이 있고 경로의존성에 의한 자기상관성autocorrelation의 문제가 초래될 위험성도 있다. 그러므로 단속적 시계열 비교방법을 무조건 우월한 비교방법이라고 일반화해선 곤란하다. 이러한 위험성을 조심하며 취지를 잘 살리려면 시간적 범위를 어느 정도 확대할지, 관찰 시점 간의 간격(구간)을 어느 정도로 할지 주제에 대한 충분한 이해를 바탕으로 판단해야 한다.

셋째, '횡단' 혹은 '교차대상'cross-sectional 비교방법은 '전후 테스트' 비교방법을 공간적으로 확대한 것이다. 단일 대상을 넘어 여러 대상(국가, 지역, 집단, 계층, 이슈, 사람 등)을 다각적으로 비교하는 데 좋고, 개입변인(들)을 통제하는 데도 유용하다. 도식은 다음과 같다:

관찰대상 1: O_1 X O_2	더 단순하게는, 관찰대상 1: X O_1
관찰대상 2: O'_1 X O'_2	관찰대상 2: X O'_1
관찰대상 3: O''_1 X O''_2	관찰대상 3: X O''_1
....	....

금품 스캔들 전후로 국정 지지도를 관찰해 비교하되 모든 사람을 하나의 범주로 넣지 않고, 지지층 대 비지지층, 보수 대 진보 대 중도, 호남 대 영남 대 기타 지역, 남성 대 여성 등 다양하게 구분해서 세부 집단 간에 비교를 시도할 수 있다. 이런 방식으로 풍부한 시사점을 얻을 수 있고, 여러 요인을 개입변인으로 통제하며 스캔들-지지도 관계를 보다 자신 있게 추정할 수 있다. 가령, 만약

지지층과 비지지층 양쪽에서 정도 차는 있더라도 다 국정 지지도가 떨어졌다면, 비지지층에서만 국정 지지도가 떨어진 경우, 혹은 지지층에서 국정 지지도가 오히려 오른 경우 등과는 상당히 다른 해석을 할 수 있다.

횡단 비교방법을 가장 단순하게 시도하자면 전후 테스트 비교 부분을 빼고 관찰대상 간의 비교에만 집중할 수도 있다. 예를 들어, 스캔들 발생 이전은 고려하지 않고 스캔들 발생 이후만을 범위로 해서 지지층과 비지지층의 국정 지지도는 각각 어떠한지 비교 관찰하면서 시사점을 찾을 수 있다. 이런 방식에도 비교가 개재되므로 비교방법의 일종으로 볼 수 있지만, 독립변인의 작용 전후의 비교가 이루어지지 않으므로 상대적으로 더 우수하다고 말할 수는 없다. 물론 자료 미비 등의 이유로 이렇게 할 수밖에 없을 때도 있겠지만, 가능하면 전후의 비교와 대상의 세부범주들 간의 비교를 함께 시도해야 바람직할 것이다.

넷째, '패널'panel 비교방법은 시간 및 공간 양쪽으로 관찰범위를 확대하고 관찰 수를 늘려 비교를 극대화한 것이다. 단속적 시계열 비교방법을 공간적으로 확대한 것이라고 표현할 수도 있고, 횡단 비교방법을 시간적으로 확장한 것이라고 말할 수도 있다. 도식은 다음과 같다.

관찰대상 1: O_1 O_2 … O_n X O_{n+1} O_{n+2} … O_{n+m}
관찰대상 2: O'_1 O'_2 … O'_n X O'_{n+1} O'_{n+2} … O'_{n+m}
관찰대상 3: O''_1 O''_2 … O''_n X O''_{n+1} O''_{n+2} … O''_{n+m}
………………………………………………………

패널 비교방법은 관찰 포인트가 가장 많아 가장 풍부한 시사점을 얻을 수 있게 해준다. 횡단 비교방법의 장점인 개입변인(들)의 통제에 유용하다는 점, 단속적 시계열 비교방법의 장점인 시간적(시대적) 추세를 볼 수 있다는 점도 두루 갖추고 있다. 스캔들 발생 전후로 관찰범위를 확대해 관찰 포인트를 늘리는 데 덧붙여 관찰대상자들을 여러 세부 집단으로 나눠 관찰하는 만큼 여러 각도에서 논의를 할 수 있게 해준다. 그러므로 상대적으로 우수한 비교방법이지만, 상기한 비교가능성의 문제, 자기상관성의 문제, 자료의 미비함 등의 함정도 도사리고 있으니 신중하게 활용할 필요가 있다.

9) 요인설계(Factorial Design)에 의한 비교방법

체계적 비교가 수반되는 연구 중에는 전술했듯이 연구범위나 관찰사례에 초점을 맞추는 것도 있지만, 독립변인들에 방점을 두는 것도 있다. 요인설계factorial design는 독립변인이 2개 이상일 때 각 독립변인이 특정 하위 범주값을 취할 경우 종속변인이 어떤 값을 보이는지 모든 경우를 교차해서 비교하는 연구를 말한다.[78] 즉, 여러 독립변인이 각각 개별적으로 종속변인에 미치는 효과를 관찰하는 것이 아니라, 독립변인들이 상호작용interaction을 일으켜 함께 복합적으로 종속변인에 미치는 효과를 비교 관찰하는 것을 말한다. 일반 회귀분석이 종속변인과 각 독립변인 간의 관계를 다른 독립변인(들)의 통제 상태에서 일반화한 평균값으로 보여주는 것과는 다르다.[79] 요인설계 비교방법에서 독립변인은 범주적categorial 성격을 띠

78 Paul E. Spector, *Research Designs*, Sage University Paper series on Quantitative Applications in the Social Sciences, series n. 07－023 (Beverly Hills and London: Sage Publications, 1981), pp. 54－76.

79 이 글의 범위를 넘어서는 것이지만, 통계학의 회귀분석에서도 개별 독립변인의 효과를 추정하는 데 그치지 않고 복수의 독립변인들을 상호작용항으로 만들어

는 가령 성별(남/여), 소득수준(저/중/고), 표결(찬/반), 이념성향(보수/중도/진보) 선거구(대/중/소) 등 명목nominal 개념이거나 적어도 하위 범주가 몇 개 정도로 너무 많지 않은 개념일 필요가 있다.

예를 들어, 교수법(수직적/수평적 2개의 범주로 구분)에 따른 학생들의 학업성취도에 대한 연구에서 성별(남/여 2개의 범주로 구분)을 함께 비교 관찰하며 2개의 독립변인(교수법과 성별)이 복합적으로 종속변인(학업성취도)에 미치는 영향을 분석한다면 요인설계 비교방법을 하면 된다. 만약 그 결과가 아래의 2×2 표처럼 그려진다면 학업성취도에 수직적 교수법과 수평적 교수법 중 어떤 것이 낫다고 일률적으로 말할 수 없다. 남자의 경우에는 수직적 교수법이 학업성취도를 높이지만 여자의 경우에는 반대로 수평적 교수법이 그런 상승효과를 낸다. 이런 상황에서 교수법과 성별이 각각 학업성취도에 미치는 영향을 봐선 곤란하고 양자를 함께 비교해 보며 복합적 영향을 추정해야 적절한 시사점을 얻을 수 있다.

		교수법	
		수직적	수평적
성별	남	학업성취도 80점	학업성취도 75점
	여	〃 70점	〃 90점

예를 더 들자면, 재난 지원금이 국정지지도에 어떤 효과를 내는지 단일 독립변인(재난 지원금)만 상정하지 않고 유권자 구분(전체 유권자인지 핵심 지지층인지로 구분되는)도 제2의 독립변인으로 놓고 같이 비교

상호작용의 효과를 추정할 수 있다. 이때 상정한 개별적 독립변인과 상호작용항 간에 다중공선성의 문제가 발생하지 않는지 유의할 필요가 있다.

관찰하면 시사점이 달라질 수 있다. 아래 표의 가상 예에서 보듯이, 재난 지원금이 늘어날수록 전체 유권자의 국정지지도는 올랐으나 핵심 지지층의 국정지지도는 오히려 떨어졌다. 핵심 지지층의 성격이 전체 유권자와 다르기 때문에 이런 결과가 나올 수 있다. 이런 상황이라면 집권 정부로서는 전체 유권자를 바라보며 재난 지원금을 늘릴지, 선거 때 표를 몰아줄 핵심 지지층을 바라보며 재난 지원금 증액에 신중함을 보일지 어려운 전략적 판단을 해야 한다. 방법론적으로는, 재난 지원금과 유권자 구분이 국정지지도에 따로 끼치는 각각의 효과만 보지 말고 두 변인이 상호작용 속에서 내는 여러 경우를 비교하며 집합적 효과를 추정해야 한다는 교훈을 얻을 수 있다.

		유권자 구분	
		전체 유권자	핵심 지지층
재난 지원금	50만원	국정지지도 40%	국정지지도 80%
	100만원	〃 50%	〃 70%
	200만원	〃 60%	〃 60%

요인설계 비교방법은 실험방법에 많이 활용되어 자연과학, 심리학, 교육학 등의 분야에서 핵심을 이룬다. 그러나 정치학처럼 주로 비실험방법에 의존할 수밖에 없는 분야에서도 요긴하게 활용될 수 있다는 점은 상기 예를 통해 알 수 있다. 세대(신세대/구세대)와 성별(남/여)이 특정 대통령 후보에 대한 선호도에 어떤 상호작용에 의한 복합적 영향을 끼치는지, 미국의원들의 정당(민주당/공화당)과 이념성향(진보/보수/중도)이 어떻게 상호작용해 대통령의 입법의제에 대한 선호도를 결정하는지 등등 요인설계 비교방법이 요구되는 경우가 많다.

독립변인의 하위 범주가 적을수록(최소 2개) 관찰 결과를 해석하기가 쉬워진다. 물론 해석이 어려워지더라도 독립변인들의 하위 범주가 2개를 초과하는 경우에도 요인설계 비교방법을 시도할 수 있다. 예를 들어, 독립변인 2개 중 연령은 4개의 하위 범주(20대/30~40대/50~60대/70대 이상), 출신지역도 4개의 하위 범주(수도권 및 강원/충청/호남/영남)를 갖고 종속변인은 정권 불신도(100점 척도)인 경우, 4 X 4 표를 그려 독립변인들의 하위 범주들이 어떤 조합을 이룰 때 종속변인이 어떤 값을 보이는지 비교 관찰해서 복합적 효과에 대해 추론을 시도할 수 있다.

10) 비교방법의 한계

비교방법은 연구에 필수불가결하나 여러 한계도 지닌다는 점이 이번 4절의 앞선 논의 곳곳에 투영되어 있다. 이 소절에서는 가장 근원적이고 일반적인 한계만 종합 정리한다. 우선, 좁은 의미의 비교방법에 해당되는 것으로, 적은 수의 사례를 관찰하고 비교할 때 'Small-N 문제'가 발생해 일반화의 타당성이나 신뢰성을 기하기 힘들다. 물론 적은 사례 수는 문제가 아니라 비교방법의 특징이라고 볼 수도 있지만, 현상의 추론에 필수적인 일반화를 하는 데 사례의 과소(寡少)가 도움이 되지 않는다는 점은 부인할 수 없다. 역으로, 다수의 사례를 비교 관찰할 때는 일반화 작업이 상대적으로 용이해지지만 각 사례의 고유성을 무시해 과도한 왜곡이 생길 수 있다. 이질적 사례들을 함께 볼 때 비교가능성에 타격이 가해질 수 있는 것이다. 결국 사례 수가 적든 많든 방법론적 한계는 상존한다.

사례들을 비교할 때 그들 간 상호독립성의 조건을 충족시키기 어려운 경우가 실제로 많다. 상호 간에 독립적이지 않고 영향력이 교환되는 사례들은 아무리 많이 관찰해도 비슷한 관점의 관찰을 반복하는 것에 불과할 수 있다. 관찰 포인트를 다양하게 해서 나오는 관찰결과를 공통점과 차이점 중심으로 대조한다는 비교방법의 취지를 살릴 수 없다. 현실상 완전하게 상호 독립적인 사례들을 찾기가 쉽지 않아 상호 영향이 작용하는 사례들을 관찰하는 갈톤의 문제 Galton's problem는 특히 세계의 공간이 좁아지고 공간적 범위들이 상호 복잡하게 얽히게 된 지구화 시대를 맞아 심각해지고 있다. 개별 국가, 지역, 집단, 개인 등을 독립적 분석단위로 간주하기에 모든 것들이 너무 상호의존적이 된 것이다.[80] 또한 시간적 차원에서도 상호독립성의 조건을 기하기가 난제이다. 앞선 시기의 현실이 뒤에 오는 시기의 현실을 규정하는 역사적 경로의존성이 상존하므로 방법론적으로 자기상관성autocorrelation 문제가 거의 모든 경우에 개재되게 된다. 이에 따라 과거 상황과 현재 상황을 직접 비교할 때 의미 있는 추론을 하는 과정이 방해받기 쉬운 것이다.

또한, 비교방법은 자칫 현상에 대한 정적인 스냅샷만 찍고 현상이 동적으로 움직이는 동영상을 찍는 데는 등한시할 위험성이 있다. 즉, 여러 상호 독립적인 사례들을 몇몇 변인의 관점에서 관찰해 비교하는 가운데 그 사례들을 마치 정물화처럼 그릴 수 있다는 것이다. 여러 사례들을 관통하는 일반화를 정립하려면 여러 시점, 공간, 관점을 기준으로 사례들을 관찰해야 하므로 각 사례가 끊임없이 진행되는 역동적 모습을 담기란 힘들어 어쩔 수 없이 정태적 연구로 흘러간다. 물론 관찰 포인트를 매우 크게 늘려 스냅샷을 많이 찍으면 동태적 역학을 보여주는 동영상에 준하는 효과를 거둘 수 있다. 하지만 그 정도로 스냅샷을 많이 찍기란 현실적으로 힘든 일

80 John H. Goldthorpe, "Current Issues in Comparative Macrosociology: A Debate on Methodological Issues," in Alan Sica, ed., *Comparative Methods in the Social Sciences*, Vol. 1 (London: SAGE Publications, 2006), p. 398.

이다. 전술했듯이 라긴C. Ragin은 주류 사회과학의 비교방법은 정태적 연구에 머문다고 비판하며 현상이 쉼 없이 전개되는 전체의 인과경로를 밝히는 동태적 연구방법을 제창한다.[81] 물론 어떤 연구방법도 장점만 있을 수는 없기에, 라긴의 '비교역사방법'은 역사적 동태성을 포착할 수 있을지 몰라도 전체 그림을 일목요연하게 보여주는 일반화 차원에서는 큰 한계를 지닌다.

무엇보다 가장 큰 딜레마로 다가오는 근원적 한계는 비교방법을 통해 우리가 추구하는 여러 가치가 항상 서로 부합하는 것이 아니고 상호 상쇄관계tradeoffs가 있다는 점이다. 예를 들어, 구체성을 기할 경우 일반성과 포괄성이 낮아질 수 있다. 구체성의 추구는 아울러 반향성, 친숙성은 물론 정확성마저 희생시킬 수 있다. 일반성은 반대로 맥락적 고유성과 잘 맞지 않고, 우리가 과도하게 일반성을 추구하다가는 비교가능하지 않은 사례들을 무리하게 한 틀에 묶어 관찰하는 우를 범할 수 있다. 이러한 상호 충돌 혹은 상쇄관계의 딜레마로 인해 어떠한 비교방법도 아무리 신경 써서 잘 활용한다 해도 각종 비판으로부터 자유로울 수는 없다. 결국 비교방법은 한편으로 정치현상 탐구에 희망을 던지지만, 다른 한편으로 학문의 모든 연구방법이 그렇듯이 제한된 이해 속에서 부분적이고 유보적 지식을 창출하는 수준에만 머물 수밖에 없다. 이런 한계를 인지하며 연구자는 각자의 문제의식에 알맞은 비교방법을 신중하게 골라야 한다.

81 Charles Ragin, (1987) 전게서; (2004) 전게서.

11) 비교방법의 발전 지평

어떤 비교방법도 장단점이 있고 어떤 맥락에서 어떤 것이 제일 적당할지 판단하기 쉽지 않다. 그러므로 가능한 한 여러 비교방법을 다양한 각도에서 시도하며 끊임없는 이론의 정립-검증-수정-확대-재검증 과정을 이어가야 한다. 그래야 과학적 탐구의 목표인 일반화 차원의 이론(주장)을 신뢰성 높게 정립할 수 있다. 이 작업은 혼자서 할 수 있는 것이 아니다. 긴밀한 학문 공동체를 형성해 공동과제로 맡겨야 한다. 킹·코헤인·버바가 누차 주장했듯이 과학은 "사회적 과업"social enterprise이다.[82] 학문은 홀로 도 닦듯이 외부로부터 절연된 상태에서 독불장군처럼 할 수 없다. 여러 사람이 지속적 대화와 논쟁, 다양한 각도의 비교를 통한 끊임없는 후속 작업을 거치며 함께 조금씩 쌓아나가고 또 때론 급격히 도약하듯이 바꾸기도 하는 것이 학문이다.

그럼 어떠한 방식으로 이러한 공동 작업을 추구하면 좋을까? 가능한 한 널리 반향을 일으키고 여러 사람의 공감을 자아내서 공동 작업을 촉발시키기 위해서는 비교방법을 구체적으로 주어진 자료나 특정 기법에만 좁은 초점을 맞춰 시도해서는 곤란하다. 방법중심적method-centered, 기법중심적technique-centered이거나 자료중심적data-centered 접근은 그 적용범위가 협소해질 수밖에 없다. 그런 만큼 넓은 반향과 공감에 의한 공동 작업으로 이어지는 데 한계가 크다. 반면, 특정 사회과학적 주제나 현상에서 문제의식을 찾는 문제주도적problem-driven 접근이나 특정 이론적 주장에 입각한 이론중심적theory-centered 접근은 다양한 범위에서 다양한 사례에 대한 다양한

82 Gary King et al., 전게서, p. 9.

관점의 관찰들을 비교하며 이론적 일반화를 추구하는 데 상대적으로 더 유리하다. 그 만큼 다각도의 공동 작업을 가능하게 한다.[83] 그러므로 연구를 진행함에 있어서 특정 자료나 방법에 중심 초점을 맞추기보다는, 명확한 문제의식을 잡고 이론을 정립하는 데 주안점을 두고 이를 위해 주어진 자료와 방법을 활용하는 쪽으로 노력할 필요가 있다.

이론중심적 접근을 취할 경우 특정 지역의 정치에 대한 연구도 일반적 이론 틀 속에서 진행될 것이므로 비교정치학으로의 승화가 가능하다. 개별 사례의 고유성을 이해하는 것도 중요하지만, 그 사례를 명확한 비교의 틀 속에서 이해할 때 보다 심층적인 이해와 타당한 추론을 할 수 있다. 예를 들어, 미국만 보면 교육수준이 투표참여의 가장 중요한 요인이라고 결론 낼 수 있지만, 비교학적으로 볼 때 미국은 상대적으로 교육수준이 높지만 투표참여 정도는 매우 낮은 편이므로 높은 교육수준은 투표참여율을 높이는 결정적 요인이라고 말할 수 없다. 모든 경우에 명시적 비교를 시도하지 않는다 해도 최소한 암묵적으로라도 다른 사례들과 비교하는 관점을 취할 필요가 있다.

덧붙여, 향후 비교방법은 확증적confirmatory 접근과 탐색적exploratory 접근 사이의 균형을 취하는 쪽으로 많이 활용될 필요가 있다. 비교방법의 각종 방법론적 문제점과 경험자료의 미비로 인해 가설 검증을 목표로 하는 확증적 접근이 불가능한 경우가 많다. 그러므로 확

---

83 Rudra Sil, "Problems Chasing Methods or Methods Chasing Problems? Research Communities, Constrained Pluralism, and the Role of Eclecticism," in Ian Shapiro, Rogers M. Smith, and Tarek E. Masoud, eds., *Problems and Methods in the Study of Politics*. (Cambridge, UK: Cambridge University Press, 2004).

증적 접근만 고집할 필요는 없다. 적실성 있는 문제의식을 찾고 가설을 세우는 데 주력하는 탐색적 접근도 큰 학문적 공헌을 할 수 있다. 특히 새로운 연구지평을 개척하는 혁신적 연구는 탐색적일 수밖에 없다. 그렇다고 탐색적 연구만 내세우고 논리의 엄격성과 관찰의 체계성을 강조하는 확증적 접근을 간과해서도 곤란하다. 각 연구자는 어떤 식으로 비교방법을 시도해 확증성과 탐색성 간의 균형을 취할지 각자의 문제의식에 따라 진지한 고민을 경주해야 한다.

5. 사례연구 방법

1) "단일" 사례연구의 모호한 의미

사례연구는 앞의 제4절에서 논한 비교방법과 대비를 이룬다. 비교방법이 체계적 비교를 핵심 특징으로 하는 것과 달리 사례연구는 "단일" 사례에 대한 관찰과 탐구를 의미하는 만큼 비교를 명시적으로 강조하지 않는다. 그러나 이 대목은 혼동과 논란의 여지가 있다. 과연 "단일" 사례라고 할 수 있는지, 과연 비교가 이루어지지 않는지 의문을 낳는다. 실제로 하나의 사례를 관찰할 때 암묵적으로, 혹은 거의 무의식적으로 여타 사례(들)와의 외적 비교가 이루어지기도 한다. 예를 들어 한국 제헌국회(1948년~50년)를 단일사례로 연구하는 경우, 연구자도 잘 의식하지 못하는 가운데 현 제21대 국회를 기준으로 비교 평가하기도 하고 바로 이어진 제2대 국회나 제3대 국회와 은연중 비교하는 관점을 취하기도 한다. 아프가니스탄 정부의 부패를 단일사례로 연구할 때도 연구자에 따라 한국, 미국, 이란 등 여타 정부가 연상되며 자연스레 마음속에서 비교가 이뤄진다.

이러한 외적 비교뿐 아니라, 하나의 사례 안에 여러 하위 사례가 들어 있고 때론 이들 간의 내적 비교가 이루어지며 과연 "단일" 사례연구인지 혼동을 일으킬 때도 있다. 예를 들어 UN SDGSustainable Development Goals를 연구하는 경우, 전체 17개 목표 의제를 통으로 다 본다면 단일사례라고 할 수 있으나 하위 사례인 목표 의제 중 일부만을 보거나 몇몇 목표 의제들끼리 비교한다면 단일사례라고 할 수 있는지 모호해진다. 박정희 대통령을 단일사례로 잡아 연구하는 경우에서도, 한 인물을 통으로 다 보기 힘들므로 해방 이전 젊은 시절, 군인 시절, 쿠데타 후 집권 초기 시절, 3선 개선 후 집권 중기 시절, 유신체제의 집권 후기 시절 등으로 나눠 관찰할 수 있다. 이때 하위 사례들이 존재하게 되고 이들 간에 내적 비교가 이루어지기도 해 단일사례 연구라고 말하기가 어색해진다.

물론 사례연구는 비교방법과 달리 비교를 "명시적으로" 하지 않는다. 따라서 명시적 비교를 핵심으로 하는 비교사례연구나 명시적 이원비교방법은 비교방법의 일종으로 분류하고 사례연구로 분류하지 않는다. 그러나 여기에서도 분명치 않은 점이 있다. 후술하듯이 "중대"critical 사례연구는 상정한 가설이 가장 들어맞지 않을 듯해 보이는 "least-likely" 사례나 가장 잘 들어맞을 것 같은 "most-likely" 사례를 선택 관찰해 이론적 검증을 시도한다. 여기서 "least-likely" 사례나 "most-likely" 사례인지 판단하려면 다른 사례들과의 비교가 필수적으로 수반된다. 그러므로 사례연구에서 비교가 중요하지 않다고 생각해선 곤란하다.

사례연구는 이처럼 단일사례인지, 명시적 비교인지 등에서 모호한 지점이 있는데, 그 모호함은 시간적·공간적 범위와 관련해서도 사라지지 않는다. 통상적으로 말하길, 횡단 분석은 공간적 범위를 확대하고 종단 분석은 시간적 범위를 확대하고 패널 분석은 공간적·시간적 범위를 다 확대하고 사례연구는 공간적·시간적 범위를 다

좁힌다고 한다. 그러나 이러한 너무 단순한 말로는 오해를 일으킬 소지가 다분하다. 인물, 단체, 국가, 이슈 등에 대한 사례연구 중에는 단일사례여도 범위가 넓은 경우가 많다. 상기 박정희 사례연구, UN SDG 사례연구 등만 생각해도 범위가 대단히 넓을 수 있다는 점을 알 수 있다. 범위의 대소는 상대적 개념이므로 단순히 범위가 좁다는 표현으로는 사례연구의 의미를 잘 포착하기 힘들다.

이처럼 사례연구의 의미가 분명하지 않고 비교방법과 확실히 구분되는 것도 아니므로 그에 대한 명료한 정의를 내리기란 힘든 일이다. 이하에서 사례연구의 여러 측면을 이모저모 짚어보며 대강의 감을 잡는 것으로 만족할 수밖에 없을 것이다.

2) 사례연구의 목적(의의)과 사례 선택의 중요성

사례연구는 한때 기계적 과학주의자들로부터 열등한 연구 방법이라고 무시되기도 했으나 요즘엔 그 목적(의의)에서 충분한 가치를 인정받고 있다. 후술하듯이 사례연구의 유형에 따라 차이가 나지만, 그 목적(의의)를 종합해서 몇 가지로 정리할 수 있다. 첫째, 현상에 대한 심층 관찰을 통해 풍부한 시사점을 도출할 수 있게 해준다. 특히 세밀한 부분의 고유한 의미에 대한 통찰력 있는 이해를 도모해준다. 둘째, 이론을 뒷받침하는 재료를 제공해준다. 즉, 뼈대(이론적 논지)에 살(이야기)을 붙이는 작업에 도움이 된다. 셋째, 첫째와 둘째 목적에서 자연히 파생되는 것이지만, 해당 사례에 대한 사람들의 흥미와 관심을 북돋아 반향을 일으킬 수 있게 해준다. 넷째, 일반화 차원의 본격적 이론화를 위한 예비 작업으로도 유용하다. 사례연구를 통해 얻은 이론적 가설은 추후 비교방법 등으로 검증을 받는 이론화 과정을 거칠 수 있다. 다섯째, "중대" 사례연구의 경우에는 본격적 이론화에 직접 활용되기도 한다. 이상과 같은 사례연구의 목적 혹은 취지는 다음 소절들에서 사례연구의 실제 유형들을 살펴봄으로써 체감될 수 있을 것이다.

실제 유형을 논하기에 앞서 사례 선택의 중요성을 강조하고자 한다. 논란의 여지는 있으나 탐구 사례가 "단일"하므로 당연히 사례 선택이 매우 중요하다. 비교방법에서도 사례 선택이 중요하나 사례연구에서는 결정적이라 해도 과언이 아니다. 연구자의 문제의식, 이론적 틀, 연구환경, 중시하는 기준(가치)들 등을 종합적으로 고려해서 신중하게 사례를 선택해야 한다. 많은 시간과 노력을 기울여 연구를 진행한 후에 애당초 사례 선택이 잘못되었다고 느낀다면 낭패가 아닐 수 없다. 이런 안타까운 일은 비일비재하고 필자 자신을 비롯한 연구자 대부분이 그런 시행착오를 수차 겪는다. 특히 대학원생이 석사나 박사 학위 논문을 쓰는 과정에서 사례 선택을 잘못하면 졸업이 수년 미뤄질 수도 있으므로 지극히 신중해야만 한다. 그러므로 사례연구 초기 단계에서 여러 사람으로부터 사례 선택의 적절성에 대한 조언을 들을 필요가 있다. 만약 사례연구가 상당한 수준에서 진행된 시점에 사례 선택에 대한 회의가 들고 부적절했다고 판단이 들어도 현실적 이유로 새 사례로 바꾸기에 너무 늦었다면, 부득이 사례에 맞춰 문제의식이나 이론을 조정해야만 하는 경우가 발생할 수 있다. 이것은 사례에 주장을 끼워 맞추는 것이라 편향성, 자의성의 위험이 매우 크다. 가능한 한 이런 일이 생기지 않도록 처음부터 사례 선택에 신경을 써야만 하는 것이다.

이어지는 세 개의 소절에서 사례연구의 유형을 소개한다. 연구자는 실제로 사례연구를 시도할 때 자신이 어떤 유형의 사례연구를 염두에 둔 것인지 명확히 해야 일관성과 체계성 있게 연구를 진행하며 의도한 취지를 살릴 수 있다. 문제는 사례연구의 유형 구분이 쉽지 않다는 것이다. 참고문헌마다 통일된 유형 구분을 소개하고 있지 않고, 다양한 유형 간의 경계가 모호하거나 중복되는 면도 크다. 이에 따라 유형 구분이 자칫 자의적으로 흘러갈 위험성이 있다. 이런 위험성에도 불구하고, 이론화 관련 정도가 낮은 유형들부터 시작해 높은 유형들까지 소개하고자 한다. 가장 마지막에 소개하는 유형은 이론화 수준이 매우 높다고 말할 수 있다. 여기서 소개되는 유형들은 엑스타인H. Eckstein의 유형 분류를 기본으로 하되 일부 유형을 추가한 것이다.[84]

3) 사례연구의 유형 1: 이론화 수준이 낮은 경우

"전체 특성 기술적(記述的)"configurative-idiographic 사례연구는 가장 전통적인 사례연구의 유형으로서 이론화 수준이 가장 낮다. 연구대상(인물, 집단, 체제, 사건 등)의 전체를 통으로 보며 그 독특성, 특수성을 심층 서술, 해석하는 방식을 취한다. 예를 들어, 이승만을 대상으로 한다면 그 인물의 전체를 어린 시절부터 외국 망명 시절, 대통령 시절을 거쳐 하야 이후 시절까지 관찰하며 각종 독특한 특성을 기술하는 사례연구이다. 안산시 000씨의 다문화 가정에 대한 "전체 특성 기술적" 사례연구를 한다면 그 가정의 인물들, 그들 간 관계, 그들의 사회활동, 대소사, 형편 등 전체를 가능한 한 다각도로 관찰 기술하게 된다. 여기서 주안점은 체계적 분석이 아니라 풍부한 서술과 심층적 해석에 두게 마련이다. 즉, 변인의 의도적 제한 없이 가급적 많은 부분에 대한 세밀한 관찰을 통해 질적 이해를 도모하는 것이 목적이다. 이 유형의 사례연구는 일반인에게 흥미롭게 다

84 Harry Eckstein, "Case Study and Theory in Political Science," in Fred I. Greenstein and Nelson W. Polsby, eds., *Handbook of Political Science, Vol. 7: Strategies of Inquiry* (Reading, MA: Addison-Wesley, 1975), pp. 79-137.

가갈 수 있어서 해당 사례의 인지도와 관심도를 높이는 데 좋다. 하지만 이론화 관련 정도는 매우 미약해 사회과학의 연구방법으로 널리 사용되는 편은 아니다.

주로 전기 작가, 역사소설가, 언론인, 역사학자, 사회평론가 등 과학적 이론화보다는 스토리텔링story-telling을 추구하는 사람이 이 유형의 사례연구를 애용한다. 그러나 정치학 분야에서도 풍부한 정보를 제공한다는 점에서 그 기여를 인정받을 수 있다. 특히 유명한 정치인, 기업인, 사회운동가, 학자 등의 일생에 대한 전기(傳記)는 정치현상에 관련된 여러 이론적 주장의 귀중한 재료가 될 수 있다. 역대 대통령의 자서전이나 밀접 관찰에 입각한 평전은 그 나라의 정치나 대외관계를 이해하는 데 큰 도움이 된다. 또한 예를 들어, 과거 미국 정당 보스정치의 상징인 태머니홀Tammany Hall의 흥망사를 자세히 묘사한 "전체 특성 기술적" 사례연구는 일반인에게 재미있게 다가갈 수 있을 뿐 아니라 여타 정당정치 연구자들에게도 중요한 사료가 된다.[85] 미국 선거과정에서 중요한 부분을 차지하는 아이오아 코커스Iowa Caucus의 역사, 제도, 관련 사건들에 대한 "전체 특성 기술적" 사례연구로 나온 책도 일반 독자는 물론 전문 학자에게 요긴하게 쓰일 수 있다.[86]

이론화 수준이 한 단계 올라간(절대적으로는 여전히 낮지만) 유형으로 "관점 입각 전체 기술적(記述的)"disciplined-configurative 사례연구가 있다. 연구대상의 전체적 특성을 서술, 해석함에 있어서 기존의 특정

85 예를 들어, Oliver E. Allen, *The Tiger: the Rise and Fall of Tammany Hall* (Reading MA: Addison-Wesley Publishing, 1993).

86 예를 들어, Hugh Winebrenner and Dennis J. Goldford, *The Iowa Precinct Caucuses: The Making of a Media Event*, Third edition (Iowa City: University of Iowa Press, 2010).

관점(가설, 이론, 주장)을 당연히 주어진 것으로 전제하고 그에 의존하는 연구방법을 말한다. 가령 볼리비아의 저개발에 대한 사례연구를 할 때 종속이론을 대전제로 받아들인 상태에서 이모저모를 관찰 서술하는 경우를 말한다. 종속이론이 중심부와 주변부 간의 구조적 불평등을 영속화하는 자본주의 체제를 근본적 악으로 규정하는 만큼, 이 사례연구는 볼리비아 저개발의 여러 측면을 그러한 관점에서 묘사한다. 만약 종속이론과 완전히 반대인 정치문화론(구조적 틀보다는 구성원의 문화가치관을 핵심 요인으로 간주하는)을 주어진 것으로 전제하고 사례연구를 진행한다면, 자본주의 체제를 탓하기보다는 볼리비아의 오랜 문화가치관을 부각하며 저개발의 이모저모를 묘사하게 된다.

이 유형의 사례연구에서는 전제된 관점이 얼마나 타당한지가 결정적 관건이다. 만약 공감할 수 없는 관점에 입각해 사례의 전체적 특징을 관찰한다면 그에 따른 해석과 기술은 당연히 공감을 얻을 수 없다. "관점 입각 전체 기술적" 사례연구는 기존 관점을 그대로 받아들이므로 새로운 이론화 작업으로 볼 수는 없다. 그래도 기존 관점을 현실의 사례에 적용해본다는 점에서 이론화에 어느 정도는 연관된다고 말할 수 있다. 정치학의 상당수 연구가 이 유형의 사례연구를 바탕으로 한다. 예를 들어, 맥퍼슨A. McPherson은 반미 감정의 근본적 원인에 대한 미국 측의 경시와 무지가 반미를 더 악화시킨다는 관점을 당연시한 후 이 관점으로 베네수엘라, 쿠바, 파나마, 도미니카 등 여러 사례를 각각 연구한다.[87]

석사나 박사 학위논문에 "관점 입각 전체 기술적" 사례연구가 특히 빈번하게 사용된다. 예를 들어, 국제정치 분야의 한 이론적 시

---

87 Alan McPherson, *Yankee No! Anti-Americanism in U.S.-Latin American Relations* (Combridge, MA: Harvard University Press, 2006).

각인 구성주의를 그대로 받아들이며 그 관점으로 국제인권규범, 국제난민 문제, 환경 및 에너지 갈등, 국가 간 동맹, 특정 국가의 외교 기조 등 다양한 사례를 서술, 해석할 수 있다. 또는 앨리슨Graham Allison의 외교정책결정 3개 모델을 당연히 주어진 것으로 전제하고 그 틀에 맞춰 어떤 구체적인 외교적 결정을 재구성하기도 한다. 아직 학계에 본격 입문하기 전인 학생으로서 기존의 이론적 관점을 그대로 수용하고 거기에 사례를 끼워 맞추는 전략은 상당히 편리할 수 있다. 그런 방식으로 나오는 연구가 지식 창출에 한 측면으로 도움을 줄 수도 있다. 그러나 기존 관점을 너무 무비판적으로 전제하기에 앞서 그 관점의 타당성을 여러모로 따져 평가하는 신중함이 수반되어야 두루 반향을 일으키고 학문적 가치를 얻을 수 있을 것이다.

4) 사례연구의 유형 2: 이론화 수준이 중간인 경우

상기 두 가지 유형의 사례연구보다 이론화 수준이 높은, 그러나 이론 검증에 쓰기에는 모자란, 사례연구들이 몇 가지 유형으로 존재한다. 공통되게 가설을 정립하는 데 활용되는 것들이다. 우선 논할 수 있는 유형으로 "교훈적"heuristic 혹은 "가설 도출적"hypothesis-generating 사례연구가 있다. 연구 초기단계에 가설(주장)을 세우는 데 필요한 시사점(교훈)을 얻기 위해 시도하는 탐색적 사례연구를 말한다. 상기 두 가지 유형과 달리 연구대상의 전체 특성에 대한 심층 이해를 핵심으로 삼지 않고 가설 도출에 유익한 점만 주목해 관찰한다. 그러므로 통상적으로 조그마한, 그래서 관찰의 편이성이 높은 사례를 선택하게 마련이다. 예를 들어, 노인세대의 정치의식에 관한 이론적 가설을 도출하기 위해, 연구자가 편히 갈 수 있는 동네 노인정을 사례로 탐구한다. 입법과정에 관한 가설을 도출하려고, 연구자와 친한 직원이 근무하는 환경노동위원회를 연구자가 비교적 익숙한 기후변화 이슈 중심으로 사례 관찰한다. 또한 정부의 시장 규제에 관한 가설을 도출하고자, 자료가 많이 쌓여있고 접근이 쉬운 미국 뉴딜정책에 대한 사례연구를 시도할 수 있다.

학문 연구의 상당수가 이 유형의 탐색적 사례연구에 속한다. 달R. Dahl은 미국의 중규모 도시인 뉴헤이븐을 사례로 관찰해 이익집단 다원주의에 관한 가설들을 탐색적으로 도출한다.[88] 앨리슨G. Allison은 쿠바 미사일 사태를 사례로 관찰해 외교정책의 결정과정과 결정 요인에 관한 가설들을 도출한다.[89] 임성호는 전환기 정치과정에서 어떠한 성격의 정당이 숙의 가치를 도모하고 민주적 합의를 촉진시킬 수 있을지에 관한 가설을 탐색하기 위해 제헌국회(1948년~50년)를 사례로 관찰한다.[90]

"교훈적" 사례연구와 비슷하게 통상적으로 편이성 높은 조그마한 사례를 관찰해봄으로써, 가설의 본격적 검증에 앞서 정말 검증할 만한 가치가 있는지, 즉 가설이 그럴 듯해 보이는지 탐색하는 유형을 "예비 타당성 조사"plausibility probes 사례연구라고 한다. 이런 예비 조사가 필요한지 의문이 들 수도 있겠으나 본격적 검증에는 시간, 돈, 노력 등의 비용이 따르므로 사전에 예비 타당성을 짚어보는 것이 결국 비용을 아끼는 것일 수 있다. 예를 들어, 민주주의의

88 Robert A. Dahl, *Who Governs? Democracy and Power in an American City* (New Haven, CT: Yale University Press, 1961).

89 Graham T. Allison, *Essence of Decision: Explaining the Cuban Missile Crisis* (Boston: Little, Brown and Co., 1971).

90 임성호, "전환기 정치과정상 강한 정당이 필수인가: 제헌국회 사례," 『사회과학연구』 제29집 제1호 (서강대학교 사회과학연구소, 2021년).

안정성을 가져오는 요인에 관한 본격적 검증에 앞서 소규모 지역이나 단체, 국가 사례를 짚어보며 상정 가설의 예비 타당성을 평가해 볼 수 있다. 법률 시행 몇 년 후에 그 효과를 평가하는 입법영향분석을 본격적으로 시행하기에 앞서 과연 큰 논란 없이 긍정적 반향을 일으킬 수 있을지 미리 감을 잡고 싶다면 의원 간에 이해관계가 별로 없어 논란의 소지가 상대적으로 적은 ODA(정부개발원조)관계법부터 사례로 잡아 관찰할 수 있다.

"예비 타당성 조사" 사례연구는 개인 차원의 학술연구보다는 정부, 기업, 공공 사회단체 등 대규모 기관이 진행하는 연구에 빈번하게 수반된다. 통상적으로 파일롯pilot 프로젝트라는 이름 아래 하나의 사례에 대한 연구가 수행된다. 개인 연구자로서는 예비 조사까지 할 만한 여력이 충분하지 않은 데 비해 대규모 기관은 인력과 예산에서 상대적으로 더 여유가 있게 마련이다. 다루는 주제의 방대함에서도 대규모 기관이 앞서므로 본격적 연구에 앞서 예비 타당성 조사를 할 만한 필요성이 크다.

상기 유형들과 경계가 모호한 면이 있으나 이론화 수준이 중간인 사례연구의 또 다른 유형으로 "가설 예시적"hypothesis-supporting, hypothesis-exemplifying 사례연구도 들 수 있다. 이 유형은 상정 가설을 검증하지는 못해도 가설의 설득력을 하나의 예로 뒷받침해주는 것이다. 예를 들어, 투쉬넷M. Tushnet은 1930~40년대 미국 흑인들처럼 주류 사회의 지지를 받지 못하는 소수세력은 다른 어떤 수단보다 사법 소송 전략으로 이득을 얻을 수 있다는 가설을 상정하고, 이를 NAACPNational Association for the Advancement of Colored People 사례를 통해 뒷받침한다.[91] 임성호는 지구화가 심화되며 지방정부가

91 Mark V. Tushnet, *The NAACP's Legal Strategy against Segregated Education*,

지구적 의제에 부응하는 가운데 중앙정부와 다른 정책노선을 취하고 중앙-지방 갈등이 발생할 수 있다는 이론을 뒷받침하는 사례로 교토의정서 비준 승인을 둘러싼 미국 연방-주-지방 정부 간 일련의 갈등을 소개한다.[92]

"가설 예시적" 사례연구는 이론적 주장에 풍부한 스토리를 제공해준다. 사회과학이 변인 간 관계에 천착하면서 풍부한 스토리를 경시하는 경향이 있다. 특히 계량분석에 의존하는 연구는 변인 간의 통계학적 관계를 규명하는 가운데 이론적 뼈대를 튼실하게 세우지만 거기에 풍부한 살을 붙이지 않아 공허함을 남기는 경우가 흔하다. 이런 기존 경향을 보완한다는 점에서 "가설 예시적" 사례연구의 의의를 찾을 수 있다. 다만, 가설 관련 대표성을 엄밀하게 따질 수는 없다 해도 선택한 사례가 예외적인 것일 수도 있는 만큼 선택의 편향성 문제가 상존한다는 점을 유의할 필요가 있다. 그러므로 왜 특정 사례를 선택해 관찰하는지에 대한 충분한 정당화를 해야 한다.

"가설 예시적" 사례연구와 반대편 대척점에 있는 대조적 유형으로 "가설 회의적"hypothesis-defying, hypothesis-doubting 사례연구가 있다. 이것은 기존에 받아들여지고 있는 가설에 반례counter-example를 제시하며 그 가설의 설득력에 의문을 던지는 사례를 다룬다. 예를 들어, 맨스브리지J. Mansbridge는 미국 뉴잉글랜드 지역의 타운미팅에 대한 사례연구를 통해 타운미팅이라는 직접민주주의 요소가 참여와 소통의 가치를 고양시키고 건전한 시민의식을 일깨워준다는

1925-1950 (Chapel Hill, NC: The University of North Carolina Press, 1987).

92 임성호, "지구화 시대 지방정부의 새로운 정치지평: 교토의정서를 둘러싼 미국 지방정치,"『오토피아』 24권 2호 (2009년 겨울호).

기존 가설에 의문을 던진다.[93] 소선거구제는 양당체제를 낳는다는 소위 뒤베르제의 법칙은 과거 영남·호남·충청 지역주의 전성기 시절의 한국정치 사례(소선거구제에서 다당체제가 나온)의 연구에 의해 설득력에 타격을 받은바 있다. 또한 엑스타인은 민주주의 관련 여러 가설을 노르웨이 사례를 통해 별 설득력이 없다고 의문의 눈으로 바라본다.[94]

이런 유형의 사례연구는 가설을 반증하는 수준까지는 못가도 기존에 널리 언급되는 가설이 의심스럽다는 문제제기를 하고 풍부한 스토리를 제공한다는 데서 의의를 찾을 수 있다. 다만, 상기 "가설 예시적" 사례연구와 마찬가지로 "가설 회의적" 사례도 사례 선택의 편향성에 영향 받을 여지가 있다. 특히 수많은 사례가 있는 상황이라면 "사례 게리맨더링"의 위험성이 농후하다. 그러므로 사례 선택의 이유에 대한 정당화가 필요하다. 기우삼아 덧붙이자면, "가설 회의적" 사례 연구를 한 후에 너무 빨리 결론을 내서 기존 가설을 버린다는 식의 확언을 해선 곤란하다. 수많은 사례 중 하나일 것이므로 신중한 자세가 요구된다.

5) 사례연구의 유형 3: 이론화 수준이 높은 "중대"(critical) 사례연구

마지막으로 소개하는 사례연구의 유형은 이론화 수준이 높아서 가설을 본격적으로 검증하는 데 활용된다. 체계적 분석의 영역에

93 Jane J. Mansbridge, "Town Meeting Democracy," in Peter Collier, ed., *Dilemmas of Democracy: Readings in American Government* (New York: Harcourt Brace Jovanovich, 1976).

94 Harry Eckstein, *Division and Cohesion in Democracy: A Study of Norway* (Princeton, NJ: Princeton University Press, 1966).

속하고 일반화 차원의 이론 정립에 결정적으로 도움을 줄 수 있다. 그래서 이름도 "중대"(critical 혹은 crucial) 사례연구라고 불린다. 세 가지 방법 중에서 하나나 그 이상을 사용하면 된다. 첫 번째 방법은 특정 가설과 관련해 가장 대표적인most representative 사례를 하나 선택하는 것으로, 가장 대표성 있는 사례를 통해 가설을 살펴보는 만큼 다른 사례(들)에 대한 관찰 없이 그 사례의 결론만으로 가설의 타당성을 검증할 수 있다. 그러나 이 방법은 현실성이 떨어진다. 사회과학에서 특정 가설과 관련해 존재하는 수많은 사례 중에서 가장 대표적인 것을 고르는 일이 거의 불가능하기 때문이다. 이보다는 더 현실적인 두 번째 방법과 세 번째 방법은 각각 특정 가설과 관련해 가장 들어맞지 않을 것 같은, 즉 가장 그럴 것 같지 않은least-likely 사례를 골라 관찰하거나, 역으로 가장 들어맞을 것 같은, 즉 가장 그럴 것 같은most-likely 사례를 골라 관찰하는 것이다.

가장 들어맞지 않을 것 같은 사례를 관찰해보니 상정한 가설이 예상대로 들어맞지 않았다면 흥미로운 결론을 내릴 수 없지만, 만약 상정한 가설이 예상과 달리 지지된다면 검증 차원의 결정적인 결론을 내릴 수 있다. 가장 그럴듯하지 않은 사례에서도 가설이 지지되었으니 다른 사례들에서는 굳이 확인하지 않아도 당연히 가설이 지지될 것이라고 그 가설을 받아들이는 일반화 차원의 결론을 내릴 수 있는 것이다. 반대로, 가장 들어맞을 것 같은 사례를 관찰해보니 상정한 가설이 예상대로 들어맞았다면 어떤 결론도 내릴 수 없지만, 만약 가설이 예상과 달리 지지되지 않는다면 검증 차원의 중요한 결론을 내릴 수 있다. 가장 그럴듯한 사례에서도 가설이 지지되지 않았으니 다른 사례들에서는 굳이 확인할 필요도 없이 당연히 가설이 지지되지 않을 것이라고 가설을 기각하는 일반화 차원의 결론을 내릴 수 있는 것이다.

예를 들어, 선거를 통한 정권교체는 큰 정책변화를 가져온다는 가설과 관련해 가장 그럴 것 같지 않은 사례는 미국식 대통령제를, 가장 그럴 것 같은 사례는 영국식 내각제를 들 수 있다. 미국식 대통령제에서는 권력분립을 대원칙으로 입법부와 행정부 간의 견제와 균형 속에 정책이 나오므로 선거로 정권이 교체되었다고 해서 단기간에 큰 정책변화가 초래되기는 어려울 것으로 짐작된다. 영국식 내각제에서는 이와 달리 권력융합을 대원칙으로 총선 승리 측이 입법권과 행정권을 모두 장악해 정책을 주도하므로 선거로 정권이 교체되면 단기간에 큰 정책변화가 일어나기가 쉬울 것으로 짐작된다. 만약 미국식 대통령제에서 상기 가설이 지지된다면 가장 그럴듯하지 않은 사례에서 그러하니 다른 사례들에서도 당연히 그럴 것이라고 가설을 받아들이는 일반화를 할 수 있다. 만약 영국식 내각제에서 상기 가설이 지지되지 않는다면 가장 그럴듯한 사례에서조차 그러하니 다른 사례들은 보지 않아도 알 수 있다고 가설을 기각하는 일반화를 할 수 있다.

또 다른 예로, 특정 정책의 결정 및 집행 과정에서 극소수의 정치인(특히 소관 상임위 소속 의원들), 관료(담당 행정부처), 이익단체(이해관계를 갖는) 3자 간에 야합적 "철의 삼각지대"iron triangle가 형성되어 국가 전체의 공공이익을 희생시킨다는 가설을 생각해보자. 이 가설이 가장 잘 들어맞을 것 같은 사례로 해운산업 정책이 적당해 보인다. 일반 국민은 이 사례에 별로 관심이 없어서 정치인 대부분과 언론, 공익형 시민단체도 신경을 쓰지 않는다. 자연히 의회의 소관 위원회 위원 중 지역구에 항만, 조선소, 해운회사 등이 있는 의원, 행정부의 담당 부서 공무원, 해운업 종사자 등 극소수의 사람만이 관심을 둔다. 야합이 이루어지기 쉬운 사례다. 만약 여기를 관찰한 결과, 예상대로 "철의 삼각지대"가 있다면 별다른 결론을 낼 수 없지만, 예상과 달리 그렇지 않다면 "철의 삼각지대" 가설을 일반화 차원에서 기각할 수 있다. 이 가설이 반대로 가장 잘 들어맞지 않을 것 같은 사례로는 소비자 보호 정책이나 환경 정책을 들 수 있다. 해운산업 정책과 달리 정책 효과가 사회 일각에만 나타나지 않고 사회 전체에 퍼지며 거의 모든 사람이 이해관계를 갖게 돼 관심을 두기 때문이다. 정치권도 전체적으로 신경을 쓰게 되고, 행정부 쪽도 한두 부서가 아니라 여러 부서가 매달리게 되고, 이익단체의 경우에도 사익 추구 기업들뿐 아니라 공익 시민단체들이 눈에 불을 켜게 되고 언론마저 뛰어들게 된다. 소수끼리의 야합이 일어나기 힘든 구조이다. 만약 이 사례에서 정책 결정 및 집행이 야합적으로 이루어진다는 가설이 예상과 달리 지지된다면 다른 사례들에서도 당연히 그럴 것이라고 일반화 차원에서 가설을 받아들일 수 있다.

정치학 논문 중에는 이러한 "중대" 사례연구에 의한 것이 많다. 가장 그럴 것 같지 않은least-likely 사례나 가장 그럴 것 같은most-likely 사례를 골라 가설을 검증한 것이다. 채진원은 바람직한 정당 모델에 관심을 두고, 지금은 사라진(당원의 상당수가 정의당으로 넘어간) 민주노동당(민노당)을 사례로 연구한다.[95] 민노당은 극진보 이념 노선을 표방한 군소 정당으로서, 정당은 21세기의 바뀐 사회환경 속에서 강한 일체감의 진성당원 중심으로 작동되는 소위 "대중"정당으로 남기 힘들고 당원보다 일반 유권자 중심으로 유연성 있게 움직이는 원내정당, 유권자정당, 네트워크정당 등으로 바뀔 수밖에 없다는 이론적 가설과 관련해 가장 그럴 것 같지 않은least-likely 사례이다. 민노당은 당시 정당 중 가장 강한 이념성을 견지하고 진성당원을

95 채진원, 『민주노동당의 변화와 정당모델의 적실성』, 박사학위논문 (경희대학교 대학원 정치학과, 2009년).

기반으로 하는 대중정당으로 출발해 지지세를 확장시키고 있었다. 채진원의 연구에 의하면, 이러한 민노당마저 몇 년 못가서 대중정당으로서의 성격이 약해지고 원내정당화하는 모습을 보인다. 민노당의 이러한 변화는 상기 가설을 지지해준다. 가장 그럴 것 같지 않은 민노당마저 가설대로 변했으니 다른 사례들도 당연히 그럴 것이라는 일반화 차원의 가설 검증이 이루어진 것이다. 즉, 대중정당보다 원내정당이 21세기 시대상황에 현실적으로 더 부합한다는 결론이 도출된다.

맨스브리지J. Mansbridge는 여론 및 정치권의 지지가 높으면 헌법개정이 이루어질 수 있다는 얼핏 보기에 지극히 당연한 가설을 미국 ERAEqual Rights Amendment 사례로 반증한다.[96] ERA는 성별 구분 없이 모든 사람이 동등한 권리를 향유한다는 조항을 미국헌법에 추가하자는 취지로 여론은 물론 정치권에서도 초당파적인 지지를 받아 양원을 통과해 1970년대 말에는 비준에 필요한 38개 주에 3개 미달하는 35개 주에서 비준 승인되는 단계까지 간다. 그러므로 상기 가설과 관련해 ERA는 가장 그럴 듯한most-likely 사례라고 하겠다. 그러나 거의 마무리까지 왔던 ERA는 결국 고비를 넘기지 못하고 기한을 넘겨 폐기되고 만다. 맨스브리지는 가장 그럴 듯한 ERA 사례에서마저 가설이 뒷받침되지 않았으므로 이 가설은 일반화 차원에서 반증된다고 보고, 결국 아무리 여론과 정치권의 전반적인 지지가 있어도 주도세력의 전략적 접근이 수반되어야만 헌법개정과 같은 중대한 변화가 생길 수 있다고 결론 내린다.

이상 살펴보았듯이 "중대" 사례연구에서는 비교가 중요한 비중

---

96 Jane J. Mansbridge, *Why We Lost the ERA* (Chicago: University of Chicago Press, 1986).

을 차지한다. 가장 대표적인, 혹은 가장 그럴듯한, 혹은 가장 그럴듯하지 않은 사례를 선택할 때 여러 사례들의 비교가 필연적으로 개재된다. 앞에서 "단일" 사례연구의 의미가 모호하다고 말했는데, 그 점은 특히 "중대" 사례연구에서 심하다. 비록 하나의 사례를 핵심적으로 다루지만 여타 사례들도 암묵적으로, 혹은 때로는 명시적으로 이 유형의 연구에서 자리를 잡고 있다.

6) 사례연구의 추가 논점

사례연구에 대한 몇 가지 추가적인 논점을 생각해볼 수 있다. 이미 앞에서 지나가듯이 언급되거나 함축적으로 시사된 것이나, 다음 장으로 넘어가기 전에 간략히 정리한다. 첫째, 하나의 연구나 책 속에 여러 사례가 등장하는 경우가 있는데, 이 사례들이 하나의 이론적 관점이나 가설에 체계적으로 연결되고 사례들 간의 상호 공통점이나 차이점 등이 부각된다면 비교연구로 간주하지만, 각 사례가 따로따로 관점이나 가설에 연결된다면 여러 건의 "단일" 사례연구가 진행되어 모인 것으로 간주한다. 가령, 민족주의든 포퓰리즘이든 페미니즘이든 어떤 주제에 관해 특정 관점이나 가설을 제시한 후 그것을 뒷받침하는 여러 국가 사례를 나열하듯이 제시하는 경우, 이 사례들 간에 비교가 이뤄지지 않고 각 사례가 따로따로 관점이나 가설에 연결된다면 여러 건의 사례연구라고 간주한다.

둘째, 사례연구에서 분석단위unit of analysis를 신경 쓸 필요가 있다. 한 사례의 외부 경계가 애매하거나 내부에 여러 하위 사례가 있을 수 있기 때문이다. 예를 들어, 제헌 후 초기 대한민국의 혼란상을 사례연구의 대상으로 할 때 분석단위가 넓은 의미의 국가인지, 상대적으로 좁은 의미인 정부인지 연구자가 명확하게 해야 한다. 21세기 한국 정치의 경직된 진영 대결을 사례연구의 대상으로 할 때 분석단위가 정치체제 전체인지, 정부인지, 각 정당인지, 혹은 특정 정치인을 중심으로 한 계파인지 명확하게 해야 한다. 분석단위에서 혼동이 일어나면 연구가 산만해지면서 연구자의 주장이 명료하게 전달될 수 없어 자의적 해석이 난무하게 된다.

셋째, 사례연구방법은 전술한 비교방법과 목적과 취지에서 다르다. "중대" 유형의 사례연구는 가설의 검증에 직접 활용되지만, 대부분의 사례연구는 확증적 접근보다는 탐색적 접근을 위한 것이다. 이론적 일반화보다는 풍부한 서술, 시사점 도출, 이론적 가설의 예비적 도출 등을 목적으로 한다. 그러므로 양자의 우열을 논할 수 없다. 연구자는 자신의 문제의식, 이론적 관점, 연구환경 등을 종합적으로 고려해서 비교방법으로 갈 수도 있고 사례연구방법에 의존할 수도 있다. 특정의 개별 맥락과 상황에서 어느 것이 더 적절할지 논할 수는 있으나, 일반적으로 어느 것이 더 좋다고 말할 수는 없다. 물론 현실 여건이 허락할 때 가장 바람직한 이상적 방식은 비교방법과 사례연구 양자를 종합적으로 다 시도하는 것이다.

06

CHPATER

현상 관찰을 어떻게 할까?

이번 장에서는 이론 정립, 개념 정립, 연구 설계에 입각해서 현상을 관찰하는 실제 과정을 다룬다. 지금까지의 논의가 논리 전개의 기초를 다지고 틀을 잡는 데 관한 것인데 비해 이번 장의 논의는 구체적으로 무엇을 어떻게 관찰하면 좋을지에 관한 것이다.

CHAPTER

06

현상 관찰을 어떻게 할까?

연구의 3대 요소를 제3장부터 제5장에 걸쳐 논했다. 이번 장에서는 이론 정립, 개념 정립, 연구 설계에 입각하고 그 연장선에서 현상을 관찰하는 실제 과정을 다룬다. 지금까지의 논의가 논리 전개의 기초를 다지고 틀을 잡는 데 관한 것인 데 비해 이번 장의 논의는 구체적으로 무엇을 어떻게 관찰하면 좋을지에 관한 것이다. 우선 어떻게 관찰 대상을 선택·추출할지를 다루고 이어서 서베이, 인터뷰, 델파이, 문헌조사, 직접관찰, 비직접관찰 등 실제의 여러 관찰 기법을 소개한다.

1. 관찰대상의 선택과 추출

1) Small - N 연구의 관찰대상 선택

Small－N 연구에서의 관찰사례 선택에 대해선 이미 상당한 분량을 전술하였으므로 간략히만 정리해보자. 사례 수가 적은 만큼 주로 의도적 선택intentional 혹은 informed selection으로 관찰사례를 고른다. 앞 장에서 다룬 연구 설계의 기준들(예 비교가능성, 범위적절성, 상호독립성, 변이성 등)을 염두에 두고 연구자의 문제의식, 연구의도, 연구환경 등을 종합적으로 따져 명확한 근거에 따라 사례를 선택하게 된다. 소수의 사례만 선택하는 상황에서 무작위 선택을 할 수는 없는 일이다. 의도적 사례 선택을 통해 개입변인(들)을 통제할 수도 있음은 앞 장에서 논한바 있다. 그런데 의도적 선택을 할 때 각 사례별로 변인(들)의 관찰값을 미리 알거나 쉽게 예상할 수 있기 때문에 연구자의 자의적 왜곡이 개재될 위험성이 있다. 자칫 연구자는 상정한 이론 혹은 가설에 갖다 맞추기 식으로 편리한 사례만 선택하는 '사례 게리맨더링'case-gerrymandering에 빠지기 쉽다. 이 문제로부터 완전히 자유로울 수는 없으나 최대한 유의할 필요가 있다.

킹·코헤인·버바는 사례 수가 많지 않은 상황에서 관찰 횟수를 최대한 늘릴 수 있는 몇몇 방법을 소개한다.[1] 이론이나 관점을 재개념화함으로써 경험적 관찰을 더 많이 할 수 있게 하는 방법들이다. 첫째 방법으로, 변인들은 그대로 두되 새로운 분석단위를 추가함으로써 관찰 수를 늘릴 수 있다. 예를 들어, 국가 간 관계를 연구할 때 분석단위가 국가인 사례가 충분하지 않다면 분석단위를 국가 내의 지방이나 집단으로 해서 관찰을 추가할 수 있다. 물론 분석단위가 상이한 관찰이 추가된 것이므로 그 결과의 해석을 쉽게 뭉뚱그려 해서는 곤란하고 신중을 기해야 한다. 이처럼 공간적으로 범위를 확대해 분석단위를 추가할 때 다른 분석단위의 대상들 간에 상호독립성 조건이 훼손될 수 위험성도 있으니 'Galton의 문제'를

1 Gary King, Robert O. Keohane, and Sidney Verba, *Designing Social Inquiry: Scientific Inference in Qualitative Research* (Princeton, NJ: Princeton University Press, 1994), pp. 217-228.

유의해야 한다. 시간적으로도 범위를 확대해 분석단위를 추가할 수 있다. t 시점의 국가 관계에 덧붙여 t-1 시점부터 t-n 시점까지 국가 관계를 추가할 수 있다. 물론 이때도 맥락에 맞는 신중한 해석을 하도록 신경 써야 하고, 앞 시점의 상황이 뒤 시점의 상황에 영향을 미치는 '경로의존성'에 의해 관찰단위들 간에 상호독립성이 훼손될 수 있다는 점을 유의해야 한다.

관찰 횟수를 늘리는 둘째 방법으로, 분석단위는 똑같이 두되 관찰 변인을 새롭게 개념화함으로써 관찰 수를 늘리는 수가 있다. 만약 'A → B'라는 인과관계가 있다면, 'A′ → B' 혹은 'A → B″' 혹은 'A′ → B″' 등의 관계도 성립할지 모른다는 문제의식을 갖고 새로운 변인을 찾는 방법이다. 예를 들어, 만약 "농산물 가격변동 → 사회적 소요"라는 인과관계를 확인할 수 있다면, "농산물 가격변동 → 투표행태, 주가, 이민, 개인심리 차원의 변화"나 "공산물 가격변동 → 투표행태, 주가, 이민, 개인심리 차원의 변화"라는 도식도 가능할지 모른다. 이런 식으로 변인을 재개념화하면 더 많은 자료를 보며 더 많은 관찰 사례를 찾을 수 있다. 물론 변인의 재개념화는 원래의 문제의식 혹은 이론적 틀로부터 벗어난 것이므로, 맥락을 잘 보며 간접적 시사점을 찾아 해석하는 묘를 발휘할 필요가 있다.

관찰 횟수를 늘리는 셋째 방법은 전술한 라긴C. Ragin이 주창한 것으로, 독립변인-종속변인 관계를 투입-산출input-output 작용처럼 정태적·기계적으로 파악하는 데 머물지 않고 독립변인과 종속변인 사이의 역동적 과정을 살펴 그 연쇄적 단계를 이해하는 데까지 나아가자는 것이다. 이럴 경우, 연쇄적 단계별로 가설들을 만들어 살핌으로써 관찰 수를 늘릴 수 있다. "경제난 → 쿠데타"라는 정태적 관계만 살핀다면 사례별로 경제상황과 쿠데타 발생 여부만 관찰하게 되어 총 관찰 횟수가 적어질 수밖에 없다. 반면 경제난이 국민 전체 여론, 정치 엘리트 이해관계, 부유층 분위기, 빈민층 분위기, 군부 이해관계 등에 어떤 영향을 끼치고, 그 결과는 군부의 전략적 판단에 어떤 영향을 끼치는지 등 여러 동태적 단계별로 관찰을 한다면 관찰 수가 늘어날 수 있다. 물론 이런 식의 관찰 수 증가도 원래의 문제의식이나 이론으로부터 너무 벗어나는 것일 수 있으니, 연구의 초점을 잃지 않도록 유의해야 한다.

2) 표본추출의 필요성과 한계

이제 Large-N 연구에서의 관찰사례 선택을 살펴보자. 여기서는 "사례선택"이란 표현보다 "표본추출"이란 표현이 통용된다. 관찰사례들을 의도적으로 고르지 않고 주로 무작위random 표본으로 추출한다. 연구대상이 많을 경우에 다 관찰하는 전수(全數)조사는 현실적 어려움이 커서 시도하기 힘들다. 가령 한국 유권자의 정치행태를 연구하기 위해 수천만에 달하는 유권자를 다 관찰하려 한다면 시간, 금전, 노력의 비용이 너무 커서 불가능하다. 이에 전체, 즉 모집단(母集團, population)에서 일부를, 가령 500명, 혹은 1,000명, 아니면 많아야 2,000명 정도를 표본sample으로 추출해 관찰하고 그 관찰 결과에 의거해 전체에 대한 추론을 전개하게 된다. 모집단을 다 관찰하는 전수조사보다 표본만 관찰하는 방식이 시간, 예산, 노력, 실행 능력 등에서 현실성이 있을 뿐 아니라 정확성에서도 더 나을 수 있다. 전수조사는 너무 많은 대상을 다 관찰해야 하는 운영상의 어려움으로 인해 오히려 정확도가 떨어질 수 있다. 모집단의 수가 몇 백 정도라면 전수조사를 해도 좋겠지만, 몇 만 쯤의 모집단을 다 관찰하는 시도는 현실성, 정확성에서 모두 바람직하지 않다.

추출된 표본을 통해 모집단에 대한 추론(추정, 추측)을 할 때 가장 중요한 점은 표본의 대표성을 확보하는 것이다. 표본이 모집단을 있는 그대로 압축해 보여줄 수 있도록 그 추출에 신경 써야 한다. 그러나 현실적으로 쉬운 일이 아니다. 모집단의 일부, 주로는 극히 일부만 표본으로 추출할 때 완벽하게 대표성을 기하기란 불가능하다. 아무리 노력해도 무작위 오류random error는 상존할 수밖에 없고, 대부분의 경우에 정형적 오류structural error, bias도 발생한다. 그러므로 표본 관찰을 통해 모집단에 대한 일반화 차원의 추론을 할 때 너무 단정적인 자세를 취하지 말고, 표본추출의 대표성 문제를 고려해 신중할 필요가 있다. 더욱이, 설혹 표본의 대표성을 기한다고 해도 관찰대상이 사람들이라면 표본에 선택된 후 심리 작용으로 정형적 오류(왜곡, 편향)가 발생할 가능성이 농후하다.

이러한 한계를 완전히 극복할 수는 없겠지만, 표본의 대표성을 높이기 위해 몇 가지 방법을 사용할 수 있다. 첫째, 표본의 크기(관찰사례 수)를 확대한다. 표본이 커질수록 모집단의 성격에 수렴할 것이라는 점은 지극히 당연하다. 500명보다는 1,000명의 표본이 한국 유권자 전체를 파악하는 데 상대적으로 유리하다.[2] 물론 표본 크기의 확대에 상당한 비용이 수반되지만, 가능한 한 확대함으로써 대표성 문제를 완화할 필요가 있다. 둘째, 표본조사를 여러 번 실시한 후 평균을 구한다면 무작위 오류로 인한 부정확성을 극복하고 모집단에 대해 신뢰성 있는 추론을 할 수 있다. 그러나 이 경우도 비용 문제로 시도하기가 쉽지 않다. 또한 관찰에 정형적 오류가 있다면 아무리 여러 번 관찰해 평균을 구해도 왜곡을 피할 수 없다. 셋째, 확률표본을 추출한다. 확률표본이란 모집단의 각 구성인자가 표본

---

2 관련해서, 대수(大數)의 법칙은 관찰사례 수가 커질수록 관찰값의 평균은 기댓값에 근접한다는 법칙을 일컫는다. 예를 들어 동전을 10회 던지면 앞면 8번, 뒷면 2번 나올 경우가 있겠으나 횟수를 늘려 10,000회 던지면 거의 50% 대 50%로 앞면과 뒷면 나오는 횟수가 같아진다.

으로 추출될 확률을 똑같도록 해서 추출하는 표본을 말한다. 만약 모집단이 100만 명이라면 각 구성원이 표본에 추출될 확률은 (100만분의 1×표본 크기)로 똑같다. 각 구성인자의 표본 추출 확률이 동일하지 않은 비확률표본과 달리 확률표본은 모집단의 대표성을 기할 수 있게 해준다. 이하에서 먼저 확률표본 추출방법에 대해 알아보고 이어서 비확률표본에 대해서도 소개한다.[3]

3) 확률표본의 추출

확률표본으로 4가지 유형을 생각해 볼 수 있다. 첫째, 단순임의 표본simple random sample은 말 그대로 가장 단순하지만 가장 이상적이고 또 힘든 추출과정을 거쳐 만들어지는 표본이다. 모집단의 모든 구성인자(구성요소)를 넣은 완전한 명단을 사전에 갖춘 다음에 정해진 수만큼 무작위로 추출해서 표본으로 삼으면 된다. 명단에서 무작위로 표본을 추출할 때 다양한 추첨 방식, 난수표, 눈감고 찍기, 소프트웨어(EXCELL, R 등) 등을 이용할 수 있다. 무작위성이 높아 왜곡 없이 대표성을 가장 높일 수 있는 표본이지만, 사전에 구성인자의 완전한 명단을 갖추는 작업이 쉽지 않아 연구자를 가장 힘들게 한다. 모집단이 수천만 명의 유권자라면 사전에 완전한 명단을 갖추는 일이 큰 기관의 도움 없이는 거의 불가능할 것이다.

확률표본의 둘째 유형으로 체계적 표본systematic sample을 들 수 있다. 모집단의 모든 구성인자를 순서에 따라 정리한 후 일정한 간격에 따라 표본을 추출한 것을 말한다. 예를 들면, 전체 10,000명의 대의원 중 100명을 표본으로 추출할 때 모든 구성인자에게 일련번

3 Janet Buttolph Johnson and Richard A. Joslyn, *Political Science Research Methods*, Second edition (Washington, D.C.: CQ Press, 1991), pp. 151－161.

호를 부여한 후 1번, 101번, 201번… 식으로 100명마다 한 명씩을 일정한 간격을 두고 추출하면 체계적 표본을 얻을 수 있다. 단순임의 표본추출 시 일부 몰려있는 구성인자들이 우연히 대거 표본에 포함되는 경우를 막기 위해 분산적으로 표본을 추출하는 방법이다. 얼핏 들으면 모든 구성인자의 명단이 있어야 하고 일정한 간격으로 추출해야 하므로 단순임의 표본보다 더 어려운 것 같다. 그러나 실제로는 사전에 완전한 명단이 확보될 필요 없이 상황이 전개되면서 전체 명단의 작성과 체계적인 표본 추출이 동시에 이루어질 수 있어 비교적 용이할 수 있다.

그 대표적인 예로 선거 출구조사exit poll를 생각해보자. 선거 당일 조사원들이 사전에 정해진 일부 투표소 근처에서 투표자들에게 어느 후보를 찍었는지 물어보고 그 답을 집계해서 투표 종료 직후 승자를 예측하는 것이 출구조사다. 여기서 조사원들이 무작위로 아무 투표자에게나 물어보는 것이 아니고, 투표하고 나오는 사람들을 순서대로 30명마다 혹은 50명마다 규칙에 따라 일정한 간격을 두고 순번에 걸리는 투표자에게만 물어본다. 이 경우, 전체 명단(당일 해당 투표소에서 투표한 유권자 모두)과 표본(일정한 순번에 따라 질문을 받는 투표자들)이 투표시간 내내 동시에 만들어지는 셈이다. 이처럼 체계적 표본을 추출해야 조사원의 자의성을 막고 투표 시간대에 따른 편향(노인세대는 아침 일찍 투표하는 경향이 있고 청년세대는 느지막이 투표하는 경향이 있음)을 줄여 승자를 정확하게 예측할 수 있다.

셋째 유형의 확률표본은 층화 표본stratified sample이다. 모집단을 몇 개의 하위집단으로 나누고 각 하위집단에서 하위표본sub-sample을 무작위로(단순임의 추출 방식으로) 추출한 후 다 합해 표본으로 만든다. 필요한 경우엔 각 하위집단을 한층 더 내려가서 몇 개의 집단으로 나눠 더블 하위표본sub-sub-sample을 추출해 다 합할 수도 있다. 예를 들어, 전국 유권자에서 1,000명의 표본을 추출할 때 정확한 인구 비례에 따라 가령 수도권 400명, 영남권 220명, 호남권 140명, 충청권 170명, 강원 및 제주 70명씩 하위표본을 단순임의 방식으로 추출해 합하면 층화 표본이 나온다. 이때 한층 더 내려가서 수도권은 서울, 경기도, 인천시로 나눠 더블 하위표본을 얻을 수 있고 영남권은 경남, 부산시, 울산시, 경북, 대구시로 나눠 더블 하위표본을 얻는 등 세부 작업을 할 수 있다. 층화 표본을 추출할 때 관건은 각 하위표본이나 더블 하위표본의 크기(사례 수)를 사전 조사에 의거해 정확히 비례에 맞춰야 한다는 것이다. 전국을 통으로 한 단위로 해서 단순임의 표본을 추출한다면 특정 지역 사람이 우연히 많거나 적게 포함될 수 있는데, 층화 표본을 추출하면 그러한 문제점을 방지할 수 있다는 장점이 있다. 모집단을 특성(예 지역, 성별, 소득 수준, 이념성향 등)에 따라 여러 범주로 분류하고 각 범주에서 하위표본을 추출한다는 의미에서 층화표본은 '짝짓기matching' 방식과 무작위random 추출 방식을 혼용해 만든다고 볼 수 있다.

확률표본의 넷째 유형으로 구역 표본 혹은 군집 표본cluster sample이 있다. 모집단을 여러 하위 구역으로 나누고 그 중 일부 구역만 무작위로 선택해 거기서 단순임의 표본을 추출해 합한 표본을 일컫는다. 예를 들면, 물품이 총 100개의 컨테이너 박스에 실려 수입되었을 때 10개의 박스만 무작위로 선택하고 거기서 또 물품을 몇 개씩 무작위로 선택해 검수 절차를 밟는다면 구역/군집 표본을 추출하는 것이다. 다른 예로, 미국 초등학생의 기초 학력을 조사하기 위해 50개 중에서 무작위로 10개의 주를 고르고 이 주들마다 몇 개의 시군을 무작위로 고르고 선정된 시군별로 몇몇 학교를 무작위로 고른 후 각 학교마다 몇몇 학생을 무작위로 골라 모두 다 합함으로써 구역 표본을 추출할 수 있다.

구역 표본은 층화 표본과 비슷하지만, 후자가 각 하위단위의 세부 범주마다 하위표본을 다 추출해야 하는 것과 달리 전자는 하위단위의 세부 범주 중 일부만을 무작위로 선택해 표본을 추출해 만든다. 아무래도 구역 표본의 경우가 비용을 적게 쓰겠으나 모집단을 정확히 대표하는지 그 신뢰성에서는 낮은 평가를 받을 수밖에 없다. 그렇다고 해서 구역 표본이 층화 표본보다 열등하다고 일반화해서 말할 수는 없다. 왜냐하면 층화 표본의 핵심인 하위표본별 크기(사례 수)를 정확하게 판단·할당하기가 쉽지 않고, 여기서 발생할 수 있는 부정확성이 표본의 대표성에 심대한 타격을 가할 수 있기 때문이다.

이상과 같이 4개의 유형으로 구분해볼 수 있는 확률표본은 모집단의 구성인자가 표본에 추출될 확률이 똑같다는 점에서 구조적 오류(정형적 오류, 왜곡)에 빠질 가능성이 크지 않다. 그러나 여전히 무작위 오류의 가능성은 상존한다. 그 점을 유의하며 표본을 통한 모집단의 추정에 신중을 기할 필요가 있다. 가령 1,000명의 확률표본에 대한 조사에 의거해 국민 전체의 국정지지도, 대선후보 선호도, 정책 관련 민심 등이 어떻다고 너무 확정적으로 말한다면 적절한 자세가 아니다. 표본조사에 의거한 여론조사가 남발되며 정치권에 일희일비 분위기를 가져오고 있는 오늘날 유념할 점이다. 신중을 기하는 방편으로 신뢰수준confidence level과 오차범위margin of error를 병기해주면 좋다. 즉, "○○○명의 표본을 통해 관찰했더니 국민 전체의 국정지지도는 XX%로 □□%의 신뢰수준에서 ±△%의 오차범위를 갖는다."라고 표현할 수 있다.

오차범위는 표본의 크기(사례 수)에 따라 결정되는데 통계학에서 이미 다 정립되어 있다(모집단의 크기는 몇 만을 넘는다면 의미있는 영향을 끼치지 못함). 아래 표는 95% 신뢰수준에서 표본 크기별 오차범위를 보여준다.[4]

4 Johnson and Joslyn, 상게서, p. 164. 소수점 이하는 반올림.

표본 크기(사례 수)	4,000	1,500	1,000	600	400	200	100
오차 범위(단위: %)	±2	±3	±4	±5	±6	±8	±11

예를 들어, 표본 1,500명의 A후보 지지도가 60%라면 전체 모집단의 A후보 지지도는 95%의 신뢰수준에서(즉, 95%의 확신을 갖고 말하자면) 57~63%(즉, 60%의 ±3%) 범위에 있을 것이라고 추측할 수 있다. 물론 이때 구조적 오류가 전혀 없고 무작위 오류만 있다고 이상적으로 가정할 때 그렇다는 말이다. 현실에서 구조적 오류가 전혀 없을 것이라고 기대하기는 힘들다는 점은 주지하는 바이다.

4) 비확률표본의 추출

확률표본과 달리 비확률표본의 경우에는 모집단의 각 구성인자가 표본으로 추출될 확률이 똑같지 않아 대표성을 기하기 힘들다. 3가지 유형의 비확률표본을 하나씩 짚어보자. 첫째, 우연적 표본 accidental 혹은 haphazard 혹은 convenience sample은 연구자가 편의로 우연히 눈에 띄는대로 표본을 추출해서 만드는 것이다. 예를 들어, 연구자가 전국의 소비자 취향을 연구하고자 할 때 자기 집 앞을 우연히 지나가는 행인을 마구잡이로 표본에 넣어 설문조사를 하는 경우를 말한다. 이런 방식으로는 모집단(전체 소비자)의 대표성을 전혀 기할 수 없다. 연구자의 집이 압구정동 로데오거리인지 강원도 어느 산촌인지에 따라 행인의 성격이 판이할 것이다. 중등교사가 중학생의 윤리의식을 조사하기 위해 자기 반 학생들을 표본으로 추출해 설문을 돌린다면 편의성이 매우 높겠지만 표본이 모집단을 대표해준다고는 전혀 말할 수 없다. 국회의원의 의정활동을 연구하기 위해 몇몇 친분 있는 의원들, 보좌관들, 입법 공무원들 위주로 표본을 추출해 질문을 던지면 편하겠으나 우연적 표본추출이라 모집단에 대한 일반화 차원의 결론을 얻기가 불가능하다.

우연적 표본추출의 일종으로 눈덩이 표본추출snowball sampling이 있다. 연구자가 혼자서 표본을 다 추출하는 것이 아니라, 친지 몇 명에게 부탁하고 그 친지들은 또 각자 친지들에게 부탁하는 식으로 계속 연쇄적으로 "새끼 치듯이" 표본 구성인자(구성원)를 늘려나가는 방법을 말한다. 눈덩이 표본도 편의 위주로 만들어지는 가운데 대표성은 전혀 기할 수 없고, 심지어 연구자는 누가(무엇이) 표본에 포함되는지도 잘 모를 수 있다. 더욱이 친분에 의해 표본 구성이 이루어지므로 관찰사례 간 상호독립성 기준은 크게 훼손될 수밖에 없다. 우연적 표본 중에서도 가장 바람직하지 않은 경우라 하겠다.

주제에 따라서는, 대표성 있게 표본추출을 해도 결과적으로 우연적 표본이 만들어지는 경우가 있다. 예를 들어 역대 최고 축구 선수는 누군지 여론조사를 한다고 하자. 아무리 신경 써서 확률표본을 추출해도 현재 시점의 사람만이 표본에 들어간다. 과거 시점의 의견은 전혀 반영되지 않는다. 주제의 성격상 이 표본은 현 시점의 편리함을 극대화한 우연적 표본이라고 볼 수 있다. 만약 현재 최고 선수를 조사한다면 아무 문제가 없으나, 역대 최고 선수를 조사함에 있어서는 현 시점 중심의 편향성이 발생한다. 오래 전에 뛰었던 선수는 불리할 수밖에 없다. 역대 최고 대통령, 역대 최악 독재자, 한국 현대사를 결정지은 10대 사건 등 긴 시간적 범위의 주제와 관련해서는 아무리 노력해도 결국 우연적 표본추출로 가게 되므로 신중한 자세가 필요하다.

가급적 피해야 할 우연적 표본과는 달리, 둘째 유형의 비확률표본은 연구 목적을 위해 일부러 대표성을 기하지 않는다. 그래서 이름도 목적 표본purposive 혹은 judgmental sample이라고 한다. 예를 들어,

지역이기주의를 뜻하는 NIMBY 현상에 관한 국민의식을 연구한다고 하자. 전체 국민을 대상으로 확률표본을 추출하면 응답률이 너무 낮거나 응답의 질이 너무 떨어질 것으로 예상된다. 그래서 NIMBY 관련 사안으로 홍역을 겪었던 적이 있는 군포, 김포, 안면도, 경주, 부안 등의 지역을 위주로 표본을 추출해 응답률과 응답의 질을 높인다면 목적 표본을 추출하는 것이다. 00대학교 학사제도와 관련해 소속 대학생의 의식을 조사할 때 모든 학생을 대상으로 표본을 추출하면 응답률과 응답의 질에 문제가 예상되므로 학생회 활동 학생을 위주로 표본을 추출할 수 있다. 이때 목적 표본을 추출했다고 말한다. 이 유형의 표본은 모집단의 대표성을 띠지 못하므로 그 표본을 통해 일반화 차원의 주장을 한다면 그 강도를 대폭 낮춰야 한다.

셋째 유형의 비확률표본은 할당 표본quota sample이다. 표본의 구성인자(구성요소) 비율을 사전에 범주별로 할당해 놓고, 표본추출 과정을 각 범주별 할당이 다 채워질 때까지 계속하는 것을 말한다. 예를 들어, 전화 여론조사를 할 때 표본의 학력별 비율을 대졸 50%, 고졸 30%, 고졸 미만 20%로 할당해 놓고 각 범주가 채워질 때까지 무작위 전화 조사를 계속한다. 가령 대졸자 비율이 이미 채워진 상태에서 전화 응답자가 대졸자라면 더 이상 조사를 진행하지 않는다. 얼핏 듣기에 할당 표본은 목적 표본과의 경계가 모호하고 실제상으로 층화 표본과 구분하기 힘들기도 하다. 그래도 법적 제약이나 연구 의도 등 특정 기준에 따라 범주별 비율을 사전에 할당하고, 주로 전화 조사 등 범주별 표본 충원 현황을 실시간으로 확인할 수 있는 경우에 해당된다는 데서 차별성을 찾을 수 있다. 오늘날 대한민국의 여론조사 회사가 주로 할당 표본을 추출할 수밖에 없는 이유는 여론조사 표본의 성별, 지역별 구성비에 대한 법 규정이 있기 때문이다.

2. 서베이

1) 서베이의 의미, 취지, 한계

선택되었든 추출되었든 간에 관찰대상을 놓고 관찰하는 방법 중, 연구자가 질문을 던지고 응답자(들)의 답을 통해 현상에 대한 이해를 도모하는 것으로 서베이, 인터뷰, 델파이 조사가 있다. 기존 문헌에 없는 새로운 정보를 얻을 수 있고, 연구 의도에 딱 맞는 질의를 통해 적절한 정보를 얻을 수 있다. 그러나 연구 범위가 시·공간적으로 제한적이고, 연구자 또는 응답자에 의한 왜곡의 가능성이 상존한다.

먼저 서베이survey는 연구대상(자)의 행태, 신념, 의견, 실태 등을 설문(設問, questionnaire, enquête)을 통한 질의응답으로 관찰하는 방법이다. 과거에 정치학이 주로 법, 제도, 역사, 규범적 문제에 천착할 때보다 그 후 행태주의 혁명을 계기로 정치학이 사람들의 행태, 정향, 여론 등에 관심을 두면서 서베이의 중요성도 커졌다. 오늘날엔 학문적 행태연구뿐 아니라 각종 실용적인 측면에서 서베이를 자주 활용하고 있다. 예를 들어, 고객 만족도, 소비자 취향, 기관 신뢰도, 프로그램 평가, 폭력 실태, 단체(기관) 현황 등을 조사하기 위해 서베이가 널리 사용되고 있다. 특히 정치, 선거, 국정 정책이나 제도 등과 관련된 서베이가 여론조사라는 이름으로 거의 남발될 만큼 많이 시행되고 있다. 더욱이 온라인의 눈부신 발전은 편리한 온라인 서베이의 비중을 크게 늘리며 공간적 제약을 극복할 수 있게 해주고 있다.

상기했듯이 서베이는 참신하고 적절한 정보를 얻는 데 강점을 보인다. 그러나 여러 근본적인 한계나 부작용도 있으므로 너무 쉽게 남용하지 않도록 조심할 필요가 있다. 첫째, 부정확성inaccuracy의 문제가 상존한다. 서베이 기법이 크게 향상된 지금도 서베이에 의거한 예측이 빗나가는 경우가 흔하다. 최근만 봐도 2016년 트럼프의 대선 승리, 2016년 영국의 EU 탈퇴Brexit 국민투표 가결, 2020년 한국 국회의원선거 여당 압승 등 서베이 예측의 부정확성을 재확인해준 예가 많다. 이러한 부정확성은 ① 표본추출의 오류sampling error, ② 잘못된 설문 내용, ③ 솔직하지 않은 응답 등에 기인한다. 아무리 신경 써서 확률표본을 추출해도 모집단의 대표성을 완벽히 기할 수는 없다. 특히, 응답률이 저조한 상황에서 굳이 응답해주는 사람은 그렇지 않은 사람과 성향에서 다를 수 있으므로 응답자들로 구성된 표본이 모집단을 잘 대표하기 힘든 경우가 많다. 또한 설혹 별 왜곡이 없어도 무작위 오류는 항상 있게 마련이다. 설문을 어떻게 꾸미는가에 따라 응답이 영향을 받을 수 있다는 점(후술함)도 서베이의 정확성을 해치는 요인이다. 아무리 신경 써도 설문의 수식어나 토씨 하나에 응답이 특정 방향으로 유도될 수 있는 것이 현실이다. 덧붙여, 응답하는 사람이 로봇이 아닌 온갖 편향성에 물든 인간으로서 때로는 일부러 솔직한 답을 하지 않고 또 때로는 설문을 오해해 엉뚱한 답을 할 때도 있다.

서베이의 둘째 한계는 의도적 조작manipulation의 가능성이 상존한다는 점이다. 서베이 실행자가 순수 연구자인 경우에도 특정 방향으로 결론이 나기를 은근히 기대하는 마음으로 경미한 조작을 가할 가능성이 있다. 하물며 정부, 정당, 공공기관, 시민단체 등 현실적 이해관계를 가진 조직이 서베이를 실시한다면 더욱이나 특정 목적을 위해 서베이 결과가 때론 교묘하게 때론 명백하게 조작될 위험성이 있다. 경쟁하는 정당들, 혹은 상반된 이념 성향의 언론매체들이 정부 지지도나 후보 선호도 등 똑같은 주제를 놓고 상반된 서베이 결과를 발표하는 것을 보면 어느 한쪽 또는 양쪽 다 조작을 가하는 것 같다는 의구심을 품게 된다. 미리 정해놓은 답을 유도하기 위해서 표본추출, 설문 문구, 서베이 실시 시점 및 분위기 등을 편향되게 악용할 수 있다.

서베이의 셋째 한계 혹은 부작용으로 자의적 의제설정agenda-setting을 들 수 있다. 서베이가 현실의 정확한 이해를 위한 보조적 역할을 하는 것이 아니라 그 자체가 주요 사회의제를 설정해버리는 문제점을 말한다. 사회 의제는 구성원의 가치관과 문제의식에 따라 그 경중이 정해져야 하고 구성원의 적극적 의사가 반영되어야 한다. 그러나 이와 달리, 특정 목적을 지닌 기관(들)이 다분히 자의적으로 주제를 잡아 서베이를 실시하고 사회 구성원은 당연하다는 듯이 그 사회의제를 중요한 것으로 받아들인다면 곤란하다. 건전한 의식의 시민은 서베이가 정부, 정치권, 언론의 자의적 의제설정에 악용될 수 있다는 점을 간과하지 말아야 한다.

셋째 한계와 많이 겹치지만, 넷째 한계는 '길들이기'domestication의 문제다. 사람들의 생각이 서베이에서 주어진 대안(보기)들로 협소화되는 것을 말한다. 마치 가축이나 애완동물이 특정 행동반경 내에 머물도록 길들여지는 것과 흡사하다. 이 문제는 긴스버그B. Ginsberg가 지적한 것으로,[5] 사람들의 천차만별 다양한 생각이 몇 개에 불과한 대안(보기)으로 좁게 정리되는 가운데 이 대안들만이 정상적인 범위에 들어있고 나머지 다른 대안들은 범위 밖의 비정상적인

5 Benjamin Ginsberg, *The Captive Public: How Mass Opinion Promotes State Power* (New York: Basic Books, 1986).

것이라는 인식이 퍼지게 된다는 데 사안의 심각함이 있다. 긴스버그는 정치 여론조사 등 서베이가 남발되는 사회는 이 '길들이기' 효과로 인해 폭넓은 다양성을 기하기 힘들뿐 아니라 급격하게 다른 쪽으로 변화하기 힘들고 온건·점진적인 변화만 이룰 수 있다고 비판하였다. 이에 따라 여론조사는 국가권력과 정치권이 수많은 대중을 통제 범위에 둘 수 있게 도와주고, 대중은 실천적 행동보다 (협소화된) 의견에 대한 태도만을 보이게 된다고 하였다. 동태적 민심을 그때그때 국정에 반영시키자는 취지의 여론조사가 (체제)현상유지적, 정태적 사회 경향을 강화시킨다면 아이러니가 아닐 수 없다.

다섯째 한계는 민주주의의 당위적 전제에 관련된 것이다. 자유주의부터 공동체주의까지 매우 다양한 갈래의 민주주의 모델이 있지만, 독재체제의 위장막으로 씌운 민주주의가 아니라면 공통되게 적극적 시민을 전제로 한다. 즉, 자율적·독립적인 주체로서 판단내리며 자기 이익을 표출하고 자신이 믿는 가치를 추구하는 시민이 민주주의의 바람직한 인간상이다. 그러나 서베이는 인간을 피동적 객체로 전락시킨다. 인간은 일상생활을 하다가 갑자기 받은 전화, 이메일, 편지, 대면 질문에 응답으로 반응하는 수동적 존재가 된다. 그러므로 서베이가 남발될수록 당위적 모델로서 민주주의가 이상(理想)에서 멀어지며 제대로 작동하기 힘들어지는 것이다.

근래 한국정치에서 여론조사가 핵심적 영향력을 발휘하면서 그 방법인 서베이에 대한 관심이 커졌다. 수많은 여론조사 기관이 생겨 주요 국정 현안마다 서베이를 실시하며 여론이라는 전가의 보도로 여러 각도의 장단점 논의와 성찰적 숙의의 필요성을 가려버리고 있다. 특히 당내 선거후보 결정(공천)에서 여론조사가 비중을 늘려가고 있다. 2020년 21대 국회의원선거에서 주요 정당들은 전체 후보의 40% 가량을 경선으로 결정했는데, 각 결정은 서베이 방법인 일반유권자 ARS투표와 당원 ARS투표를 50:50으로 합하고 정치신인(+10)과 여성(+10)에 가산점을 주는 방식으로 이루어졌다. 서베이 여론조사를 통한 공천은 2002년 노무현-정몽준 대선후보 단일화 이래 과연 바람직한지 학계에서 끊임없이 문제제기가 나오고 있음에도 기성 정치권은 그 비중을 확대해왔다. 미국식 프라이머리 등 다른 방식에 비해 비용이 저렴하고 관리가 편리하고 무엇보다 정치적 득실에서 위험 부담이 적다고 생각하는 것 같다. 그러나 전술했듯이 서베이는 중요한 관찰방법임에도 여러 한계가 있는 만큼 무분별한 사용을 자제할 필요가 있다.

2) 서베이 설문(내용) 작성

부정확성, 조작 등 상기 문제점들로부터 완전히 벗어날 수는 없겠으나 가능한 한 그 폐해를 줄이고 서베이의 원래 취지대로 현상을 정확하고 신뢰성 있게 관찰하려면 어떻게 하면 좋을까? 당연하지만 서베이 설문을 잘 작성해 응답자의 오해나 그로 인한 왜곡이 없도록 하고 꼭 필요한 정보를 얻을 수 있도록 해야 한다. 이를 위한 몇 가지 유의할 점을 살펴보자.

첫째, 준비 작업을 철저히 해야 한다. 연구목적과 문제의식을 명료하게 정립하고 이론적 가설(들)을 구체화할 필요가 있다. 아울러 주제에 관해 광범한 정보를 사전에 갖추는 것도 필요하다. 또한 응답자들이 어떤 성향을 갖고 어떤 환경에 있는지도 이해할 필요가 있다. 가령 평균적인 일반 유권자인지, 해당 분야 전문가인지, 국회의원인지, 20대 청년층인지, 중고등학생인지 등에 따라 적절한 설문(내용뿐 아니라, 후술하듯이 형식과 구성에서도)이 다를 것이다. 여러 각도에서 준비 작업을 해야 적합한 질문을 던질 수 있고, 유용하고 적절한 응답을 얻고 중요한 시사점을 포착할 수 있다. 자기 시간을 내서 응답해주는 사람으로서는 설문이 엉성하고 사소한 결함이라도 보이면 의욕이 떨어져 무성의하게 답을 해버리거나 아예 응답을 중단해버릴 수 있다. 특히, 사전 조사가 충분치 않아 설문에 주제 관련성이 높지 않거나 부적합한 질문이 들어가면 설문 자체에 대한 신뢰성이 뚝 떨어질 수 있다. 서베이를 실시한 후에 질문이나 보기에 미비점이 있었음을 깨닫고 관찰결과를 잘 활용하지 못하거나 아예 폐기하는 일이 비일비재하다. 사후에 후회한들 무슨 소용이겠는가. 그런 후회는 연구자에게 뼈아픈 일이지만, 결국 시간을 허비한 셈인 응답자들에게도 크게 미안한 일이다.

사전 준비가 필요하므로 서베이는 연구 초기 단계에는 무리일 수 있다. 연구가 충분히 진척되어 이론적 문제의식이 명료해지고 연구자가 풍부한 정보를 쌓은 후에 실시하는 편이 낫다. 물론 연구 초기에 탐색적 시사점을 얻기 위한 목적으로 시도할 수도 있겠으나, 들인 비용에 비해 얻는 결과가 미진할 가능성이 크다. 시간과 비용에서 여유가 있다면 연구 초기에 탐색적으로 서베이를 해보고 나중에 연구가 많이 진행된 시점에 수정을 거쳐 재차 한다면 가장 이상적이겠지만, 비용을 고려하면 일반 연구자로서 선뜻 감행하기가 어렵다.

둘째, 준비 작업을 잘해 명료한 문제의식과 가설, 풍부한 정보를 갖춘 후에는 문장, 단어 하나하나를 신중하게 짚으며 설문을 작성해야 하는데, 우선, 뜻이 분명한 언어 표현을 써야 한다. 너무 추상적이고 모호한 표현은 응답자의 오해를 일으킬 수 있으므로 배격해야 한다. 예를 들어, 핵정책이라는 표현은 핵무기 관련의 국방·안보 정책을 뜻하기도 하고 원자력 발전소 관련의 에너지·환경 정책을 뜻할 수도 있다. 평등이라는 표현도 기회의 평등인지 결과의 평등인지 응답자를 혼란스럽게 할 수 있다. 특히 정부와 정치권에서 슬로건으로 내세우는 개념은 복잡한 정치적 함의가 들어있기 때문에 그 표현만으로는 응답자에게 뜻이 분명하게 전달되지 않는다. 가령 경제민주화, 녹색성장, 창조경제, 적폐청산, 포용국가 등의 슬로건 개념을 설문에 사용한다면 응답자는 헷갈려 하고 서로 다른 내용으로 제각각 이해하는 혼란이 벌어질 수 있다. 모호한 표현을 쓸 경우에는 수식어나 부연 해설을 통해 연구자가 의도하는 바를 응답자에게 명확히 전달할 필요가 있다.

셋째, 너무 일반적인 질문은 조건에 따라 답이 달라질 수 있어 응답자의 진의를 파악하기 힘들므로 피해야 한다. 예를 들어, 정부 규제에 대해 묻는다면 너무 일반적인 질문이 되어 응답자가 답하기 힘들어진다. 석탄이나 석유 등 화석연료 산업에 대한 정부 규제인지, 농지 사용에 대한 정부 규제인지, 첨단기술 벤처 창업에 대한 정부 규제인지, 도로 교통에 대한 정부 규제인지 등에 따라 답이 달라질 것이다. 반정부 시위, 증세, 정부 지출, 무력 침공, 난민 수용, 개헌 등 정치학의 수많은 핵심 개념이 일반적 차원에서 붙은 긍정 혹은 부정의 뉘앙스와 달리 어떤 구체적 조건이나 맥락이냐에 따라 상이한 응답을 초래한다. 이 점을 유념해 서베이 설문은 몰(沒)맥락적이기보다는 구체적 맥락에 놓일 필요가 있다. 예를 들어, "경제 양극화가 심화되고 있는가?"보다는 "지난 수년 간 경제 양극화가 심화되고 있는가?"가 낫고, 또 이보다는 "현 000정부가 출범한 2017년 이래 경제 양극화가 심화되고 있는가?"가 낫다. 구체성을 추구함으로써 몰맥락적 일반성 쪽으로 너무 경도되지 않도록 할 필요가 있는 것이다.

넷째, 가능한 한 중립적인 언어를 사용해야 한다. 그러나 과연 중립적인지, 어떤 편향적 가치나 뉘앙스가 내재해 있는지 판단이 쉽지 않은 표현이 많다. 때로는 맥락에 따라 비중립적인 표현을 쓰지 않을 수 없는 경우도 있다. 이승만 정권보다는 이승만 정부가 중립적인 표현이지만, 국정 운영보다는 권력 투쟁에 관련된 주제를 다루는 서베이라면 부득이 전자를 쓰는 편이 나을 수도 있다. 반핵 진영은 핵폐기장이란 표현을 선호할 것이고, 찬핵 진영은 방사성폐기물처리장이란 표현을 선호할 것이다. 중립적 연구자는 이 중 어느 것을 써야 할지 정답을 찾기가 힘들다. 중립성 여부를 판단하려면 해당 맥락의 사회 분위기, 문화, 역사를 어느 정도 알아야 한다. 예를 들어, 영어로 행태behavior는 어떤 가치를 내포하지 않지만, 국어로 행태는 "정치인의 행태" 등의 표현에서 보듯이 다소 부정적인 뉘앙스를 담고 있다. 그러므로 가령 "국회의원의 행태에 대하여"라는 표현에서 행태보다는 활동, 자세 등 중립적인 단어를 쓰는 것이 바람직하다. 때로는 중립성이 낮은 표현임에도 역사적 이유로 인해 사회적으로 수용·통용되는 경우가 있다. 일제 강점기(시대가 아니라), 광주 민주항쟁(사태가 아니라), 세월호 사건(사고가 아니라) 등을 예로 들 수 있다. 한편, 실명 앞의 호칭도 중립성 논란을 일으킬 수 있다. 가령 김정은 위원장, 김정은 국방위원장, 김정은 국무위원장, 김정은 원수, 김정은 조선노동당 총비서 등 수많은 직책 중 무엇을 택할지, 아니면 호칭 없이 그냥 김정은이라고 할지, 긍정성이나 부정성을 담지 않은 표현이 무엇일지 선택하기가 쉽지 않다.

중립성은 다른 사회나 문화에 따라 달리 판단되므로 외국인을 대상으로 외국어로 설문을 작성한다면 더욱 신중을 기해야 한다. 예를 들어 미국에서 welfare(복지)란 단어는 게으른 소수인종 사람이 부지런한 사람이 내는 세금을 축내며 빈둥거리는 뉘앙스를 담고 있어 조심해서 쓸 필요가 있다. 실제 여론조사에서 welfare 사업에는 압도적으로 반대 의견이 많은 반면, 같은 의미인 assistance to the needy people에는 압도적으로 찬성 의견이 많게 나온다. 우리나라에서 복지란 표현이 중립적이므로 그것을 무심코 그대로 영어로 직역해 사용한다면 특정 방향으로 답이 유도될 수 있다. abortion(낙태)도 마찬가지로 부정적 뉘앙스를 강하게 띤다. 낙태 반대론자는 이 단어를 애용할 것이고 여성주의자는 절대 금기어로 삼갈 것이다. 그런데 이러한 뉘앙스는 시대 흐름에 따라 바뀌기도 해 표현 잡기가 더욱 힘들어진다. 예로서, 동성애자를 뜻하는 gays and lesbians이란 표현이 너무 부정적이어서 이왕이면 homosexuals란 표현을 쓰자고 했던 것이 20세기 말, 21세기 초인데, 근래에는 전자에 붙은 부정적 뉘앙스가 크게 희석된 것 같다.

다섯째, 특정 방향으로 답을 몰거나 심지어 강제하는 유도성 질문을 삼가야 한다. 특히 핵심 질문에 앞선 배경 해설이 너무 장황해질 경우 답이 특정 방향으로 유도될 수 있으니 조심해야 한다. 그러나 배경 해설이 없거나 너무 짧아도 응답자가 핵심 질문의 취지를 파악하지 못할 수도 있으므로 적절한 균형을 찾아야 한다. 만약 낙태에 관한 질문에 앞서, 매년 수백만 명의 태아가 태어나지도 못하고 죽는다고 배경 해설을 하면 답이 낙태 반대 입장으로 명백하게 유도된다. 그렇다고 배경에 대한 소개가 너무 없어도 가령 낙태법 개정에 연관된 것인지 아니면 특정 연예인의 사생활에 연관된 것인지 알 수 없어 응답자는 설문에 흥미를 잃거나 생각을 정리하기가 막연해질 수 있다. 유도성 질문을 삼가야 한다는 점은 상기한 셋째 유의사항, 즉 너무 일반적인 질문을 삼가야 한다는 것과 상쇄관계에 있다. 질문이 너무 일반적이지 않도록 구체적 수식어를 붙이다 보면 답이 특정 방향으로 유도될 수 있다. 또 역으로 유도성 질문을 막기 위해 배경 해설을 간략히 하면 일반성이 과도해질 수 있다. 결국 중간에서 적절한 균형을 찾아야 하는 난제에 맞닥뜨리게 된다.

여섯째, 질문에 너무 안이한 가정(전제)이 들어가지 않도록 해야 한다. 이 가정 때문에 응답자가 혼란을 겪을 수 있다. 예를 들면, "원자력 발전은 사고 위험성이 크므로 원자력 발전소의 추가 건설에 반대하는가?"의 설문에서 원자력 발전은 사고 위험성이 크다는 가정으로 인해 응답을 어떻게 해야 할지 헷갈려질 수 있다. 원자력 발전소 건설에 찬성하든 반대하든 상관없이 원자력 발전은 사고 위험성이 크다고 생각하지 않는 사람들이 있을 수 있기 때문이다. 아래 표에서 B, D에 해당하는 사람은 질문 속의 안이한 가정 때문에 응답의 어려움을 겪게 되고 아예 응답을 포기하게 될 수도 있다. 또한, "정치 양극화가 극심해진 오늘날 개헌의 필요성이 있는가?"의 설문에도 정치 양극화가 극심해졌다는 가정이 들어 있는데, 정치 양극화는 과거에도 있던 현상으로 오늘날 특별히 극심해졌다고 생각하지 않는 사람으로서는 응답을 어떻게 할지 혼란에 빠질 수밖에 없다. 또 다른 예로, "다음 중 가장 시급하게 전면 개정되어야 할 법은? ① 조세법 ② 국가보안법 ③ 고등교육법 ④ 개인정보보호법"의 경우, 보기 4개가 다 전면 개정되어야 한다는 가정이 은연중 들어있다. 가정에 동의하지 않는 사람은 답하기가 난처해진다. 안이한 가정의 문제는 배경 해설로 인한 유도성 질문의 문제와 밀접하게 연결된다. 의도하지는 않았으나 안이하게 가정한 것인지, 특정 답을 유도하기 위해 장황한 배경 해설을 한 것인지 구분하기 쉽지 않아 보인다.

		원자력 발전의 사고 위험성	
		크다	작다
원자력 발전소 건설	찬성	A	B
	반대	C	D

일곱째, 응답자가 쉽게 이해할 수 있게 내용과 문장에 신경 써야 한다. 연구자가 자기의 연구목적과 문제의식을 위해 설문을 작성하는 가운데 너무 자기 세계에만 빠져 연구자 중심으로 가며 정작 응답자의 눈높이에 맞추지 못할 수 있다. 응답자가 설문을 이해하려고 몇 번씩 읽는다면 설문이 잘못된 것이다. 응답자가 어떤 사람들인지를 잘 따져 그들이 이해하는 데 어려움이 없도록 만전을 기할 필요가 있다. 일반인 대상의 서베이라면 너무 복잡하고 난해한 내용이나 생소한 전문용어는 삼가고, 가능한 한 일상어로 설문을 작성하도록 해야 한다. 문장은 간결해야 하고, 한 문장에 여러 내용이 들어가선 곤란하다. 수식어가 많이 들어갈수록 의미가 혼동될 수 있다. 심지어 "…이 아니라고 생각하지 않는가?"나 "심야 통행금지를 원천적으로 금지하는 법안을 반대하는가?"처럼 문장에 이중, 삼중 부정이 들어가는 것도 응답자를 순간 착각에 빠뜨릴 수 있으니 피하는 것이 좋다. 시간과 노력이 들지만, 설문 초안을 응답자 일부를 대상으로 예비 테스트해보고 그들이 잘 이해하는지 그 반응 및 의견을 반영해 최종 수정본을 만들면 이상적이다. 이 예비 테스트는 설문 내용 및 문장뿐 아니라 바로 다음 소절에서 논할 설문 형식 및 구성에서도 완벽을 기하는 데 큰 도움이 된다.

여덟째, 기꺼이 시간과 관심을 내주는 응답자에 대한 예의를 지켜야 한다. 설문에 혹여 응답자가 속한 집단을 비하하거나 무시하는 내용이나 표현이 들어가선 안 된다. 기본 예의이기도 하나 응답 포기를 막고 진지한 응답을 얻기 위해서도 유념해야 할 점이다. 예를 들어, 여성이나 남성, 특정 인종, 특정 지방 출신자, 이주민, 노인, 장애인, 투표 불참자, 기업인, 노조 활동가, 시민단체 활동가, 정당인 등 어떤 계층이나 집단을 혐오하거나 비하하는 듯한 뉘앙스가 나지 않도록 한다. 응답자 중에 그러한 계층이나 집단에 속하는 사람도 있을 것이다. 청소년을 서베이 대상으로 할 때 은근히 반말투를 쓰거나 은연중 하대한다면 역시 곤란하다. 아울러, 응답자가 거북하게 느낄 민감한 질문은 간접적으로 질문하는 운영의 묘가 필요하다. 특히 성별 갈등, 지역 갈등, 세대 갈등 등과 관련된 주제에서 그런 경우가 많을 수 있다.

3) 서베이 형식과 구성

서베이 형식 및 구성과 관련해 우선 정형적, 비정형적 중에서 택일해야 한다. 물론 양자를 적당히 혼합할 수도 있다. 정형적 형식은 답의 폭을 제한하는 것으로 몇 개의 보기를 제시하고, 비정형적 형식은 답의 폭이 무제한이라 보기 없이 개방적으로 답을 쓰게 한다. 전자는 소위 객관식, 후자는 소위 주관식이라고도 불린다. 정형적 형식의 경우, 응답이 용이해 응답자 친화적이나 응답자의 복잡한 생각을 전달하기 힘들어 너무 단순하게 왜곡된 답이 나올 수 있다. 정형적 형식을 연구자의 입장에서 볼 때, 계량화와 비교 분석에 유리하다. 반면, 응답의 질을 판단하기 쉽지 않고, 여러 보기까지 제시해야 하므로 주제에 대한 풍부한 사전 지식이 필수적이다. 비정형적 형식의 경우, 응답자는 자기 생각을 정확히 표현하기에 유리하지만, 보기가 없어 응답에 애를 먹거나 응답을 거부할 가능성이 상대적으로 크다. 연구자로서는, 개방적으로 적힌 응답을 보며 풍부한 해석을 하고 다각도의 시사점을 얻을 수 있으며 사전 지식이 별로 없어도 설문을 진행할 수 있다. 그러나 분석의 현실적 어려움, 해석의 자의성 등의 위험성이 도사리고 있다. 연구자는 대비되는 두 형식의 장단점을 고려해 자기 연구의 취지에 맞는 것을 선택하되, 앞부분에선 보기 있는 설문을, 뒷부분에선 자유롭게 답을 쓰는 설문을 하는 등 융통성 있게 혼합할 수도 있을 것이다.

질문 순서도 신경 써야 할 항목이다. 보통은 질문이 여러 개, 심지어 수십 개에 달하는데 아무렇게나 배열해선 곤란하다. 일반적이고 쉬운 질문들로 시작해 점차 구체적이고 난이도가 높은 질문으로 넘어가는 것이 상례다. 반대 순서로 가면 응답률이 떨어지는 경향이 있다. 처음에는 무난하게 답을 해서 중간쯤까지 오면 그때까지 들인 시간과 노력이 아까워서라도 힘을 내서 끝까지 응답을 완료하게 된다. 또한, 응답자가 흥미롭게 여길 질문부터 시작해 덜 흥미로운 질문으로 넘어가는 것도 응답률을 높이는 방법이다. 질문 순서에서 특히 유념해야 할 점은 앞의 응답이 뒤의 응답에 영향을 끼치도록 해선 안 된다는 것이다. 예를 들어, 환경 관련 질문들에 답을 하다가 뒤에서 가장 중요한 국정현안이 무엇이냐는 질문을 받으면 '학습효과'로 인해 환경이라고 답하기 쉽다. 앞에서 현 정부가 잘하고 있는 정책을 적어달라는 질문에 답한 후 뒤에서 현 정부에 대한 종합 점수를 매겨달라는 질문을 받으면 차마 F나 D에는 체크를 하지 못한다. 인간은 앞뒤 일관성을 지키려는 심리를 갖고 있기 때문이다. 질문 순서에서 금물인 것으로, 현 질문에 반드시 답을 해야 다음 질문으로 넘어갈 수 있게 한다면 곤란하다. 특히 온라인 서베이에 이런 문제가 빈번하다. 답하기 힘든 것은 그냥 넘어갈 수 있도록 해야 첫째, 억지로 거짓 답을 쓰는 일을 방지할 수 있고, 둘째, 응답 자체를 포기하는 일도 막고, 셋째, 응답자가 앞뒤 질문을 왔다 갔다 하며 보다 정련되고 질이 높은 응답을 할 수 있다.

정형적 형식의 설문에선 보기 작성도 중요한 일이다. 보기의 내용뿐 아니라 개수(가부, 4지선다, 5지선다, 1~10 스케일 등), 복수 선택 가능 여부, 기타나 해당 없음 항목 여부 등도 중요하게 고려해야 한다. 주제와 질문의 성격에 따라 다르겠지만, 일반적으로 봐서 응답자에게 가능한 한 충분한 옵션과 융통성을 주는 편이 정보를 많이 추출하는 데 도움이 된다. 아울러, 보기를 선택하는 가운데 특정한 응답 패턴이 나오지 않도록 주의해야 한다. 만약 답이 '예'나 '아니오' 중 계속 한쪽으로만 나온다면 응답자는 중간쯤부터 싫증이 나서 질문을 잘 읽어보지도 않고 무조건 그쪽으로 답을 체크할 것이다. 병원 초진환자가 작성하는 문진표가 그런 경우가 많다. 4지선다형 질문이라면 계속 1번 보기만 답으로 이어지거나 1－2－3－4－1－2－3－4 식으로 답이 패턴을 보이며 이어지지 않도록 보기의 순서도 잘 배치할 필요가 있다.

또한, 설문 분량이 전체적으로 너무 길지 않도록 해야 한다. 그래야 응답률도 높아지고, 응답자가 계속 집중해서 답을 쓸 수 있다. 간혹 문항수가 50개도 넘어 100개에 육박하는 긴 설문을 받아들면 (예 World Values Survey) 처음부터 응답할 마음이 생기지 않고 억지로 응답에 임해도 건성건성 답을 쓰게 된다. 사람마다 집중력이 달라 일반화할 수는 없으나 대략 20문항이 넘어서면 집중도가 뚝 떨어지는 것 같다. 전체 분량이 불필요하게 길어지는 이유 중 하나로 비슷비슷한 질문이 연이어 반복될 때가 있다. 이럴 경우에는 응답자의 집중이 약해질 뿐 아니라 설문 자체에 대한 거부감과 불신감이 커질 수도 있다. 아울러, 각 개별 설문 문항도 가급적 길이가 짧아야 응답자가 집중해서 성실하게 답을 할 것이다. 물론 이것은 상기한 설문 내용의 구체성이나 맥락성과는 상충되는 것이므로 적절한 균형에 대한 고민이 필요하다.

상품 포장이 매출에 지대한 공헌을 하듯이 서베이도 이왕이면 멋있거나 흥미를 자아낼 만한 레이아웃에 담겨야 응답자의 관심을 끌 수 있다. 물론 이 점은 전문 회사가 아닌 일반 연구자로서 쉽게 할 수 있는 것이 아니다. 그러나 요즘엔 일반인도 멋진 그래픽을 어렵지 않게 만들 수 있을 만큼 컴퓨터 소프트웨어가 발전했으므로 실천 불가능한 일이 아니다. 꼭 현란하게 멋있는 것은 아니어도 서베이 레이아웃이 전체적으로 격식을 갖출 필요가 있다. 그래야 응답자에게 신뢰를 줄 수 있다. 제대로 격식을 갖추려면 처음에 정중한 인사말, 설문의 자세한 목적과 취지, 연구자에 대한 소개(연락처 포함)로 시작해야 한다. 아울러 필요시 익명 보장 및 개인정보 보호를 약속하는 문구도 명확하게 들어가야 한다. 설문 맨 끝에는 응답 참여에 감사하는 진심어린 말로 응답자에게 예의를 표할 필요가 있다.

4) 서베이의 진행

설문 문항을 완성한 후에는 표본으로 추출된 관찰대상자들에게 서베이를 진행하는데, 이때도 고려해야 할 점들이 있다. 우선 질의응답을 어떤 매체로 진행할지를 결정해야 한다. 우편메일, 전화, 직접대면 등 전통적 매체에 더해 근래에는 이메일, 온라인 사이트 등 새로운 매체에 의존하는 정도가 커지고 있다. 각 매체는 장단점이 있으니 연구자는 4개의 기준(응답률, 대표성, 응답의 질, 비용·관리·분석의 편의성)에 따라 자기의 연구에 가장 적합한 방식을 택하면 된다.

첫째, 응답률은 표본이 모집단의 대표성을 담보하는 데 결정적으로 중요하다. 대표성을 신경 쓰며 확률표본을 추출했는데, 그 중 일부만이 설문에 응한다면 대표성이 확보된 것인지 확신할 수 없다. 설문에 응한 사람과 그렇지 않은 사람 간에 성향상의 차이가 있을 수 있기 때문이다. 인구자료에 의거해 사전에 정한 비율에 따라 층화표본이나 할당표본을 추출한다고 해도 응답자와 비응답자 간의 성향 차이를 근본적으로 없앨 수 없다. 이론상 확률표본으로 추출된 모든 사람이 응할 경우에만 표본추출을 통한 대표성 확보가 가능하다. 일반 여론조사처럼 10% 내외의 낮은 응답률로는 자신 있는 추정을 할 수 없다. 물론 현실에서 100% 응답률은 대단히 부자연스러운 것으로 의심을 살 만하다. 가령 중학교 교사가 중학생을 대상으로 서베이를 할 때 소속 학교 학생들을 표본으로 삼는다면 100% 응답률이 나올 수 있겠지만, 이것은 강제적 분위기에서 작성되었기 때문일 것이라고 의심해볼 만하다.

응답률을 높이기 위해선 전술한 설문 내용, 문장, 형식, 구성 관련 유의사항을 준수하는 한편으로 적절한 질의응답 매체에 대한 고민이 필요하다. 일반적으로 말하자면, 메일보다는 전화, 전화보다는 직접대면이 응답률을 높이는 경향이 있다. 그러나 획일적인 일반화는 불가능하다. 근래 이메일 등 온라인 매체가 서베이의 편의성을 크게 높였고, 우편메일은 연구자의 정성을 시각적으로 보이기에 좋아 응답률을 높일 수도 있다. 재정적 여유가 있다면 문화상품권이나 커피쿠폰 등으로 응답률을 높일 수 있다. 큰 비용이 들지 않는 방법으로, 우편 속에 작은 낱개 포장 초콜릿이나 사탕을 하나만 넣어도 응답자는 감동을 받아(특히 당분 섭취 효과로) 기꺼이 설문에 응하게 된다.

둘째, 질의응답 매체를 고를 때 응답자의 대표성도 중요하게 고려해야 할 기준이다. 만약 여성 응답률은 높은데 남성 응답률이 낮다면 서베이 관찰의 결과가 구조적 오류에 빠질 수밖에 없다. 사안에 따라 세대 간 응답률 편차가 크게 나서 왜곡된 관찰을 하는 경우도 많다. 응답자들이 모집단의 하위 계층이나 집단을 골고루 대표할 수 있게 구성되어야 한다. 이메일 등 온라인 매체는 노인세대나 저학력층의 이용이 상대적으로 저조해 대표성을 떨어뜨릴 가능성이 있고, 전화(특히 유선전화)는 주로 바깥에서 활동하는 사람들이 잘 대표되지 않게 할 우려가 있다. 직접대면은 주거가 일정치 않거나 우범지대 혹은 지리적으로 접근하기 힘든 곳에 거주하는 사람들이 잘 대표되지 않게 한다. 우편메일로도 이동이 잦거나 하루하루

생활에 바쁘고 지친 사람들의 응답을 받기 힘들다. 이처럼 각 매체마다 나름의 한계가 있다.

셋째, 응답의 질도 질의응답 매체의 선택과 관련해 뺄 수 없는 기준이다. 무성의하거나 엉터리인 응답이 아니라 진심을 싣고 풍부한 정보를 담은 응답을 얻으려면 어떤 매체가 좋을까? 역시 일반화가 불가능하다. 우편메일과 온라인 방식이 응답자가 충분한 시간적 여유 속에서 답을 쓸 수 있어 응답의 질을 높이는 데 유리하다. 그러나 대상자 본인이 답을 하는 것인지, 옆 사람의 도움이나 검토를 받아 하는 것인지, 아예 다른 사람이 하는 것인지 확인하기 힘들다. 전화는 즉각 답을 해야 해서 심사숙고한 풍부한 답이 불가능하고, 더욱이 통화 음질 때문에 원활한 의사소통이 잘 되지 않는 경우도 있다. 대면 방식은 조사원이 바로 앞에서 부연 해설까지 해줄 수 있어 가장 정확한 의사소통 매체지만, 조사원과 응답자 간의 인간관계가 응답에 영향을 끼칠 수 있다. 예를 들어, 조사원이 여성일 때 응답자는 성별 관련 쟁점에 있어서 자기 본심보다 순화된 의견을 말할 가능성이 크고, 조사원이 흑인일 때 응답자는 자기의 인종차별적 생각을 감추고 위선적 모습을 보일 수 있다.

넷째, 비용·관리·분석의 편의성도 현실 여건상 중요한 기준이다. 가장 저렴하고 관리하기도 편한 것은 이메일이나 온라인 매체일 것이다. 가장 큰 비용을 요하는 것은 직접대면이고, 우편메일과 전화는 중간쯤 될 것이다. 물론 관리와 분석 차원에서는 연구자가 얼마나 부지런하고 체계적으로 정리에 임하는지가 더 결정적 관건이다. 설문 응답이 수백이나 수천에 달하는 경우에는 들어오는 즉시 정리하지 않으면 나중에 걷잡을 수 없는 상태에 이를 수 있으므로, 어떤 매체를 쓰든지 처음부터 계획을 잘 세울 필요가 있다.

이상 4가지 기준을 살펴보며 어떤 매체가 가장 좋은지 일반화가 불가능함을 살펴보았다. 연구자는 본인의 경우를 다각도로 살펴서 질의응답 매체 선택에서 신중을 기해야 한다. 여건이 허락한다면 굳이 하나의 매체에만 의존하지 말고 여럿을 혼용하면 좋을 것이다. 가령 이메일을 먼저 보내 운을 뗀 후 우편메일로 본격적인 서베이를 하거나, 전화로 먼저 양해와 협조를 구한 후 조사원을 보내 직접대면 방식으로 서베이를 진행할 수 있다. 직접대면으로 1차 서베이를 한 후 우편이나 이메일로 수정·보완된 2차 서베이를 진행할 수도 있다. 온갖 다양한 혼용이 가능하니 연구자는 종합적으로 판단해서 창의력을 발휘하면 된다.

서베이 진행 방식 중 인기투표straw poll는 흥미용으론 몰라도 학문 차원에서는 금물이다. 인기투표 방식은 모집단의 모두를 상대로 스스로 들어와서 응답하게 하는 것인데, 대표성이 크게 왜곡되기 쉽다. 예를 들어, 포탈 사이트에서 특정 축구팀 감독을 해임하는 것이 좋을지, 가장 좋아하는 가수는 누군지, 가장 지지하는 대선후보는 누군지를 물어보는 행사를 하며 누구든 클릭해서 들어와서 표를 던질 수 있게 하는 경우가 많다. 이때 클릭하는 사람들은 국민 전체에 비해서 결코 평균적이라고 말하기 힘들다. 그런데도 클릭 결과를 흥미로운 소일거리가 아니라 마치 국민 전체의 여론인양 발표하는 일이 종종 있다. 또 다른 예로, 학교 폭력을 전수 조사한다고 모든 학생에게 공지문을 돌리고 폭력 실태를 보고하라고 한다면, 성실한 모범생들은 사소한 폭력도 다 보고하는데 반면에 정작 폭력에 연루되거나 불성실한 학생들은 공지문을 그냥 버리기 때문에 정확한 실태 조사가 불가능해진다. 폭력이 난무하는 지역은 오히려 청정 지구로 오해받고, 비교적 양호한 지역이 폭력 지역으로 찍히는 왜곡된 결과가 나올 수 있다. 이 예에서 전수 조사가 실제론 인기투표 방식처럼 흘러간 것이다.

인기투표 방식을 믿어선 안 된다는 것을 예시해준 유명한 사례로 1936년 미국 Literary Digest 사건을 들 수 있다. Literary Digest는 주로 지식계층을 독자로 한 미국 주간지였는데, 1936년 대선에서 누가 승리할지 인기투표 방식의 서베이를 독자층과 그 외 자동차 소유층, 전화기 소유층을 대상으로 실시했다. 무려 200만 명을 훨씬 넘는 사람들이 각자 엽서를 보내 의사 표시를 한 결과, 현직 프랭클린 루즈벨트 대통령이 참패하는 것으로 나왔다. 그에 따라 이 잡지는 루즈벨트의 패배를 자신 있게 예측했으나, 결과는 정반대로 루즈벨트의 압승으로 끝나 잡지사는 위신이 크게 떨어진 채 결국 얼마 못가 문을 닫게 되었다. 인기투표 방식에 응한 사람들이 주로 지식인이나 중산층 이상의 사람들로서 평균적 유권자와는 상당히 다른 선호를 가졌기 때문에 이런 결과가 나온 것이다. 이 잡지사와 달리 당시 신생 회사였던 갤럽Gallup사는 인기투표 방식을 버리고 무작위 표본을 추출해 예측한 결과 루즈벨트의 승리를 맞췄다. 이 덕에 갤럽사는 크게 성장하게 되고 또한 무작위 표본 방식이 대세로 자리 잡게 되었다.

서베이 진행과 관련해 유념할 점이 몇 개 더 있다. 우선, 실시 시점을 연구자보다는 응답자의 편의에 맞춰 잡을 필요가 있다. 가령 저녁시간에 전화 설문을 한다면 하루 일과로 피곤해진 응답자가 성실하게 풍부한 정보를 제공하기 힘들 것이다. 몇 시간에 걸친 긴 강연이 끝난 직후에 설문을 돌리며 응답을 한 후에 귀가하라고 하면 응답자로서는 대충 빨리 끄적거린 후 경쟁적으로 제출하는 데 급급할 것이다. 서베이 실시의 시간도 충분한 여유를 두고 실시되어야 한다. 너무 짧은 시간이나 기간만 주고 응답하라고 하면 응답률과 응답의 질에서 손해를 볼 수밖에 없다. 마지막으로, 질의응답의 분위기도 중요하다. 가능한 한 우호적인 분위기여야 솔직하고 풍부한 응답이 나올 것이다. 우편메일이나 이메일이라면 전술했듯이 최대한 예의와 격식을 갖춰야 하고, 전화라면 조사원이 진지하고 예의바르고 인내심 있는 자세로 통화를 해야 하고, 직접 대면이라면 더욱이나 응답자에게 신뢰를 줄 수 있도록 자세를 갖춰야 한다.

3. 인터뷰

1) 인터뷰의 의미, 취지, 한계

인터뷰는 서베이와 마찬가지로 질의응답을 통해 현상을 관찰하는 방법인데, 소수의 사람과 심층적 질의응답을 하는 것이다. 서베이와의 차이점은 네 가지를 들 수 있다. 첫째, 응답자의 수에서 서베이가 다수인데 인터뷰는 소수이다. 물론 연구 기간, 연구자의 형편과 능력 등에 따라 인터뷰를 실시할 수 있는 대상의 수가 달라지겠지만, 통상적으로 볼 때 인터뷰는 수십 명을 넘어서까지 확대되기 힘들다. 더욱이 연구팀이 아니라 1인 연구자가 인터뷰를 진행한다면 그 수는 제한될 수밖에 없다. 석사나 박사 학위논문 작업자라면 혼자 힘으로 다수 대상의 서베이를 실시하기 쉽지 않은 반면에 소수 대상의 인터뷰는 충분히 시도해볼 만하다. 실제로 정치학 학위논문에 집필자가 스스로 실시한 서베이 결과가 담기는 경우는 드물지만, 정치인, 의원 보좌관이나 비서관, 공무원, 언론인, 시민단체 활동가 등을 인터뷰한 내용은 자주 등장한다.

둘째, 서베이와 인터뷰는 연구 목적에서 근본적 차이가 난다. 전자는 전체 모집단에 대한 일반화가 목적이다. 후자는 심층적 시사점과 풍부한 정보의 도출을 목적으로 한다. 이에 따라 서베이의 결과는 가설을 검증하는 데 직결될 수 있는 데 비해 인터뷰의 결과는 문제의식을 찾고, 가설을 탐색적으로 세우고, 서사적 스토리텔링을 채우는 데 활용될 수 있다. 물론 연구 목적을 이렇게 획일적으로 협소화하기에는 무리가 따른다. 서베이 결과도 탐색적 혹은 서사적 용도로 쓸 수 있다. 그리고 인터뷰로도 가설 검증에 필요한 정보를 얻을 수 있는데, 다만 다른 자료 없이 그것만으로는 가설을 검증하기 힘들다는 말이다.

셋째, 정형화 수준에서 서베이가 높은 데 비해 인터뷰는 훨씬 낮다. 서베이는 대부분의 경우 보기가 주어지고, 보기가 없는 경우라 해도 사전에 작성된 질문에 대해서만 응답하면 된다. 반면에 인터뷰는 개방적이어서 사전에 작성된 질문뿐 아니라 현장에서 임기응변으로 추가된 질문도 자유롭게 던질 수 있다. 인터뷰를 진행하는 연구자가 노련하거나 주제에 대해 해박할수록 애당초 생각하지 못했던 질문을 즉석에서 만들어낸다. 인터뷰는 풍부할 뿐 아니라 새로운 정보의 도출을 목적으로 하는 만큼, 원래 계획하지 않았던 즉석 질문이 기대하지 않았던 새 정보를 얻게 해줄 수 있어 그 중요성이 매우 클 수 있다. 이 점을 고려할 때 즉석 질문이 불가능한 서면 인터뷰보다 면대면 현장 인터뷰가 더 융통성을 기해줄 수 있다고 하겠다.

넷째, 응답자의 특성에서도 인터뷰는 서베이와 차이가 난다. 서베이가 모집단을 골고루 대표해줄 수 있는 평균적인 구성원을 대상으로 삼는데, 인터뷰는 심층 정보를 제공해줄 수 있는 사람을 주된 대상으로 한다. 이에 인터뷰는 평균적이기보다는 주로 핵심 위치에 있거나 전문적 역할을 수행하는 사람의 응답을 구한다. 이러한 이유로(또한 서베이의 직접대면 질의응답과 구분하는 취지로) 인터뷰를 “엘리트” 인터뷰라고 수식어를 붙이기도 한다. 그러나 엘리트라는 말에 담긴 뉘앙스가 별로 중립적이지 않고, 인터뷰를 딱히 중요한 위치에 있지 않은 일반인 누구에게라도 실시할 수 있으므로, 굳이 그런 수식어를 붙일 필요는 없어 보인다.

인터뷰 관찰방법은 상기한대로 심층적 정보와 풍부한 이야기를 얻는 데 귀중할 수 있지만, 한계도 만만치 않다. 먼저, 실시의 현실적 어려움이 커서 주제의 범위가 좁아진다. 공간적으로 멀리 떨어져 있거나 먼 과거에 살던 사람이 아닌 주로 현 시점에 그리 멀지 않은 곳에 사는 사람만 인터뷰 대상으로 할 수 있다. 또한 중요한 정보를 제공해줄 수 있는 사람에게 접근하기가 쉽지 않고, 민감한 주제라면 관련자가 인터뷰를 거부할 가능성이 크다. 외국 사례를 연구한다면 언어 난관이 인터뷰를 방해할 수 있고, 영어가 보편화됨에 따라 영어권 쪽으로 편향, 경도될 수도 있다. 주제의 성격상 관계자 인터뷰가 큰 위험을 수반할 때도 있다. 가령, 반군 측 인사나 국제마약조직 연루자, 테러 조직원, 지방 군벌, 종교 컬트 지도자나 교도 등을 인터뷰하려면 심지어 생명까지 걸어야 할 수 있다. 실제로 기자가 위험한 인터뷰를 감행하려다가 목숨마저 잃은 경우가 종종 들린다. 이러하다 보니 인터뷰 주제와 대상자 범위가 좁아지는 경향이 있다.

인터뷰가 관찰방법으로 과연 큰 좋은 효과를 내는지도 논쟁거리다. 인터뷰를 통해 풍부한 정보를 얻을 수 있으나 응답자에 의한 왜곡이 너무 클 수 있다. 응답자는 자기중심적인 관점에서만 말할 것이고, 꼭 거짓말은 아니더라도 각색과 과장을 할 공산이 크다. 진심으로 솔직한 답변을 하는 경우에도 기억력이 잘못되어 엉뚱한 정보를 흘릴 수 있다. 응답자의 그러한 문제는 연구자(질문자)가 잘 새겨듣고 걸러내야 하지만, 결코 쉬운 일이 아니고 연구자도 편견을 가진 인간이므로 응답을 자의적으로 해석할 위험성이 있다. 특히 연구자가 자기의 기존 생각을 뒷받침해줄 만한 정보만 선별적으로 골라 습득하는 경향을 완전히 없앨 수는 없어 보인다.

2) 인터뷰 실행의 유의사항

인터뷰의 여러 한계를 최소화하고 긍정적 취지를 살리려면 몇 가지 고려해야 할 점이 있다. 첫째, 사전 준비를 잘 해야 한다. 주제와 아울러 응답자에 대해 정보를 많이 갖추고 인터뷰를 진행해야 꼭 필요한 질문을 던지고 응답자가 다소 횡설수설해도 핵심을 잘 포착하며 적절하고 풍부한 시사점과 이야기를 얻을 수 있다. 임기응변의 즉석 질문을 던지는 데도 유리하다. 시간도 절약할 수 있다. 또한 "연구자가 이렇게 준비를 많이 했구나!"라는 감동과 신뢰감을 응답자에게 주어 솔직하고 많은 말을 들을 수 있다. 다만, 사전 준비를 많이 했다는 자만심을 갖게 된다면 연구자가 자기를 내세우고 현학적인 체하며 질문을 너무 강의식으로 할 수도 있으니 조심해야 한다. 질문은 가능한 한 짧게 하고 응답을 길게 들어야 하는데, 현학적인 체하며 질문을 하면 거꾸로 응답이 짧아질 수 있다. 질문이 너무 길고 응답을 특정 방향으로 몰고 있다는 눈치를 주면 응답자는 기분이 상해 더 이상 자세한 이야기를 하지 않을 것이다.

둘째, 응답자의 익명성을 보장할지 그 여부도 중요한 논점이다. 인터뷰 결과를 논문이나 보고서에 쓸 때 응답자의 실명을 밝히지 않으면 솔직하고 풍부한, 때론 민감하기도 한 정보를 얻는 데 유리할 수 있다. 그러나 글에 익명이 나오면 독자 입장에서는 흥미를 잃기 쉽고 내용에 대한 신뢰가 떨어질 우려가 있다. 또한 실명 그 자체가 중요할 수도 있는 정보이므로 익명으로 가면 정보의 소실이 생기게 된다. 결국, 어느 한쪽으로 정답을 찾을 수는 없고 연구자가 연구를 둘러싼 맥락과 특히 응답자의 의중을 반영해 판단내릴 일이다. 만약 응답자가 익명을 원한다면 응당 그 의견대로 가야 하지만, 실명을 특별히 꺼리지 않는다면 흥미, 신뢰, 정보를 위해 실명을 밝히는 것이 좋다.

셋째, 인터뷰 진행의 분위기는 편안하고 우호적일수록 좋다. 그래야 응답자는 흥이 나서 이러저러한 말을 해줄 것이다. 너무 딱딱하고 긴장된 분위기에서는 응답자가 최소한의 말만 하는 데 그칠 것이다. 그러므로 인터뷰 장소 및 시간, 질문자의 복장 및 태도, 질문 내용 등 전반에 걸쳐 세심한 신경을 써야 한다. 때로는 너무 우호적이고 편해 긴장도가 과도하게 떨어질 수 있고, 그럴 경우에는 응답이 체계성을 잃고 건성건성 나올 수 있으니, 간혹 공격적인 질문을 자극제로 섞어 분위기를 다잡는 운용의 묘가 필요하다. 한때 세계적 명성을 지녔던 언론인 월터스Barbara Walters는 각국 정치 지도자나 연예인 등과 수많은 인터뷰를 진행하며 공격적인 질문으로 핵심 정보를 끄집어내는 능력으로 유명세를 탔다. 그러나 응답자에게 기본적인 예의를 지켜야 하며 거북하게 느낄 만한 질문은 간접화법으로 에둘러 물어보는 자세가 필요하다. 예의에 관련된 추가 논점으로, 질문자는 응답자를 무대 중앙에 올리고 자기는 보조적 역할을 맡는다는 마음가짐을 가져야 한다. 간혹 라디오나 TV 시사 대담에서 자기가 주인공인양 길게 말하고 특정 답변을 유도하는 질문자(사회자)가 있는데, 예의 차원뿐 아니라 솔직하고 풍부한 정보를 얻는 취지 차원에서도 비난받을 만하다.

넷째, 질의응답이 초점에서 벗어나지 않도록 신경 써야 한다. 이를 위해서는 애당초 연구목적과 인터뷰의 취지를 응답자에게 명확히 밝혀야 한다. 응답을 듣다가 잘 이해되지 않는 대목에서는 그냥 넘어가지 말고 반복이나 부연을 부탁하는 것이 좋다. 또한 응답이 본제에서 벗어나 옆으로 새고 인터뷰 취지가 흐려지고 있다면 질문자는 다시 초점을 되살리며 중심을 잡아야 한다. 다만, 옆으로 새는 것처럼 들리는 응답 속에 실상 귀중한 정보가 들어있을 수 있고, 응답자 발언 도중에 자꾸 개입하면 마치 비판하거나 특정 방향으로 유도한다는 인상을 줄 수 있어 예의 및 정보 추출 차원에서 좋지 않다. 그러므로 너무 빡빡하고 경직되게 초점에 집착할 필요는 없다. 초점을 유지하되 융통성을 기하려면 응답자가 답만 하지 않고 궁금한 점을 자유롭게 물어볼 수 있게 하는 것도 괜찮다.

다섯째, 인터뷰 결과를 정리하는 단계에서 응답자의 검토를 받을지도 고민거리가 된다. 응답을 해석하고 핵심을 추려 연구결과로 옮기는 일이 쉽지 않으므로 연구자로서는 확신이 가진 않는 대목에 대해 응답자의 확인을 받고 싶은 때가 있을 것이다. 이런 검토는 우편, 이메일 등 간편한 방식을 통하는 것이 상례이겠으나, 검토 사항이 많다면 응답자의 여건에 따라 후속 인터뷰를 진행할 수도 있다. 다만, 응답자의 검토가 오해, 왜곡을 방지하는 면이 있는 다른 한편으로 연구결과를 너무 응답자 위주로 편향되게 만들 위험성도 있다. 연구자는 독립적 주체답게 인터뷰 응답을 본인의 관점에서 해석하고 그 결과에 스스로 책임져야 한다. 그러므로 애당초 인터뷰를 철저히 준비해 잘 진행함으로써 후속 검토를 받을 필요성을 낮추는 편이 낫다.

여섯째, 응답 내용을 어떤 방식으로 기록하면 좋을지 잘 판단해야 한다. 녹음기를 쓰면 정보 소실이 별로 없지만, 응답자가 거북하게 생각하고 솔직한 응답을 하지 않을 우려가 있다. 응답자가 녹음기 사용을 허락해도 무의식적으로라도 부담을 느끼며 자연스럽지 않은 분위기에서 다소 각색된 말을 할 수 있다. 필기로 기록하면 응답자의 부담감이 적어 솔직한 응답을 듣기에 유리하지만, 받아쓰는 가운데 오해, 실수, 정보 소실(누락)의 여지가 있다. 또한 질문자가 필기하느라고 산만해지며 대화에 전념하지 못하면 응답자는 다소 맥이 빠져 풍부한 이야기를 풀어놓지 않을 수 있다. 인터뷰 현장에서는 대화에 집중하고 끝난 후에 기억을 되살려 정리하는 방식이 자연스런 분위기를 만들고 풍부한 정보를 듣는 데는 이점이 크다. 그러나 인간의 기억력에는 한계가 있기에 오해, 실수, 정보 소실(누락)의 위험성이 높다. 또한 질의응답 현장에서 기록이 이뤄지지 않으면 일부의 응답자는 너무 가볍게 여기며 신경을 기울이지 않고 대충 무성의한 응답으로 일관할 수도 있다. 이처럼 여러 방식의 장단점이 교차하므로 복수의 방식을 혼합하면 좋을 것이다. 가령, 연구팀을 짜서 주 질문자는 자연스런 질의응답에 집중하고 보조 질문자는 옆에서 필기한다면 여러 이점을 함께 살릴 수 있을 것이다. 기우삼아 덧붙이자면, 응답자의 허락 없이 몰래 녹음한다면 연구윤리에 크게 저촉되니 절대 금물이다.

4. 델파이 조사

델파이Delphi 조사는 서베이와 인터뷰의 절충 형태로서, 전문성을 요하는 사안에 관한 전문가 대상의 서베이라고 말할 수 있다. 예를 들어, 후보자들 또는 정당들의 선거 매니페스토 공약을 평가하기 위해 전문가 풀을 구성해 델파이 조사를 실시할 때가 있다. 새로 출범한 정부의 국정과제를 정하기 위해 각계 전문가들을 대상으로 델파이 조사를 실시하기도 한다. 델파이 조사의 원래 의미는, 대상이 된 전문가들에게 설문조사를 하고 응답 결과를 집계해 그들에게 보내 재차 의견(필요시 수정된)을 물어 집계하는 과정을 수차례 반복해서 결론을 내는 방식을 뜻한다. 응답을 한번이 아니라 여러 차례에 걸쳐 취합 결과를 보며 하도록 하는 이유는 전문가들도 확실한 입장을 정하기 힘들기 때문이다. 전문가들도 처음에는 자신 없게 답을 하나 다른 전문가들은 어떻게 답을 했는지 전체적 취합 결과를 보며 점차 자신의 입장을 명료하게 세울 수 있다. 이 경우, 응답들이 개별 독립적이지 않고 상호 영향력을 주고받으며 변할 수 있다. 따라서 델파이 조사는 전문 식견의 종합적, 집합적 파악을 목적으로 한다고 볼 수 있다. 그런데 일각에서는 여러 차례의 반복 없이 일회성의 전문가 대상 서베이도 델파이 조사라고 넓게 부르기도 하나, 서베이가 아닌 델파이의 취지를 살리려면 반복적 질의응답을 통한 종합적, 집합적 의견 수렴이 필요하다.

델파이 조사의 실제 예를 통해 더 구체적으로 이해해보자. "00년도 지방선거 매니페스토 의제 개발 및 평가"라는 주제로 선거관리위원회가 XX학회에 델파이 조사를 의뢰한다. XX학회 연구팀은 전문가 그룹 100명을 정치학, 행정학, 경제학, 정책학 등 관련 분야의 교수나 연구원 중에서 선정, 섭외한다. 이들 전문가 100명에게 00년도 지방선거 매니페스토 의제로 중요하다고 생각하는 것 10개를 적어달라고 이메일을 발송한다. 연구팀은 각 전문가가 보내온 응답을 집계 정리해 많이 적힌 순으로 30대 의제 명단을 만들어 전문가들에게 재차 전송하며 이 명단에서 중요한 것 10개를 선택해달라고 부탁한다. 각 전문가는 명단을 보며 앞선 응답과 똑같거나, 보통은 다소 수정된 내용으로 재응답을 한다. 연구팀은 재응답을 취합 정리해 많이 적힌 순으로 15대 의제 명단을 만들어 전문가 그룹에 전송하며 이번에는 이 명단에서 중요한 것 7개만 선택해 달라고 부탁한다. 각 전문가는 이에 재재응답을 하고, 연구팀은 재재응답을 다 취합 정리해 최종 10대 의제 명단을 작성, 발표한다. 이처럼 여러 단계에 걸친 연구팀과 전문가 그룹 사이의 반복적 질의응답을 통해 10대 매니페스토 의제가 개발된다. 단계를 몇 번 반복할지,

각 단계에서 의제를 몇 개씩 좁혀나갈지 등과 관련해 정답이 없으니 연구팀은 상황을 잘 보며 융통성 있는 변형을 가할 수 있다.

10대 의제가 개발된 후 XX학회는 그 명단을 선거후보를 낸 주요 정당들에게 보내 각 의제별로 매니페스토 공약을 작성 제출해달라고 부탁한다. 각 정당이 매니페스토 공약을 XX학회에 보내면 연구팀은 이를 전문가 그룹에 보내 평가하도록 한다. 그 평가는 다양한 기준에 따라 다양한 방법으로 이뤄질 수 있는데, 여기서는 논의를 생략한다. 각 전문가는 연구팀이 안내한 특정 방법에 따라 각 정당의 의제별 매니페스토 공약을 평가해서 응답을 보낸다. 연구팀은 그 응답들을 취합 정리한 후 그것을 전문가들에게 전송해 재차 평가를 하도록 한다. 각 연구자는 처음과 똑같이 평가할 수도 있고, 취합 결과를 보며 자기 생각을 수정해 달리 평가할 수도 있다. 전문가들의 재응답을 종합 정리해 연구팀은 최종 평가 결과를 낼 수 있고 이를 선관위에 제출할 수 있게 된다. 물론 평가를 위한 질의응답 단계도 몇 단계 더 늘릴 수 있다. 평가를 단번에 끝내지 않고 집계 결과를 보도록 하며 수차 반복하고 필요 시 수정도 할 수 있게 하는 이유는 전문가들도 처음부터 확언할 수 있는 것이 아니기 때문이다. 전문가들은 전체적인 집계 결과를 보며 일종의 학습이 되어 평가를 바꾸기도 하는 것이다.

이상 예를 통해 보듯이 델파이 조사는 복잡한 과정을 거쳐 이루어진다. 연구자 1인이 하려면 상당히 힘들 수 있다. 그러나 전문적 식견이 필요한 어려운 사안과 관련해 전문가들이 각자 홀로이 입장을 세우는 것이 아니라 전체적으로 집합적 의견을 수렴해나갈 수 있다는 데서 큰 장점을 찾을 수 있다. 판단하기 힘든 현안들이 가득 차있는 정치학 분야에서 그 유용성이 커 보인다.

5. 문헌 조사

1) 문헌의 의미와 종류, 문헌조사의 장단점

서베이, 인터뷰, 델파이가 공통되게 질의응답을 통해 현상을 관찰하는 방법임에 비해 문헌조사는 누군가 다른 사람이 기록한 문헌을 보며 현상에 대한 추론을 시도하는 방법이다. 문헌은 다양한 형태를 띤다. 서적, 문서, 학술지 논문, 보고서, 신문 기사, 잡지 기사 등 종이에 적힌 것 외에도 TV, 라디오 등 대중전파매체의 방송 프로그램과 인터넷, e-mail, SNS 등 사이버 공간의 내용도 문헌에 포함된다. 과학기술의 발전에 따라 TV, 라디오가 보편화되고 이제는 컴퓨터, 휴대폰이 일상화됨에 따라 그러한 매체가 문헌의 핵심적인 유형이 되었다. 아울러, 편지, 일기, 팸플릿, 대자보 등은 물론 광개토대왕비와 같은 비석, 고대 메소포타미아의 점토판 기록, 동물 껍데기나 뼈에 기록된 문자나 표시, 동굴이나 고분에 남겨진 벽화나 기호, 건물이나 물건에 새겨진 낙서 등도 문헌의 일종이다.

문헌을 통해 현상을 관찰할 때 여러 일반적인 장점이 있다. 첫째, 연구 범위를 확대하기가 좋다. 먼 옛날까지 내려가 역사 현상을 탐구하거나, 공간적으로 멀리 떨어진 곳을 연구하는 데 문헌조사는 매우 유용하다. 둘째, 다양한 측면과 관점을 섭렵할 수 있다. 미시적 행태부터 거시적 추세까지, 구체적 사건부터 추상적 개념까지, 현실주의부터 이상주의까지, 제도부터 문화까지, 개인부터 세계까지 온갖 측면과 관점을 문헌에서 찾을 수 있다. 셋째, 무엇보다 비용, 시간, 분석상의 편리함이 대단히 크다. 이 편리함 때문에 대부분의 연구가 문헌조사에서부터 시작하는 경향을 보인다. 넷째, 질의응답에 필히 따르는 연구자와 응답자의 자의성 및 편견에 의한 왜곡을 피하며 연구의 주관성이 과도해지지 않게 하는 이점이 있다.

그러나 일반적인 한계도 여럿 상존한다. 첫째, 연구 의도에 딱 부합하는 기존 문헌을 찾기가 쉽지 않은 경우가 많다. 이 문제는 특히 구체적인 문제의식이나 지엽적 주제를 연구하고자 할 때 자연스레 발생한다. 이때 연구자는 적절한 문헌을 찾는 데 너무 혈안이 되다 보면 자칫 남들은 공감하기 힘든 '갖다 맞추기' 식의 '아전인수' 해석을 하고 의기양양해 할 수 있다. 그러므로 연구자는 문헌 내용이 시사하는 바를 해석할 때 남들의 눈높이에 설 필요가 있는데, 이것이 말처럼 쉬운 일은 아니다. 둘째, 문헌을 기록한 측의 문제(왜곡, 실수)를 파악하기 쉽지 않다. 이에 문헌 내용을 너무 액면 그대로 받아들이지 말고 어떤 왜곡이나 실수가 개재되어 있지 않은지 신중하게 새겨 읽을 필요가 있다. 셋째, 익히 알려진 문헌에만 의존할 경우, 미개척 분야에 대한 독창적 연구를 할 수 없어 참신성, 적실성, 흥미성에서 낮은 점수를 받게 된다. 넷째, 오래되거나 생소한 문헌은 열심히 들여다봐도 그 분야의 전문적 소양이 없다면 정확히 이해하는 데 큰 어려움이 있을 수 있다. 광개토대왕비의 예를 보면, 오래 방치돼 표면이 부식된 탓에 문장을 해석하는 데 어려움이 있고, 심지어 일제가 일부 글자를 조작했다는 설이 있는 등 전문가들 사이에서도 논란이 있다.

다섯째, 존재하는 문헌의 양이 너무 방대해서 그 중 어떤 것을 선택할지 판단하기가 어려울 수 있다. 특히 근래 과학기술의 발달로 사이버 공간에 엄청난 자료가 쌓이면서 문헌 선택의 어려움은 더 증가하였다. 특정 주제로 구글 검색을 하면 도저히 감당할 수 없는 수의 자료가 등장한다. 물론 학술 자료만을 대상으로 하는 검색 프로그램이 여럿 개발되어 선택 범위를 크게 좁혀주나 어려움은 여전히 남는다. 자칫, 정작 필요한 문헌을 흘려버릴 수 있어 연구자는 연구 도중에 끊임없이 문헌 선택의 적절성에 대해 회의하면서 산만해질 수 있다. 또한, 잘 몰라 문헌을 이것저것 너무 많이 보게 된다면 연구의 초점을 잃을 위험성도 있다. 문헌을 적절하게 선택하기 위해서는 해당 주제에 대한 어느 정도의 지식을 가져야 하는데, 처음부터 그런 지식을 갖추기는 불가능하다는 딜레마가 있다.

문헌은 대별해서 2가지 종류, 즉 1차 문헌primary literature과 2차 문헌secondary literature으로 나뉜다. 상대적으로 먼저 보게 되는 2차 문헌부터 논하자면, 다른 학자나 전문가가 어떤 주제에 관해 각자의 관점에서 작성·기록한 책, 논문, 보고서 등을 의미한다. 원재료를 가공 처리한 상태라 하겠다. 요즘엔 지면뿐 아니라 온라인 화면으로 볼 수 있는 경우가 더 많다고 해도 과언이 아니다. 2차 문헌은 가공 처리된 상태라 연구자에게 그 편의성이 대단히 크다. 그것에 의존함으로써 비용과 시간을 절약하고 이해를 쉽게 도모할 수 있다. 그 덕에 우리는 주로 2차 문헌을 읽는 데 대부분의 시간을 할애한다. 특히 연구 초기에 기본적인 감을 잡거나 문제의식, 가설, 이론 틀, 연구방법 등에 관한 시사점을 얻는 데 도움을 준다. 관련된 지식 자체를 제공해준다는 점은 물론이다.

이러한 장점에 덧붙여, 2차 문헌은 다양한 주장, 관점, 접근방식을 보여줌으로써 연구자가 추구하는 탐구가 어떠한 이론적 위치, 즉 지적(知的) 좌표를 갖는지 파악할 수 있게 해준다. 예를 들면, 현실주의-이상주의, 개인주의-공동체주의, 제도주의-문화주의, 개혁지향성(진보)-안정지향성(보수), 구조결정론-개인의지론, 해석(질적 접근)-통계(양적 접근), 법칙성(추상적 일반화)-서사성(구체적 맥락화) 등 다양한 스펙트럼을 놓고 볼 때 이 연구는 어디쯤 위치하는지 기존의 여러 2차 문헌들과의 비교를 통해 알 수 있다. 타인과의 비교를 통해 나의 특성을 파악할 수 있듯이, 남이 가공해놓은 연구결과로부터 많은 것을 배우며 내 연구의 특성도 규명할 수 있다는 말이다. 그러므로 2차 문헌의 철저하고(상대적이지만) 체계적, 비판적 섭렵과 정리는 좋은 연구를 위한 필수조건이라고 하겠다.

그러나 2차 문헌에만 의존하면 연구의 독창성, 희소성, 반향성이 높기 어렵다. 이에 가공품이 아닌 원재료라고 할 수 있는 1차 문헌을 통한 관찰이 필요해진다. 1차 문헌은 개인이 남긴 기록이나 단체가 남긴 일회성 기록인 단편적 기록episodic records과 단체가 장기간에 걸쳐 여러 차례 남긴 문헌인 연재·누적 기록running records으로 구분해볼 수 있다. 단편적 기록은 일기, 회고록, 편지, 이메일, 비망록, SNS 글, 댓글, 초고 형태의 미발표 원고, 전보, 포스터, 팸플릿, 매뉴얼, 전단지, 내부문건, 비문, 벽보, 대자보, 낙서, 병풍, 족자, 현수막 등 많은 종류를 포함한다. 단편적 기록의 장점은 새롭고 귀중하고 희소한 정보를 얻을 수 있다는 것으로서, 이것을 활용한 연구는 독창성, 참신성, 희소성, 반향성에서 높은 점수를 받을 수 있다. 단점은 입수나 접근이 힘들고 정확한 의미를 해석하기 어려울 뿐 아니라 기록자의 편견이나 왜곡을 걸러내기가 쉽지 않다는 것이다.

연재·누적 기록의 예로는 정부 부서, 공공기관, 기타 각종 공·사익단체가 발행하는 백서White Paper, 속기록을 비롯한 회의록, 성명서, 보도자료, 통계자료, 일지 등을 들 수 있다. 방대한 연재·누적 기록 중에서도 조선왕조실록은 기록 기간과 분량에서 유례를 찾기 힘들 정도다. 1대 태조부터 25대 철종까지 조선왕조 마지막 부분만 빠진 472년의 역사를 하루도 빠짐없이 기록해 888책 1,894권으로 정리한 것이다. 1997년 유네스코 기록문화유산에 등재되었다. 또 유명한 예로 국회 속기록, 미국의회 속기록인 Congressional Record 등 의회 회의록을 들 수 있다. 대한민국 국회회의록은 본회의는 물론 상임위원회 회의의 내용도 있는 그대로 속기록으로 남겨 홈페이지에 개방 자료로 올라온다. 그 밖에 각종 신문(하드카피, 온라인)도 수많은 사건이나 사안에 대한 기자의 밀착 관찰 및 보도를 정기적으로 독자에게 알리는 연재·누적 기록이다.

연재·누적 기록의 장점으로, 장기간에 걸친 기록이 체계적으로 정리되어 있어 입수, 접근, 관찰 및 분석의 용이성이 크다는 점을 들 수 있다. 연구 취지에 맞는 자료를 찾을 수 있다면 연구자는 거기에 주로 의존하며 시간과 비용을 크게 절약할 수 있다. 또한 매우 광범한 주제를 탐구할 수 있게 해준다. 특히, 2차 문헌만으로는 연구의 독창성을 내세우기 힘든데, 단편적 기록과 함께 연재·누적 기록은 그 미비점을 채워줄 수 있다. 그러나 자료를 기록해 남기는 조직이나 단체가 이해관계상 편향적 왜곡을 가할 위험성도 있으니, 기록의 출처를 유심히 살펴 "건전한" 회의(懷疑)를 수반하며 해석할 필요가 있다. 예를 들어, 어느 국가체제에서나 현 집권 정부의 부서가 기록의 출처라면 과거에 비해 현재의 상황을 상대적으로 더 긍정적으로 묘사하는 편향성이 들어있을 여지가 있으니 이면의 배경도 살펴보는 것이 좋다. 특히 통계자료는 원자료raw data를 어떻게 정리 배열하는지에 따라 결과가 다소 달리 나올 수 있으므로 그 취합 및 계산 과정을 세밀하게 들여다볼 필요가 있다. 국회회의록에는 현장의 비속어나 인신공격성 발언이 삭제되는 경우가 대부분이고, 심지어 원래 없었던 발언이나 자료를 사후에 추가하는 경우도 있다. 신문기사도 신문사의 성향에 따라 내용의 뉘앙스가 상반되게 나올 수 있으니 유의하며 봐야 한다.

2) 문헌조사의 유의점, 문헌의 활용

연구를 위해 문헌을 조사해 필요한 정보를 얻는 것과 관련해 획일적인 방식을 제시할 수는 없다. 연구자 각자마다 문헌을 읽는 방식, 이해하는 방식, 얻고 느낀 바를 정리하는 방식이 똑같을 수 없다. 그러므로 전술한 문헌조사의 장단점을 유념하며 각자의 연구에 적절한 문헌조사를 진행하면 된다. 그럼에도, 일반적으로 공감을 자아내는 점을 몇 가지 생각해보자. 첫째, 반복적 읽기가 중요하다. 쉬운 내용의 문헌이면 몰라도 학술적 가치가 있는 전문 문헌이라면 한 번의 읽기로 충분하지 않은 경우가 많다. 반복해서 읽는다면 전략적으로 접근할 필요가 있다. 가령 처음엔 전체적인 그림을 그리고 감을 잡는 정도로 빨리 훑어보고, 두 번째는 정독하며 핵심 주장과 관련 내용을 파악하고, 세 번째는 내 연구의 문제의식을 중심으로 초점을 잡아 선별적으로 집중해서 보며 내 연구로 가져와 사용할 부분을 추리는 전략이 유용할 수 있다. 물론 이 전략을 획일적으로 권할 수는 없고, 연구자가 융통성을 발휘하며 변용할 수 있을 것이다.

둘째, 그때그때 메모하는 습관이 필요하다. 문헌을 읽으며 드는 생각을 즉시 기록하지 않으면 기억에서 사라지기 마련이다. 따라서 연구노트를 항시 지참하고 사용해야 하는데, 근래에는 종이 노트, 독서 카드 등 하드카피보다는 노트북 컴퓨터, 아이패드, 휴대폰 등 전자기기를 쓰며 사이버 기록을 남기는 경향이 커졌다. 종이 문헌이라면 중요한 부분에 밑줄을 긋거나 여백에 메모를 남길 수 있겠지만, 남에게 되돌려줘야 할 문헌이라면 그렇게 할 수 없고 별도의 공간에 기록해야 한다. 온라인으로 보는 사이버 문헌자료라면 복사－저장 기능을 활용하면 된다. 이처럼 메모를 잘 하면 연구자 본인의 연구(특히 장기에 걸치거나 대규모인 연구)에도 도움이 되고, 앞선 제5장에서 논한 연구의 반복가능성replicability도 기하며 공동 과업으로서의 학문에 기여할 수 있다.

셋째, 이미 위에서 시사된 점인데, 2차 문헌의 장점도 크나 1차 문헌까지 읽음으로써 새로운 연구결과로 사회적으로나 학문적으로나 반향을 내도록 노력해야 한다. 물론 1차 문헌의 탐독이 불가능한 주제나 분야도 있다. 연구자가 1차 문헌의 해석에 필요한 전문 소양을 갖추지 못한 경우도 많을 것이다. 그래도 특히 박사 학위 논문을 쓴다면 관련 1차 문헌을 찾고 해석(언어 및 내용 이해)하는 기본적인 능력을 키워야 학계에서 인정받을 수 있다는 점을 유념해야 한다.

문헌 탐독을 통해 얻은 지식을 내 연구의 일부로 활용하고 연구결과로 더욱 발전시키려면 몇 가지 방법을 쓸 수 있다. 첫째로 인용(引用, quotation) 방법이 있다. 타인의 글을 그대로 따서 쓰는 것을 말한다. 인용되는 글에는 반드시 인용부호(" ")를 붙이거나, 그 글이 여러 줄에 달할 만큼 길면 별도의 문단으로 인용문 처리를 해야 한다. 별도의 인용 문단은 통상적으로 글자 사이즈를 한 치수 줄이고 왼쪽 정렬 줄에서 전체 들여쓰기indentation를 한다. 또한 각주, 미주, 본문주 중 하나의 주석 방식으로 인용 글의 출처(저자, 제목, 출판사, 연도, 학술지명, 권호, 페이지 등)를 자세히 밝힐 필요가 있다. 인용 표시와 출처 제시를 소홀히 하면 남의 글을 무단으로 도용하는 표절 행위로 법적·윤리적 문제에 직면하게 되니 각별히 조심해야 한다. 저작권에 대한 사회적 인식이 점증하고 있는 만큼 표절 행위에 대한 징벌도 커지고 있다. 문헌을 읽고 메모해 둔 것을 한참 후에 보면 연구자 자신의 것으로 착각할 수도 있으니 메모에 출처를 명기하는 습관이 필요하다.

인용 방법을 쓰면 연구 내용의 신뢰성을 높이는 데 좋다. 특히 권위를 인정받는 문헌을 인용할수록 독자는 연구 내용을 믿게 된다. 물론 남의 권위에만 의존하고 연구자 자신의 논리 개발 및 관찰을 소홀히 해선 안 되지만 적당한 인용은 주장의 설득력을 높이는 데 큰 도움이 된다. 직접적 인용을 하지 않으면 내용 전달에 어려움이나 오해가 생길 것 같거나, 특정 대목에 강조점을 두고 싶은 때에도 인용 방법을 쓴다. 그러나 인용부호가 너무 많이 나오고 주석도 너무 많이 붙으면 글의 가독성이 떨어질 수밖에 없고 연구자 본인의 주체적 위상과 책임의식에도 다소 손상이 가해질 수 있다. 그러므로 꼭 필요한지 잘 살펴, 없어도 괜찮을 인용문은 연구자의 생각과 말로 전환시킴으로써 조화롭게 인용 빈도를 조정해야 한다.

문헌조사의 활용 방법으로 원용(援用, citation)도 들 수 있다. 이것은 연구자가 타인의 글이나 생각을 참고·소화하고 자기 식으로 풀어서 쓰는 것을 말한다. 타인의 글이나 생각을 무조건 따라야 하는 것은 아니고, 문헌에 있는 주장이나 논쟁 등을 소개하거나 비판하는 경우에도 원용이라는 표현을 쓴다. 원용을 할 때는 인용부호를 붙이지 않지만, 주(註)로 출처를 명기해야 한다. 원용을 잘 하면 인용보다 가독성을 유지하면서 기존 문헌의 권위를 빌려 연구 내용의 설득력을 높일 수 있다. 한 가지 조심해야 할 점은, 원용이라는 이름으로 문헌 속의 문장을 교묘하게 살짝 바꿔 내 문장인 것처럼 발표한다면 표절로 논란을 일으킬 수 있다는 것이다.

인용과 원용은 누구나 상식 차원에서 쉽게 시도할 수 있지만, 문헌 활용방법 중 하나인 내용분석content analysis은 전문적 소양을 요하는 것이다. 여기서 내용분석은 단순히 내용을 분석한다는 의미의 보통명사가 아니고 전문용어로서의 고유명사이다. 그 정의를 내리자면, 문헌 해석의 체계성, 일관성을 위해 문헌 문자 내용을 명시적 규칙에 따라 수치로 전환시키는 것이라 하겠다. 즉, 문헌의 질적 내용을 양적 지표로 바꾸는 것이다. 예를 들면, 선거보도가 얼마나 공정한지 혹은 이념적 편향을 보이는지 몇몇 신문에 대한 내용분석을 시도한다든지, 정부 대외정책이 얼마나 호전성 혹은 유화성을 보이는지 외교부나 국방부의 연례 백서에 대한 내용분석을 시도한다든지, 정당들이 시대 흐름에 따라 강조하는 키워드를 어떻게 바꾸는지 정강이나 선거 매니페스토 공약에 대한 내용분석을 시도할 수 있다. 문헌을 질적으로 해석하는 가운데 자칫 연구자의 자의성이 과도해질 수 있기 때문에 문헌 내용을 체계적 방식으로 수치화하자는 취지다.

내용분석은 4개의 단계를 거쳐 진행한다. 우선 추상적으로 그 단계들을 소개한 후 구체적인 예로 이해를 도모해보자. 먼저 1단계에서는 표본 결정을 한다. 수많은 문헌 중 적당한 문헌을 관찰 표본으로 고른다. 물론 표본이 주제의 모집단을 잘 대표해줄수록 좋다. 2단계에서는 내용분석을 위한 분류 범주들을 정한다. 즉, 문헌의 내용을 어떠한 기준으로 어떠한 하위 범주들로 분류할지 연구의도와 문제의식에 맞춰 정한다. 3단계에서는 분석단위를 정하는데, 사안의 성격에 따라 단어, 문장, 문단, 기사 전체 등에서 분석단위를 고른다. 마지막 4단계에서 문헌의 내용을 읽고 해석하며 분석단위에 따라 각 범주로 분류해 수량화한다. 문헌 해석은 주관적 자의성에 휘둘릴 수 있으니 혼자보다는 여럿이 공동 작업으로 진행하면 좋을 것이다. 연구자는 이 4개의 단계를 순차적으로 밟는 과정에서 문제가 발생하면 융통성 있게 앞 단계로 되돌아가 수정, 조정하는 운용의 묘를 기할 필요가 있다.

문헌 내용분석의 구체적 예로 "북한의 대남 기조: 역사적 추세(1970~2020년)"라는 주제를 탐구한다고 하자. 우선, 표본으로 노동신문 매달 15일자 1면에 나온 대남기조 관련 기사를 선택한다. 1면

기사 대신에 사설을 표본으로 잡아도 된다. 50년에 걸친 긴 기간을 살펴야 하므로 연구자(팀)의 여건(시간, 능력 등)을 고려해 표본의 양을 조절할 수 있다. 표본 양을 늘리고 싶다면 가령 매달 이틀씩 1일자, 15일자 1면을 선택할 수 있고, 표본 양을 줄이고 싶다면 매달 대신에 격월로 15일자 1면을 선택할 수 있다. 다음, 북한의 대남 기조를 분석·분류하기 위한 범주로 호전적－중간적－유화적 세 개의 범주를 만든다. 연구자의 문제의식이나 연구환경(여건)에 따라 범주 수를 더 늘리거나(예 호전적－유화적 정도를 5점 스케일 혹은 7점 스케일로 함) 2개로 줄일 수도 있다. 다음, 분석단위를 문장으로 정한다. 물론 하나의 기사를 통으로 분석단위로 하거나 문단, 단어 등을 분석단위로 해도 되며, 연구자의 판단에 달렸다. 만약 단어를 분석단위로 한다면 호전적 범주와 유화적 범주에 포함될 수 있는 단어들을 미리 명단으로 작성해놓을 필요가 있다. 가령 호전적 범주에 들어갈 단어로 괴뢰, 미제, 앞잡이, 불바다, 응징, 반동, 격퇴 등 여러 단어를 지정할 수 있고, 유화적 범주에는 대화, 평화, 동포, 화해, 공존 등의 단어를 지정할 수 있다.

마지막으로, 가장 본격적인 작업으로, 연구자(팀)는 표본으로 선택된 문헌을 읽으며 분석단위별로 특정 분석범주로 분류한다. 분석단위가 단어라면 미리 정해놓은 범주별 해당 단어들이 문헌에 등장한 빈도를 세면 된다. 이때 단어 등장 빈도를 너무 기계적으로 세면 어떤 맥락으로 사용된 것인지 알 수 없고 오해하기 쉬우므로 해당 문헌 내용을 직접 읽고 판단하는 것이 좋다. 문헌을 읽고 특정 범주로 분류할 때 연구자의 자의성이 과도하게 개재될 가능성이 있으므로, 가능하다면 몇 명이 공동 작업을 통해 함께 결론을 낼 필요가 있다. 이러한 일련의 과정을 거쳐 문헌 내용분석의 결과가 가령 아래 표처럼 나온다면, 연구자는 표를 보며 주제에 관련된 여러 시사점을 도출해낼 수 있다.

범주	1970년	1971년	…	2020년
호전적	70%	50%	…	30%
중간적	15%	20%	…	40%
유화적	15%	30%	…	30%

문헌 내용분석의 실례를 하나 들자면, 김인영은 "2008년 촛불집회 신문보도의 이념적 프레임"이라는 주제로 조선일보, 동아일보, 한겨레신문, 경향신문의 2008년도 관련 기사들에 대한 내용분석을 하였다.[6] 이 4개 일간지로 표본을 정한 이유는 구독층이 넓은 데다 2개씩 각각 보수와 진보 편향을 보여 다 함께 보면 모집단(전체 유권자)을 균형 있게 대표할 수 있기 때문이다. 표본 문헌의 이념적 프레임을 파악하기 위해 분석 범주를 국가위신, 국가이익, 민주화, 법치, 해법, 갈등, 기타 총 7개로 하고 분석단위를 기사로 정하였다. 이러한 분석 틀에서 저자는 해당 기간의 4개 신문 기사들을 다 읽고 7개 범주로 분류 수량화하였다. 그 결과, 아래와 같은 표를 얻었고, 보수 성향 신문사들과 진보 성향 신문사들 간의 현격한 차이와 관련해 여러 시사점을 논할 수 있었다.

6 김인영, 『2008년 촛불집회 언론보도 프레임 분석과 정치적 함의』 (경희대 박사학위논문, 2010년).

프레임	조선일보/동아일보(기사 수)	한겨레신문/경향신문(기사 수)
국가위신	18	151
국가이익	118	6
민주화	9	223
법치	74	1
해법	69	38
갈등	34	21
기타	40	42

내용분석은 다른 관찰방법들과 마찬가지로 장단점이 있으나 특히 논란을 많이 야기한다. 상기했듯이 내용분석은 문헌에 담긴 질적 내용을 체계적으로 양적 지표로 바꿔 연구자의 자의성을 방지할 수 있지만, 실제로 내용분석에 의존한 연구 중 상당수는 호평보다는 비판을 받는 경향이 있다. 몇 가지 이유가 있다. 무엇보다, 연구자가 문헌을 읽고 분석범주로 나눌 때 개인적 편향성에 영향을 받기 쉽다. 연구팀을 구성해 여러 명이 함께 하면 편향성이 약해지겠지만, 여전히 연구팀 구성의 현실적 어려움, 연구조원들 간의 이견으로 인한 혼란, 연구조원 간의 인간관계로 인한 독립적 판단의 저해 등 여러 한계가 상존한다. 또한, 분석범주들을 만들고 분석단위를 정할 때도 연구자의 자의성이 작용하기 쉽다. 아울러 문헌에 담긴 복잡하고 뉘앙스 있는 내용을 특정 범주로 분류할 때 과도한 단순화의 덫에 빠질 우려도 크다. 질적 내용의 수량화는 그 좋은 취지에도 불구하고 이러한 한계들이 있으니 만족스러운 결과를 내려면 특히 신중한 자세를 요한다.

6. 직접 관찰

직접 관찰direct observation이란 말 그대로 연구자가 어떤 현상을 현장에서 직접 관찰해 이해를 도모하는 방법이다. 참여 관찰participant observation이라고도 하고 현장조사field study라고도 한다. 학문적으로는 전통적 풍습, 관습, 의식(儀式), 제도, 행태 등을 연구하는 인류학자들이 선도적으로 개척한 방법이지만, 요즘에는 정치학을 비롯해 사회과학 전반에서 널리 활용되고 있다. 예를 들어, 특정 후보를 따라다니며 그의 선거운동 현장을 직접 관찰함으로써 여러 시사점을 도출할 수 있다. 의원 한 명의 의정활동, 가령 선거구민 대상 민원활동을 제3자 연구자로, 혹은 비서관 또는 자원봉사자로 참여해 지근거리에서 직접 관찰할 수도 있다. 도시빈민의 생활상이나 사회의식을 직접 관찰하기 위해 그들의 거주지인 쪽방촌에 살기도 한다. 특정 시민단체에 회원으로 가입해 활동하며 시민단체에 대한 직접 참여 관찰을 시도하기도 한다. 넓게 보자면, 미국의회를 연구하는 사람이 의사당을 방문해 회의를 방청하는 등 입법과정의 현장을 여기저기 관찰하며 머릿속에 미국의회를 각인시키거나 감을 잡는 것도 직접 관찰의 예에 포함된다. 각종 공공기관, 산업현장, 시위현장의 방문이나 견학도 그렇다. 심지어 명확한 연구 의도 없이 일상생활에서 즉흥적이고 우연하게 관찰한 바도 연구에 활용될 수 있다면 직접 관찰이라고 부를 수 있다. 한 예로, 개인적인 억울함으로 1인 시위를 펼친 사람이 자기 행동에 대한 경찰이나 시 당국의 대응 태도를 보며 공권력에 대한 일반적인 연구 시사점을 얻을 수도 있다. 이처럼 직접 관찰은 치밀한 계획으로 체계적으로 진행되는 것부터 의도치 않게 즉흥적으로 벌어지는 것까지 다양한 형태로 존재한다.

직접 관찰의 대가로 미드Margaret Mead와 기어츠Clifford Geertz 등의

인류학자를 들 수 있다. 미드는 사모아 등의 원주민 생활에 대한 직접 관찰을 통해 여러 저서를 남겼고,[7] 기어츠는 발리 등의 전통 마을에 대한 직접 관찰에 입각해 해석주의 이론을 집대성하였다.[8] 정치학에서는 페노Richard Fenno가 일군의 미국 정치인을 한 명씩 밀착 관찰해 시사점이 풍부한 여러 권의 저서를 남겼다.[9] 이러한 예시를 통해 알 수 있듯이, 직접 관찰은 현상 관찰방법으로 유용성이 크다. 연구자가 직접 관찰하므로 매개체(질의응답, 문헌)에 의한 왜곡이나 실수를 방지할 수 있고, 연구 의도에 맞춰 원하는 부분만 선택적으로 관찰하기에 좋다. 또한, 탐구 대상인 현상의 한복판에서 그 한 부분이 됨으로써 연구주제에 몰입하고 관찰대상자들에게 감정이입을 하는 데 상대적 이점이 있다. 그런 만큼 세밀한 부분을 관찰하며 깊은 함의를 파악하는 데 큰 도움이 된다. 덧붙여, 남의 생각이나 기록을 빌리지 않고 연구자가 직접 관찰하므로 참신성, 독특성이 높은 연구결과를 낼 수 있다. 자기의 일상생활이나 생업에 관련된 주제를 직접 관찰하는 것이라면 연구의 기회비용이 낮다는 점도 들 수 있다. 가령, 국회의원 비서관으로 근무하며 의정활동을 직접 관찰하거나, 환경단체 자원봉사자로 일하며 환경정책이나 시민

7 예를 들면, Margaret Mead, *Coming of Age in Samoa* (William Morrow & Co., 1928); *Male and Female: A Study of the Sexes in a Changing World* (William Morrow & Co., 1949); *Growing Up in New Guinea* (Blue Ribbon Books, 1930).

8 예를 들면, Clifford Geertz, *The Interpretation of Cultures* (Basic Books, 1973); *Local Knowledge: Further Essays in Interpretive Anthropology* (Basic Books, 1983);

9 예를 들면, Richard F. Fenno, Jr., *The Making of a Senator: Dan Quayle* (CQ Press, 1989); *Learning to Legislate: The Senate Education of Arlen Specter* (CQ Press, 1991); *Watching Politicians: Essays on Participant Observation* (Institute of Governmental Studies Press, University of California at Berkeley, 1990).

단체 관련 시사점을 현장에서 얻는다면, 연구를 위한 별도의 시간과 재정 지출이 요구되지 않아 기회비용을 낮출 수 있다.

그러나 한계도 크다. 첫째, 연구주제가 시간적·공간적으로 제한된다. 직접 관찰은 현 시점에 연구자가 갈 수 있는 곳에서만 가능하기 때문이다. 둘째, 연구 대상과 연구 바깥인 환경 간의 구분이 어렵다. 의원의 의정활동을 직접 관찰할 때 어디까지가 연구에 관련된 활동인지 판단하기가 쉽지 않고, 자칫 관련 없는 것을 관찰하느라고 시간과 노력을 허비할 수 있다. 셋째, 매개체에 의한 왜곡은 없으나 연구자 본인의 편견에 의한 왜곡 가능성이 농후하다. 연구자는 자칫 자기가 보고 싶은 것만 골라 보며 편향된 주장을 더욱 강화시켜나가기 쉽다. 넷째, 현실적 비용의 문제가 클 수 있다. 일상생활이나 생업에 연관된 직접 관찰은 비용이 별로 들지 않지만, 별도로 시간을 내서 진행하는 직접 관찰은 엄청난 시간과 노력을 요하고 연구자가 연구 기간에는 다른 일을 엄두도 내기 힘들게 한다. 시간, 재정의 여유 및 강한 의지 없이는 시도하기 힘든 경우가 많다. 일군의 한국 정치학자가 몇몇 선거구를 골라 선거운동에 대한 직접 관찰을 시도했지만, 진정한 참여 속의 관찰보다는 관계자 몇 명에 대한 인터뷰 위주로 흘러간 이유가 여기에 있을 것이다.[10] 다섯째, 연구자의 직접 관찰이 현장에 있는 사람들의 행동에 부자연스러운 영향을 끼쳐 탐구 현상이 인위적 변형을 겪을 수 있다. 이럴 경우, 평상시 현상에 대한 관찰이 아니라 연구자로 인해 다소라도 각색, 윤색된 현상에 대한 관찰로 변질돼버린다.

이 문제는 직접 관찰에 관한 중요한 논쟁거리와 연결된다. 바로,

---

10 예를 들면, 한국정당학회 편, 『18대 총선 현장 리포트: 18인 정치학자의 참여관찰』 (푸른길, 2009년).

직접 관찰을 공개로 할지, 비밀로 할지의 논쟁이다. 연구자가 현상에 인위적 변형을 가하지 않고 자연스러운 평소의 분위기를 유지하려면 직접 관찰을 하고 있음을 알리지 않는 편이 나을 것이다. 그러나 그럴 경우에는 관찰대상자들의 사생활이 침해되거나 도의적 문제가 야기될 수 있다. 상기 페노의 경우처럼 연구자가 정치인을 지근거리에서 직접 관찰한다면 비밀로 하는 것이 불가능해 당연히 공개적으로 진행될 수밖에 없다. 환경단체 활동가로 환경운동에 참여하던 사람이 그 경험을 바탕으로 몇 년 후 환경운동의 효과성에 관한 글을 쓴다면, 그는 결과적으로 현상에 대한 직접 관찰을 비밀로 한 셈이 된다. 이처럼 연구자의 의지와 상관없이 공개해야 하는 상황이거나 결과적으로 비밀로 한 셈이 되는 경우가 아니라면, 연구자는 각자 잘 판단해서 직접 관찰의 공개 여부를 결정해야 한다. 워낙 다양한 상황이 있을 것이어서 일반화하기는 힘들지만, 원칙상 공개적으로 해야 법적·윤리적 문제의 가능성을 줄일 수 있을 것이다.

직접 관찰의 논점 중 하나로 외부자-내부자 논쟁도 있다. 즉, 제3자인 외부자의 관점을 취해 중립적으로 관찰할지, 아니면 참여자, 내부자의 관점에서 감정이입을 하며 관찰할지 그 여부를 정해야 한다. 외부자의 관점을 취해 가능한 한 중립성을 유지하려고 노력하는 것이 과학주의 전통의 학문적 기준에 더 부합하는 것으로 보인다. 그러나 내부자의 관점, 즉 내재적 접근을 취할 때의 이점도 간과할 수 없다. 관찰 대상자의 마음속으로 감정이입을 해야 특정 행동이나 현상에 들어있는 의미를 잘 파악할 수 있을 것이다. 이런 이점을 내세워 해석주의 전통에서는 내재적 접근으로서의 직접 관찰을 중시한다. 기어츠가 감정이입을 하고 직접 관찰 방법을 통해 '풍부한 서술'thick description을 하는 것을 학문의 본령으로 삼자고 주장했음은 전술한 바와 같다. 그러나 제2장의 뒷부분에서 논했듯이, 해석주의에서 강조하는 감정이입이 실제로 쉽지 않고, 감정이입을 통한 함의의 해석에도 실상 크고 작은 일반화가 개재되지 않을 수 없다.

여기에 덧붙여, 감정이입을 통한 직접 관찰은 관찰대상의 모든 행동을 합리화하며 너무 우호적인 해석으로 흘러갈 수 있다는 문제도 있다. 재독학자 송두율 박사는 북한을 이해하려면 내재적 접근을 취해야 한다는 신념으로 북한을 수차례 방문해 직접 관찰을 했고, 이에 따라 국가보안법 위반으로 일부 유죄 판결을 받고 집행유예를 선고 받은 일이 있다. 당시 한국 사회에 큰 논란을 일으킨 이 사건은 국가보안법의 정당성 여부는 차치하고, 학문 연구의 차원에서 직접 관찰을 수반하는 내재적 접근이 관찰대상을 너무 옹호하게 되는 편향성을 갖는 것은 아닌지 중요한 논점을 예시해준다. 우리가 제2장에서 제시된 절충적 입장, 즉, 과학주의의 큰 틀을 유지하며 해석주의적 요소를 적절히 가미하는 입장을 견지한다면, 직접 관찰과 관련해서도 기본적으로 외부자의 관점을 취해 중립성을 지향하며 연구자 본인의 주체적 시각으로 관찰하되 관찰대상자의 마음을 최대한 헤아리며 감정이입도 해보는 노력을 병행해야 한다는 결론에 도달할 수 있다.

외부자－내부자 논점은 관찰 방식(중립적 관찰 대 감정이입을 통한 관찰)과 관련해서 뿐 아니라 연구자의 근본적 역할과 관련해서도 논쟁거리를 제공한다. 즉, 연구자는 직접 관찰을 실행할 때 참여자 혹은 관찰자 중 어느 역할에 방점을 둘지 판단하게 된다. 참여자로 역할을 규정할 경우에는 중립적인 연구가 불가능해지고, 관찰자 역할을 강조한다면 자칫 사회의 중요한 현안에 팔짱 끼고 연구를 위한 연구만 하는 냉혈한처럼 비칠 수도 있다. 사회에 큰 애정을 갖는 사람 중에는 관찰자로 시작했다가 참여자로 바뀐 경우가 종종 있다.

도시빈민의 실태를 직접 관찰하고자 빈민촌에 함께 기거하다가 그들의 삶에 직접적 도움을 주는 활동가로 바뀐 경우, 기후변화를 대처하고자 과학자로서 현장을 관찰하다가 화석연료를 반대하는 활동가로 바뀐 경우, 동물 생태를 관찰하다가 동물보호 활동가로 전환한 경우 등에 대한 소식이 간혹 들린다. 반대로, 인권보호 활동가로 시작했다가 더 큰 효과를 내기 위해 학문적 연구자로 전환한 경우도 있을 것이다. 과연 어느 길이 더 보람차고 가치 있는 것인지는 정답이 없고 각 개인이 처한 맥락과 소신에 따라 판단할 일이지만, 적어도 학문 세계에서는 직접 관찰을 실행하는 연구자는 관찰자로서의 역할에 충실해야 할 것이다. 그러나 그렇다고 해도, 직접 관찰을 하는 도중에 비도덕적이거나 불법적인 행동이나 관찰대상자를 둘러싼 참담한 상황을 목격하게 될 때 현상에 관여하지 않고 관찰자로서의 역할에만 집중할 수 있을지, 그리고 집중하는 것이 나을지 등의 고민거리는 여전히 남는다.

7. 비직접(간접) 관찰

직접 관찰과 대비되는 것이 비직접(간접) 관찰indirect observation이다. 이것은 현상이 벌어지는 현장에서 직접 관찰하지 않고, 그 현상이 초래했을 효과, 흔적, 결과를 사후적으로 관찰해서 그 현상에 대해 간접적으로 유추하는 방법을 뜻한다. 특히 건물, 배, 회의장, 각종 소품 등과 같은 인공물이나 오솔길 등 자연환경에 남겨진 흔적을 세밀하게 관찰해서 각종 사회 현상이나 인간들 간의 관계 및 활동을 유추할 수 있다. 여러 예를 들어보자. 들이나 숲, 산 등에 오랜 세월 동안 만들어진 오솔길을 통해 사람들의 사회활동 동선(動線)

이나 특정 민족이나 이주민, 상인 등의 이동 경로를 추측할 수 있다. 각 지역에서 배출되는 재활용 쓰레기, 일반 쓰레기, 음식 쓰레기의 양을 관찰해 지역별 환경정책의 효과나 환경보호 의식을 짐작해볼 수 있다. 공기 오염, 물 오염, 숲 파괴의 정도와 양태를 관찰하며 지역별 도시화, 공업화, 인구 특성 등에 대해 유추할 수 있다.

역사적 유적이나 유물도 비직접 관찰의 좋은 도구가 된다. 예를 들어, 건축물(예 피라미드, 페르세폴리스, 파르테논 신전, 콜로세움, 만리장성, 중세 서양 성당, 첨성대, 궁궐)의 크기나 모양을 주의 깊게 관찰해 과거 문명의 성격이나 사람들의 가치관 및 의식 세계를 간접적으로 엿볼 수 있다. 성(城)의 위치, 축조 방식, 넓이를 통해 과거 특정 국가나 지방의 군사력, 세력범위, 대외관계를 추측할 수 있다. 역사적 건물의 바닥, 계단, 카펫 등이 닳은 정도 및 형태를 보며 과거 사람들의 활동 영역이나 혼잡도, 권력관계 등을 유추할 수도 있다. 고분과 유해, 부장품 등도 과거 문명의 계급관계 등을 추측할 수 있게 해준다. 현 시대를 생각해봐도 건물, 기념물, 동상 등의 크기, 위치, 양식 등을 통해 얼마나 권위주의적인 정치체제인지, 얼마나 강력한 지도자인지, 정부기관 중에서 어디가 가장 큰 권력을 가졌는지, 얼마나 중요한 사건인지 등에 대한 감을 잡을 수 있다.

건물의 여러 내부 모습도 사람들의 특별한 활동 양태나 특정 상호관계에 의한 결과라고 간접 유추를 할 수 있다. 예를 들어, 의회 회의장 좌석 배치를 보자. 영국의회처럼 집권당 의원들과 비집권당 의원들이 서로를 향해 마주앉도록 한 곳은 의회가 토론 위주의 경합장legislative arena으로 기능하고, 반면 미국의회나 한국국회처럼 사회자 석과 연단을 중심으로 반원형으로 둘러앉게 한 곳은 효과적 입법을 추구하는 전환형 의회transformative legislature로 기능한다고 미루어 짐작할 수 있다. 국회의원회관에 있는 의원들의 방이 소위 로 양층인지, 엘리베이터에서 얼마나 떨어져 있는지, 남향인지 등을 통해 의원들의 정치적 비중을 유추할 수 있다. 또한, 국회 본회의 좌석이 연단 바로 앞쪽에 있는지 뒤쪽에 멀리 있는지를 관찰하며 어느 의원이 유사시 단상 점거를 하거나 막는 소장파이고 또 어느 의원이 뒤에서 상황을 조망하며 진두지휘하는 지도부인지 짐작할 수 있다. 상임위원회 회의실의 위치와 크기로 각 상임위의 정치적 위상을 엿볼 수도 있다. 청와대나 백악관의 경우, 어느 참모나 부서의 방이 대통령 집무실에 가까이 배치되었는지를 통해 내부 권력관계나 국정운영 스타일을 유추할 수 있다. 회의장 세팅도 간접 관찰의 대상이 될 수 있다. 회의 테이블이 원탁인지, 긴 직사각형인지, 회의 주재자 자리가 어디인지, 테이블에 의자가 몇 개인지, 테이블 뒤로 보조 의자가 있는지, 있다면 몇 개 정도인지 등을 관찰해 회의가 얼마나 개방적이고 민주적 방식으로 운영되는지를 가늠할 수 있다. 개방적인 회의일수록 보좌관, 기자, 일반 방청객이 앉을 보조 의자가 많을 것이고, 회의 참가자들이 대등한 위상을 가질수록 원탁 테이블이 사용될 것이다.

이 밖에도 수많은 인공물이나 자연물에 남겨진 크고 작은 흔적은 사회과학 및 정치학을 위한 간접 추론의 도구가 된다. 남이 보지 못한 새롭고 귀중한 시사점을 얻을 수 있게 해준다. 그러나 직접 관찰이 아니므로 확신이 가지 않고 조심스런 추측에 머물 수밖에 없다. 그러한 추측은 문헌조사 등을 통해 뒷받침될 필요가 있다. 추가로 덧붙이자면, 비직접 관찰은 현재 남아있는 흔적을 통해 주로 과거를 유추할 수 있게 해주지만, 상기 몇몇 예에서 보듯이 현재 진행되는 상황에 대한 유추도 가능하게 해준다. 그러나 이 경우엔, 전체주의 국가에서 최고 권력자에 가까이 앉거나 서는 순서를 통해 권력서열을 유추하는 예를 통해 알 수 있듯이, 비직접 관찰인지 누군가의 직접 관찰을 문헌(언론 보도를 포함한)을 통해 전달 받는 것인지의 구분은 모호할 수밖에 없다.

8. 관찰결과의 종합

Small-N 연구에서는 의도적 선택을 통해, Large-N 연구에서는 주로 무작위로 확률표본을 추출해 관찰대상을 확보하고, 이것을 전술한 서베이, 인터뷰, 델파이, 문헌조사, 직접관찰, 비직접관찰 등의 방법으로 관찰한다. 그 결과로부터 시사점을 얻고 결론을 내기 전에 한 가지 추가로 고려할 작업이 있다. 관찰결과 중 적절하지 않은 것을 솎아내는 일이다. Small-N 연구에서는 관찰사례가 많지 않고 이미 처음부터 의도적 판단으로 선택된 것이므로 이 작업이 거의 필요하지 않다. 반면에 Large-N 연구에서는 관찰사례가 많은 데다 주로 무작위로 추출되므로 불필요하거나 왜곡을 초래하는 소위 "불순물"이 끼어들어 있을 가능성이 있다. 특히 구조적 관찰오류를 발생시킬 것으로 보이는 경우는 최종 관찰결과에서 과감히 빼야 한다. 적절하지 않은 것을 솎아낼 때 유념할 점을 몇 가지 짚어보자.

첫째, 관찰결과의 정확성, 신뢰성이 의심스러운 경우가 있다. 설문지를 너무 무성의하거나 엉뚱하게 곡해해 작성했다고 판단될 때가 그렇다. 모든 답을 보기 1번으로 체크했다든지, 앞뒤 응답 간의 일관성이 현저하게 떨어진다든지, 미응답 문항이 너무 많다든지 등 여러 예를 들 수 있다. 인터뷰라면 얼마나 무성의하게 답을 하는지 조사자가 직접 느끼고 눈으로 확인할 수 있겠지만, 서베이라면 응답을 전체적으로 세심하게 들여다보며 왜곡의 여지가 크게 보이는 결과는 걸러낼 필요가 있다. 문헌자료도 엉터리가 많으므로 그 출처와 작성기관, 작성자 등을 꼼꼼히 살펴 정확성과 신뢰성에서 의문이 많이 생긴다면 최종 관찰결과 명단에서 뺄 필요가 있다. 둘째, 관찰사례 간의 상호독립성 기준이 과도하게 훼손되었다고 추정되는 경우도 있다. 가령 응답자들이 설문에 답을 할 때 서로 상의하도록 했다든지, 소수의 응답자가 여타 응답자들에 대해 지배적 영향력을 발휘하는 억압적이거나 일방적인 분위기에서 관찰이 이루어졌다든지, 관찰대상들 중 일부만이 어떤 법적·제도적 규제나 무형의 압력에 공동으로 놓여 있다든지 하는 경우를 생각해볼 수 있다. 이런 경우에는 가령 100명을 관찰했다 해도 실제 관찰 수는 100보다 적어지고, 서술적 혹은 인과적 추론에도 왜곡이 초래된다.[11]

셋째로, 내인성의 문제가 의심되는 경우에도 관찰결과의 일부를 빼는 것이 좋다. 이에 대해선 제3장 내인성 함정에 대한 논의에서 간략히 언급했으나 예를 통해 더 살펴보자. 이념성향이 정당성향에 끼치는 인과적 효과를 추론하고자 서베이를 실시한 경우, 설문에 이념성향과 정당성향을 갖게 된 연령이나 시기 정보가 있다면 이념성향 형성이 정당성향 형성보다 선행한 응답자만 분석하고 반대 사례들은 추려내야 내인성의 문제를 피할 수 있다. 종교 신앙심이 정치적 적극성에 끼친 영향력을 추론하는 경우에도, 중고교 시절의 종교활동에 대해 물어보고 고교 졸업 이후의 정치활동을 물어봐서 종교활동이 정치활동에 선행하는 사례들만 남기고 반대 사례들은 관찰결과에서 제외해야 내인성의 함정에 빠지지 않을 수 있다. 여러 국가들을 분석단위로 해서 정치안정이 경제성장에 끼친 인과 효

11 물론, 전술했듯이 델파이 조사에서는 응답자가 다른 응답자들의 답변 집계 결과를 보며 자신의 답변을 수정할 수 있으므로 관찰사례 간의 상호독립성 기준을 일부러 추구하지 않는다.

과를 관찰할 경우, 각 변인의 여러 지표들이 몇 년씩 시차가 나는 자료에서 오게 마련인데 이때 자료를 세심히 들여다봐서 종속변인(경제성장)을 보여주는 지표가 독립변인(정치안정)을 보여주는 지표보다 시기적으로 앞선 자료에서 도출되었다면 그 사례들은 빼내야 내인성의 문제를 극복할 수 있다.

최종적으로 솎아낸 관찰결과들을 분석할 때 연구 목적 및 문제의식에 맞춰 일부를 종합하거나 압축하는 작업을 하면 좋을 때가 있다. 물론 연구자는 어차피 여러 관찰결과를 두루 보며 조화롭게 해석해 결론을 내므로 연구 그 자체가 종합과 압축의 과정이다. 그러나 특히 복잡하고 거시적인 개념이나 현상을 다룰 때는 여러 측면과 여러 지표를 하나로 종합·압축하면 일반성, 간략성, 이해용이성을 높여 독자의 반향과 공감을 얻기에 유리하다. 이처럼 여러 측면과 지표를 하나로 종합·압축한 것을 지수index, 척도scale 등으로 부른다. 예를 들어, 민주주의의 수준과 관련된 여러 면을 종합해 민주주의 지수를 만들 수 있다. 이때 어떤 면들을 고려하고 각각 어떠한 가중치를 주는가에 따라 다양한 민주주의 지수가 나올 수 있다. 각국의 자유와 인권 상태를 종합·압축한 자유 지수, 사람(정치인, 유권자)이나 집단의 이념성향과 관련해 여러 측면을 종합해 만든 보수 지수나 진보 지수, 유권자의 공동체 의식을 압축한 시민의식 지수 등의 예도 있다. 사회과학 전반으로 눈을 돌려보면 경제 성장, 경제 불평등, 성 평등, 심지어 삶의 질 등 온갖 다양한 현상을 압축한 각종 지수가 존재한다. 지수는 제4장에서 다룬 추상적인 개념의 구체적 조작화operationalization에도 유용하게 활용될 수 있다.

기존 책에서 제시한 지수의 예를 통해 이해를 구체화해보자. 아래 표는 여러 이항 질문에 대한 답을 종합해 각국의 자유 수준을 보여주는 지수에 관한 것으로서, 지수 숫자가 클수록 자유롭고 낮을수록 자유롭지 않다는 것을 시사해준다.[12] A국은 상대적으로 가장 확실한 자유 국가, C국은 상대적으로 가장 확실한 비자유 국가이고, 그 중간에서 B국, E국, D국의 순으로 자유의 수준이 상대적으로 높다는 것을 알 수 있다.

질문: 다음을 갖추고 있는가? (예 = 1, 아니오 = 0)	A국	B국	C국	D국	E국
사영(私營) 신문	1	0	0	0	1
정당 설립의 법적 자유와 권리	1	1	0	0	0
실질적 경쟁이 이뤄지는 선거	1	1	0	0	0
성인 인구의 보편적 투표권	1	1	0	1	0
정부의 구금 권한에 대한 제한	1	0	0	0	1
지수 점수	5	3	0	1	2

아래 표는 낙태에 대한 사람들의 태도를 보여주는 지수에 관한 것으로, 여러 다항 질문(1~5 척도)에 대한 답을 종합해 각 응답자가 낙태를 얼마나 용인하거나 부정하는지 그 태도를 관찰, 정리한 예이다.[13] 지수 점수가 낮을수록 낙태에 관대하고 높을수록 그렇지 않다는 점을 시사해준다. 응답자 A는 상대적으로 가장 관대하고 응답자 B는 상대적으로 가장 부정적이다. 이 지수처럼 응답자의 태도나 신념, 감정을 파악하기 위해 여러 질문을 던지고 보통은 5점(3점, 7점도 가능) 척도의 답을 받아 종합한 것을 그 개발자인 사회심리학자

12 Janet Buttolph Johnson and Richard A. Joslyn, *Political Science Research Methods*, Second edition (CQ Press, 1991), p. 83.

13 상게서, p. 82.

질문: 다음의 경우에 낙태를 허용해야 하나? (강한 찬성=1, 찬성=2, 모르겠음=3, 반대=4, 강한 반대=5)	응답자 A	응답자 B	응답자 C	…
임신 첫 3개월 동안	1	5	2	…
여성의 생명이 위험할 때	1	5	1	…
여성이 원하는 어떠한 경우에도	1	5	4	…
지수 점수	3	15	7	…

의 이름을 따서 리커트 척도Likert scale라고 부른다.

지수는 상기했듯이 여러 장점을 지닌다. 간략성, 이해용이성, 정밀성, 비교가능성, 일반성 등을 높여주고, 개념의 조작화operationalization에 활용될 수 있다는 점에서 구체성 기준도 기해줄 수 있다. 그러나 유의점도 상존하다. 무엇보다, 지수는 계산 및 종합 방식(어떤 항목을 넣고 뺄지, 각 항목에 어떤 가중치를 줄지 등)에 따라 상이할 수 있고 연구자의 자의성이 개입될 여지가 농후하다. 그러므로 지수를 제시할 때는 항목 선정과 가중치에 대해 신중해야 하고 충분한 정당화를 제시할 필요가 있다. 그럼에도 적절한 지수인지에 대한 논쟁이 일어나게 마련이다. 민주주의 지수, 자유 지수 등 대단히 거시적인 것은 물론이고 가정 빈곤률, 개인 실업률, 지자체 재정자립도, 대학평가순위 등 상대적으로 좁은 주제에 대한 지수도 여러 측면을 종합하다 보니 논란이 없는 것을 찾기 힘들 정도다. 지수의 계산 방식뿐 아니라 지수의 해석을 놓고도 이견과 혼란이 생기곤 한다. 연구자가 너무 편향성에 휘둘린다면 똑같은 지수 값을 놓고 다른 사람들과 상반된 해석을 할 위험성이 있다. 지수는 다양하고 복잡한 현상을 평균적으로 일반화, 단순화한 것이고 하나의 숫자로 표현되기 쉽지 않은 사회현상을 다분히 무리하게 압축시킨 것이다. 이 점을 연구자는 유념하여 지수에만 너무 의존하거나 과잉 해석하지 말고 간과된 면들도 고려해서 신중한 자세를 취할 필요가 있다.

07

CHPATER

연구결과를 어떻게 정리 · 기록할까?

아무리 멋진 물건이라도 포장을 잘 못하면 상품으로 팔리지 않는다. 아무리 좋은 내용의 연구결과라도 글로 잘 정리되지 못하면 많은 사람의 관심과 공감을 얻을 수 없다.

CHAPTER

07

연구결과를 어떻게 정리·기록할까?

1. 연구결과 정리의 5대 키워드를 중심으로 한 유의사항

아무리 멋진 물건이라도 포장을 잘 못하면 상품으로 팔리지 않는다. 아무리 좋은 내용의 연구결과라도 글로 잘 정리되지 못하면 많은 사람의 관심과 공감을 얻을 수 없다. 연구를 힘들여 했는데 그 결과를 잘 정리하지 못해 사장(死藏)된다면 공허하고 애석한 일이다. 그러므로 연구에 들인 노력과 정성이 헛되지 않도록 연구결과의 정리·기록에도 신경을 써야 한다. 실제로, 훌륭한 연구가 허술한 정리나 엉성한 발표로 인해 묻힌 경우가 많고, 역으로 평범한 연구가 좋은 정리나 발표 덕에 빛을 본 경우도 종종 있다.

연구결과를 글로 정리할 때 유념해야 할 5대 키워드, 즉, 논지, 구성, 내용, 문장, 제목을 짚어가며 유의사항을 살펴보자.[1] 첫째 키

1 정치학 논문을 잘 작성하기 위한 조언을 쉽고 간결한 문장에 담은 글쓰기 안내서로 다음을 추천함. 이 책의 내용이 본고에도 많이 녹아들어 있음: Stephen

워드는 논지thesis이다. 논지는 하나의 핵심 주장one central argument을 말한다. 글을 전체적으로 관통하는 하나의 핵심 주장이 명확한 형태로 존재하고 명료하게 드러나야 한다. 논지가 명확하다는 것은 곧 글의 초점이 일관성 있게 유지된다는 것과 같은 말이다. 그 반대의 경우라면 글 속에 이러저러한 주장이 뒤죽박죽 들어가 전반적으로 산만한 느낌을 주게 된다. 학부생은 물론이고 석사나 박사 학위논문을 쓰는 학생에게 핵심 주장을 한 문장으로 말해달라고 하면 의외로 많은 학생이 선뜻 답하지 못하고 장황한 횡설수설이 나오는 때가 많다. 명확한 논지, 즉 하나의 핵심 주장이 마음속에 깊이 새겨지지 않았기 때문이다. 나무에 하나의 굵은 중심 기둥(줄기)이 있어야 거기에 수많은 가지, 잎, 꽃, 열매가 안정되게 매달릴 수 있듯이, 글에 핵심 논지가 있어야 여러 관련 주장이나 부연 스토리가 안정감 있게 제시될 수 있다.

둘째 키워드는 구성structure으로서 첫째 키워드인 논지와 밀접하게 연결된다. 이는 글 전개의 전체적 논리성, 체계성을 말하며, 글이 논지에 초점을 맞춰 논지를 중심으로 일관되게 전개되는 것을 말한다. 나무의 중심 줄기에서 가지가 파생되고 가지에서 잎과 꽃이 파생되어 나오듯이, 글도 핵심 논지로부터 여러 주장과 예 등이 파생되어 나오는 체계적 형식을 취해야 한다. 논리적, 체계적 구성을 위해선 논지에서 벗어나는 불필요한 논의를 과감하게 삭제할 필요가 있다. 연구를 진행해 얻은 정보나 지식 중에는 논지에 직결되지 않는 것도 많을 텐데, 그것을 버리기 아깝다고 글의 여기저기에 끼워 넣는다면 글의 초점이 상실되며 정작 중요한 논지가 독자에게

Van Evera, *Guide to Methods for Students of Political Science* (Ithaca, NY: Cornell University Press, 1997).

잘 전달되지 않게 된다. 반에베라S. Van Evera를 인용하자면, "무언가를 연구했다고 해서 그것이 다 원고에 속하는 것은 아니다. 연구로 얻은 것의 반 정도는 버려지거나 나중에 다른 용도를 위해 저장되는 운명에 처한다."[2] 구성의 비결인 초점을 글 전체를 통해 살리려면, 글의 서론에서 논지를 두괄식으로 제시한 데 이어 각 장절(章節)의 앞부분에서 그 장절의 핵심 주장을 소개하고, 또한 각 문단은 그 문단의 핵심 포인트를 담은 문장으로 시작하면 좋다.[3]

셋째 키워드는 내용content이다. 핵심 논지와 파생 주장들을 뒷받침하는 내용이 글에 들어가야 한다. 얼핏 모순되게 들릴지 모르지만, 그 내용은 풍부하면서도 깔끔하게 군더더기가 없어야 한다. 논지에 연결되는 꼭 필요한 내용만 넣되 그 내용은 여러 측면을 심층적으로 다뤄야 한다는 뜻이다. 여러 측면에 대한 다각적 내용을 넣다보면 자연스레 너무 단선적이고 선언적인 외침이 아니라 복잡한 현실에 대한 깊은 성찰과 넓은 고민이 담길 수 있게 된다. 또한, 이념적 도그마에 따라 특정 입장을 일방적으로 설파하는 것이 목적이 아니라면, 학문적 규범에서 벗어나지 않게 내용상 시각의 편향성을 자제하고 생각의 조화와 균형을 덕목으로 추구할 필요가 있다. 아울러, 글의 내용을 연구자의 관점이 아니라 독자의 관점에 맞춰서 꾸며야 한다. 연구자가 자기 생각에 도취해 내용을 넣다보면 독자에게 설득력 있게 다가가지 못하기 십상이다. 과연 독자가 알아들을 수 있는 내용인가를 독자의 눈높이에서 생각할 필요가 있다.

넷째 키워드는 문장sentence이다. 적절하고 적합한 문장 표현을 구사함으로써 연구자의 생각이 독자에게 명확하게 전달될 수 있어

---

2 상게서, p. 106.
3 상게서, p. 107.

야 한다. 문장을 쓸 때 일필휘지 식으로 연구자의 생각을 빨리 적는 데만 매몰되지 말고 독자가 알아듣고 이해할 수 있을까에 우선순위를 두어 신중하게 곱씹어보는 자세가 필요하다. 특히 주어와 술어가 일치하는지, 그리고 문장 앞뒤의 시제가 맞는지 잘 살펴서 써야 문장에 담긴 뜻이 독자에게 오해 없이 전달될 수 있다. 이를 위해서는 문장이 너무 길지 않도록 단문(短文)의 미를 추구해야 한다. 문장이 길면 길수록 그 뜻이 독자에게 정확하게 전달되지 않을 우려가 커지고, 비문(非文)이 될 위험성도 커진다. 그러니 복잡한 주장도 여러 단문으로 나눠 전개하면 좋다. 아울러, 문법적 오류, 오탈자, 어색한 표현(특히 외국어를 직역할 경우)을 조심해야 하고, 띄어쓰기도 정답이 없는 경우가 많지만 가능한 한 관용어법에서 벗어나지 않도록 고민해야 한다. 문장 간 및 문단 간 연결의 논리성도 고민하며 문장을 쓰면 전체적으로 글이 물 흐르듯이 나아갈 수 있다. 문단 분량의 균형성도 추구해 각 문단의 길이가 너무 들쭉날쭉 차이가 나지 않으면 독자에게 좋은 인상을 줄 수 있다. 추가로, 영어 문장에서는 가급적 수동태보다 능동태를 써서 뜻을 명료하게 전하는 것이 바람직한데, 국어 문장에서는 영어 문장처럼 꼭 그래야 하는 것은 아니라 해도 문맥을 잘 살펴 주어(주체)를 명확히 하는 쪽으로 쓰면 좋다.

다섯째 키워드는 제목title이다. 제목에 논지가 함축되어 독자의 흥미를 끌고 독자가 글의 내용을 어렴풋하게나마 예상할 수 있게 해야 한다. 이는 전체 제목뿐 아니라 장절의 제목에도 해당되는 말이다. 제목에 대해선 간략히 운만 떼고 다음 절 앞부분에서 더 자세히 다루도록 한다.

2. 논문·보고서에 넣어야 할 요소

연구결과를 논문이나 보고서 형태로 정리·기록할 때 넣어야 할 요소들을 짚어보며 관련 유의점이나 논점을 살펴보자. 이 요소들을 글에 넣는 순서는 융통성 있게 조정해도 되지만, 통상적으로 받아들여지는 순서에 따라 하나씩 다루고자 한다.

1) 제목

사람, 물건, 조직, 사업, 정책, 제도, 현상, 국가 등 모든 실체에 이름이 붙듯이 모든 책, 논문, 보고서, 논평, 시론 등에도 제목이 붙는다. 대부분의 사람은 글의 제목만 보고 읽을지 말지를 결정한다. 독자의 관심을 끌고 흥미를 돋우기 위해서는 제목을 잘 지어야 한다. 학문 분야에서는 인용, 원용의 대상이 되기 위해서도 제목이 중요하다. 기존 문헌이 워낙 방대한 상황에서 연구자는 제목 검색을 통해 일부의 문헌만 섭렵하고 필요 시 인용이나 원용을 하게 된다. 그러므로 그러한 검색에 잘 잡힐 수 있도록 제목을 붙여야 인용, 원용될 가능성을 높일 수 있다.

관심을 끌고 피인용·피원용의 빈도를 높이려면 제목이 전체적인 논지를 함축할 필요가 있다. 제목을 통해 독자가 글의 주장이나 내용을 대략이라도 예상할 수 있어야 한다는 말이다. 예를 들어, 롤스J. Rawls의 책 제목인 *A Theory of Justice*보다는 샌델M. Sandel의 책 제목인 *Liberalism and the Limits of Justice*가 더 낫다. 전자에는 주제만이 담겨 있으나 후자에는 논지(핵심 주장)가 어렴풋하게 들어있기 때문이다. 롤스의 책은 너무 추상적이고 넓은 제목에도 불구하고 참신한 내용으로 큰 반향을 일으켰지만, 우리로서는 아무리 좋은 내용의 글이라도 롤스처럼 제목을 붙이는 것은 삼갈 필요가 있다. 물론 제목에 논지를 함축시키려면 제목이 너무 길어져서 독자에게 강하게 다가가기 힘들 수 있고, 짧은 제목으로 강렬한 인상을 주고 싶을 때가 있다. 그런 경우에는 부제를 활용하면 된다. 메이휴D. Mayhew는 *Congress: the Electoral Connection*이라는 제목의 책으로 학계에 큰 파급력을 끼쳤는데, 제목은 짧고 굵으나 부제에 논지를 함축시킨 모범 사례라 하겠다. 책에 비해 논문이나 보고서는 통상적으로 제목이 더 긴 편이므로, 더욱 더 제목에 논지를 함축시킬 필요가 크다. 특히 핵심 주제어(키워드)들을 제목(본제와 부제)에 압축적으로 넣어야 검색에 잘 잡힐 수 있다.

제목은 장절(章節)에도 신경 써서 넣어야 한다. 각 장절의 내용이 장절 제목에 함축된다면 독자가 글을 읽을 때 유용한 안내가 될 수 있다. 물론 문학 작품이나 짧은 논평 식 글은 장절 구분이 없거나 단순히 숫자(아라비아 숫자, 로마자 숫자)나 짧은 글자(서론-본론-결론, 기-승-전-결 등)로 장절을 구분하는 경향이 있지만, 학문적 논문이나 보고서에는 독자를 친절하게 안내하는 의미로 함축적인 장절 제목을 붙일 필요가 있다. 전체 제목과 마찬가지로 장절 제목도 부제를 잘 활용하면 도움이 될 수 있다.

2) 서론

영화 예고편에 비유될 수 있는 서론은 독자에게 글 전체에 대한 감을 잡게 해준다. 미리 감을 잡고 논문이나 보고서의 본론과 결론을 읽으면 전체적인 이해가 잘 도모될 수 있다. 예고편만 보고 흥미를 못 느껴 본편을 보지 않는 사람이 많듯이, 제목을 보고 들어온 독자 중 상당수는 서론만 읽고 흥미를 잃어 나가버린다. 그러므로 서론을 매우 신경 써서 작성해 독자의 관심이 본문까지 이어질 수 있도록 해야 한다. 독자뿐 아니라 연구자 스스로를 위해서도 서론이 중요하다. 본문을 작성하는 지난한 과정에서 서론이 나침반으로 역할하기 때문이다. 본문 작성의 과정 중에 연구자는 수시로 서론을 들쳐보며 초점을 잃지 않게 안내를 받고 필요하다면 서론을 수정하기도 한다. 시작이 반이라는 속담처럼 서론 작성은 전체 글쓰기에서 거의 절반에 해당되는 비중을 차지한다고 해도 과언이 아니다.

서론에 들어가는 요소들을 정리해보자. 이 요소들의 전개 순서는 작성자가 융통성 있게 정할 수 있다. 첫째, 문제의식, 즉 연구 질문이 서론의 핵심을 이룬다. 가능한 한 구체적이고 명료하게 문제의식을 밝히고 연구 질문을 던져야 한다. 이때 진부하지 않게 퍼즐(수수께끼, 의문점)이 부각되어야 독자의 흥미를 끌 수 있다. 둘째, 이 문제의식(연구 질문)을 갖게 된 배경을 밝힌다. 그 배경은 현재 벌어지고 있는 실제의 사건이나 현상일 수도 있고, 학문적 논쟁이나 담론일 수도 있다. 실제적이든 학문적이든 연구 배경은 독자층에서 반향을 일으킬 수 있도록 기술되어야 한다. 셋째 요소는 연구목적으로서, 문제의식(연구 질문)과 관련해 서술을 할지, 인과적 설명을 할지, 예측을 할지, 평가를 할지, 혹은 처방책을 제시할지 어떤 형태의 답을 하고자 하는지 밝힌다. 넷째, 연구의 의의(중요성)도 서론에 포함된다. 문제의식(연구 질문)의 배경을 논하는 가운데 의의가 간접 시사될 수도 있겠지만, 보다 직접적이고 명확하게 "이 연구가 왜 중요한지"를 논해야 한다. 다섯째, 연구범위를 간략히 밝힌다. 누구도 시공을 초월한 주장을 할 수 없고 모든 사례를 다 관찰할 수 없으므로 시간적·공간적 범위와 관찰사례를 선택하고 그 선택의 정당성을 제시할 필요가 있다. 여섯째, 연구방법도 간단히 예고하는 차원에서 언급할 필요가 있다. 즉, 어떤 자료를 어떤 관점과 방식으로 관찰할지 기술한다. 다섯째 요소(연구범위)와 여섯째 요소(연구방법)

는 본론에서 더 자세히 언급하는 것이 상례지만, 서론에서 미리 운을 떼면 좋다. 연구범위와 연구방법에 대한 논의가 짧은 경우라면 서론에서 언급하는 것으로 끝낼 수도 있다. 그러나 그럴 경우 논의가 미진해질 위험성이 농후하다.

일곱째, 글 전체의 핵심 주장, 즉 논지도 서론에 필히 들어가는 요소다. 논지는 문제의식(연구 질문)에 대한 연구자의 답으로서, 두괄식으로 서론에서 미리 밝힐 필요가 있다. 그래야 독자가 전체적인 감을 잡고 본문을 읽을 때 방향감각을 잃지 않을 수 있다. 다만, 서론에서부터 논지를 너무 장황하게 부연하기보다는 간략하게 운을 떼는 정도로 하면 된다. 마지막으로 여덟째, 글의 전체적 구성을 개관한다. 서론에 이어지는 장절들을 어떻게 구성했고 각각 어떤 내용이 담길지 간략하게 소개한다.

3) 연구 배경

서론에 이어 본론에서 문제의식(연구 질문)을 갖게 된 배경을 충분히 기술할 필요가 있다. 연구 배경은 시사적인 부분과 학문적인 부분으로 대별해볼 수 있다. 시사적 배경은 관련 사실이나 사건을 구체적으로 전달하는 수준으로 하면 된다. 예를 들어, 프라이머리 방식의 예비선거 제도가 확산되는 원인을 설명하거나 그 장단점을 평가하는 글을 쓴다면, 우선 이 제도가 어떠한 것인지 독자에게 그 의미를 소개한다. ○○시의 재정자립도 문제를 지적하고 해결방안을 강구하는 글을 쓴다면, 지자체 재정자립도를 전반적으로 개관하고 ○○시의 상황을 여타 지자체와 비교하며 기술한다. 영국 브렉시트Brexit의 원인과 결과를 설명하는 글을 쓴다면, 영국의 EU 관계사를 간략히 요약하면 된다. 시사적 배경은 독자에게 사실적 상황을 알려주는 수준으로 기술되면 되므로 크게 힘들거나 논쟁을 일으키지 않는다.

반면에 연구의 학문적 배경은 상대적으로 더 큰 노력으로 작성하게 된다. 연구 주제 및 질문에 관련된 기존 문헌을 비판적으로 섭렵하며 기존 연구와 내 연구는 어떠한 유사성 및 차이가 있는지 밝힌다. 기존 문헌을 가능한 한 철저하게 살펴 핵심적인 것을 골라 정리하되, 한계 위주로 비평해서 내 연구의 차별적 필요성, 상대적 우수성을 강조하도록 한다. 물론 기존 문헌 중 한계가 많고 만만한 것만 선별해 허수아비straw man로 내세우며 내 연구의 우월성을 논해선 곤란하다. 기존 문헌의 선택에 이러한 왜곡이 생기지 않도록 유의해야 한다. 기존 문헌에 대한 균형 잡힌 종합적 비평을 통해 독자는 내 연구의 특징과 이론적 좌표를 파악할 수 있다. 이론적 좌표는 연구가 여러 갈래의 이론적 스펙트럼(예 현실주의 - 이상주의, 거시 - 미시, 제도주의 - 문화주의, 현상유지 - 현상변혁, 자유주의 - 공동체주의 등)에서 어디쯤 위치하는지를 보여주는 것으로, 독자의 이해를 도모하는 데뿐만 아니라 연구자 스스로가 연구의 성격을 명확하게 하는 데도 도움을 준다.

학문적 배경을 기술할 때 특히 이론적 연계성을 중시해야 한다. 내 연구는 홀로이 존재하기보다 다른 기존 연구들에 연결되어 제3, 제4의 지식을 창출하고 함께 누적되며 거대한 지식 체계의 한 부분으로 위치할 때 더 큰 가치를 지닐 수 있다. 그러므로 기존 문헌을 비판하는 데만 그치지 말고, 기존 문헌의 한계를 내 연구가 어떻게 보완·극복·수정해줄지, 그리고 기존 문헌과 내 연구가 어떻게 연결되어 어떠한 파급 효과를 낼지 등에 방점을 두고 기술할 필요가 있다. 특히, 학문 논쟁이 일고 있는 주제라면 이 글의 내 연구가 그 논쟁에서 특정 입장을 펀드는 것인지, 새 입장을 제시하는 것인지, 논쟁 자체를 비판하는 것인지, 논쟁을 다른 차원으로 바꾸는 것인지 등을 명확히 함으로써 이론적 연계성 및 학문적 공헌의 여지와 지평을 독자가 깨달을 수 있게 할 수 있다.

연구 배경을 충실히 다루면서도 거기에 너무 진력을 다해 정작 연구의 내용이 취약해지지 않도록 조심해야 한다. 실제로, 기존 문헌에 대한 학문적 정리와 비평은 매우 충실히 이루어졌으나 그에 이어진 연구자 자신의 연구 내용이 미진한 용두사미의 예를 많이 볼 수 있다. 특히, 연구자로서의 소양을 쌓아가는 도중인 학부나 대학원 학생들의 글에 이런 경우가 많다. 기성학자의 글 중에도 어려운 주제를 다루거나 짧은 시간에 급히 작성되는 가운데 이런 문제에 빠진 것이 종종 나온다. 연구 배경은 좋은 연구 내용과 시사점이 풍부한 결론을 얻기 위한 발판으로 충실히 탐구되고 잘 정리되어야 하나 연구자가 거기에 시간과 노력을 다 쏟아 너무 빨리 지치지 않도록 조절하는 운용의 묘가 중요하다.

4) 이론적 틀

연구자는 학문적 배경에서 지적한 기존 문헌의 한계를 극복하기 위해 이러저러한 이론적 틀을 세운다는 점을 적시한다. 이론적 틀에는 핵심 개념들의 개념 정의 및 조작 정의, 개념들 간 관계(독립변인, 종속변인, 개입변인 등), 중요한 기본 가정assumption, 경험 관찰을 위한 연구가설(들) 등이 포함된다. 등장하는 개념이 많겠으나 개념 정의와 조작 정의를 내릴 개념은 핵심적인 것 몇 개로 한정하면 된다. 인과적 설명이나 예측을 목적으로 한다면 독립변인, 종속변인, 주요 개입변인을 이루는 몇몇 개념으로 좁혀 정의 내리면 된다. 이 핵심 개념들을 조합해 인과적 설명이나 예측을 시도한다면 무엇이 독립변인, 종속변인, (통제될) 개입변인인지 명료하게 밝힐 필요가 있다. 물론 그러한 변인 간의 관계를 왜 그렇게 상정했는지에 대한 충분한 정당화를 제시해야 한다. 덧붙여, 중요한 기본 가정을 알리는 것이 좋을 때가 종종 있다. 예를 들어, 모든 행위자는 자기이익을 우선시하는 합리적 선택을 한다는 가정, 모든 행위자는 단일 선호체계보다 복잡한 다중 선호체계를 갖는다는 가정, 국제체제에서 활동하는 국가는 내부적으로 균질적이고 단일하다는 가정 등이 글에 들어있다는 점을 밝혀야 글의 논지가 잘 정리·전달될 수 있다면 그렇게 해야 한다. 경험 관찰을 위한 연구가설은 통상 하나이기보다는 여러 개가 제시되는데, 핵심 개념(들)을 어떤 근거로 어떻게 조작화operationalization해서 가설(들)을 정립하게 되었는지 기술한다. 변인 간의 관계를 세우고 그 관찰을 위한 가설(들)을 제시하는 부분이 매우 중요하므로 충분한 분량으로 다각적인 고민을 담을 필요가 있다.

기존 문헌에 있는 이론 틀을 그대로 가져와 쓸 때도 있을 것이다. 연구자가 자기의 이론 틀을 제시하면 이론적 참신성을 기할 수 있으나 현실상 쉬운 일이 아니다. 특히 학위과정에 있는 학생은 기존 이론을 그대로 차용하는 경우가 빈번하다. 그럴 때는 더욱이나 왜 그 이론인지에 대해 충실한 정당화가 이뤄져야 하고, 그 이론을 독자가 잘 이해할 수 있도록 명료하게 전달해야 한다. 차용 이론은 연구 배경의 논의 시 언급되겠으나 글의 기본 틀을 구성한다면 더욱 큰 비중을 두고 해설할 필요가 있다. 기존 이론을 차용하되 연구 취지에 맞게 적당한 수정을 가한다면 연구의 참신성, 이론적 연계성을 높일 수 있다.

본론의 앞부분에서 이론적 틀을 제시할 때 너무 단언적, 결론적으로 기술하지 않도록 한다. 자칫 연구자가 미리 결론을 정해놓고 경험 관찰을 거기에 끼워 맞춘다는 인상을 주면 독자의 공감을 얻기 힘들다. 이론적 틀은 명료하게 만들고 여러 근거를 볼 때 설득력 있게 보인다고 말하되 본격적인 경험 관찰로 뒷받침될 수 있는지 살펴보겠다는 식으로 신중하게 표현해야 한다. 가설(假設)은 말 그대로 예비적·잠정적 주장이다. 이론적 틀은 가설의 형태를 취해 예비적·잠정적으로 제시되는 것이니, 본격적 검증을 다루기 전에 글 앞부분에서 너무 강한 논조로 제시되어선 곤란하다. 더욱이, 확증적confirmatory이 아니라 탐색적exploratory인 접근을 시도하는 글의 경우엔 연구 결과가 "어떤 주장이 맞다, 아니다"로 명쾌하게 나올 수 없고 다양하고 풍부한 시사점을 제시하는 수준에 머물게 되므로 단언적 논조를 더욱 삼가야 한다.

5) 연구 범위와 방법

이론적 틀만으로는 구체적인 연구가 이뤄질 수 없다. 연구 범위와 관찰 방법에 대한 논의를 명기해야 독자는 연구 과정을 이해할 수 있다. 연구 범위는 공간적, 시간적 차원은 물론 기능, 활동 등의 영역도 포괄적으로 지칭한다. 예를 들어, 현대 한국정치의 초기 혼란의 원인을 탐구한다면 공간적 범위를 제헌국회로 하고 시간적 범위를 제헌국회 개원일인 1948년 5월 31일부터 제헌국회 임기 마지막 날인 1950년 5월 30일까지로 정한 데 더해 연구 범위를 제헌의원들의 본회의 활동(속기록에 남은)으로 좁힐 수 있다. 물론 이에 대한 정당화가 필요하다. 문제의식은 현대 한국정치의 초기에 관한 것으로서 국회 바깥의 공식 및 비공식 정당, 사회단체, 개인 등도 볼 수 있었을 텐데, 왜 국회로 범위를 좁혔는지? 아직 제헌국회가 구성되기 이전 수 년 동안의 시기는 왜 범위에 넣지 않았는지? 제헌의원들의 정치 행위가 국회 밖에서도 이뤄졌고 국회 본회의가 아닌 위원회에서도 진행되었는데, 왜 본회의 활동만 범위로 관찰하는지? 등 제기될 수 있는 의문에 답할 수 있도록 범위에 대한 정당화를 해야 한다.

정한 연구 범위에서도 모든 사례를 관찰할 수는 없으므로 사례 선택에 대한 기술을 하게 된다. 예를 들어, 제헌의원들의 본회의 활동을 보되 헌법제정 사례, 대통령 선출 사례, 정부조직법 제정 사례, 국회법 제정 및 개정 사례, 내각제 개헌안 사례 등 권력구조에 관련된 사례만 골라 속기록을 통해 관찰한다면 왜 그 사례들만 선택했는지 이유를 댈 필요가 있다. 만약 2010년~2020년 기간 동안 기초지자체의 재정자립도를 연구함에 있어서 많은 기초지자체 중에서도 성남시, 구로구, 제천시, 함양군, 신안군 등 5개 사례를 관찰한다면 역시 그 선택의 정당화를 제시해야 한다. 가령, 지자체 전체의 재정자립도를 간략히 개관하면서 이 5개 지자체는 재정자립도 전체 5등급의 각 등급에 속하고 전국에 고루 퍼져 있어 전체를 비교적 균형 있게 대표할 수 있기 때문이라고 말할 수 있을 것이다.

Small-N 연구의 경우, 앞선 제6장에서 논했듯이 사례 선택이 특히 중요하므로 그에 대한 충분한 해설과 정당화가 필요하다. 예를 들어, 특정 개입변인(들)을 통제하기 위해서라든지, 독립 및 종속 변인들의 관찰값이 변이성을 충분히 보이게 하는 의도에서라든지, 최대유사체계 비교를 시도하기 위해서라든지, "중대"critical 사례연구에 적합하기 때문이라든지, 특정 학문 논쟁과 관련해 적실성 있는 사례들이라든지 등등 왜 이 사례들인지에 대한 설득력 있는 이유를 대야 한다. Large-N 연구라면 표본을 어떻게 추출했고 그 표본에 어떠한 특성과 한계가 있는지를 밝혀야 한다.

연구 범위와 관찰 사례를 정당화하는 가운데 자연스레 언급될 수 있겠으나 분석 방법에 대해서도 명확하게 기재해야 한다. 예를 들어, 비교 방법을 사용한다면 어떤 유형의 비교 방법인지? 혹은 어떤 유형의 사례연구인지? 관찰할 자료는 어떤 것이고 어떻게 수집할지? 서베이, 인터뷰, 문헌조사, 직접관찰 등 여러 관찰방법 중 어떤 것을 어떻게 시도하는지? 이런 질문에 가능한 한 자세하게 답을 해야 독자는 연구 내용의 도출 과정을 이해하며 공감할 수 있게 된다. 또한 독자가 연구 내용의 이해에만 급급하지 않고 적용, 비판, 수정, 확대까지 나아가려면 더욱 더 연구방법의 소상한 소개가 필요하다. 다만, 연구방법에 대한 논의가 너무 길어지면 가독성과 흥미가 떨어질 수 있으니 자료 및 그 수집방법에 대한 상세한 해설은 부록으로 돌려 자세하게 기재해도 좋을 것이다.

아무리 우수한 논문이나 보고서도 방법론적 한계가 없을 수 없다. 특히 연구 범위, 관찰 사례, 관찰 방법 등과 관련해 꼭 한계라고 할 수는 없어도 독자가 보기에는 아쉬울 수 있는 대목이 나올 수 있다. 그러므로 이에 대한 언급도 솔직히 해야 독자에게 신뢰를 줄 수 있고, 과도한 비판을 미리 차단할 수도 있으며, 독자에게 수정·보완의 방향을 시사해줌으로써 공동의 연구 지평을 새롭게 넓히는 데 일조를 할 수 있다. 물론 한계를 인정하는 데서 그치지 말고, 이런 한계에도 불구하고 어떤 점에서 나름의 연구 의의가 있는지도 논해야 독자의 관심을 계속 끄는 데 유리하다.

6) 연구 내용

연구결과를 기록할 때 통상 가장 큰 분량을 차지하는 부분이 연구 내용이다. 특정 이론 틀을 세워 특정 범위에 대한 관찰을 했더니 이러저러한 결과가 나온다고 그 결과를 정리, 기술하는 부분이다. 책이나 보고서의 경우엔 연구 내용에 풍부한 스토리가 들어가므로 특히 긴 편이지만, 학술논문은 분량의 제한 때문에 연구 내용이 상대적으로 그렇게 길기가 힘들다. 현실적 여건이 허락하는 한도 내에서 최대로 풍부하게 연구 내용을 채워야 연구의 전체적인 정확성, 구체성, 심층성, 반향성, 이해용이성 등을 기할 수 있다. 그러나 분량이 최우선가치를 갖는 것은 아니다. 학술논문이 너무 길어지면 글이 산만해지며 핵심 논지가 독자에게 명료하게 전달되지 못할 위험성도 있다. 유수 학술지의 대부분이 논문 분량에 제한을 두는 것은 출판의 현실적 여건뿐 아니라 이 이유 때문이기도 하다.

연구 내용은 주로 문장으로 구성되나 표, 그림, 수식을 적절히 활용하면 가독성을 높이고 간략성, 이해용이성, 명확성 등을 기해 좋은 반향을 일으키는 데 도움이 된다. 독자뿐 아니라 연구자 본인에게도 복잡한 내용을 체계적으로 종합 정리하는 도구가 된다는 점에서 표, 그림, 수식의 장점이 크다. 경제학에서는 이런 압축적 도구의 활용이 거의 필수가 되었는데, 정치학에서도 가능한 범위 내에서 잘 활용하면 좋다. 다만, 복잡하고 다각적인 연구 내용을 표, 그림, 수식 등으로 표현할 때 과하고 무리한 단순화로 인한 정보 손실, 왜곡, 오해, 혼동이 생길 수도 있으니 유의할 필요가 있다. 책이나 보고서에는 시각적 효과가 좋은 이런 도구를 가능한 한 많이 활용해서 긴 문장을 보완해주고, 학술논문에는 분량의 제약을 봐가며 꼭 필요한 표, 그림, 수식만 압축적으로 작성해 넣는 편이 바람직하다.

이번 장 앞부분에서 강조했듯이, 연구 내용은 연구자 본인이 아닌 독자의 눈높이에서 작성해야 한다. 과연 독자가 잘 알아들을까를 항상 신경 쓰며 작성할 필요가 있다. 연구자로서는 고생하며 모은 자료에 대해 고민을 거쳐 얻은 모든 생각을 글에 쏟아 붓고 싶을 것이다. 그 모든 생각이 연구에 직결된다는 자기 최면에 빠질 수도 있다. 그러나 독자가 보기에는 불필요한 것도 섞여있을 것이다. 독자의 입장에 서서 꼭 필요한 내용인지 냉철하게 평가해보고, 아니라고 판단되는 부분은 과감하게 솎아내야 한다.

7) 이론적 시사점

연구 내용을 통해 독자는 스스로 많은 것을 느끼게 되지만, 연구자가 애초의 문제의식에 관련된 이론적 시사점을 명쾌하게 정리해주면 더욱 좋다. 이론적 틀에서 나온 연구가설이 뒷받침될 수 있는지(즉, 반증할 수 없는지) 혹은 뒷받침되지 않는지(즉, 반증되는지) 정리하고 관련 시사점을 추론해야 한다. 이때 연구가설의 검증 결과를 너무 이분법적으로 "그렇다, 아니다" 식으로 확정적으로 말하고 끝내기보다는 여러 조건과 상황을 짚어보며 여러 가능성을 종합해서 말하는 편이 나을 수 있다. 특정 연구가설이 경험 관찰에서 뒷받침되지 않았다면 관찰 범위의 제한성이나 관찰 사례의 부분성 때문인지, 관찰 방법의 문제점 때문인지, 결과에 대한 해석상의 왜곡 때문인지, 아니면 정말 연구가설을 기각할 만하기 때문인지 다각도로 살펴 풍부한 논의를 해야 한다. 연구가설을 기각할 만하다면 그 가설에 이론적으로 어떤 문제가 있는지, 어떻게 수정하면 적절할지 등에 대해서도 논의를 전개해야 한다. 역으로 만약 연구가설이 경험 관찰에서 뒷받침된다면 너무 성급하게 무조건 수용하지 말고 과연 관찰과정에서 어떤 왜곡이 개재된 것은 아닐지, 선입견에 의해 너무 자의적으로 해석한 것은 아닐지 등을 신중하게 고민해봐야 한다.

이론적 시사점은 비단 핵심 가설의 직접 검증과 관련해서만 찾을 수 있는 것이 아니다. 경험 관찰을 하는 과정에서 수많은 직간접 시사점이 드러날 수 있고, 간접적 시사점도 궁극적으로 가설에 연결될 수 있다. 사물을 가능한 여러 각도에 서서 스냅샷을 찍어야 종합적인 모습을 그릴 수 있듯이, 가급적 다각도의 경험 관찰에서 여러 시사점을 찾음으로써 가설, 혹은 핵심 주장과 관련해 종합적인 판단을 내릴 수 있는 것이다. 그러므로 이론적 시사점을 될 수 있는 한 풍부하게 짚어 기술할 필요가 있다. 특히 여러 시사점을 도출하는 데 주안점을 두는 탐색적 연구에서는 확증적 연구에 비해 이 점을 더욱 유념해야 한다.

8) 결론

본론 작성에 심혈을 기울이다가 진이 다 빠져 결론은 급히 엉성하게 쓰게 되는 일이 종종 있다. 그러나 결론도 신경 써서 제대로 격식을 갖춰 작성해야 한다. 우선 본론의 내용, 특히 핵심 논지에 대한 내용을 요약, 정리한다. 같은 말이 너무 되풀이된다는 인상을 주지 않게 간략히 요약하면 된다. 이어서, 주제에 따라서는 문제 해결이나 개선을 위한 방향 또는 방안을 제안할 수 있다. 예를 들어, 정치 양극화의 원인(들)에 대한 논의가 핵심 내용이라면 그 원인(들)을 고려하여 어떠한 제도나 의식 차원의 방책(들)이 정치 양극화를 완화시킬 가능성이 있는지 지적할 수 있다. 그러나 그러한 해결(개선)책의 제안을 본격적으로 할 수는 없는 일이고 지나가듯이 시사하는 차원에서 할 수밖에 없다. 만약 그러한 제안이 연구의 주된 목적이라면 본론에서부터 집중해 해야 하겠지만, 연구 목적이 정치 양극화의 원인에 대한 설명이라면 해결(개선) 방향 또는 방안의 제시는 이차적·추가적 사안으로서 거기에 본격적으로 집중할 수는 없다. 그러므로 신중하고 잠정적인 톤으로 제시해야 한다.

결론의 마지막은 향후 추가적인 연구를 위한 제언을 하거나 연구 방향을 제시하는 것으로 매듭지어야 좋다. 문학작품이 여운을 남기며 끝날 때 독자가 더 감동을 느끼고 스스로 상상력을 발휘하게 된다. 마찬가지로 사회과학 저술도 여운 있게 끝나며 독자가 바통을 이어받아 추가적인 연구로 연구 지평을 넓힐 수 있도록 실마리를 던진다면 반향을 일으키며 큰 학문적·사회적 공헌을 할 수 있을 것이다.

9) 주석

인용이나 원용되는 문헌 자료의 출처를 명기할 때, 혹은 곁가지의 정보나 논점을 부가해서 다룰 때 주석으로 처리한다. 주석은 세 가지 방식, 즉 각주(脚註, footnote 주석을 해당 페이지의 맨 아래 부분에 다는 방식), 미주(尾註, endnote 주석을 글의 본문 맨 끝에 모아서 다는 방식), 본문주(本文註, parenthetical note 주석을 본문의 해당 부분에 괄호로 다는 방식. 내주內註라고도 부름) 중 하나를 선택해야 한다. 이 책은 각주 방식을 택했다. 각 방식은 장단점을 지닌다. 첫째, 각주 방식은 독자가 같은 페이지에서 주석을 볼 수 있어 편리하지만, 독자가 본문을 읽다가 페이지 맨 밑으로 눈을 돌려 주석을 보고 다시 본문으로 돌아와야 하므로 주의가 산만해지고 본문 내용에 집중하기가 어려울 수 있다. 연구자(글 작성자)의 입장에서 보면 각주에 여러 구체적 정보를 비교적 길게 담을 수 있지만, 작성 과정에서 본문과 각주 사이를 오가야 하고 상계서, 전게서의 구분에 신경 써야 하므로 번거롭고 시간과 노력을 많이 요한다.

둘째, 미주 방식은 글의 맨 끝에 있으므로 독자가 본문을 읽는 중에 주석에 의해 산만해지지 않고 본문에 집중하기가 용이하다. 주석에 큰 신경을 쓰지 않아도 되므로 가독성이 높은 방식이다. 그러나 주석을 보려면 글의 맨 끝까지 페이지를 넘겨야 하고 해당 미주를 얼른 찾아내기 힘들기도 해 불편할 수 있다. 작성자로서는 각주보다도 미주에 더 많은 정보를 넣기에 부담이 적으므로 더 긴 주석을 쓰기에 좋지만, 작성 과정에서의 번거로움은 더 클 수 있다.

셋째, 본문주 방식은 장단점을 일반화하기가 힘들고 각자 선호가 크게 엇갈리는 편이다. 독자 중 일부는 본문 문장 속에 주석을 넣고 저자명, 연도, 페이지만 간단히 기재하는 방식이 가독성을 높이고 산만함을 방지할 수 있다고 선호한다. 그러나 또 다른 일부의 독자는 본문주가 오히려 본문 읽기에 집중하는 것을 방해하고 문헌의 상세한 출처를 확인하려면 글 맨 끝의 참고문헌으로 가야 하므로 불편하다고 말한다. 원고 작성자로서는 본문주가 매우 편리하다. 각주나 미주 작성할 때의 번거로움을 피할 수 있다. 다만, 본문주에는 여러 정보를 넣을 수 없고, 약식 문헌 출처 외로 추가적 논점 등을 기재하기 힘들다는 단점 때문에 선호하지 않는 사람도 많다.

상기 3가지 주석 방식 간에 이러한 차이가 있는 데 더해 출처 표기도 다양한 방법이 있다. 예를 들어, 각주와 미주에서 연도를 어느 위치에 놓을지, 출판사 소재 도시를 쓸지 말지, 학술지 권호를 어떻게 쓸지, 본문주에서 저자명과 연도 사이에 쉼표를 찍을지 말지, 페이지는 어떻게 쓸지, 상게서나 전게서 등 국어 표현을 쓸지 아니면 Ibid, Op. cit 등 라틴어 표현을 쓸지 등을 놓고 상이한 방법들이 경쟁한다. 이 책에서는 통상적으로 널리 받아들여지는 각주 작성방식을 차용하였다. 여러 문헌을 앞에 두고 주석 작성 방식을 비교하면 얼마나 다양한 방식이 존재하고 통일되어 있지 않는지 여실히 알 수 있다.

각자 선호에 따라 어떤 방식을 쓰든지 간에 하나의 글 내에서는 주석 작성을 통일성, 일관성 있게 해야 한다. 여러 작성법이 하나의 글에 섞여 있다면 독자의 신뢰를 얻기 힘들다. 덧붙여, 주석을 너무 많이 넣으면 가독성이 떨어지고 본문 읽기에 몰입이 잘 안 되므로 유의할 필요가 있다. 그러나 주로 인용, 원용에 의존하는 경우에는 주석이 너무 많아지더라도 누락하면 표절로 낙인찍힐 수 있으므로 특히 조심해야 한다. 결국, 연구자의 세심하고 신중한 자세가 요구된다.

10) 참고문헌

본문주를 쓸 경우, 본문에 약식 출처 표기를 하는 대신 본문 끝에 참고문헌을 기재하고 상세한 정보를 제공한다. 인용이나 원용되는 모든 문헌을 참고문헌에 기재할 필요가 있다. 각주나 미주를 사용한 때엔 참고문헌을 넣지 않아도 되지만, 독자의 편의를 위해 넣는 경우도 종종 있다. 참고문헌도 정성껏 작성해야 글에 대한 신뢰를 늘리고 독자의 후속 연구에 도움을 줄 수 있다. 주석과 마찬가지로 참고문헌도 다양한 작성 방식이 있고 일률적으로 통일되어 있지 않다. 예를 들어, 연도를 기재하는 위치, 논문 제목에 따옴표(“”)를 붙이는지, 국문 서적 제목에 겹낫표(『 』)를 붙이는지, 출판사 소재 도시를 쓰는지, 논문의 전체 페이지 범위를 쓰는지, 저자의 영문명에서 이름first name의 스펠링을 다 쓰는지 첫 알파벳만 쓰고 점을 찍는지 등에서 문헌마다 약간씩 차이가 난다. 어떤 방식을 쓰든지 주석과 마찬가지로 하나의 글 내에서는 통일성, 일관성을 기해야 한다.

11) 부록·보록

부록이나 보록이 필수는 아니다. 논문이나 책 중에 이것이 없는 경우가 더 많은 것 같다. 그래도 요긴하게 활용되는 때가 있다. 예를 들어, 연구방법에 대한 상세한 부연을 본문에서 하려니 분량을 너무 크게 차지한다면 부록에서 할 수 있다. 표본을 어떻게 추출했는지, 표본이 된 사람들의 사회경제적 배경은 어떠한지, 서베이를 어떤 절차로 실시했는지, 인터뷰에 응해준 사람들의 기본 정보는 어떠하고 인터뷰 절차는 어떠했는지, 실험을 어떤 절차로 시도했는지, 수리적 증명 과정은 어떠한지, 통계 자료는 어떻게 얻어 어떤 방식으로 통계분석을 했는지 등등 온갖 다양한 경우를 생각해볼 수 있다. 연구에 관련된 원자료raw data의 전부나 일부를 정리해 부록에 넣거나 설문지 자체를 통째로 보여줘도 독자가 이해하고 적용·수정·확대 작업을 하는 데 큰 도움이 될 수 있다.

분량이 긴 책이나 보고서라면 글의 핵심 논지에 직결되지 않는 정보라도 독자를 위한 정보 제공의 취지로 부록이나 보록에 담을 수 있다. 각종 지도, 사진, 문서 등이나 연구자가 정리한 전체 사례의 개관 등을 예로 생각해볼 수 있다. 충실한 부록·보록으로 연구 내용에 대한 신뢰성을 높이고 연구자의 진지한 자세를 보여줄 수 있다. 다만, 학술지 논문은 분량 제한이 있으므로 꼭 필요한 자료만 추려 넣어야 한다.

12) 요약(초록)

요약(초록)은 글의 맨 뒤에 붙기도 하나 글의 맨 앞에 와서 맛보기 역할을 하는 것이 상례이다. 물론 논평 식 짧은 글에는 요약문이 없게 마련이고, 긴 분량의 책 중에는 별도의 요약문 없이 서론으로 대체하는 경우도 간혹 있다. 그러나 대부분의 연구물에는 요약문이 붙어 독자에게 한 컷의 큰 그림처럼 전체적 감을 잡게 하고 관심과 흥미를 끄는 역할을 한다. 인터넷 기사나 영상의 마중그림thumbnail, 행사 포스터나 전단지, 영화 포스터나 예고편이 중요하듯이 연구물의 요약(초록)도 중요하다.

통상적으로, 힘든 연구를 마치고 연구결과를 글로 다 쓴 후에 지친 상태로 요약문을 억지로 해치우듯이 쓰는 경향이 크다. 그래선 좋은 요약문을 쓸 수 없다. 대부분의 독자는 요약문부터 읽으므로 처음부터 부정적 선입견을 갖게 해선 곤란하다. 지친 상태에서라도 마지막 스퍼트 하듯이 마음을 가다듬고 힘을 모아 핵심 문제의식(질문), 연구방법, 연구결과를 간략히 압축한 요약문을 써야 한다. 그래야 독자가 방향 감각을 유지하며 글을 읽고 적극적 공감과 적절한 비판이 어우러진 반향을 낼 수 있는 것이다. 요약문의 분량은 학술지마다 규정으로 정한 것을 따르면 되는데, 간략성의 미를 추구하는 것이 좋다. 근래 대부분의 학술지는 요약(초록)과 아울러 몇 개의 핵심 주제어(키워드)를 제시하게 한다. 연구자는 핵심 주제어들도 잘 선정해 독자에게 좋은 안내를 해주는 동시에 글이 검색에 잘 잡힐 수 있도록 해야 한다.

3. 최종 제출·발표와 관련해

학문은 사회적 과업social enterprise이라는 대명제는 연구 결과물의 최종 발표나 게재 전후의 시기에 다 해당된다. 이후 시기에는 연구 결과물이 담론 형성에 일조를 하고 여러 사람에 의한 수용, 활용, 확대, 비판, 수정의 과정을 거치며 지식 축적, 사람들의 인식 형성, 사회 발전에 공헌한다. 연구 결과물이 완성되기 이전에는 연구자가 기존 문헌이나 자료에 대한 비판적 섭렵을 통해 여러 시사점을 얻음으로써 연구과정의 모든 단계에 걸쳐 지대한 도움을 받는다. 연구 결과물을 책, 논문, 보고서 등의 형태로 작성해 최종적으로 발표·게재하기 직전에도 타인에게 의존할 필요가 있다. 즉, 작성된 연구 결과물을 동료나 친지에게 회람하며 비판적 피드백을 받으면 좋다. 이 결과물을 최종본이라고 부르기보다는 초안이라고 규정하는 편이 낫다. 그래야 많은 비판적 피드백을 겸허히 받아들여 최종 수정을 가하는 열린 마음을 편하게 가질 수 있다. 그러한 주변의 피드백으로부터 도움을 얻는 만큼 나도 나중에 남들의 초안에 피드백을 정성껏 드려야 한다. 상부상조의 정신을 발휘해 서로 도움을 주고받으며 학문 공동체를 형성해가는 과정이라 하겠다.

연구 결과물의 내용에 대한 최종 점검과 아울러 철자, 문장, 주석이나 참고문헌 기재 방식 등에 문제는 없는지도 꼼꼼히 살펴본다. 상품의 포장이 판매에 중요하듯이 연구 결과물의 스타일도 남에게 신뢰를 받고 널리 공감을 얻는 데 중요하다. 다음으로, 연구 결과물을 어떤 계약이나 약조에 따라 진행한 것이 아니라면, 그것을 어느 출판사에 보낼지 혹은 어느 학술지에 투고할지 결정해야 한다. 연구의 성격을 잘 판단해서 거기에 맞는 출판사나 학술지를 결정할 일이다. 출판사의 요청이나 학술지의 규정에 따라 글의 작성 스타일이나 분량에 다소의 조정을 가해야 할 수도 있으니, 최종 완성에 어떤 기한을 정해 놓았다면 그러한 조정 기간까지 고려해 너무 촉박하지 않게 여유를 두고 진행해야 할 것이다.

책 출간, 학술지 게재, 보고서 제출 등의 전후로 연구 결과의 전체 혹은 일부를 구두로 발표하는 자리가 종종 생긴다. 연구 결과를 널리 알려 반향을 일으키는 데 구두 발표가 기여할 수 있으므로 그런 기회를 적극 활용하면 좋다. 발표의 성과를 잘 내려면 파워포인트 등으로 발표용 자료를 따로 만들어 시각적 효과를 낼 필요가 있다. 발표용 자료는 너무 복잡하지 않게 핵심만 넣어 만들고, 발표도 압축적으로 간결하게 한다. 자세한 논의는 질의응답을 통해 하면 된다. 특히 질의응답이 청중에게 연구 내용 및 연구자의 내공에 대한 좋은 인상을 줄 수 있는 호기이다. 횡설수설하지 말고 핵심만 명료하게 자신감을 담아 답하되, 동시에 겸손함도 잃지 말아야 한다. 다양하고 복잡한 여러 측면을 성찰한 연구자라면 명료하고 간결한 주장을 하면서도 이것이 세상의 다는 아니라는 겸손한 자세를 보일 것이다. 만약 잘 모르는 질문을 받았을 때는 억지로 중언부언하지 말고, "그 부분에 대해선 잘 모르겠지만 나름대로 추측을 해보자면 이러저러하지 않겠느냐"라는 식으로 솔직하면서도 최대한 성의를 담아 답하면 좋은 인상을 줄 수 있다.

08

CHPATER

덧붙이는 말: 탐구의 기본자세

정치학, 넓게는 사회과학을 위한 방법론을 마무리하면서 연구자의 기본적 탐구 자세에 대한 단상(斷想)을 덧붙이고자 한다. 대부분이 앞선 논의의 곳곳에서 직간접으로 언급 또는 시사된 것이지만, 종합적으로 재정리해서 탐구의 기본자세를 위해 참고할 일반적 논점들로 제시한다.

CHAPTER

08

덧붙이는 말: 탐구의 기본자세

정치학, 넓게는 사회과학을 위한 방법론을 마무리하면서 연구자의 기본적 탐구 자세에 대한 단상(斷想)을 덧붙이고자 한다. 대부분이 앞선 논의의 곳곳에서 직간접으로 언급 또는 시사된 것이지만, 종합적으로 재정리해서 탐구의 기본자세를 위한 일반적 논점들로 제시한다. 각자 특정 주제에 대한 연구를 진행하는 틈틈이 되새겨 보며 구체적 맥락에서 고려하고 적용해본다면 연구의 가치를 높이고 연구자로서의 내공을 키우는 데 도움이 될 것이다.

1. 좋은 문제의식(연구 질문)이란?[1]

제1장에서 방법론의 출발선은 의문(퍼즐) 떠올리기라는 점을 강조

1 좋은 연구 질문 던지기에 대해서는 다음을 참고할 것: Gary King, Robert O. Keohane, and Sidney Verba, *Designing Social Inquiry: Scientific Inference in Qualitative Research* (Princeton University Press, 1994), pp. 14–19.

했고, 제3장에서 이론 정립의 기준들을 상술하는 가운데 좋은 문제의식으로 적절한 연구 질문을 던져야 여러 기준을 기하는 이론을 잘 정립할 수 있다는 점을 논했다. 제7장에서도 연구결과를 글로 전환할 때 서론 앞부분에서 문제의식(연구 질문)을 명료하게 밝혀야 한다고 말했다. 좋은 질문이 있어야 그에 대한 답을 모색하는 방법론도 의미를 얻을 수 있으므로 그것이 얼마나 큰 일차적 중요성을 갖는지 알 수 있다. 그렇다면 좋은 문제의식(연구 질문)이란 무엇일까? 이에 대한 답은 책 전반에 걸쳐 여러 대목에서 부분적으로 시사되었으나 여기서 정리해보자. 다른 어떤 사안보다 공식화, 규칙화가 어렵고 명확한 왕도를 제시할 수 없지만, 다음의 세 가지 특성을 갖추려고 노력하다 보면 좋은 문제의식(연구 질문)이라는 평을 들을 수 있을 것이다.

첫째, 그 중 덜 중요한 것이지만, 연구자에게 개인적 동기 부여를 할 수 있는 문제의식이 바람직하다. 개인적으로 관심과 흥미가 가는 질문이어야 연구자가 열심히 노력하고 집중하는 마음을 가질 수 있다. 가령, 여성의 사회적 차별에 관한 연구는 개인적으로 그러한 차별을 받은 경험이 있는 연구자가 무경험자에 비해 더 큰 관심과 열의로 수행할 것이다. 외교정책 결정과정에서 일하며 직접 관찰을 해본 사람일수록 관련 주제에 대한 답을 할 때 생생한 기억을 떠올리며 연구에 전념할 수 있을 것이다. 그러나 연구자의 개인적 동기나 경험은 연구에 편향성, 자의성이 깃들게 하는 위험요소가 될 수도 있음을 유의해야 한다. 그러므로 연구의 문제의식을 찾을 때 연구자에게 개인적 동기 부여가 되는가의 여부뿐 아니라 개인적 편견이 작용하지는 않을지 그 가능성에 대한 냉철한 판단이 요구된다.

둘째, 보다 중요한 기준으로서, 연구자는 과연 이 연구 질문이 실제 세상에 중요한지, 어떤 도움이 되는지 그 실용성을 고려할 필요가 있다. 물론 이 사회적 중요성 혹은 실용성 기준은 판단하기가 쉽지 않다. 상이한 가치관이나 관점을 가진 사람들 간에 큰 이견이 생길 수 있다. 어떤 의견이 다수여서 사회적 판단으로 간주될 수 있는지도 대부분 모호하고 불확실하다. 그럼에도, 우리는 연구를 위한 연구, 지적 유희를 위한 연구가 아닌 실제 세상을 위한 연구를 추구해야 한다는 대원칙을 상기해야 한다. 특히 사회과학이 사회적 삶으로부터 유리된다면 공허하기 짝이 없다. 사회적 중요성, 실용성을 위해 연구자는 세상사의 흐름에 밝을 필요가 있다. 여기서 말하는 세상사란 단기적 시사(時事)뿐 아니라 장기적 추세나 경향도 포괄한다. 또한, 세상사도 단일하게 존재하는 것이 아니라 수많은 사람들의 주관적 인식 속에 다양하게 자리 잡고 있으므로 세상사를 마치 시사 상식 외우듯이 단선적으로 생각해선 곤란하다.

셋째, 둘째 기준 못지않게 중요한 것으로, 학문성 혹은 학문적(이론적) 연계성도 문제의식(연구 질문)을 찾을 때 고려해야 한다. 지극히 복잡하게 인식되는 사회현상을 한 사람의 연구로 만족스럽게 파악할 수는 없는 일이다. 내 연구가 타인의 연구와 연결되어 더 넓은 연구 체계를 형성하고, 내 지식이 타인의 지식에 연계되며 더 큰 지식 체계를 축적해나갈 수 있는 것이다. 그러므로 문제의식을 찾을 때 마치 무인도에 혼자 있거나 자기만의 세계에서 도 닦듯이 하지 말고, 기존의 다른 연구와 어떻게 연결되어 어떻게 공동의 탐구 능력을 키우는 데 공헌할 수 있을지를 고민할 필요가 있다. 이를 위해서는 기존의 학문적 혹은 실무적 문헌을 가능한 한 많이 섭렵하고 어느 대목에서 논쟁이 이어지거나 결론이 나지 않고 있는지, 어느 부분이 더 충분하게 탐구되어야 하는지, 어느 질문이 아직 제기되지 않았는지 등을 살펴야 한다. 학문적 연계성은 기존 연구를 답습해 연구의 반복가능성을 점검하는 것을 포함할 수 있지만, 통상적으로는 그보다 더 넓게 기존 연구를 활용, 확대, 비판, 보완, 수정하는 것을 뜻한다. 연구의 문제의식을 잡을 때 내 세계에만 머물지 말고 남의 연구를 비판적으로 들여다봐야 하는 이유이다. 이러한 외부 연계성이 높은 연구 질문을 던지는 구체적 방법으로, 앞선 제3장의 3절(이론 정립의 기준) 중 분석적 효용성에 관한 논의에 들어있는 6가지 방법을 차용하면 큰 도움이 된다. 그 부분을 복습 삼아 반추해보면 좋을 것이다.

그런데 연구자에게 종종 딜레마로 다가오는 것은 둘째 기준(실용성)과 셋째 기준(학문성)이 상충될 때가 있다는 점이다. 실용성도 높고 학문성도 높은 문제의식으로 적절한 연구 질문을 던지면 제일 좋겠지만, 사회적으로는 중요하나 학문적으로 기존 연구와 연결되기 힘든 경우나 반대로 학문적 연계성은 높으나 사회에서 실용적으로 쓰이기 힘든 경우가 있을 수 있다. 정치권, 정부, 시장, 시민사회 등에서의 담론 및 쟁점이 학계에서와 상당한 차이를 보이는 일은 흔하다. 양자 간에 기간(단기 대 장기), 시점(현재 대 과거), 지향점(사익 대 공익), 관심 대상(가시적 대 비가시적), 관심 효과(집중적 대 분산적) 등에서 관점의 차이가 클 수 있기 때문이다. 그러므로 연구자는 이러한 딜레마를 유념해서 문제의식(연구 질문)을 세울 때 실용성과 학문성 양자의 조화와 균형을 지향할 필요가 있다. 너무 어느 한쪽 극단으로만 가면 이론적 기반의 취약함에 의한 실용적 경박함, 또는 역으로 실용적 가치의 부재에 의한 학문적 공허함에 빠질 수 있다.

2. 이론과 자료의 순환관계[2]

제3장에서 이론과 가설의 차이를 논하며, 전자는 일반적, 추상적 차원의 진술(주장)이고 후자는 그것을 경험적으로 관찰할 수 있는 구체적 형태로 전환시킨 것이라고 구분하였다. 우리는 학문적 담론이나 실제적 논의에서 이론을 중심에 놓지만, 거기에만 머물지 말고 가설도 생각해보고 경험적으로 관찰해보는 탐구 자세를 가져야 한다. 이론에서 관찰가능한 시사점observable implication(들)을 찾아 가설(들)을 만듦으로써 이론의 세계와 경험적 관찰의 세계를 잇는 다리를 세우게 된다. 연구란 이 다리를 부지런히 왕복하며 이론과 경험적 관찰, 양 세계를 연결시키고 조화롭게 종합해 지식을 창출하는 것을 말한다.

경험적 관찰의 세계는 곧 자료의 영역이다. 자료는 기존 문헌, 사람들의 응답, 연구자의 직간접 관찰 등 여러 형태를 띤다. 이론에 따라 자료를 보고, 또 자료에 따라 이론을 되돌아본다. 이론과 자료는 순환 관계에 있는 것이다. 만약 이론과 자료가 상호 잘 부합하면 거기서 만족하고 연구를 끝낼 수도 있겠지만, 현실 여건과 연구자의 동기나 의지가 허락할 경우 추가로 다른 자료를 더 찾아보며 이론의 논조 강화, 범위 확대, 활용 확장 등을 시도해볼 수 있다. 만약 이론과 자료가 서로 잘 부합하지 않는다면 이론을 버리거나 논조를 약화시키거나 내용을 수정할 수도 있고, 아니면 적절한 자료가 아닐지 모른다는 생각으로 다른 자료를 찾아 살필 수 있다. 자료에 맞춰 이론을 수정한다면 거기서 멈추지 말고 또 다른 자료

---

2 이론과 자료의 순환관계에 대해서는 다음을 참고하도록: Gary King, et. al., 상게서, pp. 19-29.

를 더 찾아 수정된 이론이 적절한지 관찰해야 한다. 만약 만족할 만큼 추가 자료의 보완이 불가능하다면 수정된 이론의 논조를 신중하게 낮출 필요가 있다.

자료에 이론을 갖다 맞춘 상태로 끝내선 곤란하다. 불완전하고 제한적인 자료를 보고 거기에 맞춰 어떤 정형성을 담은 이론을 만들 경우 나에겐 설득력이 있을지 몰라도 남들에겐 그렇지 않을 가능성이 크다. 우리는 자기 눈에만 보이는 착시 현상을 남도 볼 것이라고 과신해선 안 된다. 예를 들어, 구름, 화장실 타일 무늬, 흩어진 잡동사니 등에서 남들은 보지 못하고 내 눈에만 그럴 듯해 보이는 어떤 정형화된 모습을 찾을 때가 있다. 그러므로 일부의 자료만 갖고 어떤 정형성을 일반화하는 이론을 함부로 논할 때 널리 공감을 자아내지 못할 가능성이 농후하다. 자료 관찰 후 거기에 맞춰 이론을 수정했다면, 거기서 그치지 말고 새로운 자료를 더 수집, 관찰해서 그 수정 이론을 검증해야 하는 것이다.

자료 관찰 결과 내 이론이 잘 뒷받침되지 않을 경우 솔직히 내 이론이 틀렸음을 인정하고 왜 틀렸는지, 어떠한 시사점이 있는지, 어떻게 수정하면 좋을지, 향후 연구는 어떠한 방향으로 진행하고 어떤 자료를 추가로 더 관찰해야 할지 등에 대해 고민하고 논함으로써 학문적으로 큰 공헌을 할 수 있다. 구차하게 자료에 갖다 맞추기 식으로 이론을 정당화하는 것은 금물이다. 결국, 연구자는 이론과 자료 사이를 가능한 한 여러 차례 왕복하며 상호 부합과 조화를 추구하는 부지런함을 연구의 신조로 삼아야 한다.

3. 탐구 자세의 논점과 조화

이 책 전반에 걸쳐 강조하기를, 연구자는 여러 기준이나 가치가 충돌하고 상쇄작용이 일어나기도 하는 딜레마 상황 앞에서 조화와 균형을 추구해야 한다고 했다. 이론을 세울 때, 개념에 의미를 부여할 때, 연구 설계를 짤 때 다양하면서 상충될 수도 있는 기준·가치를 종합적으로 고려하는 한편 연구 환경의 현실적 여건도 감안해야 한다. 이 점에서 연구는 로봇이 기계적으로 할 수 있는 깔끔한 단순 작업이 아니고, 연구자가 고민 끝에 어려운 일련의 판단을 내리고 회의(懷疑) 속에 조심스레 더듬어가는 종합 과업이다. 이에 대한 구체적 논의가 앞선 장들의 여러 대목에서 있었지만, 보다 일반적 차원에서 연구자가 조화롭고 균형 잡힌 탐구 자세를 견지하기 위해 성찰해봐야 할 논점들을 정리하면서 이 책을 마무리 짓고자 한다.

1) 개인적 주체성, 사회적 과업

학문은 사회적 과업social enterprise이라는 말은 앞에서 수차례 반복한 바 있다. 여러 사람이 서로 지적 교류를 하고 자극을 주고받으며 지식체계를 쌓아나간다. 주관적 인식에 존재할 뿐인 사회현상을 제한된 관점을 가질 수밖에 없는 한 명의 연구자가 홀로이 탐구한다면 과학적 지식의 창출은 불가능하다. 여러 사람의 직접 교류 혹은 문헌 등을 통한 간접 소통을 통해 지식 영역을 쌓고 넓힐 수 있다. 그러므로 연구자는 가능한 한 많이 기존 문헌을 섭렵하고, 나아가 학회, 연구회, 연구팀, 동아리, 서클, 공부 모임, 사적 대화에 적극 참여할 필요가 있다.

그러나 다른 한편, 생각의 집단적 동화를 조심해야 한다. 불확실한 사회현상에 대해 추론할 때 강한 자기 확신을 갖기 힘든 상황에서 연구자는 자칫 자기가 속한 지식 공동체의 분위기에 편승하기 쉽다. 물론 지식 공동체에서 공감대를 형성한 논의 내용이 전반적으로 여러 학문적 기준을 만족시켰기에 대세로 자리 잡을 수 있었을 것이다. 그러므로 지식 공동체의 대세를 따르는 것 자체를 부정적으로 볼 이유는 없다. 그러나 연구자가 나름의 치열한 사유 과정을 거치지 않고 너무 자동으로 지식 공동체의 중론을 받아들여선 곤란하다는 말이다. 자기가 소위 중론과 다른 결론에 도달했다면 그 과정을 남에게 잘 보여줌으로써 지식 공동체가 정체에 빠지지 않고 발전하는 데 더 큰 공헌을 할 수 있다. 과학주의는 애당초 특정 교의를 무조건 받아들이는 순응적 사고를 배격하는 합리주의에서 태동하였다. 연구자는 최종 판단자, 결정자로서 자기 주체성을 기본으로 삼고 사회적 과업으로서의 학문과 어떻게 조화와 균형을 이룰지 항상 고민할 필요가 있다.

2) 자료 중심적, 이론 중심적

전술했듯이 이론과 자료는 상호 보완적 순환관계에 있어 당연히 조화와 균형이 중요하다. 그러나 실제로 연구를 하다 보면 어느 한 쪽으로 경도되기 쉽다. 적어도 20세기 중반 행태주의 "혁명" 이래로 자료를 강조하는 경향이 커졌다. 탈행태주의 전통의 여러 갈래도 행태주의를 비판하는 다른 한편으로 행태주의와 마찬가지로 자료를 강조한다. 특히 근래에 빅 데이터가 유행어가 될 만큼 정교하고 방대한 자료가 많이 쌓이면서 자료 관찰의 상대적 비중이 높아졌다. 이러한 경향은 자연스럽고 바람직하지만, 너무 자료 중심으로 연구를 진행할 때 문제의식과 이론이 취약해지고 자칫 연구를 위한 연구를 하는 공허함에 빠질 위험성이 있다. 물론 자료에 우선적으로 천착하는 가운데 중요한 문제의식을 찾고 두루 공감을 자아내는 이론을 정립하는 경우도 많을 것이다. 다만, 자료에 우리의 생각을 갖다 맞추는 쪽만 강조되면, 주어진 현상을 바람직하게 변화하기보다는 있는 그대로 유지하는 효과만 과도해질 수 있다는 점을 유의해야 한다. 자료만 내세울 때 학문성은 물론 바람직한 변화를 도모하는 실용성마저 놓칠 수 있는 것이다.

이론-자료 상호 순환관계에서 이론이 방향과 동력을 제공할 필요가 있다. 이론을 중시함으로써 중요하고 적실성 있는 문제의식을 갖추고 이론 틀을 세워 자료와의 순환관계를 추동해야 한다. 특히 학문 세계에서 그래야 공감을 얻을 수 있다. 그러나 자료로 뒷받침되지 않는 상태에서 이론만 강조해도 문제가 아닐 수 없다. 자칫 연구결과의 모호성, 연구자의 자의성이 커지며 과학의 영역을 벗어나 도그마의 늪에 빠질 수 있다. 결코 쉬운 일이 아니지만, 연구자는 각자의 구체적인 문제의식에 대한 연구를 진행할 때 이론-자료 순환관계를 치우침 없이 조화롭게 이어가는 자세를 갖추도록 노력해야 한다.

3) 방법 중심적, 문제 중심적

연구자는 방법 중심적 사고와 문제 중심적 사고 사이에서도 조화와 균형을 기해야 한다. 근래 학문 전 분야에 걸쳐 연구방법이 나날이 정교해지고 새로운 것이 등장하고 있다. 정치학에도 수학, 통계학, 경제학, 심리학 등에서 개발된 여러 방법이 새로이 소개되며 학문의 성숙에 기여하고 있다. 연구방법을 중시하게 되면서 방법론적 정치(精緻)함과 깔끔함의 우선순위가 높아진 것은 당연한 일이다. 그러나 그 이면에서 문제의식의 중요성이 경시되어선 곤란하다. 연구를 진행할 때 방법론부터 먼저 생각할 경우, 실제적 중요성이 크나 연구방법이 무난하게 뒷받침되기 힘들 수 있는 주제나 문제의식은 회피 당하기 십상일 것이다.

사회과학의 존재 이유는 우리의 사회적 삶을 향상시키고 사회를 더 바람직하게 만들기 위해서다. 우리가 직면한 각종 문제를 실제적으로 다루는 데에 우선순위를 두어야 이러한 사회과학적 취지를 기할 수 있다. 설혹 연구방법에서 자신이 없고 힘이 많이 들더라도, 중요하게 인식되는 문제에서 연구 질문을 찾는 편이 더 바른 탐구자세일 것이다. 물론 방법론의 뒷받침이 이뤄지지 않아도 연구가 과학의 영역에 머물 수 없다. 그러하니 방법 중심적 사고와 문제중심적 사고 중 어느 한쪽으로 치우치지 않고 중간적 조화를 지향점으로 삼아야 한다.

4) 확증적, 탐색적[3]

과학주의 전통에서는 확증적confirmatory 접근을 이상시하는 경향이 있다. 즉, 문제의식에 따라 이론을 세우고 이를 가설로 전환해 그 타당성을 경험적으로 검증하는 확증적 방식을 추구한다. 이 방식은 논리의 엄격성, 관찰의 체계성, 해석의 비자의성을 핵심 가치로 절대시하는데, 모든 경우에 적용되기보다는 특히 몇몇 맥락에서 유용하다. 예를 들어, 이론이 구체적이고 명확하게 잘 정립되어 있을 때, 경험적 자료가 충분히 잘 갖춰져 있을 때, 실험적 또는 통계적 방법을 쓰는 large-N 연구를 할 때 등의 맥락에서 확증적 연구가 바람직하고 또한 실현 가능하다. 그러나 모든 연구가 그런 맥락에 있을 수는 없다. 탐색적exploratory 접근은 확증적 접근이 힘든 많

3 확증적 접근방식과 탐색적 접근방식에 대한 상세한 논의는 다음을 참고할 것: John Gerring, *Social Science Methodology: A Criterial Framework* (Cambridge University Press, 2001), pp. 230-243.

은 경우에 시도될 수 있다. 예를 들어, 문제의식, 이론, 가설을 다각도로 더듬어 찾을 때, 특히 새로 개척하는 영역이나 주제를 연구할 때, 이론의 진위에 대한 검증보다는 이론의 선행조건이나 범위를 살필 때, 풍부한 시사점을 찾을 때, small-N 질적 연구를 할 때, 자료가 충분치 않을 때 등의 맥락을 들 수 있다.

연구자는 이 두 접근 방식 사이에서 조화를 기할 필요가 있다. 사회과학이 확증적 방식만 중시해 자연과학의 아류가 되어선 곤란하고, 탐색적 방식만 따라가 인문학과 똑같아져서도 안 된다. 각자의 주관적 인식에 존재하는 불확실한 사회현상에 관해 두루 공감을 얻는(즉, 상호주관성을 갖춘) 과학적 지식을 창출하고 축적하기 위해서는 양 방식을 조화롭게 혼용해야 한다. 각 연구자의 성향상, 또한 각 연구의 특성상 두 접근 중 한쪽으로 기우는 것은 자연스럽고 당연하다. 다만, 너무 경도되어 다른 쪽을 무시하거나 매도하는 일은 금물이다. 실제로 대부분의 사회과학 연구물은 어느 한쪽의 극단으로 가기보다는 양자를 혼합하고 있다. 사회과학과 정치학 분야를 봐도 양 접근이 공존하고 있다. 실용적이고 다원적인 자세로 각 연구의 구체적인 맥락에 맞춰 양자의 조화를 기하는 자세를 잊지 말아야 한다.

5) 이상적, 현실적

사회적 실용성과 학문적 연계성을 갖춘 질문을 던지고 최대로 많은 자료를 관찰하고 정교한 분석을 시도해 이론을 정립함으로써 사회에 공헌하고 싶다면 야심 있는 목표와 노력이 필요하다. 방법론은 이러한 야심 있는 문제의식의 보조 역할을 한다. 이것이 학문의 이상적인 모습이다. 연구자라면 당연히 이러한 이상을 추구한다. 그러나 과도한 야심과 이상은 연구 성과를 내야 한다는 대명제를 고려할 때 삼가는 편이 낫다. 현실 여건을 냉철하게 고려해야 연구 성과를 낼 수 있다. 통상적으로, 연구 기간이 주어져 있거나 가능한 한 빨리 끝내라는 사회적 압력이 있게 마련이고, 관찰 자료도 제한적으로만 있는 데다 자료 내용의 신뢰성도 완전히 담보하기 힘들다. 연구자 자신의 자료 해석 및 추론 능력도 충분하지 않다. 이러한 현실을 직시해서 너무 불가능한 꿈으로 자신을 괴롭히지 말고 내가 할 수 있을 만한 것에 최선을 다해 탐구하는 자세도 연구자의 덕목이다.

6) 학문적, 실용적

연구자는 한편으로 학문적 엄밀성을 최우선 가치로 지향한다. 학문성을 바탕으로 해야 지식체계를 구축하는 데 일조를 할 수 있다. 인류 역사에서 학문적 지식이 사회 발전의 근본적 원동력을 제공해왔다. 종교적 신념과 예술적 영감도 그러한 원동력의 일부가 되었지만, 인간의 힘으로 이성적 통제가 가능한 학문적 지식의 영역과는 다른 차원에 있어 논외로 한다. 그러나 다른 한편, 사회과학은 실용적 유용성도 학문적 엄밀성 못지않게 중요한 가치로 고려해야 한다. 사회과학은 개인의 사회적 삶과 사회 그 자체를 위한 것이지 지적 유희를 즐기기 위한 것일 수는 없다. 그러므로 연구자는 실제의 사회로부터 유리된 채 연구를 위한 연구에 함몰되지 말고 이 연구가 어떤 의미와 용도로 사회적 실용성을 띨 수 있을까를 항상 고민하는 자세를 견지해야 한다.

7) 비판적, 건설적

방법론은 내 연구를 진행하도록 안내해줄 뿐 아니라 남의 연구를 비판적으로 이해하게 하는 기능도 수행한다. 여러 방법론적 측면에서 살펴보면 기존 연구의 한계나 허점이 잘 보인다. 방법론은 비판적 사고를 키워주는 토양이라 하겠다. 그런데 그러한 비판적 사고는 남의 연구만을 대상으로 하지 말고 내 연구에도 적용될 필요가 있다. 누구나 인간으로서 관점과 사고가 제한되어 있으므로 어떤 연구자라도 완벽한 연구를 할 수 없다. 그러므로 연구자는 겸허한 마음으로 자기의 연구에 대한 비판적 성찰을 해야 한다. 과연 자료가 믿을 만한지, 내 이론에 어떤 문제가 없는지, 적절한 가설을 제시한 것인지, 더 좋은 대안적 가설은 없는지 등 수많은 방법론적 논점과 관련해 부단히 회의(懷疑)해야 한다. 킹·코헤인·버바는 스스로를 끊임없이 비판적으로 되돌아보고 회의하는 것을 사회과학도다운 모습이라고 하였다.[4]

비판적 사고는 나아가 건설적 사고로 승화될 필요가 있다. 나와 남에 대한 비판을 바탕으로 더 적절한 지식을 창출해 기존 지식체계의 활용, 수정, 발전, 확대, 확산에 기여할 수 있어야 한다. 학문은, 그리고 그 도구로서의 방법론은 지식의 생산과 지식체계의 건설을 궁극적인 목표로 한다. 비판적 사고를 해야만 건설적 사고로 나아갈 수 있고, 건설적 사고를 지향해야만 비판적 사고를 할 동기도 생기고 그 비판적 사고의 의의를 살릴 수 있다. 우리의 연구가 비판을 위한 비판으로 흘러가거나 충분한 비판 없이 성급한 건설로 치달아서는 곤란하다. 비판과 건설은 이처럼 서로 뗄 수 없는 보완관계에 있다. 양자 사이에서 조화와 균형을 추구하는 모습도 탐구자세의 핵심으로 중시되어야 한다.

---

4 Gary King, et al., 전게서, pp. 32-33.

정치학 방법론

초판 1쇄 발행 / 2021년 12월 24일
초판 2쇄 발행 / 2024년 3월 8일

저자 임성호
발행처 형설출판사
경기도 파주시 회동길 37-23 · 전화 (031) 955-2361～4 · 팩시밀리 (031) 955-2341
발행인 장진혁
등록 라-제9호 · 1962년 5월 1일
홈페이지 http://www.hyungseul.co.kr
e-mail hs@hyungseul.co.kr

정가 25,000원

ISBN 978-89-472-8592-6 93340

Political Methodology

비판적 사고 입문서

정치학 방법론

Memo

Memo